VISUALISIERUNG
SELBSTDISZIPLIN
GEWOHNHEITEN ÄNDERN
PERSÖNLICHKEITSENTWICKLUNG
- DAS GROSSE 4 IN 1 BUCH -

Wie Sie Ihr Mindset auf Erfolg programmieren und mit Willenskraft all Ihre Ziele erreichen

INHALT

EINLEITUNG 2

VISUALISIERUNG 4

DAS UNTERBEWUSSTSEIN 7

DAS BEWUSSTSEIN 9

GEDANKEN SIND ENERGIE 11

DAS GESETZ DER ANZIEHUNG 13

GEDANKEN UND EMOTIONEN 15

REALITÄT KREIEREN 19

WARUM VISUALISIEREN? 21

ZIELE ERREICHEN 22

NEUE GEWOHNHEITEN SCHAFFEN 24

KOMFORTZONE VERLASSEN 26

ÄNGSTE KONFRONTIEREN 28

ENTSCHEIDUNGEN TREFFEN 30

DAS UNTERBEWUSSTSEIN NEU PROGRAMMIEREN 34

MINDSET ÄNDERN 36

LEBEN IM AUGENBLICK 39

UMGANG MIT RÜCKSCHLÄGEN 42

ALLES PASSIERT AUS EINEM BESTIMMTEN GRUND 45

VISUALISIERUNGSTECHNIKEN 47

MIT VISUALISIERUNG ZUM ERFOLG 49

AFFIRMATIONEN 52

MEDITATION 55

MEDITATIONSTECHNIKEN 58

VISUALISIERUNG SCHRITT FÜR SCHRITT 60

FAZIT 65

DAS ERWARTET SIE IN DIESEM BUCH 67

SELBSTDISZIPLIN - WAS IST DAS ÜBERHAUPT? 68

- DAS SELBST 68
- DIE DISZIPLIN 72
- SELBSTDISZIPLIN IST NICHT GLEICH DISZIPLIN 75
- WELCHE KÖRPERREGIONEN SIND BETEILIGT? 77

EIN WICHTIGER BEGLEITER IM LEBEN 79
- WOFÜR BRAUCHT MAN SELBSTDISZIPLIN? 80
- WAS VERÄNDERT SICH DURCH SELBSTDISZIPLIN? 82
- JEDE MEDAILLE HAT ZWEI SEITEN! 85

WELCHE FAKTOREN SPIELEN EINE ROLLE? 88
- ABLENKUNG 90
- GEWOHNHEITEN 91
- MOTIVATION 94
- VORBEREITUNGEN 97
- WILLENSKRAFT 99

WAS WILL ICH EIGENTLICH? DIE RICHTIGEN ZIELE FINDEN! 102
- GESUNDHEIT – WER SICH GUT FÜHLT, ERREICHT LEICHTER SEINE ZIELE ... 103
- ENTSPANNUNGSTIPPS 105
- STRATEGIEN, UM SICH BESSER FOKUSSIEREN ZU KÖNNEN 108

DIE GUTEN VORSÄTZE UND WAS SIE SCHEITERN LASSEN! 112

WIE ORGANISIERE ICH MEIN LEBEN BESSER? 115

NICHT NUR TRÄUMEN, SONDERN AUCH MACHEN! 119
- SCHRITT FÜR SCHRITT MEHR SELBSTDISZIPLIN 120

WIRD MAN MIT SELBSTDISZIPLIN ERFOLGREICH? 124

MEINE ZIELE IM ÜBERBLICK 126

VORWORT 134

ETWAS PSYCHOLOGISCHE GRUNDLAGENFORSCHUNG 135
- GEWOHNHEITEN ENTSTEHEN IM GEHIRN 137
- DIE MACHT DER GEWOHNHEITEN 138
  - *Gewohnheiten und Forschung* *139*

GEWOHNHEITEN 142
- WAS SIND GEWOHNHEITEN 142
  - *Kreislauf* *142*
  - *Definition* *142*

- GUTE GEWOHNHEITEN – TUGENDEN 144
  - *Die „deutschen" Tugenden* 145
  - *Die sieben Tugenden* 146
- SCHLECHTE GEWOHNHEITEN – UNTUGENDEN 147

IHR ALTER PLAN VOM LEBEN 150

- DIE GESCHICHTE VOM INNEREN SCHWEINEHUND 151

GEWOHNHEITEN – GEHT WEG UND KOMMT HER! 153

- GEWOHNHEITEN AUFBAUEN 153
- GEWOHNHEITEN ÄNDERN 153

SO TICKT IHR KOPF, ABER SIE TICKEN NICHT MIT 157

- SIE MÖCHTEN MEHR SPORT TREIBEN 157
- STRATEGIEN, DIE IHR LEBEN BEREICHERN 159
  - *Konsistenz-Prinzip* 159
  - *Concorde-Effekt* 162
  - *Konsistenz-Prinzip + Concorde-Effekt* 163
  - *Die 5-Sekunden-Regel* 164

IHR NEUER PLAN VOM LEBEN 167

- MOTIVATION STEIGERN, NICHT DÄMPFEN 167
  - *Von der Motivation zur Volition* 167
  - *Dachboden aufräumen!* 168

SUCHTERKRANKUNGEN 172

IHRE SIEBEN SCHRITTE ZUM NEUEN UND FREIEN LEBEN 173

- BEISPIELE 173
  - *Aufhören mit dem Rauchen* 173
  - *Mehr Ordnung und Sauberkeit in Ihrem Leben* 176
  - *Weniger Essen aus Langeweile* 177

HILFE HOLEN HILFT WIRKLICH 181

30 TAGE - NEUES GLÜCK AUCH IM BERUF 183

- ZEITPROTOKOLL ANLEGEN 183
- FEEDBACK-KALENDER ABHAKEN 185
- 7 GEWOHNHEITEN FÜR DEN BERUFLICHEN ERFOLG 187

SMART – VON KLEIN AUF AN 190

- BEWEGUNG UND KINDER 190
- GEWOHNHEITEN SIND KEINE WÜNSCHE UND UMGEKEHRT 192

FAZIT	196
WER BIN ICH?	198
SELBSTERKENNTNIS	199
The big five – die fünf Persönlichkeitseigenschaften	199
Offenheit für Erfahrungen	200
Gewissenhaftigkeit	201
Extraversion	201
Verträglichkeit	202
Neurotizismus	202
GENE UND UMWELT FORMEN PERSÖNLICHKEIT	204
UNBEWUSSTE VERHALTENSMUSTER ERKENNEN	205
SELBSTAKZEPTANZ	206
WER WILL ICH SEIN?	207
Wandelbarkeit der Persönlichkeit	207
Schwerpunkte finden	208
WIE ERREICHE ICH DAS?	211
HORIZONT ERWEITERN	212
Lesen	213
Neue Sprache lernen	215
Tagebuch führen	217
ZIELE SETZEN	219
Lebensziele	219
Grosse Ziele	220
Kleine Ziele	222
Alltägliche Ziele	223
BEWUSST(ER)LEBEN	225
Achtsamkeit	225
Positives wahrnehmen	227
Fehler eingestehen	228
Selbstbewusstsein stärken	231
AKTIV WERDEN	234
Komfortzone verlassen	234
Neues Hobby	236

Neuer Verein	237
Altes loslassen und daraus lernen	238
Teilnahme am gesellschaftlichen Leben	239
Aktiv Wünsche erfüllen	240
Routinen verändern	241

ENTSPANNTER WERDEN ... 243

MEDITATION ... 245

Phantasiereise	249
Der glänzende Kieselstein	250
Die weiße Feder	252
Atemtechnik zur Entspannung	253
Streitverhalten lernen	254

REFLEXION ... 256

QUELLENVERZEICHNIS ... 257

IMPRESSUM ... 260

DAS GROSSE 4 IN 1 BUCH

VISUALISIERUNG
IDEEN & TRÄUME VERWIRKLICHEN!

Wie Sie mit Hilfe von effektiven Techniken und Affirmationen Ihr Unterbewusstsein auf Erfolg programmieren und so jedes Ihrer Ziele erreichen

Einleitung

Wir alle haben eine grobe oder vielleicht auch ganz genaue Vorstellung davon, wie unser Leben aussehen soll. Die einen streben eine berufliche oder sportliche Karriere an, während die anderen sich eine eigene Familie wünschen oder die ganze Welt bereisen möchten. Damit diese Vorstellung von unserem idealen Leben aber nicht nur eine Vorstellung bleibt, müssen wir uns konkrete Ziele setzen. Und obwohl es letztendlich unsere Taten sind, die uns einen Schritt näher entgegen unserer Ziele bringen, beginnt der eigentliche Prozess schon mit unseren Gedanken.

Denken Sie an dieser Stelle einmal kurz darüber nach, wann Sie sich das letzte Mal ein konkretes Ziel gesetzt haben und was genau Sie gemacht haben, um dieses auch zu erreichen. Das muss nicht unbedingt eines Ihrer großen Lebensziele sein, sondern vielleicht auch nur etwas ganz Alltägliches, das Sie sich für den Tag oder die Woche fest vorgenommen haben.

In Ihrer Vorstellung haben Sie sich vielleicht bereits ein Bild davon gemacht, wie das Ganze aussehen könnte. Vielleicht haben Sie dieses Ziel in Ihrer Vorstellung sogar schon erreicht und womöglich löst allein der Gedanke daran ganz verschiedene Emotionen bei Ihnen aus.

Oft versetzen wir uns mit unserer Vorstellungskraft in Situationen, die bisher noch nicht stattgefunden haben. Wir machen uns ein Bild davon, wie jede dieser Situationen eventuell ablaufen könnte. Das kann sich sowohl positiv als auch negativ auf uns auswirken.

Denn auch Sie kennen mit Sicherheit das Gefühl, dass Sie ein vielleicht eher ernstes oder unangenehmes Gespräch führen müssen und sich vorab schon so viele Gedanken über die Reaktion Ihres Gegenübers machen, dass Sie dieses Gespräch völlig voreingenommen und mit falschen Erwartungen beginnen. All das sind Reaktionen, die sich durch vergangene Erfahrungen in unserem Unterbewusstsein verankert haben und automatisch auf kommende Situationen übertragen werden.

Unser Unterbewusstsein ist ein mächtiges Werkzeug, welches entweder unsere Gedanken und Emotionen verstärkt oder aber zu unserer besten Waffe werden kann, wenn es darum geht, unsere Ziele zu erreichen. Dabei ist nur wichtig, dass Sie lernen, wie Sie dieses Werkzeug bestmöglich zu Ihren eigenen Gunsten nutzen können.

Die Macht unserer Vorstellungskraft kann uns dabei helfen, unsere Ziele schneller und effizienter zu erreichen und gleichzeitig neue, bessere Gewohnheiten zu erschaffen. Diese Methode nennen wir Visualisierung – eine Technik, die bereits von Tausenden Menschen erfolgreich eingesetzt wurde, um eine Realität zu erschaffen, die der ihrer Vorstellungen gleicht. Zu Beginn möchten wir Ihnen erst einmal den Begriff Visualisierung und dessen Bedeutung etwas näherbringen.

Worum es aber eigentlich geht, sind die verschiedenen Techniken und Methoden des Visualisierens, wie Sie diese in Ihren Alltag integrieren und Ihr Leben dadurch vollkommen verändern können. Wir werden nicht nur erläutern, *wie* und *was* Sie visualisieren können und welchen Einfluss das auf Ihre Denkweise und Ihre gesamte Lebenseinstellung haben kann, sondern auch, wie Ihre verschiedenen Bewusstseinsebenen funktionieren. Auch wenn Sie sich zu Beginn vielleicht die Frage stellen, was das eine mit dem anderen zu tun hat, werden Sie schnell erkennen, dass alles auf eine ganz bestimmte und faszinierende Weise miteinander verbunden ist.

Visualisierung

Die Visualisierung ist, um es ganz einfach auszudrücken, eine mentale Technik, die mithilfe der eigenen Vorstellungskraft Träume und Ziele zur Realität werden lässt, wenn sie korrekt angewendet wird. Richtig eingesetzt, kann die Visualisierung Sie nicht nur schneller an Ihre Ziele bringen, sondern, wie bereits in der Einleitung erwähnt, auch Ihre gesamte Denkweise verändern. Die Visualisierung wird mit vielen anderen Begriffen, wie zum Beispiel Imagination, Fantasie oder aber auch einfach mit unserer Vorstellungskraft in Verbindung gebracht. Unsere Vorstellungskraft ist die Fähigkeit, ein mentales Bild von etwas zu erstellen, das nicht mit einem unserer fünf Sinne wahrgenommen werden kann.

Es ist die Fähigkeit unseres Verstandes, Objekte und Situationen in unseren Gedanken zu erzeugen, die entweder noch nie stattgefunden haben, nicht gegenwärtig sind oder eine Projektion aus unserer Vergangenheit darstellen. Jeder Mensch besitzt ein gewisses Maß an Vorstellungskraft, wobei die Ausprägung und die Entwicklung je nach Person sehr unterschiedlich sein kann. Das ist aber, wie bei allen anderen Dingen auch, ganz davon abhängig, wie oft man diese anwendet und trainiert. Ihre Imagination kann es Ihnen ermöglichen, vollständige Ereignisse und Situationen in Ihrem Kopf zu erleben und jede dieser Situationen aus unterschiedlichen Blickwinkeln zu betrachten.

Diese Fähigkeit kann sich in ganz verschiedenen Formen bemerkbar machen und entweder ganz bewusst oder aber unterbewusst stattfinden. Um das Ganze am greifbarsten und möglichst alltagsnah zu veranschaulichen, können Sie es mit einem Tagtraum vergleichen. Diese Tagträume schleichen sich meist ganz unbemerkt ein und lassen uns für einen kurzen Augenblick in eine andere Welt eintauchen. Dies kann für viele auch ein kurzer Moment sein, in dem sie sich von jeglichem Stress befreien und vorübergehende Entspannung wahrnehmen können. In Ihrer Vorstellung sind Ihnen keinerlei Grenzen gesetzt. Sie können sich über jegliche Hindernisse und in jede Richtung fortbewegen und Konflikte mit sich selbst und anderen lösen, die vielleicht noch ungeklärt in Ihrem Unterbewusstsein umherschwirren. Die Imagination beschränkt sich jedoch nicht immer nur auf Bilder, sondern kann unter Umständen auch Ihre fünf Sinne mit einbeziehen. So können Sie sich also zum Beispiel bekannte Geräusche, Gerüche, Geschmäcker, körperliche Empfindungen wie Berührung oder gar Emotionen vorstellen.

Nicht umsonst ist es uns möglich, allein mit der Kraft unserer Gedanken verschiedene Gefühle in uns auszulösen. Wenn Sie beispielsweise an ein Ereignis aus Ihrer Vergangenheit denken, welches Sie besonders wütend oder traurig gemacht hat, können Sie diese Emotionen in den gegenwärtigen Moment zurückholen und erneut empfinden. Oder hat vielleicht nur die Vorstellung an Ihren nächsten Arbeitstag und den Papierstapel auf Ihrem Schreibtisch Stress in Ihnen ausgelöst? Daran lässt sich gut erkennen, wie mächtig unser Verstand und unsere Vorstellungskraft sein können. Für manche Menschen ist es einfacher, mentale Bilder zu sehen, während es für andere einfacher ist, sich Emotionen vorzustellen. Wenn Sie Ihre Vorstellungskraft trainieren und richtig einsetzen, kann sich diese Fähigkeit zu einem großartigen Werkzeug entwickeln, um neue Gewohnheiten zu schaffen, Ihre Komfortzone zu verlassen und all Ihre Ziele zu erreichen.

Jede Idee, die letztendlich zu einem dieser Ziele wird, entsteht also erstmals in Ihrem Kopf, was im Prinzip auch schon der ganz entscheidende Faktor ist. Je nachdem, wie sich einer Ihrer Gedanken entwickelt, kann Sie das entweder schnell zum Erfolg bringen oder Ihnen genau dabei im Weg stehen. Mit der Kraft der Visualisierung können Sie Ihr eigenes Umfeld und Ihre Umstände so verwandeln, dass Sie nicht nur bedeutende Veränderungen auslösen, sondern auch für positive Ereignisse sorgen sowie Menschen und Erfolg in Ihr Leben ziehen lassen. Die Visualisierung nutzt die Kraft Ihres Verstandes so, dass sie automatisch auch zu der Kraft hinter jedem Ihrer Erfolge wird. Indem Sie also ein konkretes Ereignis, eine Situation oder ein ganz bestimmtes Objekt visualisieren, ziehen Sie dieses automatisch in Ihr Leben.

Für viele von Ihnen mag das vielleicht erst einmal sehr unglaubwürdig und fast schon magisch klingen, jedoch geht es dabei nicht um Magie, sondern um einen ganz natürlichen Prozess beziehungsweise um eines unserer wichtigsten Naturgesetze, auf das wir zu einem späteren Zeitpunkt noch genauer eingehen werden. Die meisten Menschen wenden diese Technik zwar bereits auf eine natürliche Weise, jedoch völlig unbewusst in Ihrem alltäglichen Leben an. Um den Erfolg zu maximieren, sollte der nächste Schritt sein, auch das Bewusstsein mit ins Spiel zu bringen, denn viele der erfolgreichsten Menschen in unserer heutigen Zeit setzen die Visualisierung ganz bewusst ein und ziehen den gewünschten Erfolg in ihr Leben, indem sie ihre Ziele so visualisieren, als hätten sie diese bereits erreicht. Doch wie genau funktioniert das und warum?

Obwohl unser Unterbewusstsein so mächtig und auch dazu in der Lage ist, uns in vielen Momenten nahezu zu manipulieren, lässt es sich umgekehrt auch genauso gut von uns manipulieren beziehungsweise beeinflussen. Es akzeptiert all Ihre Gedanken, die Sie häufig wiederholen, und ändert dementsprechend nicht nur Ihre Denkweise, sondern auch Ihre Gewohnheiten, was folglich auch Ihre Handlungen beeinflusst. Das eigentlich Interessante an unserem Verstand ist, dass er nur sehr schwer zwischen Realität und Vorstellung unterscheiden kann. Es ist also ganz egal, ob wir uns nur vorstellen, unseren Traumberuf auszuüben oder ob wir es tatsächlich tun. In beiden Fällen werden die gleichen

Signale an unser Gehirn gesendet. Diese Signale wirken sich physisch so auf unsere Atmung, unseren Blutdruck und unsere Herzfrequenz aus, dass unsere Visualisierung genauso greifbar wie die Realität erscheint.

In der heutigen Zeit neigen die meisten Menschen aber leider dazu, sich an negativen Gedanken festzuhalten und demnach auch negative Situationen zu visualisieren. Auch ein mangelndes Verständnis der eigenen Vorstellungskraft ist manchmal für Leid oder Unzufriedenheit verantwortlich. Wenn Sie also immer vom Schlimmsten ausgehen, negative Reaktionen Ihrer Mitmenschen erwarten oder nicht von Ihrem Erfolg überzeugt sind, werden Sie im Umkehrschluss auch genau das in Ihr Leben ziehen. Sobald Sie jedoch verstehen, wie Sie die Vorstellungskraft durch aktives Visualisieren richtig einsetzen können, wird sich auch Ihre Lebenseinstellung verändern. Diese Veränderung bringt Sie in völlig neue Situationen und somit auch in Kontakt mit neuen Menschen, die Ihnen dabei helfen können, die Ziele zu erreichen, die bereits in Ihrer Vorstellung entstanden sind.

Das liegt daran, dass jeder Ihrer Gedanken mit einer sehr kraftvollen und kreativen Energie ausgestattet ist, die unterbewusst von anderen, gleichgesinnten Menschen wahrgenommen wird. Bevor wir nun jedoch näher auf diese Energien und deren Anziehungskraft eingehen, möchten wir Ihnen erklären, was es eigentlich mit Ihrem Unterbewusstsein auf sich hat, wie dieses funktioniert und warum es so wichtig ist, seine Funktion zu verstehen. Besonders im Zusammenhang mit der Visualisierung spielt dieses eine ganz bedeutende Rolle.

Das Unterbewusstsein

Wie Sie bereits wissen, hat jeder von uns ein Unterbewusstsein. Für die meisten Menschen endet das Wissen darüber aber bereits an dieser Stelle und unzählige von ihnen sind der Überzeugung, dass Sie keine Kontrolle über Ihre Gedanken haben. Das Unterbewusstsein ist Ihr zweiter, verborgener Verstand, der in Ihnen existiert. Es interpretiert Ihre vorherrschenden Gedanken, die sich in Ihrem Bewusstsein befinden, und wirkt auf diese ein.

Das Unterbewusstsein ist darauf bedacht, Umstände und Situationen anzuziehen, die mit den Bildern in unserem Kopf übereinstimmen. Es denkt weder logisch noch rational oder analytisch. Es kennt keinen Unterschied zwischen Realität und Vorstellung, weshalb es im Hinblick auf unsere Zielerreichung auch so leicht zu manipulieren ist, wenn die richtigen Techniken angewendet werden. Während unser Bewusstsein zum Beispiel weiß, dass es Zeit braucht, um ein Ziel zu erreichen, kann Ihr Unterbewusstsein darauf programmiert werden, zu glauben, dass Sie dieses bereits erreicht haben. Es heißt, dass unser Unterbewusstsein bis zu 95 % unseres Verhaltens an einem Tag beeinflusst, ohne dass wir es überhaupt bemerken. Es speichert all unsere Gefühle, Erinnerungen und Wünsche und kann diese zu jeder Zeit in unser Bewusstsein hervorrufen. Das ist auch ausschlaggebend dafür, dass wir oft die abgespeicherten Gefühle und Emotionen der Vergangenheit auf gegenwärtige Situationen übertragen und gewisse Erwartungen an diese haben. Das Unterbewusstsein entwickelt sich im Laufe unseres Lebens und saugt förmlich alles auf, was wir in unserem Umfeld wahrnehmen.

Dazu gehören auch die Verhaltensmuster anderer Menschen, wie zum Beispiel die unserer Eltern, Freunde und Arbeitskollegen. Wie bereits im vorherigen Abschnitt erwähnt, ist auch unser Unterbewusstsein dafür verantwortlich, dass wir sowohl positive als auch negative Emotionen, welche wir aus vergangenen Situationen abgespeichert haben, erneut erleben können. Das Unterbewusstsein ist unsere innere Stimme, die uns den ganzen Tag begleitet. Manchmal gleicht diese Stimme einem furchtbar anstrengenden Geschwätz, das sich kaum bändigen lässt. Wenn Ihre innere Stimme Sie also unentwegt darüber informiert, dass das Leben negativ ist, werden Sie sich im Umkehrschluss auch nur auf die Negativität konzentrieren. Die Erfahrungen, die Sie machen, werden Ihre Befürchtungen und Zweifel widerspiegeln, die sich wiederum aus negativem Denken ergeben.

Um das Ganze etwas bildlicher zu veranschaulichen, stellen Sie sich Ihr Unterbewusstsein als einen ausgesprochen fruchtbaren Boden vor, in welchem sich alle Samen befinden, die Sie seit Beginn Ihres Lebens gesät haben. In dem Fall sind diese Samen Ihre konventionellen Gedanken und Überzeugungen, die tagtäglich und geradezu automatisch von Ihnen gesät werden. So wie aus jedem Samen eine Pflanze entsteht, hat auch der Inhalt Ihrer Gedanken einen Einfluss auf Ihr Leben.

Unser Bewusstsein hingegen ist der Gärtner, der diesen fruchtbaren Boden pflegt. Es liegt also in Ihrer Verantwortung, Ihr Bewusstsein zu verstehen und zu trainieren und mit Bedacht auszuwählen, welche Gedanken beziehungsweise welche Samen Sie in Ihrem Boden, also in Ihrem Unterbewusstsein, säen möchten. Leider ist diese Rolle des Gärtners den meisten Menschen völlig unbekannt. Wir haben nie gelernt, wie wir unser Bewusstsein eigentlich einsetzen können und dass es ein langer Prozess ist, durch bewusstes Denken auch gleichzeitig präsenter zu sein.

Deshalb halten wir uns oft an vergangenen Ereignissen fest oder verlieren uns in der Zukunft. Dadurch, dass wir also nur 5 % des Tages wirklich bewusst denken und handeln, haben wir über einen langen Zeitraum allen Arten von Samen, sowohl den guten als auch den schlechten, erlaubt, in unser Unterbewusstsein einzudringen. Es manifestiert Erfolg, Glück und Gesundheit genauso leicht wie Misserfolg, Unglück und Krankheit.

Das Bewusstsein

Bewusstsein zu erlangen erfordert Zeit. In erster Linie erfordert es jedoch Ihr Verständnis darüber, dass es einen bedeutenden Unterschied zwischen bewusstem und unbewusstem Denken gibt. Ihr Bewusstsein ist Ihr objektiver Verstand. Es hat kein Erinnerungsvermögen und kann immer nur einen Gedanken zur gleichen Zeit halten. Das Bewusstsein ist der Verstand Ihrer fünf Sinne, der es Ihnen ermöglicht, die physische Welt bewusst wahrzunehmen und zu erleben. Zunächst werden eingehende Informationen identifiziert.

Diese Informationen werden über einen oder mehrere Ihrer Sinne, also über das Sehen, Hören, Riechen, Schmecken oder Fühlen, wahrgenommen. Das Bewusstsein beobachtet und kategorisiert ständig und überall, was um Sie herum passiert. Es gibt Ihnen im Wesentlichen die Freiheit, zum Beispiel Entscheidungen ganz bewusst zu treffen. Abgesehen von der Fähigkeit zur Vernunft und zur Beurteilung Ihrer Gedanken hat das Bewusstsein eine ganz wichtige und entscheidende Funktion. Es arbeitet als eine Art Wächter über das Unterbewusstsein.

Das bedeutet, dass Ihr Bewusstsein sicherstellt, dass nur erwünschte und befähigende Informationen Zugang zu Ihrem Unterbewusstsein erhalten. Grundsätzlich soll es als der alleinige Entscheider tätig sein, da Ihnen der Zugang zum Unterbewusstsein einzig und allein über das Bewusstsein möglich ist. Da die meisten Menschen jedoch kein Verständnis beziehungsweise nicht das nötige Wissen über diese wichtige Fähigkeit haben, erleben Sie Ihre Außenwelt in einem mehr oder weniger automatisierten Zustand und lassen alle Informationen der Medien, der Gesellschaft, ihrer Familie und ihres gesamten Umfeldes ungefiltert und unkontrolliert in das Unterbewusstsein gelangen. Ein großer Teil der Bevölkerung ist sich also gar nicht bewusst darüber, dass der Verlauf Ihres Lebens fast ausschließlich von einer Reihe tief verwurzelter, unbewusster Programme gelenkt ist, die sich über einen langen Zeitraum manifestiert haben. Das Bewusstsein funktioniert im Prinzip wie ein Computer, der über die Entwicklung dieser Programme entscheidet. Die neuen Daten beziehungsweise Informationen werden also entweder akzeptiert oder abgelehnt.

Alle neuen Eindrücke werden sortiert und gefiltert und letzten Endes wählt das Bewusstsein ganz präzise aus, welche für Sie relevant sind und welche nicht. Und obwohl das Ganze vielleicht sehr einfach und durchaus einleuchtend klingt, ist unser Bewusstsein ein wahres Mysterium, denn wir wissen zwar, dass wir bewusst sind, jedoch nicht warum. Selbst die moderne Wissenschaft hat bislang noch keine Erklärung dafür, warum wir bewusst sind oder was genau das Bewusstsein eigentlich ist.

Alle Erfahrungen und Eindrücke, die wir machen und aufnehmen, gleichen einem lebendigen inneren Film, der uns unsere Außenwelt nicht nur sehen, sondern auch fühlen lässt. Da kommt also die Frage auf, ob wir uns in der physischen Welt befinden oder die physische Welt in uns, denn sind es am Ende nicht doch wir, die diese Welt erschaffen, indem wir sie wahrnehmen und beobachten? Um die Kontrolle oder das Bewusstsein über Ihre Gedanken zu erlangen, müssen Sie vorab Ihr Denkverhalten konstruktiv wahrnehmen und bestimmte Verhaltensmuster erkennen. Das kann zum Beispiel funktionieren, indem Sie sich als eigener Beobachter Ihrer Gedanken versuchen. Auch das Beobachten und Hören Ihrer eigenen Gedanken kann besonders am Anfang etwas Übung erfordern, da Sie an das Hintergrundgeräusch Ihrer inneren Stimme gewöhnt sind.

Wenn Sie jedoch ganz bewusst eine Pause jeglicher Aktivität einlegen und für einen kurzen Moment mit dem aufhören, was Sie gerade tun, können Sie dieser inneren Stimme zuhören und beurteilen, was genau in Ihrem Kopf vor sich geht. Vielleicht können Sie in genau diesem Moment, in dem Sie auf Ihren nächsten Gedanken warten, feststellen, dass Ihre innere Stimme für einen sehr kurzen, aber dennoch bedeutenden Augenblick verstummt. Wenn Sie diesen Moment erleben, sind Sie gegenwärtig. In diesem Moment sind Sie sich vollkommen bewusst und haben einen Raum entdeckt, in dem bloßer Frieden herrscht.

Wenn Sie Ihre Gedanken beobachten, versuchen Sie nicht, über diese zu urteilen. Lassen Sie jeden Gedanken einfach kommen und gehen und hören Sie einfach nur zu. Achten Sie auch darauf, welche Emotionen mit Ihren Gedanken verbunden sind. Vielleicht ist Ihre innere Stimme kritisch oder besorgt, vielleicht sind Ihre Gedanken aber auch positiv und voller Dankbarkeit. Der nächste Schritt ist das Verständnis darüber, dass all unsere Gedanken und Emotionen nicht nur eine Auswirkung auf uns haben, sondern auch auf unser Umfeld.

Umso wichtiger ist es also, dass wir diese mit Sorgfalt behandeln und verstehen, dass jeder einzelne dieser Gedanken auch gleichzeitig eine energetische Schwingung hat. Je häufiger wir an etwas denken, desto mehr gleichschwingende Energien ziehen wir auch wieder an. Was genau das bedeutet, können Sie dem nächsten Abschnitt entnehmen.

Gedanken sind Energie

Alles, was Sie in der physischen Welt wahrnehmen, findet seinen Ursprung in der unsichtbaren inneren Welt Ihrer Gedanken und Überzeugungen. Um der Schöpfer Ihrer eigenen Realität zu werden, müssen Sie lernen, Ihre dominanten und gewohnheitsmäßigen Gedanken zu kontrollieren, damit Sie all das, was Sie haben und erleben möchten, auch in Ihrem Leben manifestieren können. Ihre Gedankenkraft ist grenzenlos. Es gibt ein einziges intelligentes Bewusstsein, das unser gesamtes Universum durchdringt. Dieses intelligente Bewusstsein ist allmächtig, kreativ und überall zur gleichen Zeit präsent. Ihr Verstand ist also nur ein Teil von diesem viel größeren universellen Verstand.

Das Universum ist grenzenlos und da auch Ihr Verstand ein Teil davon ist, können Sie daraus schließen, dass das Gleiche auch auf Ihre Gedankenkraft zutrifft. Die ganze Welt besteht aus einer Vielzahl von Gedanken, die in den Köpfen unzähliger Menschen entstehen und sich so zu einem riesigen energetischen Feld entwickeln. Wohin Sie auch gehen, nehmen Sie diese Energien auf. Ihr Verstand hat also die Kraft, Gedanken anzuziehen oder abzustoßen.

Deshalb ziehen Sie von Natur aus die Gedanken an, die Ihren eigenen ähneln und lehnen das ab, was nicht Ihren Ansichten entspricht. Umgeben Sie sich zum Beispiel mit Menschen, die oft negativ denken, wird dies früher oder später auch auf Ihr eigenes Verhalten abfärben. Umgekehrt beeinflusst auch jeder Ihrer Gedanken Ihre Mitmenschen und Ihre Umgebung. Jedes Ereignis in Ihrem Leben ist auf Ihre Gedanken zurückzuführen. Alles, was Sie also in Ihrer physischen Welt wahrnehmen, findet seinen Ursprung in Ihrer inneren, mentalen Welt.

Anders ausgedrückt: Die Gegebenheiten und Umstände in Ihrem Leben sind das Ergebnis Ihrer kollektiven Gedanken und Überzeugungen. Das kann Ihre aktuelle finanzielle Lage, aber auch Ihr gesundheitlicher Zustand sein. Ein Großteil der Menschen geht jedoch davon aus, dass Ihre äußeren Umstände und Einflüsse dafür verantwortlich sind, wie sie fühlen und denken, ohne sich bewusst darüber zu sein, dass es einzig und allein ihre eigene Gedankenkraft ist, die genau diese Umstände schafft, ob gewollt oder ungewollt. Unsere individuellen Gedanken sind im Allgemeinen eher schwach, da unser Verstand in jedem einzelnen Moment unzählige davon erzeugt. Je bewusster wir uns über diese sind, desto stärker werden sie. Wir können die Kraft unserer Gedanken also durch gezieltes Bewusstsein, vor allem aber durch gezielte Wiederholung, trainieren und erhöhen.

Wenn Sie sich bemühen und üben, positive und konstruktive Gedanken zu entwickeln, werden Sie auch wiederum mehr davon anziehen. Zwar ist es wichtig, zu lernen, sich Ihrer gewohnheitsgemäßen Gedanken bewusst zu werden und diese gegebenenfalls anzupassen oder zu ändern, um eine insgesamt positive

Einstellung zu entwickeln, jedoch sollten Sie darauf achten, dass dies nicht zu einer Besessenheit wird.

Wenn Sie also Ihre Gedanken beobachten und jeden von Ihnen bis auf den Kern interpretieren, ist das noch kontraproduktiver, als sich dessen überhaupt nicht bewusst zu sein. Wenn Sie jeden Ihrer Gedanken interpretieren, verleihen Sie diesem automatisch auch mehr Kraft. Das kann bei positivem Denken natürlich von großem Vorteil sein, funktioniert aber genauso gut bei negativem, unerwünschtem Denken. Üben Sie stattdessen lieber, unerwünschte Gedanken durch etwas Positives zu ersetzen. Das hilft Ihnen dabei, negative Gedanken unmittelbar zu entkräften.

Um das Ganze noch einmal zusammenzufassen und auf den Punkt zu bringen: Ihr Leben ist das Spiegelbild Ihrer Gedanken, Überzeugungen und mentalen Einstellung. Die Lösung besteht also darin, aus dem Wirbel aus negativen Gedanken, den wir uns selbst geschaffen haben, auszubrechen, und so oft es geht an alles Positive zu denken. Besonders wichtig ist dies, kurz bevor Sie schlafen gehen, denn kurz bevor Sie einschlafen, ist die Verbindung zum Unterbewusstsein besonders kraftvoll und alle Erlebnisse des Tages spielen sich erneut in Ihrem Verstand ab. Außerdem können Gedanken an den bevorstehenden Tag negative Gefühle oder sogar Ängste auslösen, die das Unterbewusstsein stark beeinflussen. Positives Denken sollte aber nicht nur in einer bestimmten Situation oder wegen eines bestimmten Umstandes geübt werden, sondern sich über lange Zeit zu Ihrer allgemeinen Denk- und Lebensweise entwickeln.

Indem Sie ständig nur auf positive Weise denken, stellen Sie sicher, dass sich auch nur die positiven Dinge in Ihrem Leben manifestieren. Denken Sie nicht in Zukunftsform, sondern immer gegenwärtig und manifestieren Sie die Dinge so, als würden Sie bereits in Ihrem physischen Leben existieren. So ziehen Sie auch das an, was Sie sich in Ihrer Realität wünschen.

Das Gesetz der Anziehung

Mit der Kraft unserer Gedanken können wir unsere Träume und Wünsche wahr werden lassen. Um diese Aussage zu bekräftigen, war es also in erster Linie wichtig, zu verstehen, dass alles und jeder energetisch miteinander verbunden ist. Denn wie könnte die Kraft der Anziehung sonst funktionieren? Für diese Anziehungskraft gibt es ein Gesetz – ein Gesetz, das den meisten Menschen, und vielleicht auch Ihnen, bislang völlig unbekannt ist: das Gesetz der Anziehung oder auch Gesetz der Resonanz. Dieses Gesetz besagt, dass Gleiches auch immer Gleiches anzieht. Das umfasst alles, was in Ihr Leben kommt und auch all das, was Sie im Laufe Ihres Lebens erleben.

Dieses Phänomen geschieht tatsächlich einzig und allein durch die magnetische Kraft Ihrer Gedanken und Emotionen, immer und zu jeder Zeit. Dabei ist es völlig egal, um welche Art von Gedanken es sich handelt. Das Gesetz der Anziehung differenziert weder zwischen guten oder schlechten Gedanken noch ist es abhängig von der Zeit.

Demnach ist es also unabhängig davon, ob Sie über Ihre Vergangenheit, über die Zukunft oder über den gegenwärtigen Moment nachdenken. Das Resonanzgesetz hat zu jeder Zeit einen Einfluss auf Ihr Leben und, da es keinerlei Differenzierungen kennt, auch einen direkten Einfluss auf die ganze Welt. Nichts ist von dieser Kraft ausgeschlossen und sie wirkt an jedem Ort und für jeden Menschen gleichermaßen.

Häufig kommt es gerade in Bezug auf die Handlung des Gesetzes zu einigen Missverständnissen: Es heißt nicht, dass ein bloßer Gedanke an etwas ausreicht, um es in unser Leben zu ziehen, und schon gar nicht bedeutet es, dass wir diese Kraft dafür einsetzen können, um unser Leben materiell zu bereichern. Denn viel wichtiger als der Gedanke selbst ist die Emotion, die dahintersteckt. An etwas zu denken und wirklich daran zu glauben, sind zwei vollkommen unterschiedliche Dinge. Ein Gedanke, der aus unserem Unterbewusstsein entsteht, ist häufig sogar völlig irrelevant und hat nichts mit dem zu tun, von dem wir wirklich überzeugt sind. Anhand des folgenden Beispiels lässt sich das ganz einfach erklären: Stellen Sie sich vor, dass Sie während Ihrer Visualisierung immer wieder daran denken, dass Sie diesen einen, ganz bestimmten Job unbedingt haben möchten.

Natürlich können Sie Ihr Unterbewusstsein so programmieren, dass es diesen Gedanken abspeichert, allerdings reicht der Gedanke allein nicht aus. Wenn Sie also diesen Job haben möchten, aber eigentlich davon überzeugt sind, dass Sie dieses Ziel womöglich nie erreichen werden, weil Sie eventuell nicht qualifiziert oder ambitioniert genug dafür sind, dann werden Sie auch genau das anziehen. Oft stimmen unsere Gedanken nicht mit unseren Überzeugungen und Emotionen überein.

Das lässt sich immer besonders gut beobachten, wenn wir auf der Suche nach Veränderungen sind. Wir möchten etwas ändern, sind aber emotional sehr an Erlebnisse aus der Vergangenheit gebunden und deshalb oft nicht davon überzeugt, dass eine Veränderung wirklich möglich ist. Diese vergangenen Erfahrungen sind außerdem sehr oft mit Ängsten und Zweifeln verbunden und können deshalb bei der Erreichung unserer Ziele zu unserem größten Hindernis werden.

Wir alle haben den freien Willen und die Macht, den Inhalt unseres Lebens und dessen Entwicklung selbst zu bestimmten. Die Art und Weise, wie wir darüber denken und die Energiefrequenz, die hinter diesen Gedanken steckt, ist daher besonders wichtig. Ganz gleich, wie schwierig die Umstände auch sein mögen, es ist besonders wichtig, so positiv wie möglich zu denken. Dieses Prinzip lässt sich auf alles in Ihrem Leben anwenden. Das klingt theoretisch sehr einfach, muss aber vor allem in der Praxis geübt werden. Denn Sie haben mit Sicherheit auch schon einmal eine Situation erlebt, in der Sie nicht mehr wussten, was Sie tun sollen. Zur Veranschaulichung eignen sich immer Geldsorgen – Sorgen, die sich über mehrere Generationen im Leben vieler Menschen manifestiert haben.

Obwohl gerade diese Situationen mit Sicherheit schwierig sind, müssen Sie positives Denken vermehrt üben. Wenn Sie sich durch weitere negative Gedanken in Ihre schlechte finanzielle Lage hineinsteigern, desto schlimmer wird sie sich entwickeln. Das heißt, je mehr Sie sich auf den wahrgenommenen Geldmangel konzentrieren, desto weniger Geld werden Sie auch im Umkehrschluss erhalten. So agiert das Gesetz der Anziehung. Jeder Ihrer Gedanken muss darauf ausgerichtet sein, dass Sie etwas erschaffen können. Sie müssen davon überzeugt sein, dass Sie etwas an Ihrer Lage verändern können, ohne sich dabei von früheren Erfahrungen und Überzeugungen kontrollieren zu lassen. Sie sind verantwortlich dafür, was Sie in Ihr Leben ziehen und wie Ihre Realität sich dadurch verändert.

Gedanken und Emotionen

Die meisten Menschen, die zum ersten Mal auf das Gesetz der Anziehung stoßen, davon hören oder darüber lesen, denken vielleicht, dass Sie das Prinzip verstanden haben, sind sich aber über einen ganz bestimmten und entscheidenden Aspekt nicht bewusst: Der Glaube daran, dass sie alles erreichen können, indem sie nur oft und lange genug daran denken, ist schlicht und ergreifend falsch.

Was dem Großteil der Menschen dabei entgeht, ist die Tatsache, dass ein Gedanke allein nicht ausreicht. Ein Gedanke allein ist nicht kraftvoll genug, um etwas in Ihrer physischen Welt zu realisieren. Die entscheidenden Faktoren, um die Dinge zu erreichen, die Sie sich wünschen, sind zum einen Ihre Emotionen und zum anderen das, woran Sie wirklich glauben. Alles, was in der physischen Welt existiert, basiert auf dem, was Sie für wahr halten, nicht auf dem, was Sie sich vorstellen.

Während also ein Gedanke die Formulierung Ihres Wunsches ist, geben Ihre Emotionen diesem Wunsch erst einen Wert. Es geht also nicht um Ihren Verstand, sondern um das, was Sie wirklich von tiefstem Herzen glauben und wovon Sie wirklich überzeugt sind. Das ist ein ganz bedeutender und entscheidender Unterschied. Sie können sich natürlich vorstellen, glücklich und zufrieden zu sein, ein erfülltes Leben zu führen, ohne Sorgen und Zweifel oder vielleicht stellen Sie sich vor, eine perfekte Partnerschaft zu führen. In Ihrer Vorstellung sind Ihnen keinerlei Grenzen gesetzt. Sie können all diese Dinge jedoch nur dann realisieren, wenn auch Ihre Emotionen mit diesen Gedanken übereinstimmen.

Wenn Ihre Gedanken eine negative Emotion auslösen, werden Sie höchstwahrscheinlich das Gegenteil von dem anziehen, was Sie sich eigentlich wünschen, was Sie haben, tun oder sein möchten. Eventuell wird der gesamte Prozess der Anziehung sogar unterbrochen. Stellen Sie sich vor, Sie wollen eine Million Euro in Ihrem Leben manifestieren.

Welche Emotionen ruft dieser Gedanke in Ihnen hervor? Löst der Gedanke daran, dass Sie so unfassbar viel Geld haben, Freude, Euphorie und Zufriedenheit aus oder spüren Sie eher Unsicherheit und Zweifel, weil Sie gar nicht so genau wissen, wie Sie überhaupt zu solch einer Geldsumme kommen sollen? Durch diese Art von Gedanken geraten Sie von Ihrer eigentlichen Absicht ab und senden eine gemischte und sehr uneindeutige Botschaft an das Universum. Die Herausforderung besteht also darin, dass Ihre Gedanken mit Ihren Emotionen übereinstimmen.

Wenn Sie etwas wirklich wollen, muss es eine starke und positive Energie in Ihnen hervorrufen, welche im besten Fall auch ohne jegliche Ablenkung und möglichst dauerhaft anhält. Meistens sind es Ihre unterbewussten, negativen Überzeugungen, die dafür sorgen, dass Ihre ebenfalls negativen Emotionen immer wieder hervorgerufen werden.

Doch woran genau können Sie eine Überzeugung erkennen? Eine Überzeugung ist etwas, woran Sie wirklich glauben. Es ist die Vereinigung Ihrer Gedanken und Emotionen. Sie geben einem Gedanken Leben, indem Sie ihn mit einer Emotion verbinden. Das Gefühl, das dabei entsteht, ist letzten Endes der entscheidende Faktor, der dafür sorgt, dass Sie mit dem Gesetz der Anziehung auch Ihre Wünsche in der physischen Welt manifestieren können. Diese Gefühle entstehen nicht in Ihrem Kopf, durch Ihre Gedanken, sondern tief in Ihrem Herzen.

All Ihre Überzeugungen sind mit Gefühlen verbunden. Grundsätzlich kann man zwischen zwei Gefühlen unterscheiden, die den größten Einfluss auf unser Leben haben: Liebe und Angst. Andere Gefühle wie Hass, Trauer, Freude oder Mitgefühl entstehen erst dann, wenn Sie einen Ihrer Gedanken mit Liebe oder Angst nähren. Eines der Gewohnheitsmuster des Verstandes ist die Reaktion auf Emotionen. Demnach kann auch genau diese Reaktion der Grund für Leid und jegliche andere Negativität sein.

Durch kontinuierliche Übung und auch durch regelmäßiges Visualisieren können Sie trainieren, nicht auf jede Ihrer Emotionen zu reagieren. Sie können üben, diese Emotionen einfach zu beobachten, ohne sie zu bewerten und Ihren Gemütszustand zu verändern. Im Verstand auftauchende Emotionen sind immer frei von jeglicher Wertung. Erst dann, wenn der Verstand auch auf diese Emotionen reagiert, entstehen Gefühle wie Sorgen oder Zweifel. Einen Ausgleich zwischen Gedanken und Emotionen zu schaffen und somit auch das auszustrahlen, was Sie in Ihr Leben ziehen möchten, ist nichts, was Sie über Nacht lernen. Ganz im Gegenteil. Es ist eine Herausforderung und wird Ihnen wahrscheinlich auch nie vollkommen gelingen. Dennoch gibt es ein einfaches Prinzip, mit welchem Sie Ihr Unterbewusstsein und Ihre mit Emotionen verbundenen Gedanken neu programmieren können: Die Rede ist von dem „Handeln als ob"-Prinzip. Dieses Prinzip kann in fast allen Lebensbereichen angewendet werden und besagt, dass jemand, der etwas in seinem Leben manifestieren will, so tun muss, als ob er es bereits hat. Es geht also darum, dass Sie sich so verhalten, als hätten Sie Ihr Ziel bereits erreicht. Das gilt jedoch nicht nur für Ihre Gedanken, sondern auch für alle anderen Eigenschaften, also für Ihre Bewegung, Ihre Art zu sprechen, Ihre Körperhaltung und Ihr gesamtes Verhalten.

Einfach ausgedrückt: Sie müssen sich wie die Person verhalten, die Sie gerne wären. Möchten Sie erfolgreich sein, bedeutet das, dass Sie so handeln, sprechen und denken müssen, wie ein erfolgreicher Mensch es tun würde. Das Prinzip des „Handelns als ob" ist genauso real wie das Gesetz der Schwerkraft. Sie können die Schwerkraft um sich herum nicht sehen, aber Sie können sie fühlen.

Das Gleiche gilt auch, wenn Sie so handeln, als hätten Sie Ihre Ziele bereits erreicht. Sie können die Dinge vielleicht noch nicht in Ihrer physischen Welt sehen, aber Sie können sich so fühlen, als wären sie bereits da. In Ihrem Verstand können all diese Dinge bereits existieren, bevor sie sich manifestieren. Der Schlüssel zum Erfolg besteht darin, Harmonie zwischen dem zu schaffen, was Sie sich wünschen, woran Sie denken und wie Sie handeln. Den meisten Menschen fällt es gerade deshalb schwer, so zu handeln, als hätten sie die Dinge, die sie sich wünschen, bereits erreicht, weil ihr Handeln nicht mit ihren Emotionen übereinstimmt.

Wenn Sie Ihren Verstand auf eine gewisse Organisationsebene bringen, wird sich auch automatisch der Rest Ihres Systems organisieren, also Ihr Körper, Ihre Emotionen und Ihre Energie. Alles wird in ein und dieselbe Richtung geordnet. Sobald also all diese vier Elemente im Einklang sind, kann alles real werden, was Sie wollen, ohne, dass Sie tatsächlich aktiv handeln müssen. Eine aktive Handlung würde den Prozess zwar unterstützen, aber auch ohne körperlich dafür zu arbeiten, können Sie Ihre Wünsche manifestieren, vorausgesetzt, Ihr Verstand, Ihre Emotionen, Ihr Körper und Ihre Energien sind über einen konstanten Zeitraum im Einklang.

Aktuell ist das Problem Ihres Verstandes, dass er in jedem einzelnen Moment seine Richtung ändert. Es ist, als würden Sie eine Reise antreten und nach jedem Schritt in eine andere Richtung gehen. In dem Fall würden Sie sich höchstwahrscheinlich auch die Frage stellen, ob Sie Ihr ursprüngliches Ziel je erreichen werden. Genau so können Sie das auch auf Ihren Verstand und auf Ihre Lebensziele übertragen.

Wenn Sie an etwas Bestimmtes denken, aber etwas anderes fühlen und sich in die falsche Richtung bewegen, wird das, was Sie sich eigentlich wünschen, auch nicht passieren. Stellen Sie sich vor, Sie planen ein Haus zu bauen. Zunächst beginnen Sie mit dem einfachen Gedanken über den Bau und die finanziellen Mittel, die Sie benötigen, um das Haus nach Ihren Wünschen zu gestalten. Wenn Ihre Gedanken aber plötzlich abschweifen, weil Sie sich fragen, wie Sie das Ganze eigentlich finanzieren sollen, senden Sie gleichzeitig das Signal, dass Sie nicht davon überzeugt sind, dass Sie dieses Haus wirklich bauen können. Das mag im ersten Moment kompliziert klingen, ist aber eigentlich ein ganz einfaches Prinzip.

Einerseits erzeugen Sie den Wunsch, dass Sie etwas wollen, andererseits sagen Sie jedoch, dass Sie es eigentlich unmöglich umsetzen können. Wenn Sie sich dauerhaft mit diesem Konflikt aufhalten, wird dieser Wunsch höchstwahrscheinlich auch nie in Erfüllung gehen. Genauso ist es auch mit Ihrem Glück und mit Ihrem allgemeinen Wohlbefinden. Der Hauptgrund dafür, dass Sie unglücklich und unzufrieden sind, ist der, dass Ihr Leben nicht so abläuft, wie Sie es sich vorstellen. Verläuft Ihr Leben jedoch nach Ihren Vorstellungen, sind Sie automatisch glücklich und zufrieden. Es ist genauso einfach, wie es klingt. Sie können bestimmen, ob Ihr Gedanke zur Realität wird oder nur ein leerer Gedanke bleibt. Die Frage danach, ob etwas möglich ist oder nicht, beschäftigt jeden Menschen auf der Welt und bringt eine Menge Negativität mit sich. Was möglich ist und was nicht, liegt jedoch nicht in unserer Hand. Es ist eine Entscheidung der Natur.

Unsere einfache Aufgabe besteht darin, nach dem zu streben, was wir wirklich wollen. Die Problematik dabei ist, dass vergangene Lebenserfahrungen immer wieder als Grundlage dafür verwendet werden, ob wir etwas für möglich halten oder nicht. Mit anderen Worten: Wir haben uns dafür entschieden, dass das, was bisher noch nicht geschehen ist, auch in Zukunft nicht geschehen kann. Alles, was bis zum jetzigen Zeitpunkt noch nicht passiert ist, kann morgen passieren. Der menschliche Verstand ist in der Lage, es morgen zu verwirklichen.

Jeder Gedanke, der auf eine kraftvolle Weise und ohne jegliche Negativität erschaffen wird, kann sich manifestieren. Es geht auch darum, in den Prozess des Lebens zu vertrauen, darauf zu vertrauen, dass alles zum richtigen Zeitpunkt und am richtigen Ort passieren wird. In der heutigen Zeit haben viele Menschen das Vertrauen und den Glauben an diese Tatsache verloren. Wenn Sie Gedanken und Emotionen miteinander verbinden, ist alles möglich, ohne jeden Zweifel. Sobald Sie einen stetigen Gedankenfluss aufrechterhalten können, ohne Ihre Richtung zu ändern, werden Ihre Wünsche und Ziele sich als Realität in Ihrem Leben manifestieren. Dafür müssen Sie sich aber zuerst einmal darüber im Klaren sein, was Sie wirklich wollen. Jeder Mensch möchte im Prinzip nur eines – ein glückliches und friedliches Leben führen. In Bezug auf seine Beziehungen möchte er geliebt und umsorgt werden. Es geht darum, Frieden mit sich selbst und dem eigenen Umfeld zu finden. Wenn Sie sich jeden Tag dafür einsetzen, das zu erschaffen, was Ihnen am Herzen liegt, wird auch Ihr Verstand sich mit dieser Emotion identifizieren. Ein weiterer Schritt des „Handeln als ob"-Prinzips besteht darin, dieses Handeln konsequent zu üben. Wenn Sie es in Ihrem Unterbewusstsein manifestieren wollen, damit es ein Teil Ihres Lebens und gleichzeitig auch zur Gewohnheit wird, müssen Sie dranbleiben. Wenn Sie so tun, als wären Sie die erfolgreiche Person, die Sie gerne sein möchten und wenn der Gedanke daran auch mit Ihrem Handeln und mit Ihren Emotionen übereinstimmt, werden Sie schon nach kurzer Zeit beginnen, daran zu glauben, dass Sie diese Person bereits sind. Dann werden schließlich auch die Ergebnisse folgen. Neben all der konsequenten Wiederholung und dem „Handeln als ob" müssen Sie vor allem eines: loslassen. Es klingt paradox, dass Sie das bekommen, was Sie wollen, wenn Sie sich von dem Verlangen danach lösen. Wenn Sie ungeduldig sind und Druck auf sich selbst beziehungsweise auf den Prozess ausüben, werden Sie sich nur selbst im Weg stehen. Sobald Sie dieses Verlangen jedoch losgelassen haben und sich wirklich so fühlen, als ob Sie bereits das hätten, was Sie wollen, wird es auch zu Ihnen kommen.

Realität kreieren

Alles, was Sie im Laufe der Zeit erleben, haben Sie selbst kreiert. Um das Ganze mit anderen Worten auszudrücken: Sie erschaffen Ihre eigene Realität. Und das haben Sie wahrscheinlich getan, ohne überhaupt davon zu wissen. Sie kreieren ständig, in jedem einzelnen Augenblick. All Ihre vorherrschenden Gedanken, Gefühle und Überzeugungen beeinflussen Ihre Realität auf positive und negative Weise.

Während Ihre positiven, bewussten und zielorientierten Gedanken, Gefühle und Überzeugungen Ihnen ermöglichen, sich Ihre Wünsche zu erfüllen und Ziele zu erreichen, kreieren Ihre negativen und unkontrollierten Gedanken und Überzeugungen, die aus Ihrem Unterbewusstsein kommen, das Gegenteil.

Diese Gedanken halten Sie davon ab, Ihre Ziele zu erreichen, und wirken wie ein Magnet für weitere negative und unerwünschte Erfahrungen. Angenommen, Sie setzen sich ein Ziel, wollen dieses schnellstmöglich erreichen, realisieren aber wenig später, dass es mehr Zeit in Anspruch nimmt, als Sie erwartet haben.

Diese Erfahrung kann dafür sorgen, dass Ihre Motivation nachlässt, Sie ungeduldig werden und Sie das Ganze mit weiterer Negativität assoziieren. Ihre einst positiven Gedanken werden also innerhalb kürzester Zeit von den negativen Ansichten beeinflusst und es entsteht ein Kreislauf aus Unzufriedenheit und Misserfolg und im schlimmsten Fall resultiert daraus eine negative Grundeinstellung, die sich auch auf all Ihre weiteren Ziele auswirkt. Es kann aber natürlich auch das genaue Gegenteil der Fall sein.

Manchmal scheint einfach alles ohne großen Aufwand zu funktionieren und die Dinge laufen genauso, wie Sie es sich vorgestellt haben. Das kommt dann zustande, wenn Sie sich innerlich in einem energetischen Gleichgewicht befinden. Und genau dieses Gleichgewicht Ihrer positiven Gedanken, Gefühle und Überzeugungen erzeugt ein so starkes energetisches Feld, dass die Verbindung zu all den Dingen hergestellt wird, die Sie benötigen, um das zu erreichen, was Sie sich wünschen, und um all das auch in der physischen Realität zu manifestieren.

Versuchen Sie einmal, eine bestimmte Zeit oder sogar eine konkrete Situation in Ihr Bewusstsein zu rufen, in der Sie das Gefühl hatten, dass alles vollkommen reibungslos und ohne jegliche Probleme funktioniert hat. Vielleicht haben Sie ein wichtiges Jobangebot bekommen, einen großartigen Menschen kennengelernt oder Sie waren beruflich, sportlich oder einfach in Ihrem Privatleben in einer anderen Hinsicht erfolgreich. Haben Sie all diese Dinge jemals hinterfragt?

Mit hoher Wahrscheinlichkeit haben Sie sich einfach über diese Erfolge gefreut, aber nicht darauf geachtet, wie und warum alles so funktioniert hat, wie Sie es sich gewünscht haben. Denn all diese Dinge passieren aus einem bestimmten

Grund und haben sich schon über einen längeren Zeitraum in Ihrem Unterbewusstsein manifestiert. Alle Prozesse, die außerhalb von Ihnen stattfinden, sind immer direkt mit Ihrem Inneren verbunden. Das bedeutet, dass Sie sowohl für alle positiven als auch für alle negativen Erfahrungen in Ihrem Leben selbst verantwortlich sind. Und obwohl niemand von uns gerne negative Erfahrungen macht, sind gerade diese besonders wichtig für unsere Entwicklung.

Jedes dieser Erlebnisse zeigt uns, welche Überzeugungen wir erneut überdenken sollten und welche Perspektiven geändert werden müssen, damit wir unsere Ziele erreichen können. Sie können außerdem dabei helfen, dass Sie sich selbst reflektieren, zu sich selbst finden und an neuen Herausforderungen wachsen.

Wenn Sie lernen, ganz bewusst einen positiven Gedanken mit einer ebenfalls positiv ausgerichteten Emotion und Überzeugung zu kreieren, können Sie jeden negativen Umstand in einen positiven umwandeln.

Das Gute daran ist, dass das mit all Ihren Gedanken funktionieren kann, wenn Sie bereit sind, diese innere Kraft zu nutzen und Ihre Ansichten zu ändern. Die wahre Kraft und somit auch Ihr mächtigstes Werkzeug ist also Ihr Bewusstsein. Bewusstes Denken ist positiv, zielorientiert und wird im Gegensatz zu unbewusstem Denken von Ihnen gesteuert. Diese Gedanken richten sich auf all Ihre Bedürfnisse, Wünsche, Ziele und Absichten. Der entscheidende und wichtige Unterschied zum unbewussten Denken liegt jedoch darin, dass Ihre bewussten Gedanken mit Ihrer Intuition verbunden sind und deshalb auch durch die Kraft der Überzeugung und der positiven Emotionen bestärkt werden.

Am Ende sind es eben genau diese mit positiven Emotionen verbundenen Gedanken, die sich manifestieren und eine ebenfalls positive Realität erschaffen. Der erste Schritt, um die Kontrolle über Ihre Gedanken zu erlangen, besteht darin, unerwünschte Muster zu erkennen. Solange Sie nicht erkennen, welche Überzeugungen und Verhaltensweisen nicht zu Ihrem Nutzen sind, können Sie auch keine positiven Veränderungen erwarten. Das bringt uns wieder zurück zu dem Versuch, zum Beobachter Ihrer eigenen Gedanken zu werden. Denn an diesem Punkt stellen Sie schnell fest, welche davon zu einem glücklichen und erfolgreichen Leben beitragen und welche eher das Gegenteil bewirken und Sie davon abhalten, Ihre Ziele zu erreichen.

Jeder von uns kreiert oder erschafft also seine eigene Realität mit seiner eigenen Vorstellungskraft. Wir können unsere Vorstellungskraft in vielen Bereichen unseres Lebens einsetzen und grundsätzlich ist es dabei völlig egal, welches Ziel wir verfolgen. Es muss nicht immer gleich ein konkretes Ziel sein, dass Sie zu einem ganz bestimmten Erfolg führt, denn durch Visualisierung können Sie alles erschaffen, was Sie sich jemals vorgestellt haben.

Warum visualisieren?

Wir haben in den vorherigen Absätzen bereits grob angeschnitten, in welchen Hinsichten die Praxis der Visualisierung eigentlich sinnvoll ist beziehungsweise zu welchen Zwecken sie eingesetzt werden kann. Da dies aber neben den verschiedenen Techniken und Arten der Visualisierung ein sehr ausschlaggebender Aspekt ist, möchten wir uns damit im folgenden Abschnitt intensiver befassen.

Denn nur zu wissen, dass Sie durch das Visualisieren Ihre Ziele erreichen und Ihr Leben völlig neu gestalten können, reicht an dieser Stelle nicht aus, um all das am Ende auch in die Praxis umzusetzen. Grundsätzlich kann man sagen, dass eine Visualisierung in jeder Hinsicht Sinn macht, ganz unabhängig davon, welche Träume und Wünsche Sie haben.

Die regelmäßige Praxis kann Sie in vielen Lebensbereichen weiterbringen und die Frage nach dem *warum* werden Sie sich schon nach kurzer Zeit selbst beantworten können. Bleiben wir zunächst aber beim Thema, Ziele zu erreichen. Ein Ziel kann grundsätzlich alles sein, selbst wenn es dabei nur darum geht, den Abwasch zu machen oder zum Sport zu gehen. All das sind Dinge, die Sie sich tagtäglich vornehmen und fest in Ihren Alltag einplanen. Das Ziel ist es, all diese kleinen Aktivitäten zu erledigen, um Ihren ganz persönlichen Kreislauf des Lebens aufrecht zu erhalten.

Während Sie einige Dinge ganz automatisch und mit einer absoluten Selbstverständlichkeit tun, erfordern andere Dinge ein wenig mehr Motivation und Disziplin. Wer würde zum Beispiel in Frage stellen, sich nach dem Aufstehen die Zähne zu putzen oder generell für die tägliche Körperhygiene zu sorgen? Wahrscheinlich niemand. Dennoch ist es so, dass uns andere Dinge mehr Überwindung kosten. Wie häufig haben Sie schon nach stundenlangen Überlegungen entschieden, heute einmal nicht zum Sport zu gehen und stattdessen Ihren Abend lieber auf dem Sofa zu verbringen?

Dass wir unterschiedliche Dinge von unterschiedlicher Wichtigkeit sehen, liegt einzig und allein in unserer Verantwortung und beginnt, wie eigentlich alles andere auch, in unserem Verstand. Durch Visualisierung können Sie diesen jedoch umpolen und Ihre Grundeinstellung und Ihre Denkweisen ändern.

Ziele erreichen

Bevor Sie mit der eigentlichen Praxis beginnen, sollten Sie sich ein konkretes Ziel setzen. Das wird Ihnen nicht nur helfen, fokussiert zu bleiben, sondern auch, dabei den richtigen Weg zu finden, der Sie am Ende auch wirklich dort hinführt, wo Sie hin möchten. Wenn Sie vorab Ihre Vorstellungskraft dafür nutzen und bereits das Ergebnis visualisieren beziehungsweise das positive Gefühl, dass Sie erfolgreich waren, ist es sehr viel wahrscheinlicher, dass Sie auch die Arbeit, die Sie tun müssen, um an diesen Punkt zu gelangen, positiver bewerten.

Alles, wovon Sie träumen, und all das, was Sie sich visuell vorstellen können, können Sie auch in der Realität erreichen. Einige Dinge müssen Sie jedoch beachten, bevor Sie mit dem Visualisieren beginnen. Ein gutes Ziel sollte spezifisch und so detailliert wie möglich sein. Das heißt, dass Sie nicht nur darüber nachdenken müssen, was Sie wollen, sondern auch darüber, warum Sie es wollen, wann Sie dieses Ziel erreichen möchten, ob vielleicht noch andere Menschen in diesen Prozess involviert sind, ob das Ziel eventuell an einen bestimmten Ort gebunden ist und welchen Nutzen Sie letztendlich daraus ziehen werden.

Am wichtigsten ist jedoch, dass Sie davon überzeugt sind, dass dieses Ergebnis möglich ist, denn Sie werden in der Umsetzung feststellen, dass es durchaus möglich ist, hin und wieder auf ein kleineres Hindernis auf Ihrem Weg zu stoßen. Die Visualisierung kann Ihnen im Moment eines eventuellen Rückschlags dabei helfen, das Vertrauen in den Prozess aufrecht zu erhalten und Ihr Ziel im Auge zu behalten. Beginnen Sie also damit, sich ein konkretes Bild in Ihrem Kopf zu erstellen, oder schreiben Sie sich im besten Fall Ihr Ziel so konkret wie möglich auf.

Je genauer Sie dabei sind, umso leichter wird es sein, Ihr Unterbewusstsein davon zu überzeugen, dass das Ergebnis bereits zur Realität geworden ist. Das funktioniert besonders gut, wenn Sie Ihre Zielsetzung so formulieren, als hätten Sie diese bereits erreicht. Das wird Ihnen ebenfalls dabei helfen, motiviert und zielorientiert zu bleiben. Stellen Sie sicher, dass sich dieser Zettel immer in sichtbarer und greifbarer Nähe befindet. Zusätzlich können Bilder von Objekten oder vielleicht von Menschen, die in den Prozess involviert sind, eine gute Ergänzung sein.

Wenn Sie sich ein ganz klares Bild davon gemacht haben, wie Ihr Ziel aussehen soll, sollten Sie dieses Bild im nächsten Schritt an Ihre Emotionen knüpfen. Versuchen Sie, sich ganz genau und detailliert vorzustellen, welche Emotionen Sie empfinden werden, nachdem Sie das Ziel erreicht haben. Durch diese positive emotionale Verbindung mit Ihrem Verstand werden Ihre Motivation und Ihr Selbstvertrauen enorm gesteigert. Stellen Sie sich vor, wie sich auch andere

Situationen und darauffolgende Ereignisse in Ihrem Leben verändern, nachdem Sie erfolgreich an Ihrem Ziel angekommen sind. An dieser Stelle vergrößert sich die gesamte Vorstellung und Sie können noch konkreter und detaillierter werden.

Dann heißt es nur noch dranbleiben. Setzen Sie Ihre Visualisierung über den gesamten Prozess fort, bis Sie an Ihrem Ziel angekommen sind. Machen Sie sich vorab bewusst, dass es durchaus passieren kann, dass der Weg zum Ziel möglicherweise nicht Eins-zu-eins Ihrer Visualisierung entspricht. Verlieren Sie nicht Ihr Vertrauen in den Prozess und bleiben Sie offen für weitere Möglichkeiten. Das Erreichen unserer Ziele erfordert oft, dass wir bestimmte Gewohnheiten verändern und gegebenenfalls unsere eigene Komfortzone verlassen. Auch das ist durch die Visualisierungspraxis möglich.

Neue Gewohnheiten schaffen

Eine Gewohnheit ist ein bestimmtes Verhalten, das wir häufig und konsequent wiederholen. Wenn wir also verschiedene Verhaltensweisen immer wiederholen, werden diese in unserem Gehirn und in unserem Muskelgedächtnis gespeichert, sodass sie irgendwann völlig natürlich und geradezu automatisch in unseren Alltag integriert sind. Es sind eben diese Dinge, die im Laufe der Zeit selbstverständlich geworden sind. Einige von diesen Dingen, wie zum Beispiel das tägliche Zähneputzen oder die tägliche Körperhygiene, haben wir bereits erwähnt. Es gibt sowohl gute als auch schlechte Gewohnheiten.

Eine Gewohnheit entwickelt sich natürlich nicht über Nacht, sondern über einen langen Zeitraum hinweg und ist, wie alles andere im Leben, das Sie zum ersten Mal machen, mit etwas Übung verbunden. Wenn ein Kind zum Beispiel lernt, sich die Schuhe zuzubinden, wird das höchstwahrscheinlich nicht auf Anhieb funktionieren. Nach einiger Zeit und mit ein wenig mehr Erfahrung wird das Zubinden der Schuhe jedoch zur Selbstverständlichkeit und nicht mehr in Frage gestellt.

Diese Übung ist meistens ein stillschleichender Prozess und findet fast ausschließlich in Ihrem Unterbewusstsein statt. Wenn Sie Dinge neu erlernen, müssen Sie zu Beginn viel Aufmerksamkeit und Energie aufbringen, bis Sie die Fähigkeit komplett beherrschen. Genauso ist das auch mit der Visualisierung. Das Schöne daran ist aber, dass Sie mithilfe des Visualisierens schlechten Gewohnheiten den Kampf ansagen können und mehr Raum für neue, bessere Gewohnheiten schaffen.

Auch hier geht es wieder viel um Vorstellung und Realität. Je häufiger und intensiver Sie sich vorstellen, eine Aktivität auszuführen, desto schneller stellt sich auch Ihr Körper darauf ein, dies tatsächlich zu tun. In erster Linie gilt es aber, herauszufinden, was genau der Auslöser für Ihre schlechte Angewohnheit ist. Da viele Ihrer Gewohnheiten völlig unbewusst stattfinden, ist es besonders wichtig, dass Sie im Moment des Geschehens herausfinden, was Sie überhaupt zu Ihrem Verhalten veranlasst. Vielleicht fällt Ihnen zum Beispiel auf, dass Sie jedes Mal, wenn Sie Langeweile haben, zu Ihrem Smartphone greifen und sich mit eigentlich eher unwichtigen Dingen aufhalten. Bei der Visualisierung geht es an dieser Stelle darum, sich vorzustellen, was Sie in solchen Momenten stattdessen tun könnten.

Versuchen Sie, eine neue Gewohnheit zu erschaffen, die Sie davon abhält, Ihre Zeit an Ihrem Handybildschirm zu verschwenden. Sie könnten stattdessen zum Beispiel ein Buch lesen oder etwas tun, dass Ihnen dabei hilft, Ihre täglichen To-Do's zu erledigen. Stellen Sie sich ganz genau das Gefühl vor, das Sie hätten, wenn Sie ein richtig gutes, spannendes Buch lesen oder eines Ihrer kleinen alltäglichen Ziele erreicht haben. Wie oft haben Sie sich schon darüber geärgert, dass Sie Ihre freie Zeit mit unwichtigen Dingen vergeudet haben und am Ende Ihres Tages dann bereut, nicht alles geschafft zu haben, was Sie sich vorgenommen hatten?

Auch dieses Gefühl können Sie visualisieren, um motiviert zu bleiben, Ihre Gewohnheiten zu verändern. Den Zusammenhang zu Ihren Emotionen zu erkennen, ist hierbei besonders wichtig, denn viele unserer schlechten Angewohnheiten entstehen aufgrund gewisser Gefühlslagen. Häufig greifen wir beispielsweise zu ungesundem Essen, wenn wir frustriert oder traurig sind. Rauchen ist für viele eine ganz automatische Handlung in Stresssituationen. In Ihrer Visualisierung ist es möglich, dass Sie sich detailliert vorstellen, was Sie stattdessen tun könnten, um ein besseres Gefühl zu haben oder sich zu entspannen. Viel besser wäre noch die Vorstellung, wie Sie handeln könnten, um eine solche Situation überhaupt zu vermeiden, das heißt, den Stress oder den Frust an der Ursache zu bekämpfen.

Wie würde Ihr Leben also aussehen, wenn die Ursache für Ihre schlechte Angewohnheit überhaupt nicht existieren würde? Der Schlüssel für den Erfolg liegt auch hier wieder in der Wiederholung. Wiederholen Sie Ihre Visualisierung so oft, bis das Bild in Ihrem Kopf klarer und klarer wird. Das wird Ihnen dabei helfen, neue Gewohnheiten in Ihr alltägliches Leben zu integrieren. Doch neue Gewohnheiten zu erschaffen, fordert auch, dass Sie Ihre Komfortzone verlassen, denn in genau dieser befinden sich all Ihre Angewohnheiten, ganz egal, ob es dabei um eine gute oder eine schlechte Angewohnheit geht.

Komfortzone verlassen

Eine der größten Herausforderungen in unserem Leben ist die Überwindung unserer Ängste und Sorgen – die Angst vor Veränderungen und möglichen Konsequenzen oder die Angst davor, der Mensch zu sein, der wir wirklich sind, weil andere uns vielleicht dafür verurteilen könnten. Genau dieser Angst liegt zugrunde, dass wir unsere Gewohnheiten und den damit verbundenen Komfort über unsere eigene Zufriedenheit stellen. Das liegt daran, dass Veränderungen uns eventuell vor neue Herausforderungen stellen, die wir zu vermeiden versuchen. Zwar sind wir uns oft im Klaren darüber, dass unser Job oder unsere aktuelle Beziehung nicht richtig für uns ist und uns nicht erfüllt, jedoch finden wir uns mit der Situation ab, weil wir uns davor fürchten, was womöglich auf uns zu kommt, wenn wir uns davon trennen.

Ganz egal worum es dabei geht, es ist möglich, aus diesen gewohnten Verhaltensmustern auszubrechen und positive Veränderungen zu erreichen. Um eine Veränderung zu erreichen, müssen Sie sich zuerst einmal über Ihre Ängste und Sorgen bewusst werden, bevor Sie sich diesen stellen können. Es gibt bestimmte Ängste, die wahrscheinlich so ziemlich jeder bereits erfahren hat. Dazu können zum Beispiel Existenzängste gehören, die durch Geldsorgen ausgelöst werden, aber auch die Angst davor, an einer Herausforderung zu scheitern.

In dem Augenblick, in dem Sie etwas fürchten, visualisieren Sie bereits eine Situation, die noch nicht stattgefunden hat. Meistens ist das eine Situation, die Sie eigentlich vermeiden möchten und nicht erleben wollen. Aber warum denken wir immer an das schlechtmöglichste Ergebnis, wenn wir auch das Gegenteil visualisieren können? Wenn Sie eine Angst überwinden möchten, ist es hilfreich und äußerst sinnvoll, sich regelmäßig Erfolg vorzustellen. Ihr Selbstbild und Ihre Fähigkeiten werden sich in eine positive Richtung verändern, wenn Sie Ihren Verstand mit Bildern versorgen, welche Sie in einer erfolgreichen Situation darstellen, die Sie mit Leichtigkeit bewältigt haben. Spielen Sie also eine bestimmte Situation wie einen Film immer wieder in Ihren Gedanken ab, bis Sie sich damit wohl und selbstsicher fühlen.

Durch diese Übung wird es Ihnen auch in der Realität viel leichter fallen, entspannt zu bleiben und jede Herausforderung mit Leichtigkeit zu meistern. Wenn Sie hingegen eher dazu neigen, immer negativ über sich und Ihre Fähigkeiten zu denken, kann sich auch das zu einer schlechten Angewohnheit entwickeln.

Mithilfe der Visualisierung können Sie es schaffen, diese Zweifel und Ängste aufzulösen, indem Sie Ihre Träume manifestieren und ein Bild von der Person erschaffen, die Sie wirklich sind beziehungsweise sein möchten. Das funktioniert zum Beispiel auch gut, indem Sie sich die Frage stellen, was Ihnen im schlimmsten Fall passieren kann, wenn Sie an einer bestimmten Aufgabe scheitern sollten. Die Antwort auf diese Frage ist meistens ziemlich erleichternd, denn ganz egal, wie eine Situation auch endet, es wird Ihnen in der Regel nie etwas Schlimmes passieren. Jeder Schritt aus Ihrer Komfortzone hilft Ihnen dabei, sich weiterzuentwickeln, denn wie wollen Sie neue Dinge lernen und entdecken, wenn Sie ständig nur das Gleiche tun und sich in Ihrem gleichen, gewohnten Umfeld aufhalten? Träume bleiben für viele Menschen aus genau diesem Grund auch am Ende nur Träume. Veränderungen passieren nicht über Nacht und schon gar nicht von allein. Den ersten Schritt in die richtige Richtung müssen Sie selbst machen und dann heißt es dranbleiben.

Ängste konfrontieren

Angst ist eine der mächtigsten Emotionen. Eine Emotion, die nicht nur Auswirkungen auf unsere Psyche, sondern auch auf unseren Körper hat. Manche dieser Ängste sind ein ganz natürlicher und sogar notwendiger Teil des Lebens, da sie Sie in bedrohlichen Situationen dazu auffordern, sofort zu reagieren und sich selbst zu schützen. Angst ist jedoch ein Begriff, den viele Menschen auch mit Ihren alltäglichen Befürchtungen und Sorgen in Verbindung bringen oder auf Situationen übertragen, die mit Ihren Gedanken an die Zukunft zusammenhängen.

Diese Ängste können nur vorübergehend andauern und völlig unbemerkt wieder verschwinden, sie können aber auch dauerhaft anhalten und sich tief im Unterbewusstsein manifestieren. Manche Menschen sind so von Ihren Ängsten vereinnahmt, dass Sie Ihr ganzes Leben davon abhängig machen. In ganz schlimmen Fällen können Ängste sogar Ihre gesamten Fähigkeiten beeinträchtigen und Sie daran hindern, Ihr Leben so zu leben, wie Sie es sich wünschen. Manchmal sind es auch nur die kleinen Dinge, die uns ängstlich machen, sei es eine anstehende Prüfung, der erste Tag an einem neuen Arbeitsplatz, ein Date oder das Reden in der Öffentlichkeit beziehungsweise vor einer größeren Gruppe.

Das sind nur wenige Beispiele, aber dennoch Situationen, mit denen auch Sie sich vielleicht identifizieren können. Während manche Menschen sich vollkommen von Ihren Ängsten vereinnahmen lassen und jegliche Situationen vermeiden, in denen Sie dieser Angst ausgesetzt sein könnten, gibt es andere, die sich ganz bewusst dazu entscheiden, sich mit Ihren Ängsten zu konfrontieren, um ein sorgenfreies und uneingeschränktes Leben zu führen. Wovor man sich fürchtet und wie man reagiert, wenn man Angst vor etwas hat, ist von Person zu Person ganz unterschiedlich.

Der erste und wichtigste Schritt, um Ängste anzugehen und zu überwinden, ist es, herauszufinden, was genau die Ursache dafür ist. Wenn Sie sich zum Beispiel Sorgen über Ihre finanzielle Situation machen und dadurch Existenzängste entstehen, müssen Sie sich fragen, ob diese Ängste wirklich begründet sind. Während die meisten von uns im jetzigen Augenblick und in der jetzigen Realität ein Dach über dem Kopf, ausreichend Essen und Kleidung haben, werden Sie trotzdem immer wieder mit den gleichen Ängsten konfrontiert. Das liegt daran, dass ein Großteil der Menschen nicht gegenwärtig ist und ständig darüber nachdenkt, was eventuell in der Zukunft passieren könnte.

Es sind genau diese Gedanken an etwas, das bisher noch gar nicht stattgefunden hat und mit hoher Wahrscheinlichkeit auch niemals genauso stattfinden wird, wie es sich in der Vorstellung abspielt. Sie begeben sich also im jetzigen

Augenblick in eine Stresssituation, weil Sie befürchten, dass Sie in der Zukunft Ihre Rechnungen nicht bezahlen können.

Diese Emotionen sind das, was Sie letztendlich auch in Ihrer Realität manifestieren werden. Deshalb ist es wichtig, sich Ihren Ängsten ganz bewusst zu stellen und Platz für positive Gefühle zu schaffen. Auch körperlich macht sich Angst bemerkbar. Es können verschiedene Symptome auftreten, die dadurch entstehen, dass der Körper sich auf einen möglichen Notfall vorbereitet, und die dafür sorgen, sich auch mental auf das einzustellen und zu konzentrieren, was Sie physisch als Bedrohung wahrnehmen. Einige dieser Symptome kommen Ihnen mit Sicherheit bekannt vor.

Das Herz schlägt in kürzeren Abständen und eventuell unregelmäßig, Ihre Atmung wird schneller, Sie schwitzen mehr als gewöhnlich, Sie haben weniger Appetit und ein unwohles Gefühl im Magen oder Sie können eine Trockenheit im Mund feststellen. All diese Dinge können auftreten, wenn Sie etwas durchmachen, dass irgendeine Form von Angst in Ihnen auslöst. Wenn Sie sich dauerhaft in diesem Zustand befinden, kann das zu Kopfschmerzen, Schlafstörungen oder anderen ernsthafteren Erkrankungen führen. Um eine ernsthafte Problematik zu vermeiden, kann es also hilfreich sein, Ihre Ängste ganz bewusst zu konfrontieren.

Sie müssen damit nicht unbedingt im realen Leben beginnen, sondern können das vorab in Form einer Visualisierung tun. Begeben Sie sich in Ihrer Vorstellung in genau die Situationen, die Sie unsicher machen und nutzen Sie diese Gelegenheit, um herauszufinden, wie Sie sich verhalten würden, wenn es das reale Leben wäre. Das können Sie zum Beispiel üben, wenn Sie das nächste Mal vor einer Entscheidung stehen, denn gerade das sind Momente, vor denen wir uns besonders oft fürchten.

Entscheidungen treffen

Sie treffen jeden Tag Entscheidungen, manche davon ganz bewusst, manche völlig automatisch und unbewusst. Bei den unbewussten Entscheidungen handelt es sich meistens um ganz einfache und alltägliche Sachen, die Ihnen überhaupt nicht mehr auffallen. Das sind meistens die Dinge, die sich im Laufe Ihres Lebens auch gleichzeitig zu Ihren Gewohnheiten entwickelt haben. Neben diesen vielen kleinen und manchmal auch eher irrelevanten Entscheidungen gibt es aber auch noch die, die alles verändern können.

Diese sind Ihnen wahrscheinlich besser als sogenannte Lebensentscheidungen bekannt. Auch diesen Entscheidungen werden Sie im Laufe Ihres Lebens häufiger begegnen und womöglich werden diese Sie jedes Mal aufs Neue herausfordern, wenn nicht sogar zur Verzweiflung bringen. Ihr Umgang mit solch einer Situation ist aber natürlich vollkommen von Ihrer persönlichen Einstellung abhängig.

Dennoch machen diese Entscheidungen Ihnen Angst. Wie oft haben Sie schon mit sich gehadert, Pro- und Contra-Listen erstellt oder sich die Meinung einer außenstehenden Person eingeholt, weil Sie zu viel Angst davor hatten, dass Sie eine falsche Entscheidung treffen könnten? Diese Angst liegt meistens nicht der Entscheidung selbst zugrunde, sondern den möglichen Konsequenzen, die Sie erwarten könnten.

Jede Entscheidung hat in gewisser Weise einen Einfluss auf Ihr Leben. Das kann ein positiver, aber auch ein negativer Einfluss sein. Neben der Tatsache, dass Sie entweder bewusst oder unbewusst handeln, entscheiden Sie grundsätzlich auf zwei verschiedene Arten: rational oder intuitiv. Aufgrund der Erfahrungen Ihrer Vergangenheit neigen Sie dazu, die Dinge zu hinterfragen und eher auf Nummer sicherzugehen, anstatt sich auf Ihr Bauchgefühl zu verlassen. Rationales Handeln wird gleichzeitig auch von rationalem Denken begleitet.

Während rationales Entscheiden also logisch und von Ihrer Vernunft gelenkt ist, spielen Emotionen eine eher kleine, aber durchaus entscheidende Rolle, denn letztendlich sind es die Erfahrungen und die damit verbundenen Gefühle aus der Vergangenheit, die Sie dazu bewegen, ganz gründlich über etwas nachzudenken, bevor Sie es in die Tat umsetzen.

Ganz anders ist das bei den Entscheidungen, die Sie intuitiv und aus dem Bauch heraus treffen. Man könnte fast sagen, dass intuitives Handeln von genau diesen Erfahrungen und Erinnerungen genährt wird. Wenn Sie einen Entschluss fassen müssen, der Sie zum Nachdenken anregt oder der Sie unsicher werden lässt, versuchen Sie immer, auf das zu hören, was Ihnen als Erstes in den Sinn kommt. Ihre Intuition wird Ihnen immer dabei helfen, das zu tun, was in diesem Augenblick das Richtige ist.

Dennoch sind es eben oft die intuitiven Entscheidungen, die Ihnen mehr Sorgen und Ängste bereiten. Das liegt daran, dass Sie Ihnen die Sicherheit nehmen, die Sie sich durch Ihre Gewohnheiten und tief verankerten Verhaltensmuster geschaffen haben. Und ganz davon abgesehen, dass Ihre Intuition Ihnen diese Sicherheit nimmt, ist es gar nicht so einfach, sie zu erkennen, da die Impulse schnell kommen, aber mindestens genauso schnell von Ihren Zweifeln verdrängt werden, die von Ihrem Unterbewusstsein ins Bewusstsein gelangen.

Wenn Sie jedoch all die Emotionen und Gedanken bewusst beobachten und interpretieren, die im Zusammenhang mit Ihrer Entscheidung aufkommen, können Sie möglicherweise auch erkennen, ob Sie diesen Entschluss fassen, weil Sie wirklich davon überzeugt sind und Ihr Bauchgefühl es Ihnen sagt, oder nur, weil Sie zu viel Angst vor den Konsequenzen haben und deshalb lieber das tun, was Ihnen Sicherheit gibt.

Ihre Entscheidungen hängen aber nicht nur von Ihren Emotionen und Gefühlen ab, die Sie mit Ihren eigenen Erfahrungen verbinden, sondern auch von Erfahrungen Ihrer Familie und Freunde, denn tatsächlich beeinflussen auch die Menschen, die Ihnen besonders nahe stehen, all die Entscheidungen, die Sie im Laufe Ihres Lebens treffen. Das liegt zum einen daran, dass Sie in dem Moment, in dem Sie etwas Wichtiges entscheiden müssen, die Verantwortung gerne an jemand anderen abgeben würden.

Dabei handelt es sich in den meisten Fällen um Ihre eigenen Eltern. Umgeben von unserer Familie und dem Umfeld, in dem wir aufgewachsen sind, werden wir schnell wieder in unsere Vergangenheit zurückversetzt und verfallen in die alten Verhaltensmuster, mit denen wir uns lange Zeit identifiziert haben. Außerhalb Ihrer Verwandtschaft haben Sie sich aber höchstwahrscheinlich zu einem völlig anderen Menschen entwickelt, der sein ganz eigenes Leben führt und mittlerweile auch ganz andere Lebensansichten und Überzeugungen hat.

Wie können Sie sich jedoch sicher sein, dass es dabei wirklich um Ihre eigenen Überzeugungen geht und nicht um den Glauben, der sich bereits in Ihrer Kindheit in Ihrem Unterbewusstsein manifestiert hat? All das, was Sie bei anderen Menschen beobachten und all das, was Ihnen von Ihren Eltern, Großeltern, Geschwistern oder anderen Menschen vorgelebt wird, die Ihnen nahe stehen und die sich nahezu rund um die Uhr in Ihrer Umgebung aufhalten, spiegelt sich auch in Ihren eigenen Verhaltensmustern wider. Diese haben sich so tief in Ihrem Unterbewusstsein verankert, dass Sie jetzt noch von ihnen beeinflusst werden, ohne sich darüber bewusst zu sein. Diese Verhaltensweisen sind die Ursache für all Ihre Erwartungen, Ansichten und größtenteils sogar für die Art und Weise, wie Sie handeln.

Auch wenn das Ganze vielleicht etwas komplex und verwirrend klingt, ist es zugleich auch ganz einfach und logisch. Sämtliche Charaktereigenschaften werden innerhalb der Generationen weitergegeben. Diese verändern sich vielleicht im Laufe der Zeit und durch verschiedene Erfahrungen, jedoch stellen wir gerade im Kindesalter die Richtigkeit des Verhaltens und der Denkweise unserer Familie eher nicht in Frage, weshalb wir in ähnlichen Situationen auch genauso handeln.

Wie könnten wir auch anders handeln, wenn wir es nicht anders kennen oder nicht besser wissen? Je älter Sie jedoch werden und je mehr Menschen Sie begegnen, umso mehr Zweifel kommen vielleicht auch auf – Zweifel daran, ob Sie wirklich die gleiche Meinung vertreten wie Ihre Eltern oder ob Sie nicht doch ganz andere Ansichten haben. Diese Erkenntnis könnte auch die Frage aufwerfen, ob Sie vergangene und auch gegenwärtige Entscheidungen deshalb getroffen haben beziehungsweise treffen, weil Sie diese für richtig gehalten haben, oder ob Sie eventuell doch von Ihrem Unterbewusstsein und dessen gespeicherten Programmen beeinflusst wurden beziehungsweise werden. Ein weiterer sehr einflussreicher Faktor in der heutigen Zeit ist die Präsenz der Medien – so einflussreich, dass es womöglich den Rahmen Ihrer Vorstellungskraft sprengt.

Das liegt mitunter daran, dass sie zu jeder Zeit und an so ziemlich jedem Ort zugänglich sind. Ihr Verhalten und Ihre Überzeugungen entstehen durch Ihre Wahrnehmung. Ihre Wahrnehmung setzt sich aus den Informationen zusammen, die Sie empfangen. Diese Informationen können unter anderem persönliche Erfahrungen sein, müssen aber theoretisch nichts mit Ihrem persönlichen Umfeld zu tun haben. Es können auch ganz einfach die Informationen sein, die Sie über einen Artikel in der Zeitung wahrgenommen haben, die ein Bekannter heute Morgen auf Facebook gepostet hat oder die Sie auf dem Weg zur Arbeit auf einer der vielen Plakatwände aufgeschnappt haben. Im Prinzip funktionieren die Medien nicht anders als Ihre Visualisierung. Sie erschaffen ein ganz konkretes und detailliertes Bild in Ihrem Kopf, das sich durch ständige Wiederholung in Ihrem Unterbewusstsein manifestiert. Denn wie Sie bereits wissen, ist es die konsequente Wiederholung, die dafür sorgt, dass Sie Ihr Unterbewusstsein manipulieren und es daran glauben lassen können, dass bestimmte Dinge der Wahrheit entsprechen. Wenn Sie die Tatsache, dass Ihr Unterbewusstsein nicht zwischen Vorstellung und Realität unterscheiden kann, nun einmal aus der Perspektive der Medienwelt sehen, kann diese zu Ihrem größten Schwachpunkt werden. Der Grund dafür, dass Sie vielleicht ein und dieselbe Werbung immer und immer wieder sehen, ist der, dass Sie davon überzeugt werden sollen, dass Sie ein bestimmtes Produkt unbedingt brauchen, um Ihre Bedürfnisse zu befriedigen. Die Unwissenheit der Menschen wird also tatsächlich ganz gezielt ausgenutzt, um bestimmte Gedanken in deren Unterbewusstsein zu manifestieren, die zur Kaufentscheidung beitragen sollen.

Unser Wissen ist unsere mächtigste Waffe. Mit dem Bewusstsein darüber, wie Ihr Verstand funktioniert und wie Sie Ihre eigene Realität erschaffen können, werden Sie zukünftig viele Dinge mit anderen Augen sehen und bei jeglichen Entscheidungen auf das hören, was Ihnen Ihr Bauchgefühl sagt. Eine achtsame Herangehensweise wird Ihnen immer bei Ihrem gesamten Entscheidungsprozess helfen, ganz unabhängig davon, wie klein oder groß der Entschluss auch sein mag. Eine Entscheidung muss nicht immer automatisch mit Stress verbunden sein, das heißt aber auch, dass Sie sich von der Angst befreien müssen, dass Sie eventuell falsch entscheiden könnten – es gibt weder ein Richtig noch ein Falsch.

Wenn Sie also das nächste Mal vor einem wichtigen Entschluss stehen, versuchen Sie an eine Situation zurückzudenken, in welcher Sie über das Ergebnis einer Entscheidung sehr zufrieden waren. Sollte es Ihnen schwerfallen, sich an ein bestimmtes Erlebnis zu erinnern, versuchen Sie vielleicht stattdessen, ein solches mit Hilfe Ihrer Vorstellungskraft zu visualisieren. Die Idee hinter dieser Visualisierung ist, so viele positive Emotionen wie möglich in Ihnen hervorzurufen.

Das kann Ihnen bei Ihrem nächsten Entscheidungsprozess insofern helfen, dass Ihr Unterbewusstsein diese positiven Emotionen mit Ihrer aktuellen Situation in Verbindung bringt. Wenn das Ganze mit negativen Erinnerungen funktioniert, warum nicht auch mit positiven und erfreulichen? So lässt sich Ihr Unterbewusstsein umprogrammieren und Sie können zukünftig gelassener an kleinere oder auch größere Entscheidungen herangehen.

Das Unterbewusstsein neu programmieren

Um Ihre Verhaltensmuster, Vorstellungen, Wahrnehmungen, Gewohnheiten und Überzeugungen auf lange Sicht zu verändern, müssen Sie Ihr Unterbewusstsein neu programmieren. Im Grunde genommen ist die Neuprogrammierung gar nicht so schwierig, wie es vielleicht im ersten Moment scheint. Dennoch werden die Veränderungen nicht über Nacht eintreten und Sie müssen konstant dranbleiben. Sie müssen es wirklich wollen und dürfen sich nicht von Ihrem Weg abbringen lassen. Jeder Rückschlag kann frustrierend sein und die Frage aufwerfen, warum Sie das Ganze überhaupt machen. Doch genau an diesem Punkt müssen Sie durchhalten.

Jedes Mal, wenn Sie in solch eine Situation geraten, versucht Ihr Unterbewusstsein Ihnen einen Strich durch die Rechnung zu machen. Machen Sie sich eine ganz genaue Vorstellung davon, was Sie in Ihrem Leben wollen und vor allem davon, was Sie verdienen. Wenn Sie ein geringes Selbstwertgefühl haben, werden Sie gleichzeitig der Überzeugung sein, dass Sie es nicht wert sind, mehr Geld zu verdienen, einen besseren Job zu finden, von Ihrem Partner geschätzt zu werden oder einfach glücklich und zufrieden zu sein. Unzufriedenheit wird immer einer der Gründe dafür sein, dass Sie Ihrem eigenen potenziellen Erfolg im Weg stehen.

Und auch wenn Sie beginnen, daran zu denken, dass Sie sehr wohl etwas Besseres verdienen und vielleicht auch über einen gewissen Zeitraum härter daran arbeiten, Ihre Ziele zu erreichen, dürfen Sie nicht rückfällig werden, indem Sie denken, dass Sie sich mit dem zufrieden geben müssen, was Sie aktuell haben, obwohl diese Lebenssituation Sie nicht erfüllt oder Sie davon abhält, glücklich zu sein. Um Ihr Unterbewusstsein neu zu programmieren, müssen Sie dauerhaft eine Veränderung anstreben. Sie müssen die Kontrolle über Ihren Verstand übernehmen und Ihr Leben zu genau dem machen, von dem Sie schon immer geträumt haben. Ihr Verstand ist der Schlüssel zum Erfolg und das in allen Lebenslagen. Am Ende machen nicht die Dinge den Unterschied, die Sie tun können, sondern die, die Sie tun werden. Eine langfristige Veränderung und Neuprogrammierung Ihres Unterbewusstseins liegt in der Wiederholung.

Ganz egal, wie alt Sie gerade sind, die aktuellen Gewohnheiten und Überzeugungen haben sich bis zum jetzigen Augenblick entwickelt und das über den gesamten Zeitraum Ihres Lebens. Kein Wunder also, dass diese sich nicht von einem auf den anderen Tag ändern lassen. Die Anwendung jeglicher Techniken, die Ihr Unterbewusstsein umprogrammieren sollen, erfordern demnach Zeit, Übung und Ausdauer. Anstatt also direkte Veränderungen zu erwarten, versuchen Sie, aufmerksam zu sein und jede Phase, die Sie auf diesem Weg durchlaufen, ganz bewusst wahrzunehmen und zu schätzen.

Vergleichen Sie das Ganze einmal mit einer anderen Situation. Nehmen wir an, dass Sie noch nie zuvor im Fitnessstudio trainiert haben. Nach Ihrem ersten Besuch stellen Sie also fest, dass es eine ganze Menge Bewegungsabläufe gibt, mit denen Ihr Körper zuerst einmal vertraut werden muss. Sie würden also nie erwarten, dass Sie sofortige Ergebnisse erzielen oder dass sich nach den ersten Trainingseinheiten sofortige Veränderungen einstellen. Das Gleiche gilt auch für mentales Training. Es braucht Zeit, um dauerhafte Veränderungen zu erzielen. Auch Selbstreflexion und Selbsterkenntnis haben einen großen Einfluss auf die Neuprogrammierung Ihres Unterbewusstseins.

Es gilt also, herauszufinden, welche unbewussten Verhaltensmuster Sie davon abhalten, Ihre Ziele zu erreichen. Sie müssen in Ihr Inneres schauen, mögliche Blockaden ausfindig machen und ganz gezielt an diesen arbeiten. Wenn es Ihnen schwerfällt, der Sache allein auf den Grund zu gehen, sprechen Sie vielleicht mit jemandem, der Ihnen nahesteht. Seien Sie sich aber bewusst darüber, dass jeder Blick ins Innere auch etwas beängstigend oder aufwühlend sein kann, da Sie womöglich mit Dingen konfrontiert werden, die Sie über lange Zeit unterdrückt und ignoriert haben. Dennoch wird all das am Ende nur von Vorteil für Sie sein, für viel Klärung sorgen und Ihnen dabei helfen, zu sich selbst zu finden. Um eine Lösung zu finden, müssen Sie das Problem konkret benennen. Sehr häufig und bei sehr vielen Menschen beginnen die Probleme schon mit einer negativen Grundeinstellung.

Mindset ändern

Die meisten Menschen sind in ihrer Denkweise sehr festgefahren. Sie glauben, zu wissen, wer sie wirklich sind und sind der Meinung, dass sie daran auch nichts ändern können. Sie fühlen sich ihrem Schicksal und dem weiteren Verlauf ihres Lebens ergeben und halten an ihren Überzeugungen fest. Andere hingegen sind sich sicher, dass sie ihre Denkweise ändern können und eine bessere Zukunft für sich schaffen können, indem sie sich von dem Ballast ihrer Vergangenheit trennen und einen unbeschwerten Lebensweg einschlagen.

Die einen suchen nach Hindernissen und befassen sich mit ihren Mängeln, während die anderen nach Lösungen Ausschau halten und an ihren Schwächen arbeiten. Sobald Sie sich dazu bereit erklären, Ihr Mindset zu ändern, verpflichten Sie sich automatisch auch dazu, Neues zu lernen, über sich hinauszuwachsen und sich weiterzuentwickeln.

Unsere Denkweise ist das, was sich im Laufe unseres Lebens entwickelt hat, indem wir es bei unseren Mitmenschen beobachtet und förmlich aufgesaugt haben. Dennoch gibt es ein paar kleine, aber entscheidende Unterschiede. Glück und Erfolg sind die beiden Dinge, die jeder von uns anstrebt. Die eine Frage nach der ganz persönlichen Bedeutung beziehungsweise nach dem Sinn des Lebens und nach unserem persönlichen Lebensziel hat demnach wahrscheinlich auch so ziemlich jeden von uns bereits beschäftigt. Auch wenn es für Sie manchmal unmöglich erscheinen mag, die Dinge positiv zu betrachten, liegt es, wie Sie bereits erfahren haben, ganz allein in Ihrer Hand, die Art und Weise, wie Sie das Leben sehen, zu verändern. In Bezug auf eine positive Entwicklung der eigenen Denkweise hat es schon vielen Menschen geholfen, ihr Mindset auf Dankbarkeit auszurichten und umzustellen.

Wenn Sie Bewusstsein darüber erlangen, was Sie bereits im Leben haben, erscheinen Ihnen die Dinge, die Sie nicht besitzen, plötzlich völlig nebensächlich. In dem Augenblick, in dem Sie Ihr Mindset auf Dankbarkeit umstellen, werden Sie Ihre gesamte Welt mit völlig anderen Augen sehen. Wenn Sie wirklich zutiefst dankbar sind, hören Sie auf, sich mit all den negativen Dingen aufzuhalten. Stattdessen werden Sie sich auf die guten Dinge konzentrieren, die Ihnen bereits widerfahren sind und auf all das, was Sie aus den eher unangenehmen und weniger schönen Erlebnissen lernen konnten.

Wenn Sie nur bewusst darüber nachdenken, wird Ihnen auffallen, wie viele Dinge Sie in Ihrem Leben haben, für die es sich lohnt, dankbar zu sein – jeder Tag, jeder Moment, jedes Treffen mit Freunden, jede Erfahrung und noch unzählige weitere Dinge. Sie können zum Beispiel damit beginnen, sich jeden Tag fünf bis zehn Dinge aufzuschreiben, für die Sie von ganzem Herzen dankbar sind. Das kann etwas sein, dass Ihnen am heutigen Tag passiert ist, aber auch etwas, dass Ihr Leben im Allgemeinen betrifft. Es müssen auch keine großen Dinge sein.

Vielleicht sind Sie heute einfach besonders dankbar für Ihre Tasse Kaffee am Morgen oder für ein nettes Gespräch mit einem Arbeitskollegen. Wenn Sie über einen längeren Zeitraum bewusste Dankbarkeit üben, werden Sie merken, dass Sie jeden Augenblick und jede Kleinigkeit zu schätzen wissen, die Ihnen ein wenig mehr Lebensfreude bereitet. Um Ihr Mindset zu ändern, müssen Sie sich selbst eine sehr wichtige Frage beantworten: Was genau bewegt Sie dazu, Ihre Denkweise zu ändern und sich von alten Gewohnheiten zu lösen? Um die Frage, *was* genau Sie in Ihrem Leben erreichen möchten, ganz bewusst und ehrlich zu beantworten, sollten Sie sich ausreichend Zeit nehmen.

An dieser Stelle würden die meisten Menschen die Frage nach dem Warum wahrscheinlich sehr unkonkret beantworten, indem sie sagen, dass sie gerne glücklich und erfolgreich wären. Prinzipiell ist das auch kein schlechter Ansatz, jedoch ist es besonders wichtig, dass Sie herausfinden, was die Konzepte Glück und Erfolg eigentlich für Sie persönlich bedeuten. Identifizieren Sie etwas, das eine große Auswirkung auf Ihr Leben und Ihre Denkweise haben könnte. Wenn Sie ein konkretes Ziel haben, wird auch der Weg dorthin ersichtlicher. Der erste und vielleicht sogar wichtigste Schritt, um Ihr Mindset zu ändern, ist also die Antwort auf die Frage, was genau Sie ändern möchten und warum Sie es ändern möchten. Um jedoch die anfängliche Motivation nicht zu verlieren, sollten Sie bei der Umsetzung klein anfangen. Eine der besten Möglichkeiten, Ihre Einstellung zu ändern und Ihre Träume zu verwirklichen, besteht darin, sich kleinere, aber absolut erreichbare Ziele zu setzen, die Sie unterm Strich zu etwas viel Größerem führen. Bevor Sie sich also vornehmen, jeden Tag einhundert Prozent Ihrer Energie zu investieren, um Ihr Lebensziel schnellstmöglich zu erreichen, beginnen Sie doch stattdessen mit nur einem Prozent.

Das mag vielleicht sehr wenig klingen, trägt aber dazu bei, dass Sie auf längere Sicht motiviert bleiben. Wenn Sie sich zum Beispiel das große Ziel gesetzt haben, jeden Tag körperlich aktiv zu sein und Sport zu machen, beginnen Sie mit einer einzigen Übung, die Sie vielleicht nur fünf Minuten Ihres gesamten Tages kosten wird. Sollten Sie sich vorgenommen haben, sich mehr Zeit für sich selbst zu nehmen, um Stress abzubauen, sollten Sie damit anfangen, jeden Morgen eine Minute lang zu meditieren. Jedes dieser Beispiele erfordert weder viel Motivation noch besonders viel Willenskraft und dennoch ist es ein positiver Schritt in die richtige Richtung.

Der Trick hierbei liegt darin, zu entscheiden, immer das Mindeste zu tun, aber dennoch zu wissen, dass Sie mehr tun können, wenn Sie sich dazu bereit fühlen. Das beeinflusst Ihre Denkweise in der Hinsicht, dass Sie jeden Tag ein gutes Gefühl haben werden, weil Sie Ihr Ziel erreicht haben, ohne sich überfordert zu fühlen und nach kurzer Zeit dafür bereit sein werden, mehr als nur das Mindeste zu geben. Große Veränderungen erfordern kleine, täglich wiederholte Schritte, die positive Gedanken erzeugen, um weitere positive Energien anzuziehen.

Wenn Sie über einen längeren Zeitraum Ihre kleineren Ziele konsequent erreichen, entwickeln sich neue Denkgewohnheiten, die Ihnen dabei helfen, Ihre größeren Träume zu verwirklichen. Viele Menschen geben schon nach kurzer Zeit auf, weil sie sich nicht erlauben, zu scheitern und nicht verstehen, dass das Einzige, was sie davon abhält, ihre Ziele zu erreichen, das Aufgeben ist. Rückschläge gehören jedoch ebenso zum Prozess wie Erfolge. Wenn Sie sich vorab darauf vorbereiten, dass es durchaus möglich und auch völlig in Ordnung ist, zu scheitern, wissen Sie auch, dass dies kein Grund zum Aufgeben ist.

Und wie immer, wenn Sie anstreben, Ihre Ziele zu manifestieren und Ihr Unterbewusstsein sowie Ihre Denkweise zu beeinflussen, denken Sie positiv und gegenwärtig. Wie bereits erwähnt, ist es besonders wichtig, zweifelsfrei zu wissen, dass alles, was Sie sich wünschen und worauf Sie sich konzentrieren, bereits in Ihrer inneren Welt existiert und zur Realität geworden ist. Gegenwärtigkeit ist der Schlüssel zum Erfolg, ganz egal in welcher Hinsicht.

Leben im Augenblick

Das Leben im jetzigen Moment ist der Kern Ihres Glücks, den Sie unter keinen Umständen aus den Augen verlieren dürfen. Wenn Sie also täglich Ihre Visualisierung üben und an Ihre Träume und Wünsche denken, die Sie manifestieren möchten, müssen Sie besonders achtsam sein, damit Sie sich nicht in Ihrer Zukunft verlieren. Denn ebenso wenig, wie Sie sich an Erlebnissen aus der Vergangenheit festhalten sollen, gilt dieser Grundsatz auch für mögliche zukünftige Ereignisse.

All das, was in Ihrem Leben passiert, passiert im jetzigen Augenblick. Wir können zwar durch unsere Gedanken und Emotionen unsere Realität erschaffen und damit auch unsere Zukunft beeinflussen, jedoch ändert das nicht die Tatsache, dass nur der jetzige Moment existiert. Innerhalb der inneren Bereiche des Lebens und der Realität, in denen die Energie Ihrer Gedanken Gestalt annimmt, gibt es kein Konzept wie Raum oder Zeit.

Dieses Konzept existiert nur, weil die Menschheit es erschaffen hat. In unserer physischen Welt ist die Zeit nur eine Konzeption, an der wir uns orientieren, um unser Leben zu organisieren. Der einzig wahre Bezugspunkt, den wir jedoch haben und der uns das Leben und unsere Existenz fühlen lässt, ist der gegenwärtige Moment. Um das Leben im Augenblick am einfachsten zu erklären, gilt es zunächst, zu verstehen, was es bedeutet, nicht gegenwärtig zu sein, da das der Zustand ist, an den wir uns gewöhnt haben. Wenn Sie nicht gegenwärtig sind und im jetzigen Augenblick leben, sind Sie abhängig von der Zeit.

Das bedeutet, dass Ihr Verstand sich überwiegend in der Vergangenheit oder in der Zukunft befindet. Sie denken also ständig daran, was war, was hätte sein können, was Sie hätten anders machen können, was Sie erwartet haben und was tatsächlich passiert ist oder Sie verlieren sich in der Zukunft und machen sich Gedanken darüber, was sein wird, was passieren könnte, wie sich Dinge entwickeln könnten und so weiter. Achtsamkeit und das Leben in der Gegenwart zu lernen, ist eine der wichtigsten Fähigkeiten und der Schlüssel für ein glückliches, produktives, sinnvolles und erfüllendes Leben.

Achtsamkeit ist im Prinzip nichts anderes, als absichtlich und ohne jegliches Urteilsvermögen Ihre Aufmerksamkeit auf den gegenwärtigen Moment zu lenken. Zum Glück lässt sich vorab sagen, dass jeder diese Fähigkeit durch konsequentes Üben erlernen kann. Die meisten Menschen gehen jedoch durch das Leben, ohne diese Fähigkeit anzuwenden, geschweige denn überhaupt davon zu wissen. Wie oft haben Sie schon mit einem Freund, einer Freundin oder mit Ihrer Familie zusammengesessen, die Zeit aber gar nicht so richtig genossen, weil Sie so sehr damit beschäftigt waren, darüber nachzudenken, was Sie noch alles erledigen müssen? Oder sind Sie schon einmal in Ihr Auto gestiegen, kurze Zeit später am Ziel angekommen, ohne sich danach an die Fahrt zu erinnern?

Das sind nur zwei Beispiele, die Sie möglicherweise zum Nachdenken anregen und Ihnen vielleicht bewusst machen, dass Sie sich zu einem Großteil Ihres Tages mit Dingen beschäftigen, die nichts mit dem gegenwärtigen Augenblick zu tun haben. Doch warum ist es für uns so schwierig, im Jetzt zu leben? Das Leben im Jetzt ist deshalb so schwierig, weil wir seit unserer Kindheit dazu ermutigt werden, über die Zukunft nachzudenken oder an die Vergangenheit unserer Vorfahren erinnert werden.

Auch unsere Ängste und Sorgen bestehen nur deshalb, weil wir uns mit Emotionen aus der Vergangenheit identifizieren und diese automatisch auf mögliche zukünftige Ereignisse übertragen. Natürlich ist es vollkommen normal und selbstverständlich, dass Sie einige Momente des Denkens in der Vergangenheit oder in Tagträumen über die Zukunft verbringen.

Und gerade die vergangenen Erlebnisse und die Dinge, die Sie daraus gelernt haben, sind wichtig, um sich selbst vor eventuellen negativen Erfahrungen zu schützen. Ohne auf die vergangenen Erfolge oder Fehler zurückzublicken, ohne Pläne für die Zukunft zu haben und ohne die Vorbereitung aufkommender Ereignisse vorzunehmen, wären Sie höchstwahrscheinlich nicht da, wo Sie gerade sind beziehungsweise die Person, die Sie zu diesem Zeitpunkt sind. Wenn Ihr Leben jedoch nur von Gedanken und Emotionen bestimmt wird, die an vergangene oder mögliche zukünftige Ereignisse geknüpft sind, wird es Ihnen immer seltener gelingen, glücklich und sorglos mit der Gegenwart verbunden zu sein. Eines der Ziele der Achtsamkeit und damit auch für ein glückliches Leben ist es, die Gedanken über Ihre Vergangenheit, Ihre Gegenwart und Ihre Zukunft in Einklang zu bringen.

Dieses Gleichgewicht zu finden, ist nicht leicht und wird Ihnen zu Beginn wahrscheinlich sehr kompliziert erscheinen, jedoch ist es auch hier wieder wichtig, kleine Schritte zu machen. Es geht vielmehr darum, sich auf die Achtsamkeit und den gegenwärtigen Augenblick einzulassen, ohne die Gedanken an die Vergangenheit oder die Zukunft zu ignorieren. Lassen Sie jeden dieser Gedanken zu, entscheiden Sie sich dennoch bewusst dazu, nicht bei diesem zu verweilen. Es geht darum, diese Gedanken anzunehmen, sie zu akzeptieren, sie zu kategorisieren, vor allem aber, sich ihrer Bedeutung bewusst zu werden. Achtsamkeit ist die Fähigkeit, einen Moment so zu akzeptieren, wie er ist, ohne zu versuchen, diesen zu ändern oder in einem anderen Moment sein zu wollen.

Wenn also Emotionen, Gedanken oder Wünsche in Ihnen auftauchen, erinnern Sie sich, diese wahrzunehmen, sie zu akzeptieren und sie einfach so sein zu lassen, wie sie sind. So leben Sie mit mehr innerem Frieden, ohne dabei Ihre Erfahrungen und Ihre damit verbundenen Gefühle zu unterdrücken. Um das Ganze abschließend noch einmal zusammenzufassen und den Zusammenhang zur Visualisierung zu unterstreichen: Visualisieren Sie täglich und konsequent, jedoch mit Bedacht. Kreieren Sie mithilfe Ihrer Vorstellungskraft das, was Sie erreichen möchten, ohne sich dabei in der Zukunft zu verlieren.

Machen Sie das am besten zu einem Zeitpunkt, an dem Ihr Verstand am aufnahmefähigsten ist. Integrieren Sie Ihre Visualisierung zum Beispiel in Ihre tägliche Morgenroutine. Das wird Ihnen zu einem positiven Start in den Tag verhelfen, Sie an Ihre Ziele erinnern und Sie motivieren, Ihren Tag zielorientiert zu gestalten. Verbringen Sie jedoch den Rest des Tages im Hier und Jetzt und richten Sie Ihre Aufmerksamkeit auf die Dinge, die Sie Ihren Zielen einen Schritt näherbringen werden.

Auch kurz vor dem Schlafengehen können Sie noch einmal zu Ihrer Visualisierung zurückkehren, damit sich die Realität, die Sie sich schaffen, über Nacht in Ihrem Unterbewusstsein manifestieren kann. Es wird Ihnen wahrscheinlich immer wieder passieren, dass Sie sich in Ihren Gedanken an die Zukunft verlieren oder vergangene Erinnerungen wieder hochkommen und Sie überwältigen.

Das ist völlig normal und muss nicht immer etwas Negatives bedeuten. Gerade dann, wenn Sie an die Vergangenheit zurückdenken und sich über den jetzigen Augenblick bewusst werden, werden Sie feststellen, dass all Ihre kleineren Rückschläge Sie an den Punkt gebracht haben, an dem Sie gerade sind. Auch Rückschläge sind völlig normal und können mithilfe von Visualisierung erfolgreich überwunden werden.

Umgang mit Rückschlägen

Auch Rückschläge sind ein Teil des Lebens. Es läuft nicht immer alles nach Plan oder so, wie Sie es sich vielleicht vorab vorgestellt haben. Das gilt auch für all das, was Sie sich in Ihrer Visualisierung manifestiert haben. Grundsätzlich ist jeder Rückschlag erst einmal unabhängig von Ihren allgemeinen Lebensumständen.

Jeder von diesen vermeintlichen Rückschritten muss aber nicht gleich bedeuten, dass Sie in Ihrer Entwicklung und bei der Erreichung Ihrer Ziele auch wirklich einen Schritt zurückgemacht haben. Ob Sie aus diesen Situationen nun ein Problem machen oder die Ruhe bewahren und zielorientiert bleiben, liegt letzten Endes in Ihrer Hand. Ihre persönliche Einstellung und Ihre Herangehensweise sind ausschlaggebend, wenn Sie ein bestimmtes Ziel erreichen und dieses durch Visualisierung und das Gesetz der Anziehung manifestieren möchten.

Die Art und Weise, wie Sie mit Schwierigkeiten und Rückschlägen umgehen, und die Einstellung, mit der Sie diese besiegen, wird langfristig auch den Gesamterfolg und Ihre allgemeine Zufriedenheit bestimmen. Im Wesentlichen ist der Umgang mit schwierigen Situationen sogar deutlich wichtiger als der Umgang mit Situationen, in denen Sie erfolgreich waren. Natürlich ist es immer einfacher, eine positive Einstellung zu haben, wenn die Dinge nach Ihren Vorstellungen verlaufen und Sie einfach nur mit dem Strom schwimmen müssen, dennoch entwickeln Sie erst dann neue Fähigkeiten und wachsen über sich hinaus, wenn genau das Gegenteil der Fall ist und etwas schiefläuft. Jeder von uns scheitert.

Es ist Ihnen mit Sicherheit bereits passiert und es wird Ihnen auch wieder passieren, wahrscheinlich sogar mehr als einmal. Und wenn es passiert, ist es umso wichtiger, dass Sie dranbleiben. Anstatt neue Herausforderungen zu vermeiden, weil die Befürchtung, erneut zu scheitern, Sie begleitet, sollten Sie Ihre Misserfolge vielmehr als Chance sehen, etwas zu lernen und einen großen Schritt nach vorne zu machen.

Kein Frust und kein Ärger dieser Welt wird etwas an Ihrer Situation ändern können, weshalb es wenig Sinn macht, sich länger damit zu befassen. Lassen Sie also vergangene Misserfolge auch der Vergangenheit angehören und konzentrieren Sie sich lieber darauf, was Sie im jetzigen Augenblick tun können, um Ihr eigentliches Ziel im Auge zu behalten. Letztendlich ist es doch auch völlig egal, auf welchem Weg Sie dort ankommen. Dennoch gibt es ein paar wichtige Schritte, wie Sie die Ruhe bewahren können und sich nicht davon abhalten lassen, an Ihren Erfolg zu glauben. Verwechseln Sie zum Beispiel nicht Ihre Fähigkeiten mit Ihrem Potenzial.

Oft geben wir viel zu schnell auf, wenn etwas nicht auf Anhieb so funktioniert, wie wir es uns erhofft haben. Und selbst wenn es beim zweiten, dritten oder vierten Versuch nicht funktioniert, bedeutet das nicht, dass Sie nicht über das nötige Potenzial verfügen. Um eine neue Fähigkeit zu erlernen und diese auch wirklich zu beherrschen, müssen Sie hin und wieder etwas mehr Zeit und vor allem Geduld einplanen. Wie oft haben Sie schon über sich selbst gesagt, dass Sie etwas Bestimmtes nicht können, obwohl Sie es noch nie ausprobiert haben oder vielleicht beim ersten Versuch daran gescheitert sind?

In dem Augenblick, in dem Sie zu sich oder jemand anderem sagen, dass Sie zu etwas nicht fähig sind, stehen Sie sich selbst im Weg und können Ihr eigentliches Potenzial nicht entfalten. Eigentlich sollte aber doch gerade dieses Scheitern Sie dazu bewegen, es erneut zu versuchen. Denken Sie an dieser Stelle noch einmal an das Gesetz der Anziehung und den Aspekt, wie leicht sich Ihr Unterbewusstsein manipulieren lässt.

Wenn Sie sich einreden, dass Sie etwas nicht können und diesen Gedanken in Ihrem Unterbewusstsein manifestieren, dann werden Sie es auch nicht schaffen. Stattdessen sollten Sie Ihre Denkweise so ändern, dass Sie Ihr Scheitern positiv formulieren und sich selbst Zuspruch leisten. Der Begriff Zuspruch ist in dieser Verbindung besonders wichtig. Stellen Sie sich selbst die Frage, wie Sie sich gegenüber einem Freund, einer Freundin, Ihrer Mutter oder gegenüber einer anderen Person verhalten würden, die vor dem gleichen Problem steht. Was würden Sie dieser Person sagen, wenn sie aufgrund eines Rückschlags frustriert und verärgert ist?

Würden Sie diese Person kritisieren, auf sie herabblicken oder abwertend behandeln, weil sie an einer Situation gescheitert ist? Wohl kaum. Höchstwahrscheinlich würden Sie versuchen, Ihr Gegenüber aufzubauen. Sie würden einfühlsam und verständnisvoll reagieren und der Person Mut zusprechen. Sie würden ihr Unterstützung und Hilfe anbieten, um gemeinsam nach einer Lösung für das Problem zu suchen. Das Gleiche sollten Sie auch für sich selbst tun. Sie sollten sich genauso sehen, wie Sie andere Menschen sehen und sich demnach auch genauso behandeln, wie Sie andere Menschen behandeln. Akzeptieren Sie Ihre Situation und machen Sie das Beste daraus. Schreiben Sie sich vielleicht auf, was Sie zu Ihrem Freund oder Ihrer Freundin sagen würden, wenn diese in Ihrer Situation wären.

Das hilft Ihnen dabei, eine Menge Druck aus der Sache zu nehmen und nicht zu streng zu sich selbst zu sein. Lesen Sie sich diese Dinge immer und immer wieder durch und finden Sie einen Weg, wie Sie diese Ratschläge nun in Ihrem eigenen Leben umsetzen können. In diesem Fall ist es tatsächlich eine gute Möglichkeit, darüber nachzudenken, wie Sie in der Vergangenheit mit schwierigen

Situationen umgegangen sind und wie Sie sich gefühlt haben, nachdem Sie diese erfolgreich meistern konnten.

Setzen Sie Ihre Vorstellungskraft ein und visualisieren Sie, wie Sie Hindernisse überwinden und selbst bei Rückschlägen immer positiv bleiben. Visualisieren Sie diese Hindernisse ganz spezifisch und überlegen Sie sich, was Sie gegebenenfalls davon abhalten könnte, Ihr Ziel zu erreichen, oder welche Situationen möglicherweise aufkommen könnten, die Sie von dieser Zielerreichung abhalten.

Stellen Sie sich dann vor, wie Sie diese Herausforderungen meistern und wie sich all Ihre Ängste und Sorgen auflösen. Versuchen Sie aber auch, ohne konkrete Erwartungen an die Sache ranzugehen. Vertrauen Sie einfach in sich und in den Prozess und versuchen Sie dabei, so gegenwärtig wie möglich zu bleiben. Zu hohe Erwartungen an etwas können oft dazu führen, dass Sie am Ende womöglich enttäuscht sind, weil eine Situation nicht exakt Ihren Vorstellungen entspricht. Akzeptieren Sie kleinere oder auch größere Rückschläge und wachsen Sie daran. Alles, was Ihnen auf dem Weg zum Erfolg begegnet oder passiert, passiert aus einem bestimmten Grund. Was genau damit gemeint ist, erfahren Sie im nächsten Abschnitt.

Alles passiert aus einem bestimmten Grund

In den meisten Fällen nehmen wir nach einem Rückschlag automatisch eine sehr negative Haltung ein. In erster Linie versuchen wir, unsere äußeren Umstände oder möglicherweise sogar einen anderen Menschen für unser Scheitern verantwortlich zu machen. Natürlich können Sie diesen Weg wählen, jedoch werden Sie am Ende auch nichts Positives aus der Situation mitnehmen, wenn Sie die Verantwortung einfach abgeben. Auch wenn es im ersten Moment vielleicht nicht so scheint und schwer zu akzeptieren ist, gibt es einen Grund für all die Dinge, die Ihnen passieren. Das gilt für alles Positive, aber auch für alles Negative.

Auch Misserfolge und Rückschläge sind beabsichtigt. Sie sind ein natürlicher Teil unseres Lebens und sollen tatsächlich dabei helfen, dieses lebenswerter zu machen, auch wenn das im ersten Moment nicht immer so scheint. Anstatt sich in eine Abwehrhaltung zu begeben, sich selbst zu bemitleiden und sich immer und immer wieder die Frage zu stellen, womit Sie diese Situation verdient haben, sollten Sie das Beste daraus machen und darüber nachdenken, ob Sie vielleicht etwas Positives daraus lernen können. Sie werden erkennen, dass diese Erfahrungen und Situationen für Sie bestimmt waren, um daran zu wachsen.

Sie werden außerdem feststellen, wie schnell sich die Dinge verändern, wenn Sie sie annehmen und akzeptieren, anstatt davor wegzulaufen. Die Erkenntnis darüber, dass nichts ohne Grund passiert, wird Sie auch auf all das vorbereiten, was Sie in der Zukunft erwartet. Wenn Sie in eine bestimmte Situation gelangt sind, die Sorgen und Ängste in Ihnen auslöst, weil Sie einen bestimmten Weg gewählt haben, werden Sie diesen Weg wohl zukünftig nicht mehr wählen. Wie würden Sie wissen, wie sich Erfolg anfühlt, wenn Sie noch nie erlebt hätten, wie sich Misserfolg anfühlt?

Es geht dabei aber nicht immer nur darum, Ziele zu erreichen oder auch nicht zu erreichen. Manchmal passieren auch Dinge, die alles auf den Kopf stellen und Sie im ersten Moment völlig aus dem Leben reißen. Manche Ereignisse liegen nicht in unserer Hand und können auch nicht beeinflusst werden. Im ersten Moment werden diese Erlebnisse nie einen Sinn ergeben. Sie werden womöglich die Gründe nicht verstehen und nach Antworten suchen. Und alles, womit Sie sich beschäftigen werden, ist ein riesiges Chaos aus Emotionen. Wenn Sie hingegen lernen, die Dinge im Leben genauso zu akzeptieren, wie sie kommen, dann werden Sie sehen, dass sich Türen für Sie öffnen, die wahrscheinlich verschlossen geblieben wären, wenn Sie die Situation nicht durchlebt hätten.

Es sind doch gerade die schwierigen Lebenslagen, die uns widerstandsfähiger und belastbarer machen und die Wahrheit ist doch, dass schwere Zeiten niemals permanent, sondern immer nur vorübergehend sind. Wenn Sie über vergangene Probleme oder problematische Situationen in Ihrem Leben nachdenken, erscheinen diese im Nachhinein gar nicht mehr so dramatisch, wie sie sich in der Vergangenheit angefühlt haben. Stellen Sie sich vor, Sie verlieren aus heiterem Himmel Ihren Job, weil das Unternehmen, für welches Sie arbeiten, seine Mitarbeiter nicht mehr bezahlen kann.

Im ersten Moment werden Sie wahrscheinlich völlig verzweifelt sein. Sie werden sich fragen, wie Sie Ihre Miete und Ihre Rechnungen bezahlen sollen, wie Sie Ihre Familie und sich selbst ernähren wollen und wie Sie jetzt auf die Schnelle einen neuen Job finden können, bei dem Sie das gleiche Gehalt verdienen, das Sie sich in den letzten Jahren so hart erarbeitet haben. Was aber, wenn Sie in Ihrer Verzweiflung einem Bekannten von Ihrer Situation erzählen und dieser zufällig von einer freien Stelle in einer Firma gehört hat, die perfekt auf Ihr Können und Wissen ausgerichtet ist? Obendrauf verdienen Sie dort ein noch besseres Gehalt und Ihre neuen Kollegen werden zu Ihren besten Freunden.

All diese Dinge passieren aus einem bestimmten Grund. Menschen ändern sich und verlieren den Kontakt, damit sie lernen können, loszulassen. Dinge gehen schief, damit sie lernen, sie zu schätzen, wenn sie gut laufen. Manchmal müssen wir im Leben eben auch etwas verlieren, um Platz für etwas Besseres zu schaffen. All das, was Sie erleben, wird Ihnen außerdem dabei helfen, Ihre alten Überzeugungen zu überdenken und im besten Fall auch dabei, diese zu ändern. Obwohl Sie auf manche Umstände keinen Einfluss haben, tragen Sie immer die Verantwortung für Ihre Gedanken, Handlungen, Worte und für die Rolle, die Sie in jeder Situation spielen.

Das bedeutet natürlich nicht, dass Sie generell für alles verantwortlich sind, was Sie erleben, jedoch gibt es Ihnen vielleicht Anlass dazu, Ihr eigenes Verhalten zu reflektieren und zu erkennen, dass Ihre Überzeugungen dazu beitragen, nicht immer richtig zu handeln. Wenn zum Beispiel eine Ihrer Beziehungen in die Brüche gegangen ist, weil Sie an Ihren Überzeugungen festgehalten und sich auch dementsprechend verhalten haben, sollte Sie das zum Nachdenken anregen.

Vielleicht waren es nämlich gerade diese tief verankerten Überzeugungen, die letztendlich zu der Trennung beigetragen haben. Sich selbst einen Fehler einzugestehen, mag schwierig sein, trägt aber dazu bei, dass Sie diesen in der Zukunft nicht erneut machen werden.

Visualisierungstechniken

Jetzt haben Sie bereits eine ganze Menge darüber gelesen, warum es so wichtig ist, zu visualisieren, auf welche Lebensbereiche sich die Visualisierung anwenden lässt, wie Ihre Gedanken funktionieren und dass es möglich ist, all Ihre Träume und Wünsche auch in die Realität umzusetzen. Dennoch müssen Sie im Zuge dessen auch wissen, welche Techniken Sie anwenden können und wie das Ganze in der Praxis aussehen könnte. Es gibt ganz unterschiedliche Techniken, mit der Visualisierung vertrauter zu werden und diese dauerhaft in Ihr alltägliches Leben zu integrieren.

Das Gute daran ist, dass wirklich jeder diese Techniken erlernen kann und Sie diese unabhängig von Zeit und Ort anwenden können. Und obwohl jeder von uns diese unglaubliche Kraft besitzt, haben die meisten von uns nie gelernt, diese effektiv zu nutzen. Das ist häufig darauf zurückzuführen, dass sehr vielen Menschen das nötige Hintergrundwissen fehlt und dass keiner weiß, dass er selbst für seine Realität und für die Begebenheiten in seinem Leben verantwortlich ist.

Die richtige Verwendung der verschiedenen Visualisierungstechniken in Ihrem alltäglichen Leben kann und wird dazu beitragen, dass das Gesetz der Anziehung in seinem natürlichen Handeln aktiviert wird und Sie infolgedessen unglaubliche Ergebnisse erzielen können. Jede dieser Techniken erfordert Zeit, Übung und Konsequenz, wird sich aber, wie alles andere auch, schnell zur Gewohnheit entwickeln und mit der Zeit auch weniger Anstrengung erfordern. Bevor wir in diesem Zusammenhang näher auf die großen Begriffe wie Meditation oder Affirmationen eingehen, befassen wir uns vorab mit den Techniken beziehungsweise mit den Möglichkeiten, wie Sie Ihre Visualisierung gestalten können.

Jede Form der Visualisierung erfordert, je nach Umfang, ein wenig bis viel Kreativität, damit Sie diese auch so konkret und detailliert wie möglich gestalten können. Je realitätsnäher Sie diese gestalten, desto schneller und einfacher kann sich Ihr Unterbewusstsein auf die anstehenden Veränderungen einstellen. Um eine Visualisierung möglichst realistisch zu gestalten, sollten Sie hin und wieder versuchen, das gewünschte Ergebnis aus unterschiedlichen Perspektiven zu betrachten. Während Sie also in Ihrer Vorstellung, wie im richtigen Leben auch, alles durch Ihre eigenen Augen sehen, können Sie beim nächsten Mal versuchen, den Blickwinkel zu ändern und die gesamte Situation aus der Sicht eines außenstehenden Beobachters zu betrachten.

Das wird Ihre Visualisierung nicht nur intensivieren, sondern auch noch den Vorteil haben, dass Sie vielleicht einige Dinge erkennen, die von außen betrachtet gar nicht mehr so wichtig erscheinen. Je nach Einsatzbereich werden die beiden folgenden Techniken am häufigsten angewendet. Die erste dieser Techniken ist die Ergebnisvisualisierung, bei der Sie das Endziel beziehungsweise das Endergebnis visualisieren. Die zweite der beiden Techniken ist die sogenannte Prozessvisualisierung.

Dabei wird nicht nur das Ergebnis selbst, sondern ganz besonders auch der Weg dorthin visualisiert. Sie müssen sich also jede der Handlungen und Aktionen vorstellen, die zu der Erreichung des gewünschten Ziels erforderlich sind. Konzentrieren Sie sich auf die einzelnen Schritte, jedoch nicht auf das Gesamtziel. Diese Visualisierung dauert in der Regel so lange, wie auch die eigentliche Aktivität dauern würde. Diese Technik hat sich vor allem für viele Spitzensportler bewährt.

Der aktuelle Weltrekord im 100 Meter Lauf liegt beispielsweise bei 9,58 Sekunden. Das ist natürlich eine relativ geringe Zeit, jedoch hat der Sportler während seiner Visualisierung die Chance, sich seinen Lauf in Zeitlupe vorzustellen, um jede seiner Aktionen ganz genau zu begutachten und zu bewerten. Oder denken Sie an einen Skifahrer, der nur mithilfe seiner Vorstellungskraft die gesamte Strecke schon vor seinem Lauf abfahren kann. Letzten Endes können Sie das auf jede Sportart anwenden, um an möglichen Technikfehlern zu arbeiten.

Mit Visualisierung zum Erfolg

Menschen, die Ihre Träume durch harte Arbeit, vor allem aber durch eine positive Einstellung und ein enormes Selbstvertrauen verwirklichen, werden am Ende mit Erfolg belohnt. Es sind die Menschen, zu denen wir aufschauen und die wir auf gewisse Weise bewundern. Wir wählen diese Menschen als Vorbilder, sie motivieren und inspirieren uns, weil sie uns immer wieder deutlich machen, dass kein Ziel unerreichbar ist. Sie haben ihr Talent genutzt, um ihren Erfolg zu maximieren, indem sie an sich geglaubt haben und sich immer wieder selbst übertroffen haben, ohne jemals aufzugeben.

Einige der erfolgreichsten Sportler, Schauspieler, Musiker, Motivationsredner und Moderatoren unserer heutigen Zeit schwören auf eine regelmäßige Visualisierungspraxis und die außerordentliche Kraft, durch das Gesetz der Anziehung den großen Erfolg in ihrem Leben zu manifestieren. Viele von ihnen haben schon damit begonnen, bevor sie überhaupt erfolgreich wurden. Warum sollte es also nicht auch Ihnen möglich sein, erfolgreich zu werden?

All diese Menschen haben sich in ihrer Vorstellung ein klares Bild davon gemacht, was sie in ihrem Leben erreichen wollen und es durch Übung, Konzentration und Entschlossenheit letztendlich auch in der Realität manifestiert und erreicht. Wenn Sie anstreben, erfolgreich zu sein, müssen Sie so handeln, als ob Sie es bereits wären. Dieses Prinzip ist Ihnen bereits bekannt und genauso haben es auch schon viele andere vor Ihnen gemacht. Ein sehr gutes Beispiel dafür, dass die Visualisierung funktioniert, ist der Schauspieler Jim Carrey.

Schon lange bevor er erfolgreich wurde und besonders während der Zeit, als er mit finanziellen Schwierigkeiten und Sorgen zu kämpfen hatte, stellte er sich vor, eines Tages ein erfolgreicher Entertainer zu sein und damit die ganze Welt zu unterhalten. Im Jahr 1985 stellte er sich für seine erbrachte Schauspielleistung selbst einen Scheck über 10 Millionen Dollar aus. Datiert war der Scheck für Thanksgiving 1995, also zehn Jahre in der Zukunft. Er bewahrte den Zettel in seiner Brieftasche auf, bis er dann kurz vor Thanksgiving 1995 die Mitteilung bekam, dass er für seine Rolle in der Komödie „Dumm und Dümmer" eine Bezahlung in Höhe von 10 Millionen Dollar erhalten würde.

Er hat in verschiedenen Talkshows darüber gesprochen, wie er es mit Hilfe von kreativer Visualisierung geschafft hat, seine Ziele zu erreichen und einer der erfolgreichsten und bestbezahlten Schauspieler seiner Zeit zu werden. Auch er ist davon überzeugt, dass jeder Mensch für seine eigene Realität verantwortlich ist. Ganz egal, ob es dabei um die erstaunlichste und beste Erfahrung Ihres Lebens geht, oder einfach um einen frustrierenden Arbeitstag – für beide dieser Situationen trägt niemand außer Ihnen selbst am Ende die Verantwortung. Er sagt außerdem, dass Sie das Universum um alles bitten können, was Sie sich wünschen.

Nichts ist zu groß oder zu klein und nichts ist unerreichbar. Lassen Sie nicht zu, dass Ihre Sorgen und Ängste Sie davon abhalten, das zu erschaffen, was Sie sich wünschen. Ein weiteres Beispiel ist die amerikanische Talk-Show Moderatorin und Schauspielerin Oprah Winfrey. Sie schreibt dem Erfolg ihrer gesamten Karriere etwas zu, das wir alle besitzen – der Vorstellungskraft.

Unser Verstand, unsere Gedanken und unsere Fantasie sind Dinge, zu denen jeder von uns Zugang hat. Sie sagt, dass regelmäßiges und intensives Visualisieren das Gesetz der Anziehung aktiviert und dadurch die Menschen, Ressourcen und Umstände in unser Leben zieht, die wir benötigen, um unsere Ziele zu erreichen. Es hilft dabei, diese Ressourcen leichter wahrzunehmen und zu erkennen. Außerdem baut regelmäßiges Visualisieren unsere interne Motivation auf, die notwendigen Maßnahmen zu ergreifen, um unsere Träume zu verwirklichen.

Dies sind nur zwei von vielen weiteren Beispielen dafür, dass das Gesetz der Anziehung vielen erfolgreichen Menschen dabei geholfen hat, ihre Träume zu erfüllen. Wie bereits anhand eines kurzen Beispiels erwähnt, spielt die Visualisierung auch im Leistungssport eine bedeutende Rolle. Viele Spitzenathleten praktizieren verschiedene Arten von Visualisierungen, um sich auf ein bestimmtes Ergebnis ihres nächsten Wettkampfes, Rennens oder auch auf eine einfache Trainingseinheit vorzubereiten. Durch das aktive Vorstellen einer bestimmen Szene, die sich aus Bildern des gewünschten Ergebnisses zusammensetzt, kann der Athlet sich schon vorab in das Gefühl hineinversetzen, das er haben wird, wenn er das Ergebnis erzielt hat.

Durch die Visualisierung werden sowohl der Verstand als auch der Körper darauf trainiert, die vorgestellten Fähigkeiten auch tatsächlich auszuführen. Einer dieser Athleten ist auch Michael Jordan. Der berühmte Basketballspieler wird als einer der besten und erfolgreichsten Athleten aller Zeiten angesehen. Kaum zu glauben, dass er während seiner Schulzeit von seinem College-Basketballteam ausgeschlossen und als nicht talentiert genug abgestempelt wurde. An diesem Punkt hätten viele Menschen wahrscheinlich den Glauben an sich selbst verloren und ihren Traum aufgegeben. Für Michael Jordan hingegen war diese prägende Erfahrung der Schlüssel zu seinem starken Selbstvertrauen und zu dem Ehrgeiz, der ihn letztendlich dahin gebracht hat, wo er heute steht.

Er fing an, regelmäßig Visualisierung zu üben, und praktizierte diese jedes Mal, bevor er das Spielfeld betrat. Die Vorstellung davon, dass er jedes dieser Spiele gewinnen würde, entfachte all seine Kräfte und seinen Glauben an sich selbst. Er stellte sich vor, er sei der beste Basketballspieler der Welt, bis aus seiner Vorstellung eine Tatsache wurde.

Während dieses Selbstvertrauen von vielen anderen als Arroganz interpretiert wurde, wusste er, dass die Beständigkeit seines Auftretens entscheidend dafür war, in jedem Spiel seine Bestleistung zu erbringen und sich von allen anderen Spielern abzuheben. Eine Sache haben all diese erfolgreichen Menschen gemeinsam: Sie waren überzeugt davon, dass ihr großer Traum in Erfüllung gehen wird und vor allen Dingen waren sie überzeugt von sich selbst. Erfolg ist natürlich immer relativ.

Ihr Ziel muss nicht unbedingt sein, ein Spitzensportler oder Entertainer zu werden, aber vielleicht können Ihnen diese Geschichten dabei helfen, zu erkennen, dass nichts unmöglich ist. Und falls Sie erneut den Gedanken haben sollten, dass Sie etwas nicht schaffen können, dann erinnern Sie sich vielleicht an den Erfolg einer dieser berühmten Persönlichkeiten zurück und finden so zu neuer Inspiration und Motivation, um dranzubleiben. Manchmal kann es auch helfen, sich selbst ein wenig Mut zuzusprechen. Positive und motivierende Affirmationen können ein kraftvoller Begleiter zu Ihrer üblichen Visualisierung sein. Worum es sich bei diesen Affirmationen genau handelt und wie Sie diese ganz einfach in Ihren Alltag integrieren können, erfahren Sie im folgenden Abschnitt.

Affirmationen

Wie bereits kurz angeschnitten, werden Affirmationen sehr häufig begleitend zu einer Visualisierung eingesetzt, um die Überzeugung und die Emotionen hinter den zielorientierten Gedanken zu bestärken. Affirmationen sind sehr kraftvolle und positive Bestätigungen, die Sie inspirieren und motivieren werden, Ihre Ziele und Wünsche zu manifestieren und eine Realität zu erschaffen, von der Sie schon immer geträumt haben. Mithilfe dieser Bestätigungen können Sie lernen, negative Gedanken zu entkräften und ein positiveres Selbstbild zu schaffen.

Eine Affirmation kann deshalb funktionieren, weil sie die Fähigkeit besitzt, Ihren Verstand so umzuprogrammieren, dass er an das von Ihnen genannte Konzept glaubt. Das ist ebenfalls darauf zurückzuführen, dass der Verstand nicht zwischen Vorstellung beziehungsweise Fantasie und Realität unterscheiden kann. Affirmationen können Ihre unterbewussten Gedankenmuster aufdecken und kategorisieren, um herauszufinden, welche negativen und ungesunden Gedanken sich eventuell im Laufe Ihres Lebens manifestiert haben.

Es geht nicht direkt um Veränderung, sondern vielmehr um die Kraft und die Fähigkeit, erst das zu akzeptieren, was ist, und dann in das umzuwandeln, was möglich ist. Es gibt sowohl positive als auch negative Arten von Affirmationen. Bei negativen Affirmationen geht es oft um Dinge, die sich im Laufe Ihres gesamten Lebens dadurch manifestiert und verstärkt haben, dass Sie ständig wiederholt wurden, ohne, dass es Ihnen überhaupt bewusst war. Sehr oft handelt es sich dabei um Aussagen, die beispielsweise Ihre Eltern, Ihre Lehrer oder andere Menschen getroffen haben und die damit schon im Kindesalter einen großen Einfluss auf Sie hatten.

Wie oft haben Sie schon etwas an Ihrem Aussehen oder an Ihrem Können bemängelt und sich gesagt, dass Sie nicht gut oder talentiert genug sind, um etwas ganz Bestimmtes in Ihrem Leben zu erreichen? Und das tun Sie wahrscheinlich nicht nur einmal, sondern in den meisten Fällen mehrmals am Tag. Wenn Ihre Eltern Ihnen beispielsweise gesagt haben, dass Sie womöglich niemals ein erfolgreicher Musiker werden, weil es davon bereits viel zu viele gibt und die Konkurrenz einfach zu groß ist, dann werden Sie sich zu einer sehr hohen Wahrscheinlichkeit auch Ihr ganzes Leben lang einreden, dass Sie niemals ein erfolgreicher Musiker werden.

Und wenn Sie nun ganz bewusst darüber nachdenken, werden Ihnen vielleicht noch viele weitere Dinge einfallen, die mit der Zeit zu einer festen Überzeugung geworden sind. Wenn solch eine negative Überzeugung sich erst einmal tief in Ihrem Unterbewusstsein verwurzelt hat, kann sie nur sehr schwer wieder außer Kraft gesetzt werden.

Sollten Sie also zu Beginn die Erfahrung machen, dass es schwierig ist, die positiven Bestätigungen mit Überzeugung zu wiederholen, sind Sie damit nicht allein, denn auch Affirmationen erfordern konsequente Übung und Wiederholung. Letztendlich geht es darum, eine Aussage immer und immer wieder in Gedanken zu wiederholen oder diese laut auszusprechen. Diese Aussagen können Ihnen nicht nur dabei helfen, sich selbst zu motivieren, sondern auch dabei, Ihr Selbstgefühl zu steigern und Ihren eigenen Wert zu erkennen. Sagen Sie zum Beispiel jeden Morgen, nachdem Sie aufgestanden sind, ein paar nette Worte zu sich selbst.

Schauen Sie sich dabei im Spiegel an und sagen Sie voller Überzeugung, dass Sie wundervoll sind und heute einen unfassbar guten Tag haben werden. Sie können Ihren Satz mit den Worten „Ich bin" beginnen, also „Ich bin wundervoll und dieser Tag ist unfassbar gut". Wenn Sie die Affirmationen zum ersten Mal aussprechen, müssen diese nicht unbedingt der Wahrheit entsprechen. Wenn Sie also tatsächlich mit dem falschen Fuß aufgestanden sind und sich überhaupt nicht wundervoll fühlen, können Sie diese Einstellung mithilfe der richtigen Formulierung ganz einfach ändern.

Dennoch sollte die Affirmation so formuliert sein, dass sie das widerspiegelt, was Sie wirklich wollen. Die Bestätigung muss aussagekräftig und individuell auf Ihre Ziele oder auf die Veränderungen abgestimmt sein, die Sie am heutigen Tag oder generell in Ihrem Leben erreichen möchten. Jeder Mensch hat unterschiedliche Gedanken, die ihn regelmäßig beschäftigen. So hat beispielsweise eine Person, die ein eher durchschnittliches Leben führt, andere Gedanken als eine Person, die ein sehr erfolgreiches Leben führt. Wenn Sie also Ihre Denkweise und Ihre Realität verändern möchten und Erfolg anstreben, müssen Sie lernen, wie eine erfolgreiche Person zu denken.

Wenn Sie damit beginnen, Ihre Affirmationen zu formulieren, gibt es ein paar Dinge, die Sie beachten können, damit die Bestätigungen so effektiv wie möglich werden. Ganz wichtig ist zum Beispiel, immer in Gegenwartsform zu formulieren, also so, als wäre das Ziel bereits erreicht beziehungsweise als wäre der Wunsch schon in Erfüllung gegangen. Formulieren Sie immer positiv. Bestätigen Sie nur das, was Sie wirklich wollen und nicht das, was Sie nicht wollen. Fassen Sie sich kurz, jedoch so spezifisch wie möglich. Bekräftigen Sie immer sich selbst und nicht andere.

Schließen Sie nach Bedarf und Möglichkeit ein Gefühl mit ein. Ist Ihr Ziel also zum Beispiel, dass Sie Ihren Traumberuf ausüben möchten und mit diesem Job 3000 € im Monat verdienen, könnte Ihre Affirmation folgendermaßen formuliert sein: „Ich bin glücklich und dankbar, dass ich jeden Tag meinen Traumjob ausübe und 3000 € im Monat verdiene." Das ist natürlich nur eines von sehr vielen Beispielen, wie das Ganze aussehen könnte. Mit ein wenig Übung, vor allem aber durch konsequente Wiederholung dieser positiven Bestätigungen, werden Ihre inneren Überzeugungen und die Meinungen über sich selbst und Ihr Umfeld beginnen, sich völlig neu zu formen. Auch die Wahrnehmung darüber, wer Sie wirklich sind und wo Sie sich im Leben sehen, wird sich auf wundersame und positive Weise verändern.

Viel wichtiger als die Affirmation selbst ist jedoch die innere Überzeugung und der feste Glaube daran. Wenn wir an das Gesetz der Anziehung anknüpfen, formen all Ihre Gedanken und Gefühle Ihre Realität. Demnach liegt auch die Kraft der Affirmationen in der Fähigkeit, Ihre Außenwelt zu verändern, indem Sie zuerst damit beginnen, Ihre Innenwelt zu verändern. Letztendlich können sich Affirmationen auf viele Lebensbereiche sehr positiv auswirken. Sie können Ihre Fähigkeit verbessern, Probleme schneller und einfacher zu lösen oder sich in Stresssituationen selbst Zuspruch zu leisten. Das ist besonders nützlich, wenn Sie sich auf einen wichtigen Termin vorbereiten oder zum Beispiel vor einer größeren Gruppe sprechen müssen. Außerdem verbessern positive Affirmationen Ihre Sicht auf die guten Dinge im Leben, was Sie wieder mit tiefer Dankbarkeit verbindet und folglich mehr Glücklichkeit in Ihnen auslöst. Das Unterbewusstsein wird sowohl von Worten als auch von Bildern beeinflusst.

Während Affirmationen die Worte beinhalten, umfasst eine Visualisierung die mentalen Bilder, die Ihre Realität kreieren. Das ist der Grund, weshalb die Kombination aus beiden Techniken besonders effektiv und wirkungsvoll ist. Sie können also Ihre Visualisierung durch positive Bestätigungen zusätzlich bekräftigen. Nehmen Sie sich täglich mindestens fünf bis zehn Minuten Zeit, Ihre Affirmationen zu wiederholen. Sprechen Sie diese am besten laut, voller Überzeugung und mit viel Enthusiasmus aus. Machen Sie das kurz nach dem Aufstehen, um positiv und motiviert in den Tag zu starten oder kurz bevor Sie ins Bett gehen.

Meditation

Der Begriff Meditation ist Ihnen mit Sicherheit geläufig und vielleicht haben Sie auch eine Vorstellung davon, wie eine solche aussehen könnte. Möglicherweise haben Sie auch selbst schon versucht, zu meditieren und einige der unzähligen Vorteile für sich entdeckt. Und obwohl mit hoher Wahrscheinlichkeit der Großteil unserer Bevölkerung zumindest schon einmal davon gehört oder darüber gelesen hat, haben die meisten ein völlig falsches Bild davon, was es überhaupt bedeutet, zu meditieren.

Gerade die Menschen, die eher verschlossen gegenüber Veränderungen sind und häufig in Schubladen denken, halten die Meditationspraxis für völligen Nonsens und können sich weder damit identifizieren noch darauf einlassen. Andere Menschen hingegen profitieren von all den Vorteilen, die das Meditieren mit sich bringt, und lernen dadurch nicht nur achtsamer und bewusster zu sein, sondern schaffen es auch, Ihren Verstand so zu beeinflussen, dass Sie ein wenig Ordnung in das tägliche Chaos aus Gedanken bringen können.

Die Meditation ist nicht direkt eine Fähigkeit, sondern viel mehr eine Erfahrung. Es ist eine mentale und bei täglicher Praxis fast schon eine zeremonielle Übung, um sowohl das Bewusstsein als auch das Mitgefühl zu sensibilisieren. Es geht darum, in Ihr Inneres zu blicken, Ihren Verstand zu beobachten und zu trainieren und dadurch zu mehr Ruhe, Klarheit und Zufriedenheit zu finden.

Ein weiterer Vorteil ist, dass Sie im Laufe der Zeit zunehmend lernen, den gegenwärtigen Moment ganz bewusst zu erleben. Es geht darum, all Ihre mentalen und körperlichen Ebenen zu erkunden und den Kern Ihres Bewusstseins zu ergründen. Um besser zu verstehen, was Meditieren eigentlich ist, macht es Sinn, Vorurteile aus dem Weg zu schaffen und zu klären, was es *nicht* ist. In erster Linie sollten Sie verstehen, dass es bei der Meditation nicht darum geht, den Strom der Gedanken vollständig anzuhalten oder den Verstand vollständig zu leeren, obwohl dies der Vermutung vieler Menschen wahrscheinlich sehr nahekommt. Meditieren bedeutet also nicht, sich hinzusetzen, die Augen zu schließen und an nichts mehr zu denken.

Es geht vielmehr darum, die eigenen Gedanken klarer zu sehen. Die Meditation selbst garantiert weder Entspannung noch Gelassenheit oder Glückseligkeit, jedoch stellen sich diese Nebeneffekte nach häufiger Praxis automatisch ein und können zum dauerhaften Begleiter werden. Dennoch ist es genauso gut möglich, dass Ihre Meditation auch eine Reihe von anderen Gefühlen beinhaltet, die Sie lange unterdrückt und verdrängt haben. Hingegen vieler Annahmen hat die Meditation auch nicht unbedingt einen spirituellen oder religiösen Hintergrund.

Es ist zwar richtig, dass die Meditationspraxis eine lange Geschichte mit verschiedenen Religionen teilt und sie für viele Praktizierende eine spirituelle Bedeutung hat, was aber nicht bedeutet, dass Sie nur meditieren können, wenn Sie einer bestimmten Glaubensform angehören. Jeder Mensch kann meditieren, ganz unabhängig vom Glauben, vom Lebensalter oder von sämtlichen Überzeugungen. Es gibt viele Gründe, mit der regelmäßigen Meditationspraxis zu beginnen. Gerade in der heutigen Zeit ist es wichtig, dass Sie einen Ausgleich zu all den Dingen finden, denen Sie in Ihrem Alltag begegnen.

Besonders in Stresssituationen hilft es, einen kühlen Kopf zu bewahren und zu wissen, wie Sie sich selbst davor schützen können, dass der Stress Sie mental und körperlich zu stark beeinflusst. Stress ist eine der häufigsten Ursachen für physische und mentale Erkrankungen und kann auf Dauer ernste gesundheitliche Folgen für den Körper haben. Das Leben ist manchmal ganz und gar nicht einfach und Sie begegnen täglich neuen Herausforderungen, die Sie meistern müssen.

Auch wenn Sie nicht immer kontrollieren können, was passiert, besitzen Sie die Fähigkeit, etwas ganz Entscheidendes zu verändern: die Art und Weise, wie Sie mit schwierigen Situationen umgehen. Denken Sie einen kurzen Moment darüber nach, wie oft Sie im Alltag Menschen oder Situationen begegnen, die Sie aus der Ruhe bringen und Unwohlsein in Ihnen auslösen. Der Grund dafür, dass wir uns schnell aus dem Konzept bringen lassen und mit negativen Emotionen auf bestimmte Umstände reagieren, kann zum Beispiel sein, dass wir die Dinge, die wir sehen und hören, entsprechend unserer Erwartungen, Ängste und Vorurteile interpretieren, anstatt jede Situation offen anzunehmen und sie so zu akzeptieren, wie sie gerade ist. Wenn Sie regelmäßig meditieren, lernen Sie, jeden Moment zuzulassen, ohne ihn zu bewerten, und können auch im Alltag davon profitieren.

Je häufiger Sie es schaffen, gegenwärtig zu bleiben, anstatt sich in Ihren Gedanken zu verlieren oder sich stark durch äußere Einflüsse ablenken zu lassen, desto häufiger werden Sie auch in der Lage sein, aus jedem Augenblick das Beste zu machen und auch die kleineren Dinge in Ihrem Leben zu genießen. Durch Meditationen werden Sie neues Bewusstsein erlangen und ein besseres Verständnis darüber, warum Sie so denken und fühlen, wie Sie es tun. Mitgefühl ermöglicht Ihnen, nicht nur verständnisvoller mit sich selbst zu sein, sondern dieses Verständnis auch für Ihre Mitmenschen aufzubringen. Das ist besonders wichtig für all Ihre zwischenmenschlichen Beziehungen, ganz egal ob zu Ihrem Partner beziehungsweise Ihrer Partnerin, zu Familienangehörigen oder zu Freunden.

Manche Menschen profitieren schon nach wenigen Malen von den Vorteilen der Meditation und merken sehr schnell, wie sich diese positiv auf ihr Leben auswirken. Dennoch ist das von Person zu Person sehr individuell und unterschiedlich, da eine Meditation sich für jeden Menschen anders anfühlt und sehr abhängig vom allgemeinen mentalen Zustand ist. Wie bei jeder neuen Aktivität oder Fähigkeit, die Sie erlernen möchten, können Sie als Anfänger von einer geführten Meditation profitieren.

Diese kann persönlich von einem Lehrer angeleitet sein, aber auch ganz einfach über Ihr Handy oder über Ihren Computer abgespielt werden. Der Vorteil daran ist, dass Sie durch klare Anweisungen durch die gesamte Meditation geleitet werden. Gerade zu Beginn werden Sie höchstwahrscheinlich feststellen, dass Ihnen hunderte Gedanken durch den Kopf gehen und jeder dieser Gedanken wird wiederum eine weitere Reaktion hervorrufen. Sie werden daran denken, was Sie heute bereits erledigt haben, was Sie noch erledigen müssen, was Sie sich heute Abend kochen könnten oder dass Sie unbedingt einmal wieder Ihre Eltern anrufen müssten.

Lassen Sie sich an dieser Stelle nicht verunsichern und schon gar nicht davon abhalten, die Meditation fortzusetzen. Lassen Sie jeden Gedanken einfach kommen und wieder gehen, ohne ihn zu bewerten oder verhindern zu wollen. Denn bei der Meditation geht es auch darum, Dinge loszulassen, und dazu gehören auch Ihre Gedanken. Anstatt also auf jeden Gedanken zu reagieren, können Sie wieder Achtsamkeit üben, indem Sie sich über die Unruhe Ihres Verstandes bewusst werden.

Meditationstechniken

Es gibt nicht nur unfassbar viele Arten, *wie* Sie Ihre Meditation praktizieren können, sondern auch eine Menge von Techniken, die, gezielt eingesetzt, ganz unterschiedliche Auswirkungen auf Körper und Verstand haben. Und obwohl jede dieser Techniken in der Praxis selbst einen anderen Fokus hat, verfolgen Sie am Ende trotzdem dasselbe Ziel – bewusstes Denken und mehr Achtsamkeit in Ihr Leben zu bringen. Vorweg ist zu sagen, dass es weder ein Richtig noch ein Falsch gibt. Jeder Mensch muss für sich individuell herausfinden, welche Technik für ihn am besten funktioniert.

Allgemein wird klassifiziert in zwei verschiedene Kategorien: konzentrative und nicht konzentrative Meditation. Konzentrative Meditationstechniken beinhalten das Fokussieren auf ein bestimmtes Objekt, das in der eigenen Umgebung wahrgenommen werden kann und sich außerhalb von sich selbst befindet. Das kann zum Beispiel der Klang eines Instruments, ein Mantra, eine geführte Meditation oder eine Kerzenflamme sein.

Demnach geht es bei der nicht konzentrativen Technik darum, innere Körperzustände zu fokussieren. Das beinhaltet oft die Beobachtung der eigenen Atmung oder zum Beispiel eine Körperreise. Dennoch kann es bei diesen Techniken durchaus zu Überschneidungen kommen und eine Meditation kann im Grunde genommen auch beides beinhalten.

Jede Meditation kann also sowohl konzentrativ als auch nicht konzentrativ sein. Bei beiden Techniken geht es darum, die Fähigkeit zur Fokussierung und Konzentration zu verbessern. Meditationen sollen dabei helfen, uns über einen gewissen Zeitraum mit etwas Bestimmtem zu verbinden. Dabei ist in erster Linie wichtig, zu verstehen, dass es sich bei allen Übungen um ein Training des Geistes beziehungsweise des Verstandes handelt, weshalb es völlig natürlich ist, dass dieser von Zeit zu Zeit wandert und Sie möglicherweise den Fokus verlieren.

Je häufiger Sie jedoch meditieren und üben, desto länger und besser wird auch Ihre Konzentrationsfähigkeit werden. Konzentration wird gerade in den Momenten verbessert, in denen Ihr Verstand wandert und Sie zu Ihrem Bewusstsein zurückfinden. Wenn also immer wieder Gedanken auftauchen, die Sie von Ihrem Fokus auf ein bestimmtes Objekt ablenken, lassen Sie diese Gedanken einfach wieder gehen und bringen Sie Ihre Konzentration ganz bewusst zurück.

Jedes Mal, wenn Sie Ihre Aufmerksamkeit zurückbringen, stärken Sie Ihre Konzentrationsfähigkeit und Sie werden schon nach kurzer Zeit in der Lage sein, sich nicht mehr in Ihren Gedanken zu verlieren und fokussiert zu bleiben. Neben der Konzentration sollen viele Meditationen vor allem dazu dienen, Achtsamkeit zu üben. Diese beiden Begriffe werden häufig verwechselt oder als ein und dasselbe verstanden. Sie gehen Hand in Hand miteinander und dennoch gibt es wichtige Unterschiede.

Eines ist klar: Beide Komponenten spielen eine große Rolle in Ihrer Meditation. Auch die Visualisierung ist im Grunde genommen eine Meditationstechnik, bei der es nicht nur um Konzentration, sondern auch um Achtsamkeit geht. Da es bei all diesen Techniken aber besonders um die Umsetzung beziehungsweise um die Praxis geht, kommen wir jetzt zum wohl wichtigsten Teil und zu der Frage, wo Sie am besten anfangen.

Visualisierung Schritt für Schritt

Sie haben nun bereits eine Menge Informationen darüber erhalten, was Visualisieren eigentlich bedeutet, wie es funktioniert, auf welche Lebensbereiche Sie Ihre Visualisierung anwenden können und welcher Sinn eigentlich dahintersteckt. Das alles jedoch nur in der Theorie. Vielleicht haben Sie sich bereits die Frage gestellt, wie Sie das Ganze nun in die Praxis umsetzen können.

Jeder dieser einzelnen Bereiche wurde im Laufe des Textes schon angeschnitten und wird Ihnen daher vielleicht auch bekannt vorkommen. Dennoch macht es Sinn, dass Sie sich einen Überblick verschaffen können, wie Sie Ihre Visualisierung Schritt für Schritt angehen können. Sie können erst einmal damit anfangen, Ihre Visualisierung aufzuschreiben.

Der Sinn dahinter, das aufzuschreiben, was Sie visualisieren möchten, ist, dass es Ihnen eine Struktur gibt, eine Art Plan, auf den Sie zu jeder Zeit zurückgreifen können. Das kann besonders dann hilfreich sein, wenn Ihnen während Ihrer Visualisierung immer wieder Gedanken durch den Kopf schießen, die Sie vom Wesentlichen ablenken.

Das kann Sie gerade zu Beginn häufiger aus dem Konzept bringen und auch etwas frustrierend sein. Wenn Sie jedoch vorab Ihre Visualisierung aufgeschrieben haben, können Sie einfach Ihre Augen öffnen, sich die Notizen erneut anschauen und an den Ort zurückkehren, an dem Sie den Fokus verloren haben.

Nachdem Sie sich ein paar Minuten Zeit genommen haben, um Ihre Visualisierung vorab aufzuschreiben, wird es Ihnen außerdem leichter fallen, sich zum einen besser und zum anderen auch länger auf Ihre Vorstellung zu konzentrieren. Und keine Sorge: Auch wenn Sie einige Sekunden die Augen öffnen müssen, falls Sie den Faden verloren haben, wird Sie das nicht davon abhalten, die Konzentration aufrecht zu erhalten, sondern vielmehr dabei unterstützen, dranzubleiben. Damit das Ganze funktioniert, müssen Sie jedoch Ihre Ziele ganz genau kennen. Je nach Bedarf können Sie Ihre Visualisierung in verschiedene Bereiche unterteilen, zum Beispiel in Job, Finanzen und Beziehungen.

Ob das für Sie letztendlich die richtige Methode ist, müssen Sie in der Praxis herausfinden. Machen Sie sich vorab ein paar Gedanken, bevor Sie mit dem Aufschreiben beginnen. Die Notizen sollten relativ detailliert sein, dienen aber in erster Linie dazu, Ihnen einen kleinen Anstoß in die richtige Richtung zu geben.

Wenn Sie erst einmal ein wenig Übung haben, werden Sie merken, dass die Details sich im Laufe der Zeit von ganz allein ergeben. Ihr berufliches Ziel könnte zum Beispiel sein, dass Sie sich selbstständig machen wollen. Schreiben Sie dann auf, was diese Selbstständigkeit für Sie beinhalten sollte. Sie sind Ihr eigener Chef,

Sie können ganz entspannt von zu Hause aus arbeiten, Sie verdienen jeden Monat Betrag X und so weiter.

Wie Ihnen bereits bewusst ist, reichen die Gedanken an das Ziel allein nicht aus. Der nächste Schritt wäre also, dass Sie sich nicht nur die Ziele selbst notieren, sondern auch die damit verbundenen Emotionen, die Sie spüren würden, wenn Sie diese Ziele bereits erreicht hätten.

Das ist sehr wichtig und wird die Effektivität Ihrer Visualisierung auf das nächste Level bringen. Das Erzeugen von Emotionen ist Ihr persönlicher Schlüssel zum Erfolg. Wenn Sie das getan haben, können Sie diese Gefühle ebenfalls notieren. Um bei dem Beispiel Karriere zu bleiben, könnten Sie aufschreiben, dass Sie stolz auf sich sind, den Sprung in die Selbstständigkeit gewagt zu haben. Sie fühlen sich frei und unabhängig, seitdem Sie Ihr eigener Chef sind. Sie sind zuversichtlich und glücklich über Ihre Entscheidung und Sie sind frei von jeglichen Geldsorgen, weil Sie ein großartiges Einkommen verdienen.

Schon während Sie alles Wichtige aufschreiben, werden Sie wahrscheinlich merken, dass Sie sich nach jedem Satz selbst zustimmen werden. Sie werden einfach fühlen, dass Sie sich auf dem richtigen Weg befinden und das wird Ihnen noch mehr Motivation geben. Schreiben Sie also einige wichtige Punkte für jeden Ihrer gewählten Bereiche auf, auf welche Sie sich während der Visualisierung konzentrieren möchten. Wenn Sie das getan haben, können Sie zum nächsten Schritt übergehen. Es ist besonders wichtig, beim Visualisieren so entspannt wie möglich zu sein.

Gehen Sie an einen Ort, an dem Sie sich besonders wohlfühlen, aber vor allem an einen Ort, an dem Sie Ihre Ruhe haben und Sie ungestört sind. Je entspannter Sie sind, bevor Sie beginnen, desto besser und intensiver wird auch Ihre Visualisierung sein.

Eine Visualisierung ist in der Regel dann am intensivsten, wenn Sie sich die Zeit nehmen, vorab eine einfache meditative Übung durchzuführen. Für manche Menschen ist es außerdem hilfreich, währenddessen entspannende Musik zu hören. Machen Sie einfach das, was Ihnen am besten dabei hilft, in diesen entspannten, meditativen Zustand zu gelangen. Jetzt können Sie zum praktischen Teil übergehen. Wie visualisieren Sie aber nun am besten in der Praxis?

Visualisieren Sie sich selbst als eine selbstbewusste und erfolgreiche Person, die bereits all ihre Ziele erreicht hat. Sehen Sie sich auch selbst dabei, wie Sie als diese selbstbewusste und erfolgreiche Person handeln würden. Sie sollten sich die Bilder in Ihrem Kopf so hell und lebendig wie möglich vorstellen. Sehen Sie sich genauso, wie Sie sein möchten. Schauen Sie sich um und nehmen Sie auch Ihre Umgebung wahr. Wo genau sind Sie und ist vielleicht außer Ihnen noch jemand anderes da?

Vielleicht können Sie jemanden wahrnehmen, den Sie kennen. Sie können auch ein Gespräch mit den Menschen führen, die Sie sehen. Wenn Sie das hier gerade lesen, mag Ihnen das vielleicht im ersten Moment etwas merkwürdig erscheinen, aber warum sollte es merkwürdig sein?

Sie würden mit diesen Personen höchstwahrscheinlich auch im wirklichen Leben sprechen, also sprechen Sie auch in Ihrer Vorstellung mit ihnen. Beobachten Sie auch ganz genau, wie Sie sich als die selbstbewusste und erfolgreiche Person fühlen, die Sie sehen. Sind Sie glücklich und zufrieden?

Achten Sie auf jedes Detail und darauf, was Sie in Ihrer Vorstellung eventuell anders machen als im richtigen Leben. Gehen Sie immer tiefer ins Detail und achten Sie auf jede Kleinigkeit. Welche Kleidung tragen Sie? Wie fühlt sich diese Kleidung an? Sind Sie an einem warmen Ort oder ist es eher kühl? Beobachten Sie all diese Dinge und nehmen Sie auch die damit verbundenen Gefühle wahr, die in Ihnen ausgelöst werden.

Je realistischer Ihre Visualisierung ist, desto besser werden am Ende auch die Ergebnisse sein. Das Ziel ist es, neue Erinnerungen in Ihr Unterbewusstsein einzupflanzen. Wenn Sie diese Erinnerungen noch lebendiger und detaillierter machen als Ihre echten Erinnerungen, werden Sie unfassbar effektive Resultate erzielen. Handeln Sie in Ihrer Vorstellung immer so, wie Sie es für ideal halten. Das Gute ist, dass Ihnen dabei keinerlei Grenzen gesetzt sind.

Es ist Ihre Vorstellung und an diesem Ort können Sie alles erschaffen, was Sie für richtig und wichtig halten. Dabei ist es in erster Linie völlig unwichtig, ob Ihr Leben zum jetzigen Zeitpunkt noch nicht Ihren Vorstellungen und Wünschen entspricht. Die erste Hürde, die Sie beim Lernen der Visualisierungspraxis überwinden müssen, ist die Auseinandersetzung mit dem unangenehmen Gefühl, etwas zu tun, das Sie bis jetzt noch nie getan haben.

Und welcher Ort könnte dafür besser geeignet sein als Ihr Kopf? Selbst in Ihrer Vorstellung wird es Sie eventuell Überwindung kosten, etwas zu tun, ohne eigentlich zu wissen, wie es funktioniert. Dennoch sind Sie hier in einer geschützten Umgebung, weshalb Sie sich absolut selbstsicher fühlen können.

Genießen Sie einfach das Gefühl, sich selbst dabei zu beobachten, wie Sie sich auf Ihre Art und Weise ideal verhalten. Sie werden erkennen, dass Sie sich auch im echten Leben so verhalten können, wenn es in Ihrer Vorstellung ganz problemlos funktioniert. Diese Erkenntnis kann Ihnen auch dabei helfen, Situationen zu meistern, in denen Sie sich in der Vergangenheit unsicher und unwohl gefühlt haben.

Wenn Sie beispielsweise bislang immer Angst davor hatten, einen Vortrag vor einer größeren Gruppe zu halten, visualisieren Sie vor allem diese Situation ganz bewusst. Stellen Sie sich ganz genau vor, wie Sie ohne Probleme, selbstbewusst und enthusiastisch einen Vortrag halten und beachten Sie, welche Emotionen das in Ihnen hervorruft.

Visualisieren Sie aber auch die Reaktionen Ihrer Zuhörer, um das Ganze wieder möglichst realistisch zu gestalten. Sie können das auch besonders gut auf Ihre aktuelle finanzielle Situation anwenden, wenn das ein Faktor ist, der Ihnen Sorgen bereitet. Nehmen wir an, Sie befinden sich gerade in einer nicht ganz so erfreulichen und zufriedenstellenden finanziellen Lage und Sie wünschen sich mehr Geld und Fülle in Ihrem Leben. Wie würde sich das anfühlen?

Visualisieren Sie zum Beispiel Ihre prall gefüllte Geldbörse. Spüren Sie das Gewicht in Ihren Händen, nehmen Sie das Geld heraus und zählen Sie die Scheine und Münzen, die sich darin befinden.

Visualisieren Sie, wie sich das Geld in Ihren Händen anfühlt – das Gewicht, die Textur, eventuell sogar den Geruch der Münzen. Nehmen Sie sich auf jeden Fall genug Zeit, um in Ihrer Vorstellung einen Geldautomaten aufzusuchen. Überprüfen Sie Ihren Kontostand, schauen Sie sich Ihre Kontoauszüge und die vielen hohen Beträge an, die in den letzten Tagen eingegangen sind.

Nehmen Sie wahr, wie gut es sich anfühlt, die vollständige Kontrolle über Ihre Finanzen zu haben. Erinnern Sie sich immer daran, dass Sie genau das Leben visualisieren können, das Sie sich für sich wünschen. Es gibt nichts, das Sie nicht erreichen können. Es gibt noch weitere Faktoren, die Ihre Visualisierung positiv beeinflussen können, damit sich diese noch realistischer anfühlt: Es macht Sinn, Ihre Ziele hin und wieder aus einer anderen Perspektive zu sehen. Sehen Sie all die Erfahrungen zuerst durch Ihre eigenen Augen und beobachten Sie, wie Sie sich dabei fühlen.

Dann können Sie das Ganze erneut visualisieren, allerdings durch die Augen einer außenstehenden Person. Sie können auch versuchen, die gesamte Situation auf einer großen Kinoleinwand zu betrachten. Seien Sie in jedem Fall experimentierfreudig, um herauszufinden, welche Methode sich für Sie am besten eignet.

Dennoch kann ein anderer Blickwinkel auch häufig eine gute Technik sein, um das eigene Verhalten zu reflektieren und sich anschließend selbst eine Rückmeldung zu geben. Sie können zum Beispiel sehen, wie andere Leute auf Ihr Verhalten reagieren und ob Sie Selbstvertrauen und Zufriedenheit ausstrahlen.

Wenn nicht, ändern Sie Ihre Perspektive wieder und ändern Sie all das, was Sie von Ihrem idealen Verhalten abhält. Versuchen Sie sich dann erneut als Beobachter und schauen Sie, was passiert.

Der absolut wichtigste Schritt, der Ihnen den größten Erfolg bringen wird, ist und bleibt aber die Erzeugung von Emotionen und Gefühlen – die Gefühle und Emotionen, die Sie spüren würden, wenn Sie Ihre Ziele bereits erreicht hätten. Es ist nicht ausreichend, nur die Bilder in Ihrem Kopf zu sehen. Sie müssen Ihrem

Gehirn bewusst machen, auf welche Gefühle es achten muss. Sie müssen Ihre Visualisierung mit all Ihren Sinnen erleben.

Erleben Sie genau das, was Sie erleben würden, wenn Ihre Träume bereits wahr geworden wären. Sie werden mit Sicherheit eine Menge Dinge, wie zum Beispiel Stolz, Freude, Selbstvertrauen und Glück, verspüren. Sie werden sich erfolgreich fühlen und dieses unvergleichliche Gefühl werden Sie noch eine ganze Weile nach der Visualisierung in sich tragen.

Sie werden motiviert sein, all diese Dinge auch in der realen Welt zu erschaffen. Tun Sie alles, was in Ihrer Macht steht, um dieses Erfolgsgefühl in Ihnen auszulösen. All diese Bilder und Emotionen sollen Ihnen zeigen, worauf Sie auf dem Weg zum Erfolg achten müssen. Auch hier gilt wieder:

Je intensiver Sie die Gefühle wahrnehmen, die Sie erzeugen, und je mehr Emotionen Sie spüren, desto besser und schneller werden Sie auch die Ergebnisse Ihrer Visualisierung sehen. Jetzt sollten Sie alles wissen, was es zu einer erfolgreichen Visualisierung braucht und, viel wichtiger, wie Sie am besten damit beginnen. Vielleicht können Sie an dieser Stelle auch verstehen, warum so viele Menschen zu Beginn daran scheitern. Es reicht bei Weitem nicht aus, einfach die Augen zu schließen und sich vorzustellen, erfolgreich zu sein. Es wird ein wenig Zeit brauchen, bis Sie sich Ihre ganz persönliche, für Sie effektivste Visualisierung erarbeitet haben. Sie können aber sicher sein, dass es jede Mühe und jede Sekunde Ihrer Zeit wert sind.

Fazit

Abschließend lässt sich also sagen, dass jede Art von mentalem Training, vor allem aber die Visualisierung, zu einem wichtigen Bestandteil Ihres Lebens werden sollte, wenn Sie Ihre Vorstellung auch in der Realität umsetzen möchten. Kein Ziel ist unerreichbar und kein Traum ist zu groß, um wahr zu werden. Der einzige Mensch, der Ihnen dabei im Weg steht, etwas an Ihrem Leben zu verändern, sind Sie selbst. Probleme entstehen nur dann, wenn Sie diese kreieren. Unterschätzen Sie niemals die Macht Ihres Verstandes und lernen Sie, wie Sie ihn ganz bewusst und für die wichtigen Dinge im Leben einsetzen können. Wenn Sie lernen, ganz bewusst einen positiven Gedanken mit einem ausgerichteten Gefühl und einer festen Überzeugung zu kreieren, können Sie jeden negativen Umstand in einen positiven verwandeln. Jeder Gedanke, jedes Gefühl und jede Überzeugung können geändert werden und nur Sie ganz allein haben die Macht, all das zu ändern, was in Ihnen steckt. Beginnen Sie mit kleinen Schritten, aber bleiben Sie konsequent. Erwarten Sie keine Veränderungen, die sich über Nacht einstellen, und bleiben Sie optimistisch. Die Bilder werden klarer werden und Sie werden feststellen, dass Ihnen Ihre gesamte Umgebung plötzlich viel bunter erscheint. Sie werden Dinge wahrnehmen, die Ihnen vorher nie aufgefallen sind und Sie werden all diese kleinen Dinge in Ihrem Leben mehr wertschätzen. Wenn Sie in eine schwierige Situation geraten, denken Sie immer daran, dass alles im Leben aus einem bestimmten Grund passiert und Sie auch aus jedem Rückschlag etwas lernen können.

Ihre Vorstellung kann zum kreativsten Ort der Welt werden, an dem Ihnen keinerlei Grenzen gesetzt sind – ohne Regeln und andere Menschen, die Ihnen sagen könnten, dass Sie Ihre Ziele womöglich nie erreichen werden. Sie werden immer wieder Menschen begegnen, die noch nicht bereit sind, ihre Komfortzonen zu verlassen, die sich an ihren Überzeugungen festhalten und Angst vor Veränderungen haben. Geben Sie diesen Menschen die Zeit, die sie brauchen, ohne sie zu bewerten. Jeder Mensch entwickelt sich in seiner eigenen Geschwindigkeit und letztendlich wissen Sie nie, in welcher Lebenssituation Ihre Mitmenschen sich gerade befinden. Zeigen Sie Mitgefühl und stecken Sie andere mit Ihrer Motivation und mit Ihrer positiven Einstellung an. Manchmal fehlt einem nur der letzte Denkanstoß, um den nächsten, vielleicht sogar entscheidenden Schritt zu mehr Bewusstsein zu machen. Am Ende sind wir eben doch alle gleich, ganz egal, was in unseren Köpfen vorgeht. Denken Sie positiv, zielorientiert und, ganz wichtig, leben Sie, so oft es geht, im gegenwärtigen Moment. Lieben und genießen Sie das Leben, das Sie gerade haben, während Sie das Leben Ihrer Träume erschaffen.

SELBSTDISZIPLIN

Schritt für Schritt zu einem Leben mit mehr Disziplin, Fokus & Willenskraft! Motivation und positives Mindset antrainieren & mit mehr Erfolg und Selbstbewusstsein durchs Leben gehen

Das erwartet Sie in diesem Buch

Jeder kennt die Situationen, wenn man sich Ziele setzt und nach kurzer Zeit keine Kraft und Ausdauer mehr hat, diese Ziele zu erreichen. Sei es die Diät, die jeden Montag neu anfängt oder der Verzicht auf Chips und Schokolade? Vielleicht möchten Sie jedoch Ihr Leben sogar ganz neu strukturieren, einen neuen Beruf erlernen und wissen nicht wie Sie das alles schaffen und angehen sollen. Oder Sie möchten einfach in ihrem Leben etwas verändern oder sogar verbessern? Dann haben Sie mit diesem Buch die richtige Entscheidung getroffen und einen hilfreichen Begleiter gewählt. Denn träumen reicht nicht aus, um Ihre Ziele zu erreichen. Man muss die Sache schon angehen und loslegen. Und das geht nur mit einem Hilfsmittel, welches nicht angeboren ist, aber von jedem Menschen erlernt werden kann. Die Selbstdisziplin!

Damit Sie für Ihre Vorhaben bestens aufgestellt sind, bekommen Sie in diesem Buch nicht nur eine Schritt für Schritt Anleitung für mehr Selbstdisziplin, sondern es erwarten Sie viele Beispiele die Ihnen sicherlich auch aus Ihrem Leben bekannt vorkommen. Diese Beispiele sind gepaart mit nützlichen Hinweisen, Erklärungen und Tipps, die Ihnen viele Lebenssituationen erleichtern können. Ich verspreche Ihnen, wenn Sie all diese Tipps beherzt befolgen, dann werden Sie innerhalb kurzer Zeit positiv davon überrascht sein, zu welcher Leistung Sie fähig sind und Ihr Wohlbefinden wird sich positiv verändern.

Im nächsten Kapitel werden Sie erst einmal Grundlagen erlernen, die wichtig für das Verständnis sind. Denn nur wenn Sie wissen weshalb, warum und wieso, werden Sie sich selbst und die Eigenschaft besser verstehen und einsetzen können. Sie werden lernen, für was im Leben man alles Selbstdisziplin benötigt und warum sie so wichtig ist. Im weiteren Buchverlauf finden Sie die Faktoren, die für ein selbstdiszipliniertes Handeln wichtig sind und zusammenspielen. Vor allem finden Sie hier einige hilfreiche Tipps und Anleitungen, wie Sie diese Faktoren verstärken oder Bekämpfen können.

Sie erhalten eine Anleitung, die es Ihnen ermöglicht geeignete Ziele zu finden und zu definieren. Außerdem lernen Sie, wie Sie diese Ziele im Auge behalten aber dennoch das Entspannen zwischendurch nicht vergessen. Im letzten Kapitel in diesem Buch möchte ich Ihnen mitteilen, wieso manche Menschen erfolgreicher sind als andere und wie es genau dazu kommt. Denn das hat nichts damit zu tun, dass es manche Menschen einfach können und andere eben nicht. Jeder Mensch kann erfolgreich sein und seine Ziele erreichen. Sie benötigen dazu nur das Wissen, welches Sie in diesem Buch finden und schon haben Sie eine sehr hohe Chance darauf, Ihre Ziele zu verwirklichen!

Selbstdisziplin - Was ist das überhaupt?

Ein Buch zum Thema Selbstdisziplin zu schreiben, ist gar nicht so einfach. Vor allem, wenn man mit diesem Buch etwas erreichen und anderen Personen zu mehr Selbstdisziplin verhelfen möchte. Jeder von uns hat Selbstdisziplin, jedoch in unterschiedlichem Maße. Auch definiert jeder den Begriff für sich anders. Die Einen definieren den Begriff für sich mit Eigenschaften wie Unterordnung, Zucht, Gehorsamkeit und Zwang. Die Anderen hingegen denken vielleicht an das disziplinierte Erreichen der eigens gesetzten Ziele. Um dieses Buch zu schreiben, komme ich nicht daran vorbei, mich mit diesem Thema stark auseinanderzusetzen und es verlangt auch von mir einiges an Selbstdisziplin.

Vielleicht haben auch Sie dieses Buch vor sich liegen, weil Sie sich mit diesem Thema beschäftigen möchten oder vielleicht auch müssen. Vielleicht benötigen Sie Tipps, wie Sie zu mehr Selbstdisziplin gelangen? Vielleicht sind Sie auch unzufrieden und möchten etwas verändern? Es kann natürlich auch sein, Sie interessieren sich einfach für das Thema? Oder Sie müssen sich aus anderen Gründen mit diesem Thema auseinandersetzen? Viele unterschiedliche Gründe können der Beweggrund dafür sein, dass Sie sich dieses Buch zugelegt haben.

Damit alle Leser auf dem gleichen Stand sind und ein einheitliches Verständnis von dem Thema bekommen, ist es im Vorfeld sinnvoll die Begriffe Selbst und Disziplin voneinander abzugrenzen und zu definieren. Außerdem möchte ich Ihnen die unterschiedlich beteiligten Körperregionen vorstellen, die mit der Eigenschaft Selbstdisziplin einhergehen.

DAS SELBST

Jeder denkt, er weiß was das Selbst ist. Doch wissen Sie es wirklich? Die Herkunft des Wortes Selbst ist nicht genau zu definieren. Außerdem gibt es viele unterschiedliche Auffassungen des Begriffes. Die Psychologie sieht das Selbst als die Antwort auf die Frage: „Wer bin ich?" Ob Bäcker, Metzger, Krankenschwester oder Mutter. All das kann eine Antwort auf die Frage sein, wer man ist. Aber ist das alles? Nein, ich bin nicht nur Mutter, Bäcker, Metzger oder Krankenschwester. Es sind unzählige Faktoren die zum Selbst gehören.

Das was den Menschen ausmacht. Wie er ist, wie er handelt, wie er denkt, welche Einstellungen er hat. Das Selbst meint also nicht nur den Beruf oder das Erscheinungsbild einer Person. Es liegt im Inneren eines Menschen verborgen und ist von außen nicht sichtbar oder gar für andere antastbar. Der Begriff Selbst wird außerdem im Sprachgebrauch auf unterschiedliche Weise verwendet. Er kann einen Gegenstand oder die Identität einer Person benennen.

Deutlich wird das bei folgendem Beispiel:
1. Meine Schwester isst von dem gleichen Teller wie ich.
2. Meine Schwester isst von dem selben Teller wie ich.

Anhand des Beispiels kann gut nachvollzogen werden, wie der Begriff Selbst ein Gegenstand beschreiben kann. Bei dem ersten Satz isst die Schwester von einem Teller, der genauso aussieht wie mein Teller. Es ist aber nicht der Selbe. In Beispiel zwei, isst die Schwester vom selben Teller wie ich. Wir teilen uns also einen Teller und essen zusammen von dem selben Teller. Das Selbe bzw. das Selbst benennt also kein Erscheinungsbild eines Gegenstandes, dessen Ursache verschiedenes sein kann. Es ist und bedeutet ein und das Selbe.

Man kann außerdem bei genauer Betrachtung das umgangssprachliche Selbst in das absolute Selbst und das relative Selbst unterteilen, die zwei verschiedene Ebenen des Selbst bilden. Das relative Selbst ist in einem Individuum manifestiert und unauflösbar damit verbunden. Es besteht aus dem Körper des Individuums, der dem unaustauschbar zugeordnet ist. Ebenso kann man dem relativen Selbst die Psyche des Individuums zuordnen. Relativ heißt in diesem Zusammenhang zurückbringend oder rückwirkend. Der Körper und die Psyche verhalten sich relativ zu dem Selbst, da sie wechselseitig auf dieses zurückwirken. Ein absolutes Selbst kann als die Instanz verstanden werden, die das relative Selbst wahrnimmt, ohne selbst dazu zu gehören. Es kann kein Inhalt des relativen Selbst sein, kann aber durch bewusste Entscheidungen in das relative Selbst eingreifen.

Man kann auch sagen, dass das relative Selbst sich von Person zu Person unterscheidet und das Besondere des Menschen ist. Das absolute Selbst hingegen ist das Selbst, welches für alle Personen identisch ist. Das eine Selbst aller Personen. Es ist keine sichtbare Erscheinung und kann somit auch vom relativen Selbst nicht wahrgenommen werden, umgekehrt hingegen schon. Als einfaches Beispiel können Sie sich ein Mädchen vorstellen, welches sich die Nase gepierct und die Haare gefärbt hat. Hier hat das absolute Selbst in das relative Selbst eingegriffen und es somit verändert. Zumindest den körperlichen Teil, der zum relativen Selbst dazu gehört. Ganz einfach gesagt: Das absolute Selbst ist man und das relative Selbst sieht man!

> **Eine Anregung zum Nachdenken:**
>
> Wenn der Begriff Selbst im Sprachgebrauch auf eine andere Weise auch für Gegenstände benutzt wird, haben dann Gegenstände auch ein Selbst? Denken Sie an eine Tasse. Hat diese im Inneren ein Selbst? Vielleicht ist das Selbst eine Eigenschaft, die man Gegenständen und Individuen zuschreiben kann? Oder ist damit nur der Gegenstand an sich gemeint, der von anderen Menschen ebenfalls benutzt werden kann? Was bedeutet es eigentlich, wenn ich von mir selbst rede? Wen meine ich damit? Ich rede doch schon von mir. Ich bin doch schon ich. Wer ist dann das Selbst in mir? Gibt es also noch jemanden anderen in meinem Inneren? Was gehört noch zum Selbst?
>
> Beantworten Sie für sich in Ruhe diese Fragen und überlegen sich, was das Selbst für Sie ist und was es bedeutet.

„Man kann jedem aus dem Weg gehen, nur nicht sich selbst." (unbekannt)

Damit Sie sich Selbst und Ihre Handlungsweisen besser verstehen können, kann es helfen, wenn Sie die Begriffe des Selbst, des Es und des Ich unterscheiden können und sich ins Bewusstsein rufen, was damit eigentlich gemeint ist. Für mich ist das Selbst, der Mensch wie er sich in der Gesellschaft verhält. Die Einstellungen, die Charakterzüge, die Kompetenzen aber auch die Äußerlichkeiten oder zugeschriebenen Merkmale. Ich würde es die allgemeinen Verhaltensweisen und die Grundhaltung gegenüber der Gesellschaft nennen. Diese können sich ständig und durch verschiedene Erfahrungen verändern.

Sämtliche Entwicklungsprozesse und Lebensabschnitte, sowie die sich ständig verändernde Umwelt prägen das Selbst und lassen es wachsen. Es stellt für mich die Persönlichkeit des Menschen dar. Das was ich bin und das was mich ausmacht! Das Es ist für mich der sogenannte innere Schweinehund oder das schwarze Teufelchen auf meiner linken Schulter. Die Triebe und das Verlangen nach scheinbar bösem oder etwas, was das Selbst so nicht machen würde. Ich meine hier zum Beispiel sowas wie das letzte Stück Kuchen vom Kaffeetisch nehmen oder aber wieder einmal gegen seinen guten Vorsatz für das neue Jahr zu verstoßen.

Aber auch das Missachten einer roten Ampel, also Dinge, die gegen das Gesetz verstoßen werden von dem Es angetrieben. Das Ich hingegen handelt nach den Anforderungen des Selbst oder des Es. Es ist die ausführende Kraft, die das tut, was von ihm verlangt wird.

„Der längste Weg ist der zu sich selbst." (Andreas Hilzensauer, *1985)

Ich möchte Ihnen das Konzept des Selbst von der wissenschaftlichen Seite, mit Hilfe eines bekannten amerikanischen Soziologen, Psychologen und Philosophen, an dem ich mich bei meinen Überlegungen orientiert habe, kurz und knapp erläutern.

George Herbert Mead hat mit seiner Theorie des symbolischen Interaktionismus versucht, die Begriffe **I**, **Self** und **Me** zu unterscheiden und für andere verständlich zu umschreiben. Sprache ist für ihn ein immens wichtiges Instrument, welches als Grundlage für die Identitätsentwicklung steht und für eine funktionierende Gesellschaft unabkömmlich ist. Er teilt das **Self** in zwei Komponenten auf, nämlich in das **I** und in das **Me**. Unter dem **I** sieht er die Spontanität und die Kreativität der Menschen. Außerdem schreibt er die biologisch veranlagten Triebe dem **I** zu. Für ihn ist das **I** außerdem immer eine Reaktion des Organismus auf die Reize außerhalb und von anderen. Es stellt die individuelle Komponente der Menschen dar, das Subjektive. Das **Me** ist für George Herbert Mead die organisierte Gruppe von Haltungen anderer Personen, die wir daraufhin einnehmen. Es verkörpert den objektiven Teil des Menschen.

Wir nehmen als **I** also eine Handlung für das **Me** ein, da das Subjektive auf das Objektive reagiert. Jeder handelt in von uns erwarteten Rollen, da das **I** auf das **Me** reagiert und im Inneren eine Handlung auslöst. Das was andere Menschen von uns erwarten, beispielsweise in der Rolle der Tochter, kann man als **Me** beschreiben. Darauf reagiert dann das **I** und handelt in der Rolle der Tochter. Man kann also sagen, dass das **Me** alle Werte und Normen der Gesellschaft verkörpert und das **I** dann entscheidet ob es diese Regeln, Werte und Normen erfüllt und in welcher Weise. Es ist aber ganz egal ob es die Rolle der Tochter, des Bäckers, des Schwimmmeisters, der Schwester oder der Mutter ist.

Alle Erwartungen an die unterschiedlichen Rollen bilden gemeinsam mit der darauffolgenden Handlung das Selbst. Kurz und knapp: Das **Me** und das **I** bilden zusammen das **Self**. Die Wechselwirkungen zwischen **Me** und **I**, die nur durch die Entwicklung und durch die Erfahrungen der Anderen und der Umwelt eintreten, stellen den Prozess dar, wie der Mensch zu dem wird, was er ist. Das **Self**! Da sich die Gesellschaft und die Lebensumwelten der Menschen ständig und fortlaufend weiterentwickeln, stellt das **Self** kein festes Konstrukt dar. Es verändert sich mit den wechselnden Anforderungen und Erwartungen stetig weiter, da auch das **I** nicht immer gleich auf das **Me** reagiert und von diesem geprägt wird. Das **Self** kann auch als Identität beschrieben werden und ist demnach nicht mit der Geburt vorhanden. Es entwickelt sich allmählich durch die Erfahrungs- und Entwicklungsprozesse des Menschen.

Sie sehen, der Begriff des Selbst, ist seit vielen Jahren ein Thema und wird auf viele unterschiedliche Weisen aufgefasst und definiert. Mit Sicherheit wird sich das die nächsten Jahre nicht ändern und er bleibt weiterhin wissenschaftlicher Forschungsgestand. Wichtig ist, dass Sie für sich selbst eine Definition finden, mit der Sie im Einklang stehen, um den Begriff zu verstehen und ihn von anderen abgrenzen zu können.

DIE DISZIPLIN

Der Begriff Disziplin ist etwas einfacher zu erklären. Er hat zwar ebenso, wie das Selbst viele verschiedene Definitionen und Auffassungen, diese führen jedoch alle zu einem Ursprung zurück. Er stammt aus dem Lateinischen und bedeutet so etwas wie Zucht, Ordnung und Lehre. Mit Disziplin meint man, das Befolgen von Regeln und Vorschriften und die Unterordnung von Befehlen und Anweisungen. Disziplin ist vor allem bedeutend, damit eine Person sich in einer Gesellschaft integrieren und einordnen kann. Durch sie ist es also möglich, sich einem System hinzugeben und einzuordnen, um seine gesetzten Ziele zu erreichen.

Der Begriff wird in zwei unterschiedliche Bestandteile gegliedert. Es gibt eine intrinsische Disziplin, also von innen heraus und eine extrinsische Disziplin, die von außen beeinflussend wirkt. Beide Formen von Disziplin fördern die Moral und wirken sich in allen Lebensbereichen deutlich positiv aus und führen somit zu einem besseren Wohlbefinden. Jeder versteht diesen Begriff auf seine eigene Art und Weise. Vor allem Erziehende, beispielsweise Erzieher oder Eltern, verbinden das Wort Disziplin damit, das Kinder sich unterordnen und gehorsam sein sollen, ohne dabei Widerworte zu geben. Oder sie sollen sich strikt den vorgegebenen Regeln unterwerfen.

Durch Kontrolle und Besserung durch unterschiedliche Strafmaßnahmen, möchten Erziehende diszipliniert sein und wirken. Die pädagogische Sichtweise auf den Begriff der Disziplin ist verbunden mit der Einhaltung normativer Setzungen eines Sozialgebildes, beispielsweise der Gesellschaft oder des Bildungssystems. Disziplin stellt einen fortwährenden Prozess dar, den es aus pädagogischer Sicht immer zu hinterfragen und zu fördern gilt. Für andere ist Disziplin die Fähigkeit eine Leistung zu erzielen, um somit seine Ziele zu erreichen.

„Disziplin ist nur eine Frage der Zielbewusstheit. Wer seine inneren Bilder klar vor Augen hat, kann die nächste Handlungsgelegenheit gar nicht abwarten." Arnold Schwarzenegger, 1947

Das Thema der Disziplin hat sich meiner Meinung nach in den letzten Jahrzenten deutlich verändert. Früher war Disziplin nicht so ein großes und bedeutendes Thema, wie es heutzutage ist. Damit meine ich nicht, dass Disziplin weniger wichtig war oder nicht benötigt wurde. Es war lediglich um einiges einfacher, der Disziplin Stand zu halten. Mit dem technologischen Fortschritt und der

Freisetzung der Menschen aus sämtlichen Lebenslagen, ist Disziplin zu einem schwierigeren stetigen und ständigen Begleiter geworden.

Mit der Freisetzung meine ich die Entscheidungsfreiheit der Gesellschaft, die es früher so nicht gab. In der heutigen Zeit ist es völlig normal, wenn etwas anders läuft, als es eigentlich vorgesehen ist oder wie es noch vor 30 Jahren ablief. Die Menschheit hat unzählige Wahlmöglichkeiten in sämtlichen Lebensbereichen. Sei es die Entscheidung das Abi an einer Abendschule nachzuholen, ein Studium neben dem Beruf oder der Kindererziehung zu bestreiten oder die verschiedenen Freizeitangebote und -aktivitäten, die es mittlerweile gibt. Ganz zu schweigen von dem ständigen Begleiter: Die Ablenkung. Diese ist durch die technologische Fortschreitung in der heutigen Zeit wesentlich häufiger, als sie es noch vor einigen Jahren war.

Überall lauern versteckte Hindernisse, die Sie von dem abhalten, was sie eigentlich vorhaben. Einzig und allein der Eintritt in die Schule und der Renteneintritt ist gesetzlich festgelegt und muss zu einer bestimmten Zeit vollzogen werden. Das geht an keinem vorbei und kann auch nicht durch ein unterschiedliches Maß an Disziplin bestritten oder nicht bestritten werden. Durch zwei Beispiele, möchte ich versuchen Ihnen meine Gedankengänge deutlicher darzustellen.

„Kein übler Drang des menschlichen Herzens ist so mächtig, als dass dieser nicht durch Disziplin gebändigt werden kann."
Seneca (4 v.Chr. – 65 n.Chr. römischer Philosoph und Staatsmann)

Beispiel 1:
Sie sitzen an Ihrem Schreibtisch und müssen unbedingt noch die Steuererklärung machen. Da die Erklärung ja mittlerweile über das Internet ausgefüllt und abgegeben werden kann, machen Sie das natürlich auch so. Im Nebenfenster haben Sie den Webbrowser stehen und Facebook geöffnet. Durch das W-Lan sind Sie natürlich auch ständig mit dem Internet verbunden und empfangen über Ihren Outlook-Account Ihre E-Mails, die in einem kleinen Fenster an der Seite aufploppen. Während Sie in dem Programm der Steuererklärung versuchen die Daten einzugeben, kommt eine E-Mail, dass es gerade bei Zalando 10% auf alle Bekleidungsteile im Sale gibt. Noch dazu gibt es bis um Mitternacht Gratisversand. Also was soll es. Sie öffnen im Browser schnell die Seite von Zalando und stöbern dort im Sale. Während Sie ihren Onlineeinkauf tätigen, fällt Ihnen auf, dass Sie auf Facebook 2 Benachrichtigungen haben. Also gehen Sie schnell mal rüber in das andere Fenster und schauen wer Sie angeschrieben hat oder weshalb Sie benachrichtigt wurden. In der Werbung am Seitenrand, finden Sie eine Info über günstige Kühlschränke. Da Sie schon lange einen kleinen Kühlschrank für Ihr Zuhause suchen, müssen Sie natürlich diese Werbung schnell mal aufrufen.

Dieses Beispiel könnte man endlos weiterführen. Und es würde nichts daran ändern, dass Sie nicht mehr bei Ihrer eigentlichen Arbeit, dem Ausfüllen der Steuererklärung sind. Durch das ständige Angebot an anderen Aktivitäten und Werbung für andere interessante Dinge, fällt es unheimlich schwer bei der eigentlichen Arbeit zu bleiben und es benötigt sehr viel Disziplin.

Beispiel 2:
Stellen Sie sich vor Sie sind am Joggen. Natürlich haben Sie Ihr Handy dabei. Wieso auch nicht? Mit dem wird ja die gesamte Strecke aufgezeichnet, um sie später nachverfolgen zu können.

Der Kalorienverbrauch und andere Einzelheiten werden dort ja auch direkt angezeigt. Das kann man mal schnell überprüfen, um zu schauen wie viele Kalorien noch bis zum gesetzten Ziel fehlen. Außerdem möchten Sie ja Musik über Ihre Kopfhörer hören. Dafür braucht man natürlich auch sein Handy. Sonst könnte man ja nicht von unterwegs die Playlist oder den Radiosender wechseln. Außerdem kann es ja sein, dass in der Familien-WhatsApp-Gruppe gerade etwas Wichtiges gepostet wird. Das müssen Sie ja unbedingt von unterwegs aus mitbekommen, um darauf antworten zu können. Oder Ihre beste Freundin ruft an und fragt ob Sie Lust haben einen Kaffee trinken zu gehen. Klar, warum auch nicht? Sie können ja da vorne links abbiegen, dann sind Sie schneller zuhause und können direkt nach dem Duschen los.

So in etwa kann man sich eine „normale" Joggingrunde vorstellen. Hieran lässt sich gut der zwiegespaltene technologische Fortschritt und der Wandel der Zeit in Bezug zu dem Begriff Disziplin erkennen. Denken Sie mal 30 Jahre zurück. Wie wird diese Joggingrunde da abgelaufen sein? Ja, ganz genau. Da werden Sie kein Handy in der Tasche gehabt haben, welches Sie ablenkt und von dem abhält, was Sie eigentlich tun möchten. Sie werden nicht die Musik zwischendrin gewechselt haben oder auf eine Nachricht geantwortet haben. Auf der anderen Seite muss dieser technologische Fortschritt nicht unbedingt etwas Schlechtes oder negativ Behaftetes sein. Dieser Fortschritt der neuen Medien, wie dem Handy, der Smartwatch oder anderen Fitnessuhren kann ebenso sehr motivierend für viele sein und sie antreiben. Die Uhren zeigen den aktuellen Verbrauch an oder die Laufstrecke in Kilometern. So haben Sie Ihr Ziel immer visuell vor Augen und es treibt an, dieses Ziel zu erreichen oder gar zu überschreiten.

Disziplin ist jedoch auch nach Verwendung in einem anderen Kontext verschieden zu interpretieren. Das Wort Disziplin oder Disziplinen kann auch synonym für einen Teilbereich eines Betätigungsfeldes, ein Schulfach, einen Wissenschaftlichen Bereich oder gewisse Stoffbereiche verwendet werden. Zum Beispiel beim Sport gibt es viele unterschiedliche Disziplinen. Vom 50m Sprint, über den Weitsprung und Hochsprung, bis hin zum Kugelstoßen. Alle Sportarten stellen eine andere Disziplin dar. Wenn wir beim sportlichen Bezug bleiben, kann mit Disziplin auch die Ausdauer bei Aktivitäten gemeint sein. Diese Begriffe werden oft synonym verwendet. Jemand der schnell außer Puste ist, hat weniger Disziplin, als jemand der längere Zeit durchhält.

Genauso ist es bei Teilgebieten der Wissenschaft. Die Erziehungswissenschaft, die frühkindliche Pädagogik, die Bildungswissenschaft, die Sonderpädagogik und noch viele mehr, sind alles Teildisziplinen des Bereiches Pädagogik und werden Disziplin genannt.

> **Eine Anregung zum Nachdenken:**
>
> Gehen Sie die folgenden Fragen im Kopf durch und beantworten Sie die Fragen für sich selbst. Oder noch besser: Nehmen Sie sich einen Zettel und schreiben Sie doch einfach mal die Antworten zu den folgenden Fragen auf. Oft wird einem durch das Aufschreiben viel mehr bewusst und es bleibt länger im Gedächtnis, wie wenn etwas nur kurz überdacht wird. Und da Sie ja wahrscheinlich etwas ändern möchte, empfehle ich Ihnen, die Zeit zu investieren und in einer ruhigen Minute die Antworten niederzuschreiben. Vielleicht wiederholen Sie das sogar noch einmal, wenn Sie dieses Buch gelesen haben und ein paar Wochen vergangen sind. Vergleichen Sie die Antworten dann miteinander und schauen wo es Übereinstimmungen gibt und wo nicht. Vielleicht hat sich bis dahin ja schon etwas in ihrem Leben verändert und es ist besser geworden, als es vorher war.
>
> In welchen Bereichen sind sie besonders diszipliniert? Wo wünschen Sie sich etwas mehr Disziplin? Benötigt man in allen Lebensbereichen und -situationen Disziplin? Wie oft haben Sie Ihre guten Neujahrsvorsätze schon über Bord geworfen? Haben Sie schon etwas aufgegeben, weil es Ihnen an Disziplin gefehlt hat? Wer treibt Sie an? Kommt der Antrieb aus Ihrem Inneren oder werden Sie von außen angetrieben? Was lenkt Sie am meisten ab? Können Sie diese Sachen/Personen umgehen?

SELBSTDISZIPLIN IST NICHT GLEICH DISZIPLIN

Jetzt haben Sie die Begriffe des Selbst und der Disziplin kennengelernt und können sie klar voneinander abgrenzen. Durch die Begriffe der intrinsischen und extrinsischen Disziplin, ist Ihnen wahrscheinlich schon klar, dass Selbstdisziplin nicht gleich Disziplin oder diszipliniert bedeutet. Ein Mensch kann auf unterschiedliche Weise diszipliniert sein. Die intrinsische Disziplin, ist diese, um die es in dem Buch eigentlich geht. Die Selbstdisziplin. Sie kommt von innen heraus und wird von dem eigenem Antrieb motiviert.

Der Mensch reguliert sich ganz bewusst aus dem inneren Selbst. Es ist das entschieden eigenkontrollierte Denken und Handeln, mit dem Sie Ihre eigenen Ziele und Zwecke erreichen können. Auch die intrinsische Disziplin ist ordnungsorientiert und befolgt Regeln, konditionierte Rituale und hält Richtlinien ein. Die Ziele für die Selbstdisziplin benötigt wird, werden entweder von einer hierarchisch übergeordneten Instanz vorgegeben, der Sie sich verpflichtet fühlen oder sie werden von Ihnen selbst aufgestellt.

Während die intrinsische Disziplin von innen heraus gesteuert wird, bedeutet extrinsische Disziplin, dass sich die Personen unterschiedlichen Verboten, Anweisungen, Geboten und Vorschriften unterwerfen müssen. Man kann diese Disziplin auch als Fremddisziplin bezeichnen. Aus der Sicht der Autorität spielt es keine Rolle ob diese Disziplin eine selbstbestimmte oder fremdbestimmte Unterwerfung ist. Mit Autorität meine ich eine Person oder eine Gemeinschaft, die diese Verbote, Anweisungen, Gebote oder Vorschriften stellt. Bei einer Autorität kann es sich aber auch um eine überzeugende Idee, das eigene Gewissen oder einen Gott handeln.

Der Unterschied der beiden Begriffe besteht nicht in der Art der Leistung, also der Disziplin, sondern in der unterschiedlichen Übereinstimmung mit der zu bewältigenden Aufgabe. Wird die Aufgabe befolgt, weil ich mich dieser Unterweisung gerade hingeben muss oder wird sie befolgt, weil ich es gerade möchte? Wenn ich mich einer Unterweisung hingebe, weil ich es muss, dann ist diese Disziplin extrinsisch bestimmt. Möchte ich diese Aufgabe aber erledigen und kommt es somit zu einer Einsicht über die Notwendigkeit der Unterwerfung, Zucht oder wie auch immer man es nennen möchte, dann wandelt sich die extrinsische Disziplin in die intrinsische Disziplin um. Umgekehrt gilt dieser Schluss auch, wenn ich eine Forderung nicht mehr einsehe und sie nur noch mache, weil es sein muss. Dann wandelt sich die intrinsische Disziplin oder auch Selbstdisziplin genannt, in die extrinsische Disziplin, die Fremddisziplin um.

Sie können anhand der beiden Formen der Disziplin unschwer erkennen, dass Selbstdisziplin frei macht. Man macht etwas gerne. Während man sich bei der Fremddisziplin immer einschränken und überwinden muss. Selbstdisziplin kann nicht einfach vererbt oder durch Disziplinarmaßnahmen erlangt werden. Auch ein Kind, welches keine Disziplinarmaßnahmen mit auf den Weg bekommt, lernt sich in gewissen Dingen und auf eine gewisse Art selbst zu disziplinieren. Wenn wir bei dem Beispiel Kind bleiben, dann lässt sich beobachten, dass Selbstdisziplin nicht über Nacht vorhanden ist.

Es benötigt von den Eltern eine lange Zeit des Wartens, bis Kinder etwas von selbst herausfinden. Oft benötigen sie unzählige Versuche, bis sie für sich den richtigen Weg gefunden haben, mit dem sie zum Erfolg gelangen. Greift man hier nicht mit Disziplinarmaßnahmen ein und lässt den Kindern die Chance diesen Weg selbst zu gehen und zu wählen, dann werden sie daraus lernen und es aus eigenem Antrieb wollen. Hier passt gut das Sprichwort: Aus Fehlern lernt man! Greift man hingegen in den Prozess der Entwicklung bei den Kindern ein, dann führt es nicht wirklich zur Selbstdisziplin, sondern wird extrinsisch durch Gehorsamkeit sichtbar.

WELCHE KÖRPERREGIONEN SIND BETEILIGT?

Zum Thema der Wirkungsweise bzw. der Neurobiologie der Selbstdisziplin möchte ich Ihnen gar nicht allzu viel erzählen. Sie möchten ja schließlich kein Arzt werden, sondern nur die groben Mechanismen und Körperregionen wissen, die an der Fähigkeit der Selbstdisziplin beteiligt sind. Natürlich denkt man bei beteiligten Körperregionen sofort an das Gehirn, der Teil des zentralen Nervensystems, welcher im Kopf liegt. Bei unterschiedlichen bildgebenden Verfahren und Untersuchungen des Gehirns, wurde festgestellt, dass ein Netzwerk aus vielen verschiedenen Regionen des Gehirns eine wichtige Rolle spielen. Besonders die Gehirnregion des medialen orbitofrontalen Cortex (mOFC) spielt für die Selbstdisziplin eine zentrale Rolle.

Wissenschaftler vermuten, dass dieser Bereich für die Folgenabschätzung und dem zukunftsbezogenen Vorstellungsvermögen zuständig ist. Ist dieser Bereich geschädigt, kann es dazu kommen, dass die Selbstdisziplin in Fremddisziplin umschwenkt, da die Folgen nicht mehr eingeschätzt werden können und sich so der innere Antrieb verändert. Je nach Grad der Schädigung des Gehirns, kann es natürlich auch zur völligen Disziplinlosigkeit kommen. Beispielsweise wenn ein Mensch das Bewusstsein verloren hat. Doch ist das schon alles? Sind nicht noch mehr Körperregionen an dem Prozess der Selbstdisziplin beteiligt? Je länger ich darüber nachdenke, wird es immer schwieriger klare Regionen im Körper abzugrenzen. Ich möchte mich auch gar nicht weiter auf einzelne Regionen beschränken, denn für mich gehört einfach der gesamte Körper dazu.

Stellen Sie sich vor, Sie sind ein sehr engagierter und motivierter Sportler. Dreimal die Woche gehen Sie im Wald joggen. Den Ausdauersport kombinieren Sie mit Kraftsport, welchen Sie zweimal die Woche im örtlichen Fitnessstudio ausüben. Sie sind also gesundheitlich und sportlich auf einem sehr hohen und guten Niveau. Ihre Ausdauer ist super und Sie nehmen regelmäßig an Wettkämpfen und Marathonläufen teil. Morgen steht der nächste Halbmarathon an, an dem Sie teilnehmen. Sie freuen sich sehr auf den nächsten Tag, fühlen sich super vorbereitet und sind total motiviert den Lauf zu absolvieren. Am Morgen des Laufs fühlen Sie sich etwas angeschlagen. Sie haben die Nacht auch nicht so gut geschlafen und sind noch etwas müde, obwohl Sie am Vorabend extra früh ins Bett gegangen sind. Wahrscheinlich macht sich eine Infektion in Ihrem Körper breit. Da Sie sich so auf den Lauf freuen und weiterhin total motiviert sind, lösen Sie sich eine Aspirin Plus C in einem Wasserglas auf und trinken es. Nach kurzer Zeit fühlen Sie sich etwas besser und bereit für den Lauf. Sie machen sich also auf den Weg zu dem heutigen Halbmarathon. Während Sie an der Startlinie stehen macht sich ein ungutes Gefühl in Ihnen breit und Sie denken für kurze Zeit darüber nach, ob Sie wirklich starten sollen. Mit dem Startschuss sind Ihre Gedanken allerdings sofort verflogen und Sie beginnen zu laufen und zu laufen. Die ersten Kilometer laufen richtig gut und Sie liegen in einer Top Zeit. Nach den ersten fünf Kilometern merken Sie allerdings, wie Sie sich von Meter zu Meter schlechter fühlen und Ihr Kreislauf etwas schlapp macht. Nach weiteren 500 Metern, die Sie sich weitergeschleppt haben, ist der Lauf für Sie dann ganz zu Ende und Ihr Körper kollabiert.

Mit diesem Beispiel möchte ich Ihnen veranschaulichen, was ich damit meine, dass der gesamte Körper des Menschen an der Fähigkeit der Selbstdisziplin beteiligt ist und nicht nur die Region des Gehirns. Sie hatten während und auch vor dem Lauf, die nötige Selbstdisziplin, um diesen Halbmarathon bestreiten zu können. Ihr Körper ist daran schuld, dass Sie diesen Halbmarathon nicht bestreiten konnten. Das hat nichts damit zu tun gehabt, dass es Ihnen an Disziplin gefehlt hat. Ihr Körper hat Ihnen einen Strich durch die Rechnung gemacht, da er gesundheitlich nicht dazu in der Lage war durchzuhalten. Wären Sie an dem Tag körperlich fit gewesen, dann hätten Sie mit Sicherheit diesen Lauf wie immer mit einer spitzen Leistung absolviert. Denn Ihre Motivation und Ihr innerer Antrieb waren ja groß genug.

Es ist eben nicht alles selbst steuerbar, egal wie sehr man es möchte oder auch eben nicht!

Ein wichtiger Begleiter im Leben

Ich hab eine Freundin, die gefühlt jeden Montag eine Diät anfängt und einen neuen Abnehmversuch startet. Nach sehr kurzer Zeit hört sie wieder auf und findet jedes Mal einen neuen Grund, warum es diesmal nicht geht und wieder nicht sein soll. Ob es ein bevorstehender Geburtstag ist oder eine vorgeschobene Krankheit. Ständig verschiebt sie auf den nächsten Montag. Sie hat ein Ziel, will es gerne erreichen, fängt es an und hört nach kurzer Zeit wieder auf. Sicherlich kann das viele unterschiedliche Gründe haben, doch in den meisten Fällen scheitert es an einer bedeutenden Eigenschaft: Der Selbstdisziplin!

Für viele Personen kommen schon bei dem Gedanken an den Begriff „Selbstdisziplin" erhebliche Zweifel auf und sie verfallen in Stress, Angst und Panik. Sie stellen sich vor, sie müssen Dinge tun, auf die sie eigentlich keine Lust haben. Doch genau das sollten sie jetzt tun. Es geht darum, genau die Dinge zu tun, auf die man eigentlich keine Lust hat, da man weiß, dass sie einen im Leben weiterbringen.

Selbstdisziplin stellt die Wurzel aller erreichbaren Ziele dar, die sich der Mensch im Leben setzt. Ganz egal was es auch immer ist. Es bedeutet immer, dass man sich vor Augen halten muss, was man erreichen möchte. Die Ärmel müssen hochgekrempelt und die Zähne zusammengebissen werden, bis man sein Ziel erreicht hat. Es bedeutet ebenso seinen inneren Schweinehund zu bekämpfen und gegen die bösen Stimmen im Kopf anzutreten, die uns in der Komfortzone behalten wollen.

Von nichts, kommt eben: Ja genau, Nichts! Man kann auch sagen: Vor dem Preis, stets der Schweiß! Gemäß diesem Sprichwort sollten Sie sich bewusst machen, dass Sie in den allerwenigsten Fällen erfolgreich sein können, ohne dafür etwas zu tun und sich anzustrengen. Das ist reines Wunschdenken von vielen Personen. Doch es bedeutet nicht gleich, dass Sie Ihr gesamtes Leben von jetzt auf gleich verändern müssen. Ein paar kleine einfache und gezielte Disziplinen, die in den Tag eingebaut werden, bringen enorme Ergebnisse mit sich. Denn jede bestrittene Disziplin, beeinflusst die nächsten. Es wirkt sich somit positiv auf Ihr Wohlbefinden aus und begleitet Sie im Alltag.

Es ist 5 Uhr morgens und ihr Wecker klingelt. Sie müssen aufstehen, da Sie um 6 Uhr auf der Arbeit sein müssen. Ach nein, heute nicht. Sie haben den Wecker auf 5 Uhr gestellt, da sie um 6 Uhr am Bahnhof sein möchten, um mit dem Zug zum Flughafen zu fahren. Heute geht es nämlich in den Urlaub.

Egal welche der beiden Situationen zutrifft. Für beide benötigen Sie Disziplin, um die Augen offen zu lassen und aufzustehen. Ich möchte Ihnen hiermit verdeutlichen, dass Selbstdisziplin sie durch den gesamten Tag begleitet. Es gibt nur sehr wenige Augenblicke, in denen man keine Disziplin benötigt. Jeder Mensch ist mehr oder weniger diszipliniert. Es gibt niemanden, der kein bisschen Selbstdisziplin besitzt, auch wenn manche Menschen das von sich denken. Denn wie Sie in dem Beispiel sehen, benötigt man schon zum morgendlichen Aufstehen ein gewisses Maß an Selbstdisziplin.

WOFÜR BRAUCHT MAN SELBSTDISZIPLIN?

„Enkratia" bedeutet in der griechischen Philosophie so viel wie Selbstdisziplin. Mit diesem Begriff bezeichnet man dort das Ideal eines Menschen, der die eigene Freiheit für die Entwicklung und Ausübung eines selbstbestimmten, tugendhaften Lebens verwendet. Der Mensch schränkt sich ganz bewusst ein und verzichtet auf viele Dinge, die ihm eigentlich Spaß machen, da er weiß, dass es sich positiv auf seinen Lebensweg ausübt. Es geht um Macht, die über sich selbst ausgeübt wird, damit der Mensch erfolgreich zu seinem angestrebten Ziel gelangt. Diese griechische Sichtweise lässt sich auch auf uns übertragen.

Selbstdisziplin ist also besonders wichtig, um sein Leben selbstbestimmt führen zu können und sich nicht fremdbestimmen zu lassen. Zu wenig Selbstdisziplin geht also immer einher mit einer Fremdbestimmung. Denn es wird immer Dinge geben, die man machen muss, obwohl man sie nicht möchte. Wenn die Einsicht zur Durchführung fehlt und es nur gemacht wird, da es gemacht werden muss, sind wir also fremdbestimmt. Wir sind eingeengt in unserem eigenen Leben. Auch der eigene Körper kann einen einengen und uns fremdbestimmen. Durch zwei Beispiele möchte ich wieder versuchen, Ihnen das Thema etwas näher zu bringen und verständlich zu vermitteln.

Beispiel 1:
Stellen Sie sich vor, Sie sitzen gemütlich mit Ihren Freunden auf der Couch und schauen einen Film. Sie haben heute nichts zu Abend gegessen, da Sie erst spät von der Arbeit nachhause gekommen sind. Sie wollten unbedingt pünktlich zu der Verabredung mit Ihren Freunden erscheinen und haben deshalb auf das Essen verzichtet. Vor Ihnen liegt eine Tüte Chips, eine Tafel Schokolade und andere Knabbereien. In der Hand halten Sie gerade schon Ihre dritte Flasche Bier. Sie greifen beherzt in die Tüte Chips und nehmen sich ein Stück Schokolade. Das Ganze machen Sie nicht nur einmal, sondern ein paar Mal.

Obwohl ihr Kopf weiß, dass diese Ernährung ungesund ist und sogar auf Dauer schädlich für Ihren Körper und die Gesundheit ist, haben Sie sich den Leckereien hingegeben und sie genüsslich verdrückt. Ihr Magen hat Ihnen durch das Hungergefühl vorgegeben, was Sie machen sollen. Ihr Körper wurde also von dem Hungergefühl fremdbestimmt.

Wenn Sie vorher jedoch genau aufgepasst haben, und den Unterschied zwischen Selbst- und Fremdbestimmung verstanden haben, dann wird Ihnen aufgefallen sein, dass sich auch eine Form der Selbstdisziplin in dem Beispiel findet. Sie wollten unbedingt pünktlich zu der Verabredung mit Ihren Freunden erscheinen und haben deshalb ganz bewusst auf das Abendessen verzichtet. Sie wussten, wenn Sie sich jetzt noch die Zeit nehmen und etwas essen, dann werden Sie zu spät kommen. Also haben Sie das Essen sein lassen und sind direkt los.

Beispiel 2:

Stellen Sie sich vor Sie sitzen gemütlich mit ihren Freunden auf der Couch und schauen einen Film. Sie mussten länger arbeiten und sind deshalb erst spät nachhause gekommen. Leider sind Sie deshalb zu spät zu Ihrer Verabredung gekommen. Sie mussten ja schließlich noch etwas essen. Wären Sie direkt nach der Arbeit los zu Ihren Freunden, dann hätten Sie nichts mehr essen können. Vor Ihnen auf dem Tisch liegen eine Tüte Chips, eine Tafel Schokolade und andere Leckereien. In der Hand halten Sie gerade eine Flasche Bier. Von den Leckereien am Tisch nehmen Sie sich nichts. Sie haben ja schließlich schon eine Flasche Bier in der Hand und wissen, dass diese Ernährung nicht sonderlich gesund ist. Außerdem sind Sie ja durch Ihr Abendessen gesättigt.

Obwohl Ihr Kopf weiß, dass es unhöflich ist, zu spät zu kommen und das werden Sie tun, wenn Sie noch etwas Essen, geben Sie sich Ihrem Hungergefühl hin und essen etwas. Ihr Körper wird fremdbestimmt und tut das, was der Magen ihm sagt. Gegenüber dem ersten Beispiel bleiben Sie allerdings standhaft, was die ungesunden Leckereien betrifft. Denn Sie wissen ja, dass es ungesund und schädlich sein kann für den Körper und schränken sich so ganz bewusst aus eigenem Antrieb ein.

Anhand beider Beispiele lässt sich schön darstellen, dass Selbstdisziplin von jedem Individuum in anderem Maße und ganz individuell benötigt wird. Es kommt immer ganz darauf an, nach welchen Werten und Normen der Mensch lebt und was ihm gerade wichtig erscheint. Jedes Individuum ist durch unterschiedliche Dinge und Einflüsse geprägt. Das zeigt sich in den unterschiedlichen Verhaltensmustern. Es ist eben nicht jeder gleich und das ist auch gut so! Aber wissen wir jetzt wofür wir Selbstdisziplin alles benötigen?

Man kann sagen, dass Selbstdisziplin unser täglicher Begleiter in fast jeder Lebenssituation ist. Es lässt sich nicht genau aufführen, wofür Selbstdisziplin alles gebraucht wird. Ich denke, da lassen sich unendlich viele Beispiele finden, die man gar nicht alle aufschreiben kann. Vor allem, da Selbstdisziplin immer individuell in unterschiedlichen Maße benötigt wird. Eines kann man aber sagen: Um an sein Ziel zu gelangen, führt kein Weg an der Selbstdisziplin vorbei. Sei es im beruflichen Alltag oder in der Freizeit. Für alles müssen Sie Selbstdisziplin aufbringen und anwenden, sonst wird Ihnen der Erfolg nicht gelingen. Er wird zumindest nur sehr zögerlich fortschreiten. Nur mit Selbstdisziplin als Motor, gelangen Sie zu Ihren Zielen. Oder noch deutlicher ausgedrückt: Selbstdisziplin ist der Schlüssel zum Erfolg!

WAS VERÄNDERT SICH DURCH SELBSTDISZIPLIN?

Das Buch heißt: Selbstdisziplin- Der Weg zu einem besseren Leben. Schon allein der Titel sagt aus, dass Selbstdisziplin das Leben im positiven Sinn verändert. Der künftige Zustand, den Sie durch die Selbstdisziplin anstreben, stellt also etwas dar, was gut für Sie ist und Ihrem Körper gut tut. Durch eine selbstdisziplinierte Haltung erreichen Sie Ihre gesetzten Ziele und verbessern so das allgemeine Wohlbefinden. Sei es der körperliche, psychische oder spirituelle Zustand. Vor allem ist es Ihnen durch Selbstdisziplin möglich, dass zu tun, wovon Sie überzeugt sind, was Sie wirklich möchten und gut für Sie ist. Sie tun nicht willenlos das, was Ihnen eine kurzfristige Freude verschafft, sondern Sie erreichen die wirklich nützlichen und nachhaltigen Ziele, die Sie in Ihrem Leben nach vorne bringen.

Auch wenn es für manche Personen so aussehen mag, als würde Selbstdisziplin einengen oder eine Spaßbremse sein, bringt sie in Wirklichkeit echte Freiheit für das Leben. Es kann ein sehr schwieriger, steiniger und anstrengender Weg sein, seine Ziele zu verfolgen. Vor allem erfordert es ein hartnäckiges Dranbleiben und viel Mühe, um die Ziele zu erreichen. Aber ist es das wirklich? Schwierig, anstrengend und mit viel Mühe verbunden? Ja in erster Linie schon. Aber es zahlt sich im weiteren Verlauf und mit steigendem Erfolg aus und es macht immer mehr Spaß den gesetzten Zielen nachzugehen. Mit wachsender Selbstdisziplin wird es immer einfacher und Sie benötigen viel weniger Kraft und persönlichen Einsatz, um Ihre Ziele zu erreichen. Laut wissenschaftlichen Erkenntnissen steigt der Aufwand, um die Disziplin einzuhalten ab dem dritten Tag, für ungefähr drei Wochen lang an. Nach der dritten Woche ist die Selbstdisziplin dann auf dem höchsten Punkt und ab diesem Zeitpunkt wird es bedeutend einfacher die Ziele zu verfolgen. Hier kommt dann die Gewohnheit ins Spiel.

Nach ungefähr drei Wochen können Sie davon ausgehen, dass dieser neue Lebenszustand langsam zur Gewohnheit wird und es Ihnen deshalb leichter fällt, diese Regeln einzuhalten. Das soll jedoch keinesfalls bedeuten, dass es ab jetzt einfach ist und Ihnen nichts mehr passieren kann, was Sie zurückwirft oder Ihnen ein Strich durch die Rechnung macht. Sie brauchen weiterhin ein gewisses Maß an Selbstdisziplin, um die Gewohnheit beizubehalten, es ist nur weniger als zuvor geworden. Falls Sie Ihre langfristig gesetzten Ziele noch nicht erreicht haben, dann kann der Grund dafür sein, dass Sie Ihren kurzfristigen Zielen eine höhere Priorität zugeschrieben haben.

Es bringt Ihnen rein gar nichts, ihre Aufgaben ständig vor sich herzuschieben. Die Lehrbücher, die Sie für die Bachelorarbeit lesen müssen, ständig in die Hand zu nehmen und wieder wegzulegen, da Sie lieber mit Freunden an den Strand fahren möchten. Sie werden sehr oft wieder von vorne anfangen müssen und das kostet Sie einiges an Zeit. Zielführendes Zeitmanagement ist etwas ganz anderes. So gehen Sie den falschen Weg. Um das allgemeine Wohlbefinden zu steigern, sollten Sie Ihren langfristigen Zielen nachjagen und aufhören den kurzfristigen Zielen die höhere Priorität zuzuschreiben. Halten Sie sich stets die langfristigen Vorteile vor dem Auge.

Überlegen Sie sich doch selbst einmal, was Sie durch Selbstdisziplin erreicht haben? Welche Vorteile hat Ihnen dieses Verhalten gebracht? Bestimmt fallen Ihnen sehr viele Dinge im Leben ein, die Sie nur mit dem richtigen Maß an Selbstdisziplin erreicht haben. Vielleicht Denken Sie gerade an Ihre Studien- oder Ausbildungszeit zurück? Oder an das leidige Thema Abnehmen? Wenn ich darüber nachdenke, dann fallen mir unsagbar viele Dinge ein, die ich nicht erreicht hätte, wenn ich nicht hartnäckig am Ball geblieben wäre. Auch wenn der Weg nicht einfach war und ich lieber in einigen Momenten etwas anderes getan hätte. Im Nachhinein hat sich dieser anstrengende und steinige Weg mehr als gelohnt. Denn dadurch habe ich das erreicht, was ich mir vorgestellt habe. Und wer ist nicht glücklich darüber, dass zu erreichen was er sich vorstellt? Ganz genau, jeder!

Und jetzt denken Sie daran, was es Ihnen gebracht hat, wenn Sie aufgegeben haben und Ihr Ziel aus den Augen verloren haben? Sie sind kurzeitigen Zielen nachgegangen und haben Ihre längerfristigen erfolgversprechenden Ziele schleifen lassen. Diese Disziplinlosigkeit führt zu Ziellosigkeit. Sie schieben Ihre Ziele immer weiter auf und hoffen, dass durch Ihr naives Wunschdenken der Erfolg zu Ihnen fliegt. Aber genau das Hoffen und Bangen, dass sich etwas verändert, bringt rein gar nichts. Nichts im Leben bekommt man gratis. Schon gar keinen Erfolg!

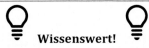 **Wissenswert!**

Es bestehen zahlreiche Studien zum Thema Selbstdisziplin. Vor allem für was Selbstdisziplin gut ist und worauf sie sich auswirkt. Vorstellen möchte ich Ihnen hier eine Längsschnittstudie aus dem Jahre 2011. Längsschnitt bedeutet, dass diese Studie über mehrere Jahre lief und die Daten nicht nur einmal bei den Untersuchungsteilnehmern erhoben wurden. Mit dieser Methode erhält man Ergebnisse, die die Entwicklung betreffen und die Auswirkungen auf diese beschreiben können. Während dieser Studie wurden an Personen Fähigkeiten untersucht, die sich auf die Selbstkontrolle auswirken und eventuell einen Einfluss auf die Erfolge im Leben haben werden. Hierzu zählt unter anderem auch die Fähigkeit der Selbstdisziplin. Die Daten wurden unabhängig von dem sozialen Status und der Intelligenz der Probanden erhoben. Die Ergebnisse der Studie lassen klar und deutlich hervorheben, dass ein diszipliniertes Selbst, einen starken Einfluss auf den späteren Erfolg im Leben haben wird. Die selbstdisziplinierten Personen sind zufriedener und von einem höheren materiellen Wohlstand geprägt. Was daraus schließen lässt, dass sie erfolgreicher im Job sind. Außerdem hat sich eine hohe Selbstdisziplin positiv auf den gesundheitlichen Zustand der Personen ausgewirkt.

Des Weiteren bezog die Studie eine noch laufende multidisziplinäre Gesundheits- und Entwicklungsuntersuchung aus Neuseeland und deren qualitative und quantitativen Daten mit ein. Die weltberühmte Studie „The Dunedin Multidisciplinary Health and Development Study" wird seit dem Jahr 1976 durchgeführt und bezieht 1037 Personen ein, die in dem Jahr 1973 geboren wurden. Diese Personen wurden bisher im Alter von 3, 5, 7, 9, 11, 13, 15, 18, 21, 26, 32 und 38 Jahren medizinisch untersucht und zu vielen verschiedenen Lebenssituationen und Ereignissen befragt. Auch weitere Untersuchungsmethoden wie Beobachtungen kamen bisher zum Einsatz und haben die zu erhebenden Daten genauestens erfasst. Deutlich hervorzuheben an dieser Studie ist, dass sie über solch einen langen Zeitraum den größten Teil der Teilnehmer motivieren konnte, weiterhin an der Studie teilzunehmen. Bei der Untersuchung der Personen im Alter von 38 Jahren, haben noch 96% der bis dahin lebenden Person teilgenommen, die schon in dem Alter von drei Jahren bei der Untersuchung dabei waren. Diese hohe Zahl der immer wieder teilnehmenden Personen steht für eine hohe Verlässlichkeit der gewonnenen Ergebnisse.

JEDE MEDAILLE HAT ZWEI SEITEN!

Eben haben Sie gelernt, dass durch Selbstdisziplin das Wohlbefinden gesteigert wird und es zu Erfolg in sämtlichen Lebensbereichen kommt. Doch ist das wirklich immer so? Eine Kommilitonin hat mir mal gesagt, dass sie sich von sich selbst enorm unter Druck gesetzt fühlt, um ihrem Anspruch, die gesetzten Ziele zu erreichen, gerecht zu werden. Sie fühlt sich dadurch schlecht und sie hat das Gefühl, dass ihr die Lebensfreude genommen wird. Sie hält sich selbst für eine Perfektionistin und ist enorm selbstdiszipliniert. Manchmal wünsche ich mir sogar, dass sie mir ein Stückchen davon abschneidet. Aber gerade das, scheint ihr zum Verhängnis zu werden. Spontanität gibt es nicht bei ihr und sie kann sich auch nicht erinnern, wann sie das letzte Mal ihre Freunde getroffen hat. Oder überhaupt etwas aus Spaß unternommen hat. Sie hinterfragt in sämtlichen Lebenssituationen ob ihr Handeln gerade passend ist oder nicht.

Ist das noch ein gesundes Maß an Selbstdisziplin? Bedeutet Selbstdisziplin sich ständig in allen Lebenssituationen zu zügeln und einzuschränken? Ich denke auch hier kommt es auf ein gesundes Maß an. Wie bei fast allem im Leben. Hat man den Anspruch eine Prüfung zu bestehen, dann beißt man die Zähne zusammen und lernt. Auch wenn die Freunde gerade zum Grillen einladen. Vielleicht kann man ja auch schon einiges. Dann hat man auch einmal eine Pause verdient und legt diese vielleicht ein, um auf die Grillparty von Freunden zu gehen. So gewinnt man ja auch wieder neue Kraft und bekommt die notwendige Energie, die man benötigt, um die Selbstdisziplin aufzubringen.

Wenn man natürlich den Anspruch hat und in allen Lebensbereichen der Beste sein möchte, dann kann das, wie eben beschrieben, in ein ungesundes Maß abrutschen und zu einem schlechteren Wohlbefinden führen. Denn dann ist keine Einladung zum Grillen bei Freunden drin. Sie wissen ja, dass Ihre Prüfung ansteht, in der Sie am besten abschneiden möchten. Das bedeutet für Sie, jede freie Minute in das Lernen für die Prüfung zu investieren. Schnell merken Sie selbst, welches Ziel Ihren Anforderungen entspricht. Das Gute ist ja, dass jeder seines Glückes Schmied ist. Jede Person setzt sich seine Ziele selbst und entscheidet somit ob es reicht, auch einmal der zweite oder dritte zu sein.

Als gut gemeinten Tipp möchte ich Ihnen mit auf den Weg geben: Finden Sie ein gesundes Maß an Selbstdisziplin. Man muss nicht immer in allen Lebenslagen der Beste, Schönste oder Schnellste sein. Diese Ziele können oft mit negativen Auswirkungen zusammenhängen.

Eine Anregung zum Nachdenken:
Denken Sie einmal an einen sehr erfolgreichen und berühmten Schauspieler. Wie erreichen die Schönen und Reichen, wie sie oft genannt werden, solch einen Erfolg? Genau! Sie arbeiten sehr hart, um ihre Ziele zu verwirklichen. Es scheint so, als erreichen sie durch ihre Selbstdisziplin alles, wovon manch einer nur träumen mag. Anerkennung, Bekanntheit, finanzieller Ruhm und Wohlstand bringt dieses Leben mit sich. Dazu kommt man natürlich nur mit einer sehr harten Selbstdisziplin und einem Verzicht vom kurzzeitig Bequemen und Spaßigem. Nur so kann man die langfristigen Ziele erreichen. Ansonsten könnte man den dazugehörigen Anforderungen des Prominentenlebens nicht gerecht werden. Nicht selten fliegen Prominente mehrmals am Tag zu verschiedenen Terminen, damit Sie den Anspruch an ihre Person gerecht werden. Der letzte Dreh endet vielleicht nachts um 00 Uhr, dann noch eine halbe Stunde zum Hotel, duschen, ins Bett und um 4:30 Uhr klingelt schon wieder der Wecker, da die Person um 5:15 Uhr zum nächsten Termin abgeholt wird. An den wenigen Schlaf gewöhnen sich die Berühmten. Doch gewöhnt man sich auch an die wenige Zeit? Vielleicht ist es Zeit, die einem mit der Familie fehlt? Zum Leben eines jeden Prominenten gehört der ständige Schatten eines Reporters. Ein Eis in der Stadt essen, ohne erkannt zu werden? Das ist für viele fast unmöglich. Sind diese Ziele es Wert, auf so viele Dinge zu verzichten? Für mich wäre so ein Leben definitiv nichts. Doch das muss jede Person für sich selbst entscheiden und wissen, wie wichtig ihm Dinge wie Ruhm, Wohlstand, Bekanntheit und Anerkennung im Leben sind. Möchte ich genau diese Dinge im Leben erreichen und dafür auf Dinge, wie zum Beispiel ein geregeltes Familienleben, verzichten? Oder möchte ich lieber jeden Nachmittag zuhause sein, um mit meinen Kindern und dem Lebenspartner gemeinsam Abend zu essen? Viele Dinge lassen sich aber eben im Leben nicht miteinander vereinbaren. Wie sagt man so schön? Einen Tod muss man sterben. Zum Glück ist jeder Mensch verschieden und hat unterschiedliche Ansprüche und Prioritäten. Sonst wäre das Leben ja langweilig und für alle gleich.

Was ich eigentlich damit sagen wollte ist: Ist dieser große Erfolg immer gut? Denken Sie nur an die vielen Promis denen der Druck zu groß wurde und die in die Alkohol- oder Drogensucht abrutschen. Nicht selten sind wichtige berühmte Persönlichkeiten durch mysteriöse Umstände ums Leben gekommen. Ob es Selbstmord oder der berühmte goldene Schuss war, ist oftmals nicht klar. Viele können diesen Anforderungen auf Dauer nicht gerecht werden. Eventuell fällt ihnen auf, dass sie mit dem großen Verzicht der eigenen Bedürfnisse nicht zurechtkommen. Oder sie wurden von Kindesbeinen auf in diese Rolle gedrängt? Ich habe sofort an den Schauspieler Macaulay Culkin gedacht. Der Schauspieler stand mit 4 Jahren das erste Mal vor der Kamera und mit 10 Jahren gelang ihm mit dem Film „Kevin- Allein zu Haus" der große Durchbruch. Danach spielte er in vielen verschiedenen Filmen mit. In den letzten Jahren macht er jedoch nur noch negative Schlagzeilen und ist bekannt für seine Drogensucht. Er selbst hat mal in einem Interview erzählt, dass er nachts zwischen 2 und 4 Uhr Spaziergänge draußen macht, da ihn dort selten jemand erkennt und anspricht. Ob dieses Verhalten der Selbstdisziplin und dem damit verbundenen Prominentenleben geschuldet ist oder vielen anderen familiären und beruflichen Niederschlägen, lässt sich nicht sagen. Eines ist jedoch klar: Eine Zukunft in einer bekannten Drogensucht hat er sich bestimmt nicht ausgesucht.

Welche Faktoren spielen eine Rolle?

Selbstdiszipliniert zu sein, bedeutet viel mehr als einfach nur die Regeln zu befolgen. Damit es überhaupt dazu kommt, die Regeln zu befolgen, spielen einige Faktoren zusammen. Selbstdisziplin hängt sehr eng zusammen mit dem Selbstbewusstsein, dem Selbstwertgefühl, der Selbstachtung und mit dem Selbstrespekt. Mangelt es Ihnen an diesen Faktoren, wird es umso schwieriger eine ordentliche Selbstdisziplin aufrecht zu erhalten. Sie müssen einen starken Charakter besitzen, um all ihre Ziele verwirklichen zu können. Denn stellen Sie sich vor, dass es Ihnen an diesen Eigenschaften mangelt und Sie sich nicht sagen können:

Du schaffst das! Dann werden sie ganz schnell einknicken. Je nachdem welche Ziele Sie sich gesetzt haben und was Sie erreichen wollen, werden Sie des Öfteren hören: „Was? Das schaffst du doch nie." „Nie im Leben. Das wird so nichts. Du hast da kein Talent für." „Das kannst du eh nicht." „Ich bin mal gespannt ob du das schaffst. Ich glaube ja nicht!" Oder: „Das hast du jetzt schon so oft versucht. Lass es doch gleich." Hier lassen sich bestimmt noch viele weitere Beispiele aufführen, zu Aussagen von Freunden, Bekannten, der Familie oder sogar Fremden. Alle diese Aussagen führen dazu, dass Sie ohne ein starkes Selbstwertgefühl oder ein starkes Selbstbewusstsein an sich zweifeln.

Sie fragen sich, ob Sie es wirklich schaffen werden oder ob es überhaupt Sinn macht, es weiter zu versuchen und die dafür benötigte Kraft und Mühe dafür aufzubringen. Spätestens an diesem Punkt, sind die eben genannten Eigenschaften wichtiger denn je. Hier müssen Sie sehr stark sein und dürfen sich nicht einschüchtern lassen. Halten Sie sich besonders in solchen Momenten immer Ihre Ziele vor Augen und welcher Erfolg Ihnen mit diesem Ziel blüht, beziehungsweise wie sehr Sie von diesem Ziel profitieren, wenn Sie es erreichen. Sagen Sie sich immer wieder, dass Sie es schaffen können und geben Sie auf keinen Fall auf, nur weil ein anderer Ihnen sagt, dass Sie es eh nicht schaffen.

Heute haben Sie ein Vorstellungsgespräch bei einem renommierten Industriebetrieb. Sie haben sich auf eine Stelle im betrieblichen Gesundheitsmanagement beworben. Gerade sind Sie fertig geworden mit Ihrem Studium im Bereich Psychologie und sozusagen frisch von der Uni. Die Weiterbildung zum betrieblichen Gesundheitsmanager (BGM) haben Sie während Ihres Studiums absolviert. Sie haben also noch keinerlei Berufserfahrung und springen gerade ins kalte Wasser. Der Betrieb, in dem Sie vorstellig sind, hat über 1500 Mitarbeiter. Die zu besetzende Stelle beinhaltet auch das Coachen der 1500 Mitarbeiter im Bereich des betrieblichen Gesundheitsmanagements, um an diesem Thema in der Firma grundlegend etwas zu ändern.

Bisher haben Sie durch Ihre Selbstdisziplin schon so einiges erreicht. Ihr Abi mit einem 1er Durchschnitt. Ihren Bachelorabschluss mit einem 1er Durchschnitt und jetzt auch noch ihren Master als Studiengangsbester. Natürlich ebenso mit einem 1er Durchschnitt. Lernen ist Ihnen schon immer einfach gefallen. Sie haben natürlich so einiges darin investiert. Aber es hat sich für Sie gelohnt. Ein großes Selbstwertgefühl und Selbstbewusstsein haben Sie allerdings nie wirklich besessen. Schon immer war es Ihnen unangenehm vor anderen Studierenden zu reden oder einen Vortrag zu halten. Heute Morgen vor dem Vorstellungsgespräch haben Sie schon einige Zeit damit verbracht, gegen die Übelkeit anzukämpfen, die Ihnen die Angst vor dem Gespräch beschert.

Während dem Gespräch merkt Ihr Vorgesetzter deutlich Ihre Aufregung. Als es dann zum Thema Coaching der Mitarbeiter kommt und er Ihnen diesbezüglich Fragen stellt, ist Ihnen das mangelnde Selbstbewusstsein und die Angst vor anderen Personen zu reden, regelrecht in die Augen geschrieben. Sie wissen zwar wie es geht und wie Sie anderen Personen gegenübertreten müssen, da es Ihnen aber an Selbstwertgefühl fehlt, können Sie dies nicht rüberbringen. Bei der Frage, ob Sie sich vorstellen können, die 1500 Mitarbeiter zu motivieren gesundheitsbewusster zu leben und sich an dem betrieblichen Gesundheitsmanagement zu orientieren, antworten Sie zwar mit Ja. Dennoch macht Ihnen hier Ihr mangelndes Selbstwertgefühl ein Strich durch die Rechnung. Die Firma hat sich nach einigen Tagen bei Ihnen gemeldet und Ihnen mitgeteilt, dass sie sich für einen anderen Bewerber entschieden haben.

Wer ein starkes Selbstbewusstsein besitzt, kommt wesentlich selbstsicherer rüber und kann sich und seine Fähigkeiten bei seinem Gegenüber behaupten. Mangelt es Ihnen an diesen Fähigkeiten, wird Ihr Gegenüber vielleicht einen falschen Eindruck von Ihnen gewinnen und Ihnen nicht das zuschreiben, was Sie eigentlich können. Sie sehen also ganz deutlich, dass Selbstdisziplin nicht in allen Situationen einfach herbeizuführen ist und Sie zum Erfolg bringt. Sie benötigen dazu einige von diesen Basisfaktoren, die Ihnen den Weg wesentlich leichter machen. Doch neben diesen Fähigkeiten, die für ein selbstdiszipliniertes Leben sorgen, stehen weitere wichtige Komponenten, die ich Ihnen folgend näher erläutern möchte.

ABLENKUNG

Sie können sich die besten und tollsten Ziele gesetzt haben und schon auf der Zielgeraden sein, um dieses Ziel zu erreichen. Auf einmal passiert etwas und es kommt doch anders als Sie denken und erwarten. Wie es in vielen Situationen im Leben so schön heißt: Erstens kommt es anders, zweitens als man denkt! Genau das möchten wir aber vermeiden. Dass es anders kommt, als wir denken. Auf dem steinigen Weg zu Ihrem Ziel, wird Ihnen ein Thema immer und immer wieder begegnen. Und zwar ist das der ständige Begleiter Ablenkung. Sie können sich jeden Weg genauestens ausmalen und jeden einzelnen Schritt durchplanen. Es lauern überall „Gefahren", so nennen wir diese Dinge jetzt einfach mal, die Sie von dem ablenken wollen, was Sie eigentlich geplant haben. Bisher haben Sie in diesem Buch durch einige Beispiel schon solche „Gefahren" kennengelernt.

Sei es der technische Fortschritt, der Ihnen durch die ständige Erreichbarkeit zur Gefahr wird oder die Werbung, die im TV läuft und einen leckeren Schokoriegel bewirbt, der für Ihre Diät sicherlich nicht von Vorteil ist. Aber auch das Wetter kann für einige Leute eine Gefahr darstellen. Scheint die Sonne, möchten Sie lieber mit Freunden zum See, anstatt zu lernen. Schneit es draußen, möchten Sie lieber mit Ihren Kindern Schlitten fahren. Sogar Regen kann für manche Leute eine „Gefahr" darstellen. Denn: Hey, es regnet. Heute ist der beste Tag, um sich auf der Couch auszuruhen. Man kann ja eh nichts anderes machen. Sie sehen, es gibt unbeschreiblich viele Situationen, die Sie ablenken können und Ihnen eine Chance bieten, etwas Besseres zu tun, als Sie eigentlich vorhaben zu tun. Sie werden jedoch nie die gesamte Ablenkung, die Ihnen auf dem Weg zum Ziel begegnen kann, vorhersagen oder ihr aus dem Weg gehen. Eine „Gefahr" muss aber auch nicht zwangsläufig etwas Schlechtes sein. Eine „Gefahr" wird erst dann zur Gefahr, wenn Ihnen Ihr eigentliches Ziel nicht mehr bewusst ist und Sie es aus den Augen verlieren, um anderen Dingen nachzugehen.

Sie bauen gerade ein Haus und führen fast den kompletten Ausbau des Hauses nach Ihrer eigentlichen Arbeit in Eigenleistung durch. Nach ein paar anstrengenden und harten Wochen voller körperlicher und geistiger Arbeit, benötigen Sie am Wochenende beispielsweise etwas Ablenkung und Pause. Sie gehen mit Ihrer Familie ins Freibad und genießen einfach mal das Wetter. Sie fühlen sich richtig gut und genau das hat Ihr Körper jetzt einmal gebraucht. Ihnen ist bewusst, dass sie diesen Ausflug nur machen, um sich körperlich etwas zu erholen und um wieder Kraft zu gewinnen. Diese Ablenkung mit Ihrer Familie ist im Moment einfach genau das richtige. Sie starten den nächsten Tag wieder motoviert und kraftvoll in die Arbeitswoche.

In dem Beispiel halten Sie sich also stets vor Augen, dass es eine kurzzeitige Ablenkung zum Kraft tanken ist, um am nächsten Tag wieder motiviert und kraftvoll den Ausbau des Hauses fertigzustellen. So haben Sie stets Ihr Ziel vor Augen und geben dem Körper die Pause, die er benötigt. Ansonsten holt er sich diese Pause nach einer gewissen Zeit eventuell von selbst und Sie fallen länger aus. Natürlich gibt es auch Ablenkung, der Sie nicht aus dem Weg gehen können. Unvorhersehbare Dinge wie ein Unfall, eine plötzliche Erkrankung oder beispielsweise familiäre Probleme. Die können ebenso dazu führen, dass Sie Ihre Ziele aus den Augen verlieren. Doch hier sollte Ihr Ziel dann ein anderes sein. Und zwar sollten Sie sich in solchen Situationen vor Augen führen, dass Ihr oberstes Ziel erst einmal ist: Ihre Gesundheit wieder zu erlangen oder Ihre familiären Probleme zu lösen. Doch achten Sie darauf, dass Sie solche Gründe nicht als Vorwand nehmen, um sich selbst zu betrügen. Denn das führt garantiert nicht zum Ziel, sondern führt zu Aufschieberitis!

> **Eine Anregung zum Nachdenken:**
>
> Überlegen Sie sich welche „Gefahren" Ihnen bisher des Öfteren zum Verhängnis wurden. Welche Situationen lassen Sie schwach werden und veranlassen Sie dazu, Ihre Ziele aufzuschieben oder gar aus den Augen zu verlieren? Wie haben Sie versucht den „Gefahren" aus dem Weg zu gehen? Können Sie die „Gefahren" minimieren oder sogar ganz ausschalten?
> Am besten schreiben Sie sich all diese Dinge in ein kleines Büchlein oder auf einen Zettel. So verinnerlichen Sie sich diese Dinge und behalten Sie besser im Gedächtnis.

GEWOHNHEITEN

Was gibt es Schöneres als morgens zu Ihrem Kaffee eine Zigarette zu rauchen? Oder zu einem kühlen Bier oder nach dem Essen? In diesen Situationen schmeckt die Zigarette doch einfach am aller besten. Doch ist das wirklich so oder sagt Ihnen das einfach Ihre Gewohnheit? Natürlich schmeckt Ihnen der Zigarettenrauch im Mund besser mit dem Geschmack von Kaffee, Alkohol oder Essen. Denn was soll sonst schon am Rauch einer Zigarette gut schmecken. Aber fragen Sie sich einmal ob es in manchen Situationen vielleicht nicht einfach die Gewohnheit ist. Das Rauchen nach dem Essen oder zu einem kühlen Bier.

Ich habe selber einmal geraucht. Und ich muss zugeben, ich habe sehr gerne geraucht. Vor allem beim Autofahren gehörte es für mich dazu. Als ich aufgehört habe, fiel es mir besonders schwer standhaft zu bleiben, wenn ich Auto gefahren bin. Denn in dieser Situation ist mir jedes Mal sofort bewusst gewesen, dass mir gerade etwas fehlt. Wenn ich jetzt darüber nachdenke, dann ist mir auch direkt klar, was mir in diesen Momenten gefehlt hat. Nämlich die Gewohnheit. Ich war es einfach gewohnt beim Autofahren zu rauchen und musste mich hier erst einmal gewaltig umstellen.

Wenn etwas für Sie gewohnt ist, also zur Gewohnheit geworden ist, dann gehört es für Sie selbstverständlich dazu. Sie handeln in Gewohnheitsmomenten also immer gleich. Denn so gehört es sich für Sie. Dieses Handeln ist jedoch oftmals unbewusst und wird unkontrolliert ausgelöst. Befinden Sie sich in einem Gewohnheitsmoment, wird diese Gewohnheit also vom Bewusstsein spontan ausgelöst und führt so zu dem gewohnten Verhalten.

Aber vor allem, um die gesetzten Ziele zu erreichen, ist es oft nötig, eine Gewohnheit abzulegen. Denn wenn Sie etwas machen möchten wie immer, dann stehen Sie sich vielleicht in diesem Moment selbst im Weg. Ich möchte wieder versuchen Ihnen die Sache mit einem Beispiel näher zu bringen. Da wir eben schon beispielhaft bei dem Rauchen waren, bleiben wir jetzt bei diesem Beispiel.

Sie möchten mit dem lästigen Rauchen aufhören. Seit Sie 16 Jahre alt sind, begleitet die Zigarette Sie Tag ein, Tag aus. Endlich hat es bei Ihnen im Kopf Klick gemacht und Sie möchten diese Last ablegen. Das bedeutet für Sie aber auch, dass Sie einige Gewohnheiten ablegen müssen. Denn wie ich es geliebt habe im Auto zu rauchen, gehört das für Sie ebenso dazu. Auch die Zigarette nach dem Essen, ist für Sie eine Gewohnheit, die Sie aufgeben müssen. Immer wieder möchten Sie in diesen Momenten am liebsten zu Ihrer geliebten Zigarette greifen. Doch durch Ihre überaus große Selbstdisziplin, die Sie durch das Ziel, mit dem Rauchen aufzuhören besitzen, schaffen Sie es, die schlechte Angewohnheit abzulegen. Für Sie, sind die positiven Dinge, die mit dem Nichtrauchen einhergehen, wesentlich wichtiger geworden, als Ihrer Gewohnheit nachzugehen. Sie freuen sich auf eine bessere Gesundheit und eine gute Kondition beim Laufen oder Treppensteigen.

Nach einigen Monaten denken Sie nach dem Essen nicht mehr an Ihre Zigarette danach. Falls der Gedanke daran noch nicht ganz verschwunden ist, dann fällt es Ihnen jedoch jetzt wesentlich einfacher auf diese zu verzichten. Sie haben Ihre Gewohnheit, die Ihnen auf dem Weg Ihre Ziele zu verwirklichen im Weg stand, beiseitegeschoben. Diese schwierige Hürde wird Ihnen in sämtlichen Lebenssituationen, für die Sie Selbstdisziplin benötigen, im Wege stehen. Schon Johann Wolfgang von Goethe beschrieb vor mehreren Jahrhunderten, dass eine Gewohnheit etwas ist, was sich sehr schwer ablegen lässt. Er definierte eine Gewohnheit sogar als eine Richtung, die niemals ganz unterbrochen werden kann.

„Eine alte Gewohnheit legt sich so leicht nicht ab, und eine Richtung, die wir früh genommen, kann wohl einige Zeit abgelenkt, aber nie ganz unterbrochen werden." (Johann Wolfgang von Goethe, 1795)

Hält man sich dieses Zitat vor Augen, ist es für manche Personen wirklich so, dass gewisse Gewohnheiten nur unterbrochen werden. Im Inneren sind Sie immer noch da und sofort abrufbar, wenn man an diese herantreten will. Dies mag aber nicht auf alle Menschen zu treffen. Doch wie ändert man am besten seine Gewohnheiten? Mit den folgenden Tipps übernimmt die Gewohnheit nicht die Macht und Sie bestimmen selbst, was sie tun und lassen möchten.

Tipps, um lästige Gewohnheiten loszuwerden:

1. Um Gewohnheiten loszuwerden, muss man sie erst einmal verstehen. Ihnen muss bewusst sein, dass jede Gewohnheit einen Trigger hat. Das bedeutet, dass jeder automatischen Handlung ein Auslöser voran geht. - Verstehen Sie also die Gewohnheit!

2. Setzen Sie sich konkrete Ziele, die Sie erreichen möchten. Welche Gewohnheit möchten Sie loswerden? Am besten schreiben Sie sich diese Ziele irgendwo auf, wo Sie immer im Blick sind. - Visualisieren Sie ihre Ziele!

3. Halten Sie sich die eventuellen Schäden ihrer Angewohnheit vor Augen und assoziieren Sie Negatives mit der Gewohnheit, die Sie loswerden möchten. Ihre innere Stimme wird Ihnen immer weiter die Vorteile Ihrer bisherigen Angewohnheit vorspielen. Umso stärker müssen Sie sich negative Verbindungen dazu schaffen. - Assoziieren Sie negative Verbindungen zu Ihrer Gewohnheit!

4. Finden Sie den Auslöser für Ihre Gewohnheit und schalten Sie ihn ab. Das ist nicht immer einfach. Der Auslöser darf auf keinen Fall Ihre Gewohnheit auslösen. Sie müssen Ihn unterbinden. Wenn Sie merken, dass Sie der Macht der Gewohnheit nachgeben könnten, dann überlegen Sie sich etwas, was Sie in dieser Situation ablenkt. Vielleicht springen Sie laut in die Luft und rufen Juhuuu. In solchen Momenten ist es egal, ob es albern klingt. Überlegen Sie sich ruhig etwas, was für Sie passend klingt. Die Hauptsache ist, die Gewohnheit wird nicht ausgelöst. - Eliminieren Sie Ihre Auslöser!

5. Eine alte Gewohnheit aufgeben, bedeutet eine neue Gewohnheit annehmen. Viele Menschen möchten einfach nur eine Gewohnheit ablegen und überlegen sich dabei keine Alternative. Solche Versuche sind zum Scheitern verurteilt.

Überlegen Sie sich also eine Alternative, die Sie eingehen, wenn Sie Ihre Gewohnheit ablegen. - Machen Sie sich Ihre neue Gewohnheit bewusst!

6. Wie Sie eben negative Assoziationen mit Ihrer alten Gewohnheit verbunden haben, so verbinden Sie jetzt positive Assoziationen mit Ihrer neuen Gewohnheit. Das macht das ganze angenehmer und verspricht Erfolg. – Verbinden Sie positive Assoziationen mit der neuen Gewohnheit!

7. Wiederholen Sie Ihre neuen Gewohnheiten ständig und verstärken Sie sie so. Nur so erlangen Sie Routine und es spielt sich langsam ein Automatismus ein. Je öfter man das Ganze macht, desto schneller wird die Gewohnheit in den Alltag übernommen. – Die neuen Gewohnheiten wiederholen!

8. Belohnen Sie sich nach einer längeren Zeit, der Sie ihrer alten Gewohnheit aus dem Weg gegangen sind und Ihre neue Gewohnheit in Ihren Alltag eingebaut haben. So verbinden Sie wieder positive Assoziationen mit der neuen Gewohnheit und stärken sie weiter. – Überlegen Sie sich eine Belohnung!

Achtung!!! Verstärken Sie mit einer Belohnung nicht Ihre alten Gewohnheiten, indem Sie sich vielleicht eine Zigarette erlauben und eigentlich mit dem Rauchen aufhören wollen. So bewirken Sie mit Ihrer Belohnung das genaue Gegenteil von dem, was sie eigentlich bewirken soll.

MOTIVATION

Ein weiterer Schlüssel, um das Erfolgstor der Selbstdisziplin zu öffnen, ist die Motivation. Motivation ist einer der Grundsteine der Selbstdisziplin. Ohne sie ist es fast unmöglich selbstdisziplinert zu agieren. Oder überhaupt zu agieren. Denn was ist schlimmer als Unlust? Sie benötigen für Ihr alltägliches und auch berufliches Handeln Kraft. Woher nehmen Sie diese Kraft, wenn keine Motivation da ist? Motivation beschreibt alle Motive und Beweggründe, die für Ihr Handeln stehen. Sie ist überhaupt erst der Auslöser für Ihr Handeln.

Ohne Motivation bleiben Sie an einem Punkt stehen, denn Sie finden den Antrieb nicht, sich weiter fortzubewegen oder zum Abschluss zu kommen. Jeder kennt diese Situationen der Unlust, die im eigentlichen Sinne nur die fehlende Motivation beschreibt. Man fühlt sich träge, schwach und antriebslos. Man kommt einfach nicht in die Puschen. Mit dieser Einstellung werden Sie jedoch niemals Ihre Ziele erreichen, die Sie sich gesetzt haben. Ein motiviertes Handeln verspricht Ihnen Erfolg und bringt Sie zu Ihren Zielen. Auch hier kann man zwei Formen unterscheiden. Es gibt die die extrinsische Motivation, bei der das motivierte Handeln durch einen Stimulus von außen ausgelöst wird. Stellen Sie sich vor, Ihr Chef bietet Ihnen bei besserer Leistung eine Gehaltserhöhung an.

Diese Chance lassen Sie sich nicht entgehen. Sie werden motiviert durch den finanziellen Stimulus und arbeiten engagierter und besser als zuvor. Denn sonst erreichen Sie Ihre Gehaltserhöhung nicht. Ein Stimulus von außen kann aber auch Ihr Ansehen sein. Sie möchten mit Ihrem beruflichen Erfolg bei Ihren Freunden glänzen? Also bewegt der Grund Ansehen bei Freunden zu erreichen, Sie dazu, Ihren Beruf motivierter auszuüben. Die intrinsische Motivation hingegen entsteht aus Ihrem Inneren heraus und Sie handeln aus fester Überzeugung. Sie haben Ihr Ziel vor Augen, welches Sie erreichen wollen und arbeiten deshalb motiviert darauf hin. Diese Form ist schwer zu fassen, denn irgendwie Handeln wir ja immer auf Grund eines Stimulus, der uns etwas Besseres verspricht. Ein Beispiel lässt sich aber mit Arbeit auf freiwilliger unentgeltlicher Basis darstellen. Sie gehen beispielsweise zwei Mal die Woche in ein Altersheim und spielen dort mit den Bewohnern. Das machen Sie, da Sie den älteren Damen und Herren eine Chance der Unterhaltung und des Spaßes bieten möchten. Sie selbst ziehen aus Ihrer Arbeit keinen Vorteil, sondern machen diese nur auf Grund Ihrer Überzeugung. Stimmungsschwankungen hinsichtlich der Motivation sind völlig normal. Sie werden nicht jeden Tag gleich motiviert sein.

Durch verschiedene Auslöser kann Ihre Motivation auch von jetzt auf gleich in den Keller sinken. Vor allem Stress und negative Gedanken zählen dazu. Die intrinsische Motivation ist nicht so schwankungsanfällig, wie es die extrinsische Motivation ist. Wenn Sie etwas machen, da Sie von außen motiviert werden, dann wird Ihre Motivation spätestens an dem Punkt absinken, wenn Sie den Stimulus erreicht haben. Haben Sie beispielsweise die versprochene Gehaltserhöhung Ihres Chefs erhalten, dann kann das engagierte und motivierte Arbeiten ganz schnell wieder Vergangenheit sein. Plötzlich fehlt der Antrieb, der Sie sonst zu diesem Arbeiten motiviert hat. In diesem Fall benötigen Sie etwas Neues, was Sie antreibt.

Diese Gefahr besteht bei der intrinsischen Motivation nicht so sehr. Denn Sie handeln ja aus Ihrem Inneren heraus. Also aus Ihrer festen Überzeugung. Egal ob intrinsische oder extrinsische Motivation. Im besten Fall haben Sie beide Formen der Motivation, denn ohne eine der beiden wird es in Ihrem Leben nicht wirklich vorwärts gehen und Ihre Erfolgsaussichten sind mager. Auch hier lassen sich einfache Tipps finden, um den motivationalen Faktor zu erhöhen.

Tipps, um Motivation zu finden:

1. Auch hier steht an erster Stelle: Machen Sie sich bewusst, was Sie erreichen wollen. Was für Ziele haben Sie? Halten Sie sich diese Ziele immer vor Augen und verinnerlichen Sie diese. So fällt es Ihnen leichter, die Motivation aufrechtzuerhalten.

2. Machen Sie sich bewusst, welche Faktoren Sie demotivieren. Um motiviert zu sein reicht es nicht, seine Ziele zu kennen und diese zu benennen. Sie müssen auch fähig sein, den Weg dorthin gehen zu können. Das geht nur, wenn Sie wissen welche Faktoren Sie von Ihrem Weg abbringen. Nur wer seine Hindernisse kennt, kann eine andere Route einschlagen und den Hindernissen aus dem Weg gehen, um nicht daran zu scheitern. So machen Sie es sich auf jeden Fall deutlich leichter und die Motivation bleibt oben.

3. Auch hier ist es wichtig, die Triggerpunkte zu kennen, die Sie antreiben oder herunterziehen. Halten Sie sich diese Punkte immer vor Augen und versuchen Sie darin Ihre Motivation zu finden. Sie müssen bei schönsten Sonnenstrahlen in der Bude sitzen und lernen? Dann lernen Sie doch gemeinsam in der Lerngruppe. Oder setzen Sie sich mit Ihren Sachen nach draußen in die Sonne und lernen dort. Vielleicht fällt es Ihnen so bedeutend einfacher, Ihre Motivation oben zu halten. Falls Sie Triggerpunkte erkennen, die Ihre Motivation ins Schwanken bringen, dann suchen Sie sich Alternativen wie die beschriebenen, um diese oben zu halten.

4. Es erleichtert Ihnen das Leben ungemein, wenn Sie Routinen geschaffen haben. Sie wissen was Sie machen müssen und erledigen dies, ohne darüber nachzudenken. Sie verschwenden bei der Umsetzung keine unnötige Energie oder Zeit und kommen so Ihrem Ziel immer näher.

5. Falls Sie einen großen Berg vor sich haben, den es für Sie abzuarbeiten gilt, dann hemmt das die Motivation. Um diese oben zu halten zerteilen Sie den Berg in viele kleine Berge. Arbeiten Sie einen nach dem anderen ab. So laufen Sie nicht der Gefahr, durch ein für Sie unerreichbares hohes Ziel demotiviert zu werden.

6. Was hält nicht besser die Motivation auf einem hohen Niveau, als eine kleine Belohnung. Vor allem für unangenehme Arbeiten, die jedoch einfach erledigt werden müssen. Beispielsweise denke ich hier an das Bad putzen. Setzen Sie sich also nach jedem erreichten Ziel eine nette Belohnung, die Sie sich bei Erreichen gönnen. So freuen Sie sich schon auf dem Weg zum Ziel auf Ihre Belohnung und es hält Ihre Motivation oben.

VORBEREITUNGEN

Schon hunderte Jahre vor Christus sagte Konfuzius: „In allen Dingen hängt der Erfolg von den Vorbereitungen ab." Solch eine alte Weisheit sollte man nicht unterschätzen. Sicherlich kennen Sie den Spruch: Eine gute Vorbereitung ist schon die halbe Miete. Genau so sehe ich es auch. Die Vorbereitung einer Aufgabe, die Sie erledigen möchten, ist das A und O. Das Vorbereiten unterstützt Sie nicht nur bei größeren Aufgaben oder Situationen im Leben, sondern auch bei kleinen Aufgaben und Situationen. Wichtig ist jedoch, dass Sie rechtzeitig mit Vorbereitungen anfangen. Es bringt Ihnen nur wenig, wenn Sie in den Momenten, die Sie eigentlich planen sollten, erst mit der Planung anfangen. Ihr Gehirn braucht ja eine gewisse Zeit, um Dinge zu verarbeiten und nicht jedes Wissen ist direkt abrufbar.

Denken Sie hier einfach an eine Prüfungsvorbereitung. Es bringt Ihnen recht wenig einen Tag vor der Prüfung mit dem Lernen anzufangen. Für manche mag das zwar möglich sein, jedoch nicht für alle. Und vor allem werden Sie die so kurz und knapp gelernten Dinge sehr schnell wieder vergessen. Die landen nämlich einfach erst einmal im Kurzzeitgedächtnis und werden dann nach einiger Zeit wieder daraus gelöscht. Machen Sie sich jedoch einen Lernplan und fangen einige Tage oder sogar Wochen vorher intensiv an zu lernen und wiederholen es immer und immer wieder, dann verarbeitet Ihr Gehirn diese Sachen ganz anders und speichert sie im Langzeitgedächtnis ab. Sie können dieses Wissen also immer wieder abrufen.

Aber auch bei kleineren alltäglichen Lebenssituation kann das Planen und somit Vorbereiten einer Tätigkeit von großem Vorteil sein. Gehen Sie doch einmal ohne Einkaufszettel in den Supermarkt. Mit Sicherheit kommen Sie heraus und haben einige Dinge im Einkaufswagen, die Sie nicht benötigen und einige Dinge, die Sie benötigen fehlen Ihnen dafür. Schon bei dieser alltäglichen Situation lohnt es sich, Vorbereitungen zu treffen, damit Sie solche planungslosen Einkäufe umgehen. Mit einem Einkaufszettel wären mit Sicherheit alle Dinge im Einkaufswagen gelandet, die Sie auf Ihrer Liste haben.

Vielleicht landen trotzdem ein paar Dinge im Wagen, die Sie eigentlich nicht benötigen. Aber das ist nicht schlimm. Zumindest so lange nicht, wie Sie diese Angewohnheit nicht ändern möchten. Aber damit wären wir wieder beim ersten Faktor dieses Kapitels angekommen. Hieran können Sie aber gut erkennen, dass man nicht eins von dem anderen trennen kann. Um Vorbereitungen zu treffen, müssen Sie natürlich auch motiviert sein und sich in vielen Situationen selbstbeherrschen. Irgendwie spielt alles zusammen und ergibt so ein Ganzes. Ohne den einen Faktor, funktioniert der andere eben auch nicht richtig. Genauso ist es mit der Selbstdisziplin. Sie vereinfachen sich Ihr Handeln ungemein, wenn Sie

Vorbereitungen treffen und sich einen Plan machen, wie Sie die Sache angehen möchten. Oder wie Sie Ihr Ziel am besten und einfachsten erreichen.

Es gibt viele Menschen, die lassen einfach alles auf sich zu kommen und bereiten sich nicht wirklich vor. In manchen Situationen geht das gut, aber in einigen Situationen artet dieses planungslose Vorgehen in Stress aus und kann zu einem enormen Druck führen. Nicht nur für Sie selbst, sondern auch für andere an der Situation beteiligten Personen. Mit einer guten Vorbereitung halten Sie Ihre Motivation oben und können natürlich so (selbst)disziplinierter vorgehen.

> **Tipps, um gute Vorbereitungen zu treffen:**
> 1. Überlegen Sie sich genau welche Situation Sie planen möchten und fangen Sie auf jeden Fall früh genug mit den Vorbereitungen an, damit Sie nicht in Stress verfallen.
>
> 2. Legen Sie sich je nach Situation alle Materialien zusammen, die für Ihr Vorhaben wichtig sind.
>
> 3. Nehmen Sie einen Zettel und einen Stift und schreiben Sie alles auf, was Ihnen zu ihrer Planungssituation einfällt.
>
> 4. Erstellen Sie aus den Notizen einen Plan mit einer genauen Zeitabfolge. Wann ist welche Aufgabe an der Reihe und was gehört dazu? Wichtig ist, dass Sie sich ein Zeitfenster setzen, in dem Sie verschiedene Aufgaben erledigt haben wollen. So umgehen Sie den Zeitdruck, der viele in Panik und Stress verfallen lässt. Je nach Situation ist auch eine Checkliste sinnvoll, die Sie entweder selbst erstellen oder sich Vorlagen aus dem Internet besorgen. Wie zum Beispiel eine Packliste für eine Urlaubsreise.
>
> 5. Streichen Sie nach und nach alle Aufgaben durch, die Sie von Ihrem Plan oder Ihren Plänen schon erledigt haben. Je nach Situation erlauben Sie sich kleinere oder größere Pausen zwischen den Aufgaben. Sollte es sich hierbei aber um eine Einkaufsliste handeln, dann fallen die Pausen wohl eher weg. Bereiten Sie sich jedoch gerade auf die Abiturprüfungen vor, dann tut Ihnen eine Pause zwischendurch sicherlich gut.
>
> 6. Haben Sie keine Aufgaben mehr auf Ihrem Plan oder Ihrer Liste stehen, dann haben Sie wahrscheinlich Ihre Vorbereitungen zu einer Situation abgeschlossen und können sich an dem Ergebnis erfreuen. Je nach Situation erlauben Sie sich an dieser Stelle eine Belohnung.

WILLENSKRAFT

Das Thema Willenskraft hängt ganz stark mit der Selbstdisziplin zusammen. Für viele ist Selbstdisziplin einfach die Fähigkeit sich selbst in Situationen einzuschränken und das eigene Verhalten zu kontrollieren. Ist Willenskraft jedoch genau das Gleiche? Ich muss zugeben, dass mir das nicht ganz bewusst war, bevor ich dieses Buch geschrieben habe. Für mich war es einfach ein Teil, der zur Selbstdisziplin führt. Was im Übrigen nicht falsch ist. Wahrscheinlich denken Sie ähnlich.

Deshalb versuche ich für Sie die zwei Begriffe nochmal deutlich voneinander abzugrenzen. Was Selbstdisziplin ist, haben Sie ja in den ersten Kapiteln gelernt und können es für sich wahrscheinlich ganz gut definieren. Doch wie sieht es hier mit der Willenskraft aus? Willenskraft bedeutet sich geistig anzustrengen. Alle Hindernisse, die einem auf dem Weg zu seinem Ziel im Weg stehen, muss man durch eine gewisse Kraft oder Energie überwinden, um so ans Ende zu gelangen. Selbstdisziplin hingegen muss nicht immer anstrengend sein. (Selbst-)diszipliniert ist jeder, der seine Willenskraft einsetzen kann, um ans Ziel zu kommen. Die Willenskraft trägt dazu bei, dass sich Menschen diszipliniert verhalten. Jedoch ist sie nicht die einzige Möglichkeit um diszipliniert zu agieren. Sie sehen, die Eingrenzung ist nicht ganz einfach und irgendwie gehören diese beiden Faktoren auch zusammen. Um Ihnen ein Beispiel zu geben, stellen Sie sich folgende Situation vor:

Sie machen gerade wieder eine neue Diät und möchten ein paar Kilos verlieren. Leider haben Sie schon mehrere gescheiterte Versuche hinter sich. Dieses Mal soll es wirklich klappen. Sie haben sich vorgenommen, den Kühlschrank am Tag zu ignorieren und nur aufzumachen, wenn Sie kochen möchten oder etwas zu trinken rausholen möchten. Im Kühlschrank haben Sie nämlich die ganzen Leckereien wie Schokoriegel, Pudding und noch vieles mehr gelagert. Kalt schmecken diese Sachen ja noch besser. Vor Ihrer Diät haben Sie den Kühlschrank mehrmals am Tag geöffnet und sich etwas Leckeres rausgeholt. Die Versuchung war einfach zu groß und Sie konnten nicht immer an Ihrem Kühlschrank vorbeigehen.

Die Willenskraft, die Sie bei diesem Beispiel aufbringen müssen, ist nicht einfach. Sie stehen mehrmals am Tag vor der Versuchung und laufen ständig an Ihrem Kühlschrank vorbei. Während Ihrer Diät benötigen Sie ein sehr hohes Maß an Willenskraft, der Anforderung den Kühlschrank zwischendurch nicht zu öffnen, nachzukommen. Sie müssen sich also sehr anstrengen, damit der Kühlschrank geschlossen bleibt. Das kostet Kraft und Energie. Wenn Sie es schaffen, diese Energie und Kraft aufzubringen, dann handeln Sie selbstdisziplniert.

Durch Ihre Willenskraft gelingt es Ihnen sich zu disziplinieren und der Kühlschrank bleibt geschlossen. Der Kühlschrank kann aber auch durch andere Dinge geschlossen bleiben. Sie benötigen also nicht zwangsläufig Willenskraft um den Kühlschrank geschlossen zu halten. Diesen könnten Sie auch einfach mit einem Schloss versehen und den Schlüssel Ihrem Mann oder den Kindern geben. So haben Sie keine Möglichkeit mehr, den Kühlschrank zu öffnen.

Die Willenskraft soll hingegen mancher Meinungen nicht genutzt werden, um allen voran mit dem Kopf durch die Wand zu gehen, sondern vor allen Dingen, um Dinge nicht zu tun. Sie soll die Gedanken und die Impulse kontrollieren. Bei letzterem vor allem die Gelüste. Willenskraft soll dazu führen, dass Sie während Ihrer Diät nicht ständig in die Schüssel mit den Gummibärchen greifen, die im Büro auf dem Tisch steht. Auch wenn Sie das im Moment gerne möchten. Außerdem ist Willenskraft wichtig, um sich in manchen Situationen zurückzunehmen und zu regulieren.

Es ist nicht immer nötig und vor allem sinnvoll, jedem sehr temperamentvoll gegenüber zu treten und immer gleich einen Streit anzufangen, wenn es etwas zu meckern gibt. In manchen Situationen ist es einfach besser, wenn man sich mal zurücknimmt und der ganzen Sache aus dem Weg geht. Eine weitere ganz wichtige Aufgabe der Willenskraft ist die Leistungskontrolle. Sie führt dazu, dass Sie eine Aufgabe zu Ende bringen, die Sie angefangen haben. Egal wie viele Aufgaben Sie gerade haben oder mit welchem Aufwand diese verbunden sind. Mit Hilfe der Willenskraft können Sie ans Ziel dieser Aufgabe gelangen.

Doch wie kommen Sie zu Willenskraft? Nach neuesten Erkenntnissen hängt die Willenskraft vom Blutzuckerspiegel ab. Wenn dieser ausreichend hoch und im Normbereich ist, dann ist ihre Willenskraft am höchsten. Denken Sie aber nicht, es bringt Ihnen mehr Willenskraft, wenn Sie sich mit Süßigkeiten vollstopfen. So erreicht man einen zu hohen Blutzuckerspiegel und der ist auf Dauer schädlich. Ernähren Sie sich einfach ausgewogen und gesund. So erreichen Sie, dass ihr Blutzuckerspiegel in einem gesunden natürlichen Bereich liegt. Wissenschaftler haben ebenso herausgefunden, dass die Willenskraft ähnlich wie ein Muskel funktioniert und bei starker Beanspruchung erschlafft.

Das bedeutet, dass Sie morgens deutlich mehr Willenskraft besitzen als am Abend. Denn die Kraft regeneriert sich während Sie schlafen. Benötigen Sie also morgens, und am Vormittag ein hohes Maß an Willenskraft, dann bleibt Ihnen für den Nachmittag und Abend nicht mehr so viel. Ihre Willenskraft nimmt ab und es fällt Ihnen schwerer, stark zu bleiben und sich gegen Gewohntes durchzusetzen. Werden Sie abends eher schwach und verlieren Ihre Selbstdisziplin? Dann ist es am besten, wenn Sie sich tagsüber etwas Ihrer Willenskraft aufsparen, um am Abend standhafter bleiben zu können. Gelingt Ihnen das aus irgendwelchen Gründen nicht, vielleicht weil Sie in einem Job arbeiten, der ein hohes Maß an

Willenskraft benötigt, dann versuchen Sie auf andere Weise Ihre Disziplin aufrecht zu erhalten. Beispielsweise indem Sie die Dinge, die Sie ablenken oder in Versuchung bringen umgehen oder sogar ganz aus dem Weg räumen.

Möchten Sie beispielsweise am Abend im Bett Ihren Fernsehkonsum einschränken, dann kann es sinnvoll sein, dass Sie den Fernseher komplett aus dem Schlafzimmer verbannen. Haben Sie am Abend noch genug Willenskraft, um der Versuchung im Bett TV zu schauen zu widerstehen, dann müssen Sie diesen Aufwand nicht betreiben und das Gerät kann in Ihrem Schlafzimmer bleiben.

> **Eine Anregung zum Nachdenken:**
>
> Denken Sie einmal darüber nach wieviel Willenskraft Sie besitzen und ob Sie über sich sagen würden, dass Sie (selbst-)diszipliniert sind. Haben Sie von beidem viel oder eher weniger? Haben Sie vielleicht besonders wenig Selbstdisziplin, weil es Ihnen an Willenskraft mangelt? In welchen Bereichen benötigen Sie am meisten Willenskraft? Falls es Ihnen abends an Willenskraft mangelt, dann überlegen Sie sich wo Sie Willenskraft einsparen können, um sie in anderen Bereichen einsetzen zu können.

Was will ich eigentlich? Die richtigen Ziele finden!

Kennen Sie das, wenn andere Leute Ihnen ständig sagen wollen was gut für Sie ist oder was Sie besser machen sollten oder eben nicht machen sollten? In solchen Situationen verspüren die meisten Menschen einen Widerstand und lehnen sich dagegen auf. Diese vorgeschriebenen Ziele sind eben nicht Ihre eigenen. Sie wissen selbst am besten was gut für Sie ist. Doch alleine zu Wissen was gut für einen ist, reicht leider nicht aus. Sie kennen es wahrscheinlich selbst. In manchen Situationen sagt man sich: „Oh, das sollte ich jetzt besser lassen." Oder: „Das sollte ich jetzt lieber nicht essen, ich will schließlich abnehmen." Und dann macht man es trotzdem.

Es reicht also nicht aus, zu wissen, dass man es nicht tun sollte. Das Wichtigste ist, dass Sie für sich selbst herausstellen und definieren, was Sie erreichen möchten und was wichtig für Sie ist. Das führt dazu, dass Sie auch hinter Ihren Zielen stehen, da Sie diese selbst definiert haben. Wichtig ist hierbei aber, sich exakt deutlich zu machen, welches Ergebnis man erzielen möchte und was auf langfristiger Sicht das Wohlbefinden steigert. Die vielfältigen Wahlmöglichkeiten überfordern einen schnell und das macht es einem nicht einfach. Umso wichtiger ist es, Ihr Vorhaben klar einzugrenzen und zu definieren, sonst verliert man sich sehr schnell innerhalb der unterschiedlichen Möglichkeiten und dadurch macht sich ganz schnell Frustration breit, da man durch die Überforderung seine Vorhaben schnell wieder über Bord wirft. In der heutigen Zeit ist eigentlich alles was man sich wünscht und vorstellt ständig und dauernd verfügbar. Sei es eine Pille zum Abnehmen, ein Roboter, der einem das Haus putzt oder andere Hilfsmittel, die angeboten werden. Doch helfen diese Dinge Ihnen wirklich, Ihr Ziel zu erreichen? Viele dieser Angebote sind nur Schummeleien und die Konzerne möchten ihre angebotene Ware verkaufen. Die Produkte werden angeboten und versprechen Erfolg. Denn natürlich verkauft sich etwas schlecht, wenn es keinen Erfolg verspricht. Möchten Sie beispielsweise 10kg abnehmen und haben dieses Ziel für sich definiert, dann reicht es nicht aus, eine Diätpille zu kaufen und diese zu schlucken. Eine Diätpille kann Sie aber eventuell dabei unterstützen und vielleicht Ihre Fettverbrennung anregen oder einen anderen Erfolg versprechen.

Aber ganz davon abgesehen, dass solche Mittel sicherlich nicht gut für den Körper sind, versprechen sie nur den Erfolg, wenn auch Sie dazu bereit sind, etwas zu tun. Sie können also nicht die Pille schlucken, abwarten und denken, dass die Zeit es schon richtet. Sie müssen sich also im Vorfeld bewusst sein, welches Ziel Sie erreichen möchten und sich über den Weg zum Ziel informieren. Denn auf keiner dieser Verpackungen der Produkte steht, dass es noch eine Kleinigkeit braucht. Und zwar eine große Portion Selbstdisziplin, die Sie benötigen, um das angebotene Produkt zu unterstützen. Möchten Sie beispielsweise Ihren Boden in der Wohnung grob sauber halten, dann reicht Ihnen vielleicht einfach der Roboter aus und Sie betreiben dazu keinen Aufwand mehr. Haben Sie für sich aber ganz klar das Ziel definiert, dass Sie Ihre Wohnung sauber und ordentlich halten möchten, dann dient der Saugroboter einem anderen Zweck, und zwar erleichtert er Ihnen die Arbeit. Er leistet Vorarbeit und Sie sparen etwas Aufwand durch ihn. Im Nachgang müssen Sie aber dennoch den feinen Schmutz entfernen und den Boden nass wischen. Anhand der Beispiele sollte Ihnen bewusst werden wie wichtig klar definierte Ziele sind. Ansonsten sind Sie sehr schnell demotiviert Ihrem Ziel nachzueifern, da es nicht den Erfolg bringt, den Sie sich eventuell erhofft und gewünscht haben. Sie sehen, dass das Wissen über eine Diät und das Schlucken einer Diätpille alleine nicht ausreicht, um abzunehmen. Für eine Abnahme müssen Sie schon einiges mehr tun. Oder zum Sauberhalten der Wohnung reicht der Einsatz eines Staubsaugerroboters nicht aus. Da brauchen Sie ebenso noch etwas Eigeninitiative. Haben Sie vorab Ihre Ziele klar eingegrenzt und sich mit diesem Thema auseinandergesetzt, dann sind Ihnen diese Dinge bewusst und erleichtern Ihnen den Weg zu Ihrem Ziel, anstatt Sie zu demotivieren. Merken Sie sich: Den größten Erfolg haben Sie also, wenn Sie selbst auf die Erkenntnisse und die Ziele gekommen ist. Erst dann werden sie voll und ganz angenommen. Sie werden Ihre Chance auf Erfolg erheblich erhöhen, vielleicht sogar auch erst eine besitzen, wenn Sie ganz tief in sich gehen und für sich überlegen, welches Ziel Ihnen vorschwebt und was Ihnen auf langer Sicht in Ihrem Leben gut tut, Ihr Wohlbefinden steigert und Sie glücklich macht. Definieren Sie ganz klar, was Sie erreichen möchten und zwar auf langfristige Sicht.

GESUNDHEIT – WER SICH GUT FÜHLT, ERREICHT LEICHTER SEINE ZIELE

Dieser Punkt sollte Ihnen besonders wichtig sein. Ihre eigene Gesundheit. Jeder Mensch hat nur ein Leben und das sollten wir nutzen und uns deutlich bewusst machen. Sind Sie gesund, dann geht es Ihnen gut und Sie sind mit vielen anderen Sorgen in Ihrem Leben beschäftigt. Ihre Lebensqualität hängt von unterschiedlichen Dingen ab und ist für jeden etwas anders zu deuten. Dem einen sind materielle Dinge immens wichtig. Der andere sieht die Familie als wichtigstes Kriterium für eine gute Lebensqualität und bei dem nächsten spielt der soziale Status die wichtigste Rolle. Jeder hat andere Prioritäten im Leben, die er verfolgt und die Ihn glücklich und zufrieden machen. Sind Sie allerdings krank, dann stellt diese Krankheit alles andere in den Schatten und die Sorge über Ihre Gesundheit überwiegt. Je nach Schwere der Krankheit dreht sich alles nur noch darum und stellt alle anderen Prioritäten hinten an. In diesem Moment lässt sich erkennen, dass die Gesundheit das Wichtigste Gut in unserem Leben ist. Das wird uns allerdings meist erst bewusst, wenn sie nicht mehr da ist.

Deshalb schenken Sie Ihrem Körper besondere Beachtung und erkennen Sie etwaige Warnsignale, die Ihr Körper sendet, bevor er erkrankt oder ihm etwas Schaden zufügt. Achten Sie auf diese Zeichen nicht, dann ist Ihr Körper nicht so belastbar, kraftvoll, leistungsfähig oder erledigt nicht so konzentriert die Aufgaben, die Sie erledigen möchten, als bei voller Gesundheit. Ihre Ziele rücken in den Hintergrund und Sie verlieren Sie aus den Augen, denn die Sorge um Ihre Gesundheit überwiegt und kann nie ganz ausgeblendet werden. Sind Sie allerdings gesundheitlich fit und fühlen sich gut, dann fällt es Ihnen bedeutend einfacher, Ihre Ziele zu verfolgen und am Ball zu bleiben.

Geben Sie auch bei körperlichem Wohlbefinden, Ihrer Gesundheit einen Platz auf Ihrer Prioritätenliste und tuen Sie etwas dafür, um gesund zu bleiben und sich weiterhin körperlich wohl zu fühlen. Mit ein paar einfachen Dingen erreichen Sie schon eine Wirkung und Sie fügen Ihrem Körper keine unnötigen Schäden zu.

Tipps, die für die Gesundheit von Vorteil sind

> Trinken Sie ausreichend Wasser! Mindestens 2-3 Liter Wasser sollte ein Erwachsener am Tag zu sich nehmen. Das kann verschiedene Symptome wie Schwindel, Kopfschmerzen, Verstopfung, Müdigkeit und noch viele mehr, lindern.

> Ernähren Sie sich gesund! Eine ausgewogene und gesunde Ernährung ist sehr wichtig. So führen Sie Ihrem Körper alle nötigen Nährstoffe zu, die er benötigt.

> Bewegung tut uns allen gut! Achten Sie darauf, dass Sie sich jeden Tag ausreichend bewegen oder Sport betreiben. Das ist nicht nur förderlich für Ihre Gesundheit, sondern tut auch Ihrer Seele gut.

> Vermeiden Sie Stress! Achten Sie darauf, dass Sie sich wohl fühlen und nicht im Dauerstress ersticken.

> Schalten Sie mal ab! Wenn Sie nach einem Arbeitstag die Haustüre reinkommen, dann verschließen Sie diese hinter sich und lassen somit auch die Arbeit hinter sich. Schalten Sie ab, versuchen den Kopf frei zu räumen und den Arbeitsstress vor der Tür zu lassen.

Der ständige Stress kann ebenso auf Dauer zu gesundheitlichen Schäden führen. Deshalb Nehmen Sie sich die folgenden Tipps zur Entspannung zu Herzen und gönnen Sie sich ab und zu mal etwas Zeit für sich und Ihren Körper.

ENTSPANNUNGSTIPPS

Sie merken, Sie sind angespannt und können sich nicht mehr konzentrieren. Dann gönnen Sie sich eine Pause und atmen tief durch. Ein Familien- und Arbeitsleben ist anspruchsvoll und braucht Kraft und Ausdauer um es ordentlich zuführen. Unser Leben ist häufig viel zu stressig und schnelllebig. Auf Dauer kann das sogar der Gesundheit schaden und zu einem Burn-Out führen. Umso wichtiger ist eine gute Work-Life-Balance. Ein Gleichgewicht zwischen dem stressigen Beruf und dem stressigen Privatleben aber auch ein Gleichgewicht zwischen Anspannungsphasen und Entspannungsphasen ist sehr wichtig. Kleinere Pausen, die Sie mit Entspannung füllen, werden Ihnen sicherlich hilfreich sein und Sie zum Aufatmen anregen. Mit den folgenden 10 Tipps gelingt es Ihnen mit Sicherheit sich zu entspannen, sodass Sie neue Kraft tanken können, um Ihren Zielen mit gefülltem Tank entgegenzuschreiten.

Entspannungstipp 1: Starten Sie positiv in den Tag

Was gibt es Schlimmeres als einen schlechten Start in den Tag? Da ist der Stress doch schon vorprogrammiert. Sorgen Sie dafür, dass Sie morgens nicht in Hektik geraten und in Ruhe Ihre Aufgaben erledigen können, die Sie beispielsweise vor der Arbeit zu machen haben. Sorgen Sie also dafür das Ihr Wecker pünktlich klingelt und Sie nicht verschlafen. So können Sie in Ruhe ins Bad gehen und Ihr morgendliches Ritual ohne Stress und Zeitdruck erledigen. Planen Sie auch noch genügend Zeit für einen Kaffee ein, damit Sie wach werden und diesen nicht im Stehen beim Anziehen oder anderen Erledigungen morgens trinken müssen. Ein ruhiges Frühstück, oder eben nur der Kaffee, ist der beste Garant für einen super Start in den Tag.

Entspannungstipp 2: Legen Sie die Füße hoch und denken Sie an etwas Schönes

Legen Sie sich auf die Couch oder draußen auf eine Wiese. Vielleicht setzen Sie sich auch einfach bequem hin und legen die Beine hoch. Nehmen Sie sich ein leckeres Getränk mit, vielleicht eine kalte Cola, einen Kaffee oder einen leckeren Tee und denken beim entspannten Trinken an etwas Schönes. Etwas was Ihnen Freude bereitet und ein Lächeln ins Gesicht zaubert. Vielleicht denken Sie an eine tolle Erinnerung oder an einen Traum, den Sie schon immer im Kopf haben. Für einen kurzen Moment können Sie so abschalten und Ihre Anstrengung, Sorgen oder sonstigen Gedanken ausblenden. Das führt dazu, dass Sie positive Gefühle in sich tragen, die die Stimmung verbessern. Es soll eine ganz persönliche Ruhephase für den Körper sein, die er zum herunterkommen und abschalten benötigt. Ganz wichtig ist hier, dass Sie sich immer etwas Positives ins Gedächtnis rufen. Versuchen Sie für diesen Moment alles andere und vor allem Negatives auszublenden.

Entspannungstipp 3: Nehmen Sie ein Entspannungsbad

Ein warmes Entspannungsbad kann wahre Wunder bewirken. Lassen Sie sich ein Bad ein und verwöhnen Sie sich mit einem besonderen Badezusatz. In den paar Minuten, die Sie ganz für sich alleine haben, hat der Körper die Chance herunterzufahren und zu entspannen. Die Wärme und das Wasser haben eine beruhigende Wirkung und führen dazu, dass Sie sich von dem Stress erholen und abschalten können. Mit verschiedenen Zusätzen oder ätherischen Ölen, können Sie unterschiedliche Wirkungen erzielen. Vor allem abends ist ein warmes Bad mit Lavendel sehr hilfreich. Lavendel wirkt nämlich beruhigend, harmonisierend und schlaffördernd.

Entspannungstipp 4: Schalten Sie bei Ihrer Lieblingsbeschäftigung ab

Überlegen Sie sich was Sie gerne machen und versuchen Sie so für etwas Entspannung zu sorgen. Vielleicht schauen Sie gerne einen gruseligen Film oder haben eine Lieblingsserie, die Sie gerne schauen. Dann legen Sie sich auf die Couch und entspannen Sie vor dem TV. Vielleicht hören Sie auch gerne Musik oder sitzen einfach gerne auf Ihrer Terrasse und lauschen den Vögeln. Dann machen Sie das und geben Sie Ihrem Körper durch die Entspannung bei Ihrer Lieblingsbeschäftigung neue Energie und Kraft.

Entspannungstipp 5: Sorgen Sie für ausreichend Bewegung

Ein sehr wirksames Instrument gegen Stress ist die Bewegung. Durch eine ausreichende Bewegung kann der Stress im Kopf verbannt werden. Bestenfalls gelingt es Ihnen sich in der Natur zu bewegen. Der Körper wird so mit ausreichend Sauerstoff versorgt und die Muskulatur wird lockerer. Sie werden sich nach einem Spaziergang an der frischen Luft deutlich besser fühlen als zu vor. Ein Spaziergang an der frischen Luft hat außerdem einen doppelten Effekt. Sie versorgen nicht nur Ihren Körper mit ausreichend Sauerstoff und lockern die Muskulatur, sondern die Natur selbst wirkt dazu noch beruhigend. Sie lässt uns zufriedener sein und kann für kurze Zeit sogar den Blutzuckerspiegel senken. Bei dem kurzen Spaziergang draußen werden außerdem Endorphine, sogenannte Glückshormone freigesetzt, die sich ebenfalls positiv auf den Körper und das Wohlbefinden auswirken. Stellen Sie sich das Zwitschern der Vögel vor oder einen schönen Sonnenuntergang. Schon allein der Gedanke daran, bringt etwas Positives mit sich.

Entspannungstipp 6: Lenken Sie sich mit einem Ausgleich ab

Viele Menschen haben einen Ausgleich zu Ihrem stressigen Leben. Falls Sie keinen haben, dann wird es höchste Zeit, dass Sie sich einen Ausgleich suchen. Vielleicht haben Sie Spaß daran im Garten zu werkeln? Dann gehen Sie in Ihrer Entspannungsphase nach draußen und arbeiten in Ihrem Garten. Nicht nur durch die Bewegung bauen Sie Ihren Stress ab, sondern eventuell erhalten Sie auch durch das Resultat positive Energie. Vielleicht sehen Sie Ihren Ausgleich aber auch in einer sportlichen Aktivität, die Ihnen Freude bereitet und Sie entspannen lässt. Hierbei ist aber Vorsicht geboten. Denn nicht jeder Sport führt zu Entspannung und neuer Energie. Zu viel Sport kann schnell zu Stress und zum Gegenteil führen, als wir eigentlich erreichen wollen. Nämlich die Entspannung des Körpers!

Entspannungstipp 7: Schalten Sie ab bei einem Abend mit Ihrem Partner

Nehmen Sie sich einen Abend oder auch einen Nachmittag vor, den Sie nur mit Ihrem Partner oder anderen lieben Menschen verbringen. Unternehmen Sie etwas zusammen, was den alltäglichen Kram in den Schatten stellt. Gehen Sie beispielsweise eine Runde spazieren oder etwas leckeres Essen und anschließend noch ins Kino. Vielleicht legen Sie auch eine Shoppingtour ein und verpassen sich ein neues Outfit. Was Sie machen ist völlig egal. Die Hauptsache ist, Sie gehen Ihren Aufgaben aus dem Weg, die Sie noch zu erledigen haben und schalten Ihren Kopf dahingehend komplett ab.

Entspannungstipp 8: Machen Sie eine kurze Entspannungsübung

Vor allem wenn Sie im Büro arbeiten und ausschließlich sitzen, sind solche Übungen sehr gut, um kurzeitig für Aufatmung zu sorgen. Ihr Körper wird beim Sitzen mit weniger Sauerstoff versorgt, als wenn sie eine stehende oder laufende Tätigkeit ausüben. Stehen Sie deshalb immer mal wieder auf und führen eine Atemübung oder eine andere Entspannungsübung durch. Es reicht hier auch einfach, wenn Sie aufstehen und eine Minute lang tief durch die Nase einatmen und durch den Mund wieder aus. So belüften Sie Ihre Lungenflügel und sorgen dafür, dass Ihr Körper mehr Sauerstoff erhält. Alternativ können Sie viele verschiedene Yogaübungen anwenden, die Sie sich aus dem Netz ziehen oder eventuell schon kennen.

Entspannungstipp 9: Bringen Sie Ihren Körper mit autogenem Training zur Ruhe

Beim autogenen Training nutzen Sie die Kraft Ihrer Gedanken und versetzen so Ihren Körper in einen Ruhe- und Entspannungszustand. Sie benötigen einzig und allein ein ruhiges Plätzchen, an dem Sie sich hinlegen können. Wenn Sie eines gefunden haben, dann legen Sie sich hin und schließen die Augen. Konzentrieren Sie sich ausschließlich auf Ihren Körper. Sagen Sie sich in Gedanken solche Dinge vor wie: „Mein linkes Bein wird ganz schwer." In diesem Moment stellen Sie sich dann auch vor, wie Ihr linkes Bein plötzlich viel schwerer wird. Tatsächlich entspannen sich in diesen Momenten Ihre Muskeln und lockern sich auf. Gehen Sie nun in Gedanken alle Körperteile durch, bis sich Ihr gesamter Körper entspannt anfühlt. Es gibt bestimmt auch in Ihrer Nähe Kurse, in denen autogenes Training angeboten wird. Durch diese können Sie die Entspannungstechnik professionell erlernen.

Entspannungstipp 10: Verwöhnen Sie sich mit einer Massage oder einem Wellness-Tag

Gönnen Sie sich ab und an eine etwas teurere und ebenso sehr wirksame Ablenkung. Verbringen Sie beispielsweise einen Tag in einer Therme und schalten bei den unterschiedlichen Aktivitäten ab. Ob Sie in der Sauna ein paar Aufgüsse mitnehmen oder sich in den unterschiedlichen Becken im Wasser einfach mal treiben lassen. Vielleicht machen Sie auch beides? Das liegt ganz an Ihrem Geschmack und bleibt ganz Ihnen überlassen. Oder Sie lassen sich durch eine professionelle Massage verwöhnen. Nach einer ausgiebigen Massage fühlt man sich wie neu geboren und erhält wieder neue Kraft, die kommenden Aufgaben zu erledigen. Um dem Alltagsstress etwas länger zu entweichen, können Sie auch ein komplettes Wellnesswochenende einlegen. Das lässt Sie wenigstens für ein paar Tage die Hektik und den Stress des alltäglichen Lebens vergessen und führt zu neuer Energie.

STRATEGIEN, UM SICH BESSER FOKUSSIEREN ZU KÖNNEN

Der Fokus, was ist das eigentlich? Der Begriff Fokus meint im eigentlichen Sinn eine Schnittstelle in einem abbildenden optischen Gerät, an dem sich die Strahlen treffen und dort zerteilen. Im umgangssprachlichen Sinne meint dieser Begriff jedoch einfach nur den Mittelpunkt, den zentralen Punkt oder den Schwerpunkt einer Situation oder von Etwas. So ist er auch in diesem Buch gemeint. Wenn wir also nach Strategien suchen, die uns besser fokussieren lassen können, dann meinen wir Strategien, die es einem ermöglichen, sich besser auf den Schwerpunkt zu konzentrieren und die anderen Sachen links liegen zu lassen. Diese Strategien sind besonders wichtig, um ihre Konzentration aufrecht zu erhalten und weiter diszipliniert Ihr Ziel zu verfolgen. Denn überall an jeder Ecke lauern Ablenkungen, die Sie von Ihrem eigentlichen Fokus abhalten und Sie dazu bringen, kurzeitigen Freuden oder Ablenkungen nachzugehen. Doch genau das hält Sie von Ihrem eigentlichen Ziel ab und erschwert Ihnen den Weg. Mit den folgenden 7 Schritten, behalten Sie Ihren Fokus besser im Blick.

1. Schritt: Erstellen Sie sich einen Plan

Verschaffen Sie sich einen Überblick und erstellen Sie einen Plan. Bevor Sie ein Vorhaben anpeilen, erstellen Sie sich im Kopf oder schriftlich auf einem Blatt Papier einen Ablauf. So ersparen Sie sich kostbare Zeit und können sich direkt auf Ihr Vorhaben konzentrieren. Um diesen Schritt zu erarbeiten, kann ein Terminplaner oder Kalender sehr hilfreich sein. In diesem können Sie alle wichtigen Termine eintragen, sich Notizen machen und hinzufügen, welche Aufgaben Sie noch zu erledigen haben. Ob Sie etwas großes oder kleines planen spielt hierbei keine Rolle. Denn Sie können auch bei kleineren Aufgaben den Fokus verlieren. Stellen Sie deshalb auf jeden Fall heraus, welche Ihrer Vorhaben dringend sind und welche warten können. So können Sie die Priorität der Aufgaben markieren und arbeiten als erstes die Dinge ab, die Sie für sich mit einer hohen Priorität gekennzeichnet haben.

2. Schritt: Stellen Sie Ihre Geräte Offline

Die ständige Erreichbarkeit in der heutigen Zeit kann für Sie sehr schnell zum Verhängnis werden. Das Smartphone ist immer in Reichweite und kann einer der Gründe sein, warum es Ihnen nicht gelingt, den Fokus beizubehalten. Ein gut gemeinter Tipp ist: Schalten Sie den Flugzeugmodus ein. Wenn Sie Offline sind, kann das Telefon Sie nicht von Ihrer Arbeit abhalten und es ist einfacher, sich auf die Arbeit zu konzentrieren und am Ball zu bleiben. Damit das Festnetztelefon Sie nicht stört, ziehen Sie hier einfach den Stecker raus. So gewährleisten Sie, dass Sie durch einen Anruf oder eine Nachricht nicht gestört werden. Der Computer oder Laptop kann für Sie ebenfalls gefährlich werden. Durch die Verlockung den Browser zu öffnen und im Netz zu surfen oder mal eben schnell die E-Mails checken, verliert man ebenso schnell den Überblick, wie durch das Handy. Deshalb gehen Sie wenn möglich auch hier offline, um dieser Verlockung aus dem Weg zu gehen.

3. Schritt: Blenden Sie Ihr Umfeld aus

Schalten Sie Ihr Umfeld aus! Das hört sich schlimmer an wie gemeint. Ich meine hiermit, dass Sie sich eine Zeit am Tag fest einplanen, in der Sie sich nur der zu erledigenden Aufgabe widmen. Nehmen Sie sich beispielsweise 45 Minuten, in denen Sie ausschließlich die Literatur für ihre Masterarbeit lesen. Oder planen Sie feste 45 Minuten für den Haushalt ein. In dieser Zeit sollten Sie jegliche Ablenkung vermeiden. Am besten planen Sie diese Zeit, wenn Ihre Familie außer Haus ist oder mit anderen Dingen beschäftigt ist. Je nach Aufgabe, ziehen Sie sich Kopfhörer auf die Ohren und hören Sie Musik. Oder benutzen Sie Ohrstöpsel, für die Zeit, in der Sie sich ausschließlich auf Ihre Arbeit konzentrieren möchten. So gehen Sie der Geräuschkulisse, die Sie im Hintergrund immer begleitet, aus dem Weg.

4. Schritt: Gönnen Sie sich Pausen

Je länger Sie konzentriert an einer Tätigkeit sind, desto unkonzentrierter werden Sie und können den Fokus nicht ausschließlich bei Ihrer Arbeit behalten. Gönnen Sie sich also Pausen, in denen Sie sich erholen können. Pausen müssen nicht immer nur Faulenzertätigkeiten, wie Schlafen, rumliegen, sitzen oder auf der Couch ruhen sein. Diese Tätigkeiten meine Ich keinesfalls negativ. Aber wenn Sie sich mal eben die Beine vertreten gehen und frische Luft schnappen, kann Ihnen das ebenso die Kraft geben, die Sie zum weiteren konzentrierten Arbeiten benötigen, wie diese eben genannten Beispiele an Faulenzertätigkeiten. Außerdem ist ausreichender und guter Schlaf wichtig. Wenn Sie ausgeschlafen sind, können Sie sich besser konzentrieren, als bei Müdigkeit. Das führt auch dazu, dass Sie eher den Fokus behalten können.

5. Schritt: Räumen Sie auf

Ordnung ist das halbe Leben! Oder wie sagt man das so schön? Genau so sieht es auch aus. Durch einen ordentlichen Arbeitsplatz erhalten Sie einen besseren Überblick. Egal ob Sie zuhause Arbeiten oder im Büro. Unordnung sorgt immer für Unruhe und zieht so den Fokus schnell auf sich. Sie sitzen am Schreibtisch und die Ordner und Papiere stapeln sich rechts und links. Das kann schnell störend sein und Sie fangen während Ihrer eigentlichen Arbeit an, das Chaos zu beseitigen. Schon liegt der Fokus nicht mehr auf der Arbeit, die Sie eigentlich erledigen wollten. Sorgen Sie also dafür, dass Ihr Arbeitsplatz immer schön sauber und aufgeräumt ist, bevor Sie mit Ihrer Arbeit beginnen. So umgehen Sie diese Ablenkung und es hilft Ihnen, den Fokus zu behalten.

6. Schritt: Vermeiden Sie Multitasking

Wer kennt es nicht? Sie telefonieren mit einem Freund/ einer Freundin, räumen dabei die Spülmaschine aus und versuchen gleichzeitig noch das Chaos zu beseitigen, dass Ihre Kinder wieder einmal in der Küche angerichtet haben. Bei diesen Aufgaben mag Multitasking ja noch funktionieren. Aber bei wichtigeren und anspruchsvolleren Aufgaben, verhindert das Arbeiten an vielen einzelnen Bausteinen, dass Sie fokussiert sein können. Nur die wenigsten Menschen auf der Welt, sind dazu in der Lage, mehrere Aufgaben konzentriert gleichzeitig zu erledigen. Auch wenn das viele von sich denken, stimmt es nicht. Denn wenn Sie mehrere Aufgaben auf einmal erledigen, kann Ihr Fokus niemals ganz einer Aufgabe gewidmet sein. Sie konzentrieren sich also auf mehrere Sachen gleichzeitig und so passieren häufiger Fehler. Ihre Gedanken springen von einer Aufgabe zur nächsten und das führt zu Stress. Vermeiden Sie also das Multitasking, versuchen Sie sich auf eine einzige Aufgabe zu konzentrieren und blenden Sie den Rest aus.

7. Schritt: Versuchen Sie Ihre Probleme zu lösen

Ein Grund, warum Menschen nicht fokussiert arbeiten, sind Sorgen oder Probleme, die Sie privat gerade erleben. Es kann jedoch fatale Folgen für Sie haben, wenn Sie beispielsweise durch Ihre privaten Probleme bei der Arbeit den Fokus verlieren und unkonzentriert arbeiten. Je nach Position und Fehler, kann Sie das Ihren Job kosten. Also gehen Sie Ihre Sorgen an und versuchen Sie diese zu lösen. Manchmal hilft es schon, wenn man sich jemandem anvertraut und die Sorgen einmal ausgesprochen hat. Oft wirkt das befreiend und die Last fällt etwas von einem ab. Vielleicht erhalten Sie so auch Tipps, um Ihre Probleme lösen zu können und es eröffnen sich andere und neue Wege. Suchen Sie sich also eine vertraute Person und werden Sie einmal all Ihre Sorgen los. Das schafft wenigstens für einen Moment Abhilfe. Denn es lassen sich leider nicht alle Sorgen sofort oder in kurzer Zeit klären und abschaffen.

Befolgen Sie diese Schritte, fällt es Ihnen bedeutend einfacher sich selbst zu disziplinieren und bei der Sache zu bleiben. Halten Sie sich ganz bewusst an diese Schritte, dann gelingt es Ihnen Ihren Fokus zu wahren und Sie kommen Ihrem Ziel ein Stückchen näher.

Die guten Vorsätze und was sie scheitern lassen!

Ab Morgen geht es richtig los. Ich möchte abnehmen und achte auf meine Ernährung! Im neuen Jahr möchte ich mein Leben umkrempeln und viel mehr auf Sauberkeit und Ordnung achten. Oder: Ich habe mir für das neue Jahr vorgenommen, etwas mehr auf meine Gesundheit zu achten und mehr Sport zu treiben. Wer kennt es nicht? Die guten Vorsätze für das kommende Jahr. Ich kenne das zu gut. Vor allem nicht nur zum Jahresanfang. Sondern oft verschiebe ich meine guten Vorsätze auf die nächste Woche. Ab Montag geht es los. Montag ernähre ich mich gesund und ausgewogen. Ich denke in solchen Situationen erkennen sich einige Personen wieder. Aber warum ist das so? Warum scheitern wir immer wieder und behalten unsere Vorsätze nicht bei und verfolgen Sie bis zum Ende? Was hält uns immer wieder davon ab? Die Antwort auf diese Fragen muss nicht einfach heißen: Ich habe zu wenig Selbstdisziplin und deshalb scheitere Ich immer wieder. Es gibt noch weitere andere Gründe als die fehlende Selbstdisziplin, die dazu führen, dass man seinen Vorsatz nicht erreicht und ihn aus den Augen verliert beziehungsweise hintenanstellt.

1. Erschöpfung der Willenskraft!

Ein ganz wichtiger Faktor, der uns den Weg zum Ziel versperrt und scheitern lässt ist die Willenskraft. In einem der vorherigen Kapitel habe ich Ihnen erklärt, dass die Willenskraft wie ein großer Muskel gesehen werden kann. Beansprucht man ihn zu sehr, dann erschlafft er und benötigt eine Pause, da er erschöpft ist. Genauso ist es mit der Willenskraft. Sie ist begrenzt und wir haben nicht den ganzen Tag ein unbegrenztes Maß an Willenskraft zur Verfügung. Haben wir sie am Morgen aufgebraucht, dann wird es am Abend sehr schwer standhaft zu bleiben und sich durch den eigenen festen Willen gegen eine schlechte Gewohnheit zu stellen. Achten Sie also auf ein Gleichgewicht und versuchen Sie Ihre Willenskraft für die wichtigen Dinge und Ziele aufzusparen.

2. Ein zweiter wichtiger Faktor ist die Ablenkung.

Überall an jeder Ecke und in jeder Situation werden wir von den unvorstellbarsten und einfachsten Dingen abgelenkt und in Versuchung gebracht. Vor allem in der heutigen modernen Zeit, ist dieser Faktor stärker als er früher war. Vor allem das Internet und die Vernetzbarkeit zwischen allem und jedem, also das ständige Online sein, ist eines der Hauptprobleme, denen wir uns stellen müssen. Jede Ablenkung lässt uns unseren Blick von unserem eigentlichem

Fokus abwenden und wir verlieren so unser Ziel aus den Augen. Versuchen Sie, mit den Tipps aus den vorherigen Kapiteln, jegliche Ablenkung zu vermeiden, um den Fokus zu behalten.

3. Ein Vorsatz ist kein klares Ziel!

Ebenso wichtig sind also klar definierte und greifbare Ziele. Setzen Sie die Messlatte nicht zu Hoch. Solche Ziele sind meist von vorn herein zum Scheitern verurteilt. Ebenso ist ein Vorsatz kein klar definiertes Ziel. Wenn Sie sich „nur" etwas vornehmen, erscheint es nicht so wichtig und man kann gut und gerne einmal darauf verzichten. Deshalb formulieren Sie Ihre Vorsätze immer als Ziel.

4. Zeitmangel!

Der Zeitfaktor, der einer Person zum Erreichen eines Zieles zur Verfügung steht, ist ebenso von großer Bedeutung. Jedes Ziel, welches eine Person erreichen möchte, benötigt Kraft, Ausdauer und oftmals auch Anstrengung, die aufgebracht werden muss. Oftmals benötigt man dazu ein gewisses Maß an zeitlicher Ressource, damit man die Arbeit zum Ziel leisten kann. Möchten Sie beispielsweise innerhalb 8 Wochen 10 kg abnehmen, dann ist diese Zeit doch recht knapp bemessen. Auch benötigen Sie Zeit, um sich über den Weg zum Ziel zu informieren oder sie müssen sich Tipps zum Erreichen des Zieles beschaffen. Diese Zeit müssen Sie an anderen Enden einsparen und aufbringen. Der zeitliche Faktor ist also nicht unerheblich und sehr wichtig, um Ihren Zielen nachzugehen. Ungeduld bringt hier gar nichts und setzt Sie nur weiter unter Druck. Rom wurde auch nicht an einem Tag errichtet. Wie heißt es so schön: Gut Ding will Weile haben!

5. Das Ziel ist nicht wichtig genug!

Häufig möchte man etwas erreichen, was einem noch nicht so wichtig ist oder richtig stört. Man kann sagen, dass die Schmerzgrenze noch nicht erreicht ist. Stellen Sie sich beispielhaft vor, Sie möchten 5 kg abnehmen. Sie fühlen sich zwar etwas unwohl, aber so wirklich hat es noch nicht Klick gemacht. Wenn Sie in den Spiegel schauen, dann sehen Sie zwar ein paar Stellen, an denen Sie gerne etwas weniger hätten, aber fühlen sich dennoch attraktiv und gut. Dann ist Ihnen dieses Ziel 5 kg abzunehmen noch nicht wichtig genug und es wird Ihnen bedeutend schwerer fallen, dieses zu erreichen.

6. Der Weg zum Ziel ist nicht klar!

Sehr wichtig ist es, die richtige Herangehensweise zu finden. Wenn Sie nicht wissen, wie sie am besten Ihr Ziel erreichen sollen, dann wird Ihnen das auch nicht gelingen. Finden Sie also heraus, wie Sie den richtigen Weg zum Ziel finden. Nur wenn Sie auch wissen wie es geht, gelangen Sie ans Ziel!

7. Zu viele Ziele auf einmal!

Ein häufiger Grund warum manche Menschen nicht ans Ziel gelangen ist, die Überforderung. Zu viele Ziele führen dazu, dass man viele verschiedene Dinge auf einmal macht und somit keine Aufgabe zu 100%. Schnell gibt man so ein Ziel auf, damit man sich den anderen besser widmen kann. Vermeiden Sie dieses Multitasking-Verhalten und machen Sie lieber eine Aufgabe nach der anderen zu jeweils 100%.

Halten Sie sich an all diese Punkte, dann besteht eine deutlich höhere Chance, dass Sie Ihren Vorsätzen nachgehen und Sie diese auch umsetzen können. Haben Sie durch eine Sache einen Leidensdruck, dann ist es natürlich Ihre oberste Priorität, diese Sache loszuwerden. Je höher der Leidensdruck ist, desto höher ist auch die Priorität. Letztlich ist es also eine Sache Ihrer eigenen Prioritäten, welchen Vorsatz Sie haben und erreichen werden.

Wie organisiere ich mein Leben besser?

Ordnung ist das halbe Leben. Das habe ich Ihnen schon gesagt, als es um die Strategien ging, wie Sie sich besser fokussieren können. Das gilt aber nicht nur für den sachlichen Teil. Also nicht nur die Gegenstände müssen und sollen aufgeräumt sein, sondern auch das Leben sollte aufgeräumt sein. Das geht am besten mit einer sorgfältigen Organisation. Unerledigte Aufgaben schwirren einem ständig im Kopf herum und kommen meist zu den unmöglichsten Zeiten heraus und beschäftigen einen. Zum Beispiel fällt Ihnen wahrscheinlich kurz vorm Einschlafen abends im Bett ein, dass Sie für morgen ja noch einen Kuchen backen wollten, den Sie mit auf die Arbeit nehmen müssen.

Also stehen Sie entweder wieder auf und backen noch einen oder stellen sich den Wecker eine Stunde früher, um den Kuchen noch vor der Arbeit zu backen. Hätten Sie das Kuchenbacken organisiert, also irgendwo festgehalten, dann wäre die Gefahr deutlich geringer, bis gar nicht vorhanden gewesen, das Backen des Kuchens zu vergessen. Am besten ist es wichtige Aufgaben und Erledigungen zu einer Zeit fest zu planen und so vorher die Organisation festzulegen. Fehlt diese Organisation, verliert man schnell die Kontrolle und es läuft nicht so, wie es geplant ist. Ich möchte Ihnen ein paar Tipps mit auf den Weg geben, die Ihnen dabei helfen, Ihr Leben unter Kontrolle zu bringen und sich selbst besser zu organisieren. So erhalten Sie einen Überblick über alle anstehenden Termine und Aufgaben und verlieren Ihre Ziele nicht aus den Augen.

Tipp 1: Alles wichtige aufschreiben!

Ihr Kopf ist mit vielen wichtigen und auch unwichtigen Dingen gefüllt. Warum sollten Sie sich etwas merken, wenn Sie es auch aufschreiben können? Das erspart Ihnen viel Kraft und somit unnötige Überlegungen und Gedanken. Denn Ihr Gehirn beschäftigt sich auch unbewusst mit noch zu erledigenden Aufgaben, die Ihnen im Kopf rumkreisen. Sie können niemals mit voller Energie bei einer Sache sein, wenn Ihr Kopf damit beschäftigt ist, sich viele Dinge gleichzeitig zu merken, damit sie nicht vergessen gehen. Deshalb schreiben Sie die Aufgaben oder alle Dinge, die Sie beschäftigen auf. So geht es nicht vergessen und Ihr Kopf kann diese Sache aus dem Gedächtnis streichen. Besorgen Sie sich also einen übersichtlichen Terminplaner, der für alle zugänglich ist. Hier tragen Sie alle wichtigen und zu erledigenden Aufgaben und Termine ein. Alternativ können Sie sich auch eine App runterladen und sich mit Ihrem Partner vernetzen.

Tipp 2: Setze Prioritäten!

Überlegen Sie sich ganz genau, welche Aufgaben dringend sind und welche noch etwas Zeit haben. Markieren Sie sich diese unterschiedlichen Dringlichkeiten farbig, so dass Sie auf einen Blick erkennen können, welche Aufgabe Sie eventuell noch einmal verschieben können und welche Aufgabe sofort erledigt werden sollte. Vor allem überlegen Sie sich genau, mit welchen Aufgaben Sie an Ihr Ziel gelangen. Welche Aufgaben bringen Sie Ihrem Ziel näher und sind effektiv? Diese Aufgaben bemessen Sie ebenso mit einer höheren Priorität.

Tipp 3: Regelmäßig die Aufgaben aktualisieren!

Ebenso wichtig wie das Aufschreiben der Termine und Aufgaben, ist die Überprüfung dieser Aufgaben. Es nützt Ihnen gar nichts, wenn Sie vor 4 Wochen im Kalender stehen hatten, dass Sie den Kleiderschrank ausmisten wollen und es nie gemacht haben. Falls Ihnen mal eine Aufgabe nicht gelingt, die Sie eigentlich geplant haben, dann sorgen Sie dafür, dass diese Aufgabe innerhalb der nächsten freien Zeit geplant wird. Tragen Sie diese Aufgabe also erneut ein. Schauen Sie sich am Abend an, welche Aufgaben Sie erledigt haben und haken Sie diese ab. So behalten Sie den Überblick und es geht nichts unter.

Tipp 4: Den Terminplaner immer greifbar haben!

Sorgen Sie dafür, dass Sie Ihre Termine immer und zu jederzeit im Überblick haben können. Es bringt Ihnen gar nichts, wenn Sie Termine ausmachen und Ihnen dann zuhause beim Blick in den Kalender auffällt, dass an diesem Tag oder zu dieser Uhrzeit schon etwas geplant ist. Das führt wieder zu unnötigem Stress, der umgangen werden kann, wenn Sie Ihren Kalender, Ihre To-Do-Liste oder was auch immer, greifbar haben. Am aller sinnvollsten ist es, wenn Sie dafür nicht alles einzeln anlegen und an verschiedenen Orten aufbewahren, sondern wenn Ihr Kalender gleichzeitig Platz für eine To-Do-Liste, Ideen und Notizen hat. Ob es digital oder ganz altmodisch handschriftlich auf einem Blatt Papier notiert wird, ist dabei völlig egal.

Tipp 5: Planen Sie die Aufgaben großzügig!

Es ist ganz normal, wenn eine Aufgabe mal etwas länger dauert als geplant. Oder wenn irgendwelche Termine kurzfristig dazwischenkommen. Deshalb ist es wichtig, Ihre Zeitplanung sehr großzügig zu halten. Bei Aufgaben mit ungewisser Zeitdauer, planen Sie mindestens 45 Minuten mehr ein, wie Sie eigentlich schätzen. Was gibt es Schlimmeres wie von einem Termin zum nächsten zu hetzen und ständig unter Druck zu sein? Manchmal lässt sich der Zeitdruck nicht verhindern. Jedoch sollte das nicht zur Regelmäßigkeit werden. Falls Sie doch mal einige Zeit früher mit Ihren Aufgaben fertig sein sollten, dann nutzen Sie die Zeit, um sich mit etwas Schönem zu belohnen.

Tipp 6: Trainieren Sie die Selbstorganisation!

Vor allem in den Anfängen der Selbstorganisation ist es wichtig, Ihre Zeit sehr großzügig einzuteilen und auch freie Zeit einplanen, da Sie erst einmal schauen müssen, wie Sie so zurechtkommen. Da Sie wahrscheinlich viel schaffen möchten, planen Sie sich besonders viel an einem Tag ein. Das ist meist viel mehr, als wir an einem Tag schaffen können. Aber durch regelmäßiges Training haben Sie etwas mehr Erfahrung und die unrealistische Einteilung legt sich etwas.

Als kleines Beispiel soll folgende Situation eines organisierten Familienlebens dienen:

Montags hat die große Tochter Schwimmen. Dienstags und donnerstags hat der Kleine Fußballtraining. Mittwochs geht Ihre Tochter ins Ballett und samstags zum Reiten. Jeden Tag ist eine andere Aktivität, der Ihre Kinder nachgehen. Hinzu kommen noch viele Termine, die Sie derzeit haben, da Sie ein Haus bauen. Hier ein Treffen mit dem Architekten, da ein Treffen mit dem Handwerker und dann noch die Zeit, in der Sie den Ausbau des Hauses in Eigenleistung erledigen. Zwischendurch müssen Sie dann auch noch die alltäglichen Dinge erledigen wie Einkaufen, Putzen, Wäsche waschen und andere Hausarbeiten, die so anfallen. Eigentlich haben Sie durch Ihren vollgepackten Terminkalender schon gar keine Zeit mehr zu arbeiten. Aber was muss, das muss! Jedoch ist ein Treffen mit Freunden in den seltensten Fällen noch drin. Sie schauen auf Ihren Kalender, in dem jeden Tag andere Termine vermerkt sind und suchen noch eine Stunde, in der Sie mit Ihrer Tochter das Fahrradfahren üben wollen. Ihre Kinder fordern nämlich auch noch Aufmerksamkeit, die ihnen auch zusteht und die sie auch bekommen sollen.

sehen Sie, dass Dienstag nach dem Fußballtraining des Kleinen noch ein bisschen Zeit bleibt. Also tragen Sie das direkt in Ihren Kalender ein. Ihr Familienplaner ist das Herzstück. Mit diesem fällt und steht Ihr Tag. Das hat er schon sehr oft bewiesen. Sie tragen jede einzelne Kleinigkeit und Aufgabe dort ein, damit nichts vergessen geht und Sie das schaffen, was Sie sich vorgenommen haben. Auch Ihr Partner kann jederzeit auf den Kalender zugreifen. So hat jeder den Stand der Dinge vor Augen und hat einen Plan, was als nächstes ansteht.

Jetzt überlegen Sie einmal, wie das Familienleben aus diesem Beispiel ablaufen würde, wenn die Termine nicht so strikt und sorgfältig eingetragen werden und für jeden visuell ersichtlich sind. Es ist auf jeden Fall deutlich klar, dass es sehr chaotisch wäre, all den Aktivitäten und Terminen nachzukommen. Vor allem würde es deutlich mehr Zeit brauchen, um alles unter den Hut zu bekommen. Denn nur mit der strikten Planung, bekommen Sie einen Termin nach dem anderen erledigt.

Nicht nur träumen, sondern auch machen!

Viele Menschen haben Ziele, die Sie gerne erreichen möchten und sich vornehmen. Doch alleine sich das Ziel vorzunehmen reicht nicht aus. Sie dürfen nicht nur träumen, sondern müssen die Sache auch anpacken. Nur so kommen Sie Ihren Zielen näher. Dieser Weg führt fast immer über die Selbstdisziplin. Sind Sie selbstdiszipliniert, dann bedeutet das sicherlich ein Verzicht auf Freizeit, Spaß und andere Dinge, die Sie vielleicht in einigen Augenblicken lieber machen möchten.

Dieser Verzicht zahlt sich allerdings langfristig viel mehr aus, als wenn Sie den kurzeitigen Freuden in Ihrem Leben nachjagen. Wichtig ist, dass Sie sich zunächst selber kennenlernen. Dazu gehören ganz besonders auch Ihre Schwächen. Diese müssen Ihnen bewusst sein, damit Sie dagegen vorgehen können oder ihnen entgegenwirken können. Werden Sie sich klar was Sie genau erzielen möchten und halten sich dabei von Anfang an die Wichtigkeit der Selbstdisziplin vor Augen. Sie ist der Motor allen Erfolgs.

Überlegen Sie sich wie der Weg zu Ihrem Ziel aussehen kann und fangen Sie dann einfach an. Es bringt Ihnen gar nichts, Ihre Entscheidungen immer wieder neu zu überdenken, da vielleicht ein anderer Zeitpunkt der bessere sein könnte. Sie putzen ja auch jeden Morgen erneut Ihre Zähne, da es einfach dazu gehört. Legen Sie also einfach los und fangen Sie endlich an. Vor allem am Anfang wird es für Sie sehr schwierig sein, Ihre Disziplin aufrecht zu erhalten. Sollte Ihnen das aus irgendwelchen Gründen mal nicht so gelingen, wie Sie es sich vorgestellt haben, dann seien Sie nicht enttäuscht und machen einfach am nächsten Tag weiter.

Hinfallen ist nicht schlimm und sogar manchmal wichtig. Schlimm ist nur wenn Sie liegen bleiben. Also stehen Sie auf und richten die Krone. Sehen Sie es als Lehre für das nächste Mal an. Dann werden Sie es einfach besser machen. Demotivierend kann hier auch ein übermäßiger Perfektionismus sein. Den sollten Sie ganz schnell ablegen, denn kein Mensch ist perfekt. Gestehen Sie sich Fehler und Schwächen ein und arbeiten daran.

Sie haben auf den vorherigen Seiten gelernt, warum Selbstdisziplin so wichtig ist. Nicht nur der berufliche Erfolg hängt mit der Selbstdisziplin zusammen, sondern auch die Lebenszufriedenheit hängt entscheidend davon ab. Auch die Persönlichkeitsentwicklung und die sozialen Beziehungen werden davon beeinflusst. Es kann Ihnen also nur von Vorteil sein, wenn Sie über ein gesundes Maß an Selbstdisziplin verfügen. Eine ganze Reihe an Verbesserungen wird in Ihrem Leben eintreffen. Größerer Erfolg im Beruf oder der Schule, Ihre

Lebenszufriedenheit steigert sich, Sie haben bessere soziale Beziehungen und auch sonst weniger Probleme in Ihrem Leben. Das folgende Kapitel soll Ihnen als Anleitung dienen, disziplinierter durch Ihr Leben zu gehen. Mit diesen Schritten gelingt es Ihnen im Handumdrehen mehr Selbstdisziplin aufzubauen. Halten Sie sich daran, dann sollte Ihrem Erfolg nichts mehr im Wege stehen. Es lohnt sich also, diese Schritte beherzt zu lesen und ihnen mit viel Beachtung zu begegnen.

SCHRITT FÜR SCHRITT MEHR SELBSTDISZIPLIN

1. Schritt: Fangen Sie klein an!

Einer der wichtigsten Schritte ist es, klein anzufangen. Wenn Sie sich schon zu Anfang enorm viel vornehmen, dann endet es oft in Überforderung und einem Mangel an Selbstdisziplin, da Sie die viel zu hoch gesetzten Ziele oftmals nicht erreichen können. Das lässt dann schnell Unmut durchkommen und führt zum Aufgeben. Fangen Sie also klein an und nehmen sich realistische Ziele vor, die Sie verfolgen. Bitte auch nicht mehrere Ziele auf einmal. Das führt ebenso schnell zu Überforderung. Wenn Sie sich beispielsweise vornehmen endlich mal etwas Sport in Ihrem Leben zu betreiben und drei Mal die Woche laufen zu gehen, dann starten Sie nicht beim ersten Mal direkt mit einem 10 km Lauf. Setzen Sie sich für das erste Mal vielleicht 1 km als Ziel. Je nach Ihrem sportlichen Zustand vielleicht sogar noch weniger. Das führt dazu, dass Sie Ihr Ziel realistisch halten, es erreichen und dadurch motivierter sind, um den nächsten Lauf ebenso erfolgreich abzuschließen. Vielleicht schaffen Sie dann beim nächsten Mal sogar schon einen kleines bisschen mehr. Erreichen Sie Ihre Ziele, dann macht der Weg dorthin einfach viel mehr Spaß und macht Lust auf mehr.

2. Schritt: Definieren Sie ein klares realistisches Ziel und visualisieren Sie es!

Viele Menschen haben keine fest definierten Ziele, sondern nur Vorsätze, die sie gerne erreichen möchten. Aber wie Sie schon in Kapitel 6 gelernt haben, ist ein Vorsatz kein klares Ziel und deshalb oft zum Scheitern verurteilt. Sie müssen also für sich heraus finden was Sie eigentlich erreichen möchten und wofür. Wenn Ihnen der Sinn dahinter bekannt ist und Sie wissen, weshalb Sie manches erreichen möchten, dann bleibt Ihnen auch die Motivation viel eher erhalten. Finden Sie also die Motivation hinter Ihrem Ziel und schreiben Sie sich dieses Ziel ganz klar und deutlich auf. Am besten schreiben Sie das Warum ebenso auf. So können Sie sich die Gründe ganz schnell ins Gedächtnis rufen, wenn Ihnen kurzzeitig mal die Motivation abhanden geht. Schauen Sie sich jeden Tag, am besten morgens nach dem Aufstehen, Ihre Ziele an und halten Sie sich die Gründe vor den Augen. So werden Sie direkt morgens schon mit mehr Motivation in Ihr

Leben starten, denn Sie wissen warum Sie einige Dinge machen müssen, auch wenn sie in diesem Moment vielleicht keinen Spaß machen.

Tipp: Schauen Sie sich, wenn nötig, nochmals den Absatz zu „Die richtigen Ziele finden" an.

3. Schritt: Finden Sie Ihren Rhythmus!

Gewohntes fällt uns viel leichter, als etwas Ungewohntes zu tun. Deshalb starten Sie organisiert und durchstrukturiert in den Tag. Nur so können Sie Ihren eigenen Rhythmus finden und beibehalten. Denn auch hier ist die Ordnung das A und O. Planen Sie also Ihre Vorhaben am Tag und geben Sie regelmäßigen Aufgaben einen Rhythmus. So erhalten Sie eine Regelmäßigkeit, die für Sie irgendwann zur Gewohnheit wird. Vor allem fällt es uns um einiges schwerer, etwas zu tun, was nicht in unserer Routine eingebaut ist. In solchen Situationen müssen Sie sich ständig neu motivieren und nach dem Warum fragen.

Tipp: Falls Ihnen das Planen etwas schwer fällt schauen Sie sich nochmals die Strategien an, wie Sie mehr Ordnung in Ihr Leben bringen.

4. Schritt: Gehen Sie Versuchungen aus dem Weg!

Ablenkung ist der größte Selbstdisziplin Killer, den es gibt. Deshalb lassen Sie, wenn möglich erst keine Ablenkung oder eben Versuchung aufkommen. Sobald Sie Möglichkeiten der Versuchung in Reichweite haben, kostet es Sie viel mehr Überwindung ihnen zu widerstehen. Denn wenn diese Dinge nicht da wären, dann hätten Sie die Möglichkeit auch nicht und kommen nicht in Versuchung, sich der Ablenkung oder anderen Möglichkeiten, die Ihren Zielen schaden, hinzugeben. Sei es die Schachtel Zigarette, die Sie noch in der Schublade haben oder die ganzen Süßigkeiten, die Sie in den Schränken gebunkert haben. Um mit dem Rauchen aufzuhören oder eine Diät zu beginnen, sind diese Möglichkeiten sich der Versuchung hinzugeben Gift. Also beseitigen Sie diese alle. Am besten werfen Sie diese Dinge einfach in den Mülleimer oder verschenken sie. Das geht natürlich nicht mit allen Dingen. Halten Sie sich deshalb an die Strategien, wie Sie sich auf den Fokus konzentrieren können. So finden Sie eine Möglichkeit, der Ablenkung aus dem Weg zu gehen, die Sie nicht einfach mal eben beseitigen können.

5. Schritt: Machen Sie Pausen und belohnen Sie sich!

Wichtig um neue Kraft zu tanken sind regelmäßige Pausen und Erholungen. Sie müssen Ihrem Körper die Zeit geben, die er braucht, um etwas neue Energie und Kraft zu tanken. Planen Sie also in Ihren Tag oder in die Woche regelmäßige Pausen ein, die Sie auch einhalten. Denn wenn Sie wirklich immer diszipliniert sein möchten, dann gehören diese Pausen dazu. Ohne die Pausen laufen Sie Gefahr die Lust zu verlieren und kommen so ganz schnell von Ihrem eigentlichen

Ziel ab. Ebenso wichtig wie die Pausen sind Belohnungen, die Sie nach jedem Ziel einnehmen sollten, auch wenn Sie nur ein Zwischenziel erreicht haben. Die Belohnungen halten Ihre Motivation oben und es fällt einfacher am Ball zu bleiben. Sie haben ja bald schon wieder etwas, auf das Sie sich freuen können. Die Belohnungen sollten allerdings realistisch sein und zu Ihrem Vorhaben passen. Bei einer Diät, ist ein Eis essen gehen, vielleicht keine angemessene Belohnung. Aber auch das kommt ganz auf Ihren Typ an und Sie müssen das für sich herausfinden. Schreiben Sie sich zu jedem Ziel die Belohnung dazu. Die Visualisierung ermutigt Sie am Ball zu bleiben und Ihrer Belohnung entgegen zu arbeiten.

6. Schritt: Hilfe ist okay!

Manchmal schaffen wir es einfach nicht uns zu überwinden und den inneren Schweinehund zu bekämpfen. In diesen Situationen ist Hilfe von außen sehr hilfreich und manchmal sogar nötig, um loszulegen. Vor allem finden Sie, wenn Sie alleine sind, viel schneller Ausreden, um etwas nicht tun zu müssen. Denn es merkt ja keiner. Deshalb suchen Sie sich einen Verbündeten, der Sie in Ihren Vorhaben unterstützt oder sogar begleitet. Viele Menschen haben das Ziel abzunehmen oder mehr Sport zu betreiben. Wieso sollte man die Sache dann nicht gemeinsam angehen? Je mehr Leute von Ihrem Ziel wissen, desto schwerer wird es für Sie sein, aufzugeben. Sie müssten sich vor allen rechtfertigen und erklären warum Sie nicht weiter machen. Da überlegt man sich doch drei Mal ob man weiter macht oder eben nicht. Die Bestätigung, die man von außen erhält, wirkt ebenso motivierend und treibt zum Weitermachen an.

7. Schritt: Trainieren Sie mindestens drei Mal pro Woche Ihre Selbstdisziplin!

Um selbstdiszipliniert zu sein, ist es wichtig diese zu üben. Eine kleine Übung mehrmals die Woche hilft Ihnen schon dabei. Denn nur mit Ausdauer, können Sie sich verbessern. Überlegen Sie sich am Abend vorher ein kleines!!! Vorhaben, welches Sie am nächsten Tag unbedingt durchführen wollen. Im besten Fall ist es etwas, was Sie nicht sehr gerne Tun und sonst aufschieben würden. Schreiben Sie sich dieses Vorhaben irgendwo auf und erzählen Sie jemandem davon. So erhöhen Sie Ihren Druck, das Vorhaben auch wirklich zu erledigen. Wenn Sie dann am nächsten Tag Ihr Vorhaben erledigt haben, dann belohnen Sie sich mit einer Kleinigkeit. Vielleicht mit einem Stückchen Schokolade oder einem Glas Wein am Abend.

8. Schritt: Bleiben Sie am Ball!

Dieser Schritt ist wohl ausschlaggebend, ob Sie Ihr Ziel erreichen oder nicht. Eine Gewohnheit haben Sie erst nach rund drei Wochen verinnerlicht. Also geben Sie nicht nach kurzer Zeit auf und fragen sich, warum Ihre neue Gewohnheit noch nicht zur Routine geworden ist, wenn Sie erst seit ein paar Tagen dabei sind. Stellen Sie sich diesen Weg wie einen steinigen Pfad vor. Am Anfang dauert es sehr lange, bis Sie auf der anderen Seite angekommen sind. Doch je öfter Sie diesen Pfad gehen, desto eher wissen Sie wo Sie hintreten müssen und ein richtiger Weg wird sich entwickeln. Wenn Sie diese Zeit geschafft haben, dann wird es Ihnen wesentlich einfacher fallen die Disziplin zu wahren. Geben Sie sich also die Zeit, diesen Weg zu gehen und bleiben Sie niemals stehen. Nur wer weiter geht, kommt auch am Ziel an.

Halten Sie sich an all diese Schritte und bauen sie in Ihren Tagesablauf mit ein, dann werden Sie innerhalb kürzester Zeit wesentlich disziplinierter durch Ihr Leben laufen, wie Sie es zuvor getan haben.

Wird man mit Selbstdisziplin erfolgreich?

Immer wieder sind manche Personen erfolgreicher als andere. Für die einen ist der Weg zum Ziel mühelos und für andere ist er sehr steinig und schwierig zu gehen. Warum ist das so? Warum erreicht die eine Person etwas, was eine andere nicht erreichen kann? Was ist hier der Schlüssel zum Erfolg?

Natürlich spielen hier Faktoren wie Begabung, Talent, motorische Fähigkeiten, Ausbildung, und auch die soziale Herkunft zusammen. Diese Faktoren sind ebenso wichtig für den beruflichen und privaten Erfolg, wie die der Selbstdisziplin. Doch mit Hilfe von Selbstdisziplin kommen die einen Ihren Zielen näher, während die anderen für diesen Weg länger brauchen oder sogar nie am Ende ankommen. Denn es gibt einige Studien darüber, dass keine Eigenschaft so entscheidend für das Erreichen seiner Ziele ist, wie die Eigenschaft der Selbstdisziplin.

Möchten Sie also erfolgreich werden und vorankommen, dann reicht es nicht aus die Ziele festzulegen, sie zu planen und Entscheidungen zu treffen. Sie brauchen ein ordentliches Maß an Selbstdisziplin, um erfolgreich zu werden und die Ziele zu erreichen. In vielen Coaching Sitzungen ist Selbstdisziplin ein immer wiederkehrendes Thema. Denn oftmals ist der tatsächliche Grund für Unzufriedenheit und Misserfolg ein Mangel an Selbstdisziplin. Viele Menschen sind sich dessen sogar bewusst und sie leiden darunter, dass sie sich nicht beherrschen können. Was ist das Geheimnis der disziplinierten Menschen? Haben disziplinierte Menschen eine besonders starke Willenskraft oder sogar mehr davon, wie andere Menschen?

Nein, das haben sie nicht! Disziplinierte Menschen sorgen dafür, dass sie so wenig wie möglich an Willenskraft brauchen, um diszipliniert zu handeln. Sie benötigen die Willenskraft nicht unbedingt dafür, um diszipliniert zu sein und verlassen sich nicht darauf. Sie vermeiden Versuchungen und gehen der Ablenkung aus dem Weg. Sie wissen um solche Dinge und beugen dementsprechend vor. So kommen sie gar nicht in Versuchung schwach zu werden. Außerdem haben disziplinierte Menschen Ziele, die sie erreichen wollen. Während manche Menschen sich eben nur etwas Vornehmen oder einen Neujahrsvorsatz haben, haben die anderen Menschen klar definierte Ziele.

Außerdem halten sie sich wahrscheinlich die längerfristigen Ziele vor die Augen. Es bringt nichts den Dingen nachzugehen, die vielleicht gerade im Moment mal Spaß machen und dafür die langfristigen Ziele aus den Augen zu verlieren oder pausieren zu lassen. Erfolgreiche Menschen Denken und Handeln langfristig. Sie sind sich dessen bewusst, weshalb und wofür sie sich anstrengen und was sie bei ihrem Vorhaben einschränkt und stört. Diese Sachen werden eliminiert, um so dem Ziel Stück für Stück näher zu kommen.

Sämtliche Tipps, die Sie hier in diesem Buch finden und die Schritt-für-Schritt-Anleitung, wie Sie zu mehr Selbstdisziplin kommen, haben erfolgreiche Menschen verinnerlicht. Sie befolgen diese Punkte intuitiv. Das macht den Anschein, dass diesen Menschen alles wesentlich einfacher fällt und sie viel mehr schaffen können, als es so manch ein anderer kann. Doch mit diesen Hinweisen, schafft es jeder, sich ein erfolgreiches Leben aufzubauen. Durch die anderen Faktoren, wie zum Beispiel die Begabung, das Glück und noch viele weitere, sind die Menschen unterschiedlich und verfolgen andere Ziele. Da Sie jetzt wissen wie, können Sie mit Hilfe Ihrer Selbstdisziplin fast alle Ziele verwirklichen.

Zusammenfassend lässt sich also festhalten, dass jeder Mensch mit Hilfe von Selbstdisziplin erfolgreicher sein kann, als bisher. Überlegen Sie sich, was Ihnen auf langer Sicht gut tut und welche Handlungen damit verbunden sind, dieses Ziel zu erreichen. Nach diesen Erkenntnissen handeln Sie! Seien Sie sich stets bewusst, dass kurzfristige Vergnügen, Sie von den langfristigen Zielen abhalten und Sie so ganz vom Weg abkommen können. Vergessen Sie jedoch nicht, dass Sie zwischendurch Pausen brauchen und sich erholen und belohnen müssen. So wird es Ihnen am meisten Spaß machen, Ihren Zielen nachzugehen und diese Ziele zu erreichen. Deshalb: Einfach anfangen! Legen Sie am besten direkt los. Beachten Sie die Tipps in diesem Buch, dann werden Sie schon nach wenigen Tagen merken, dass es Ihnen immer leichter fällt an den Dingen, die für Sie wichtig sind, dranzubleiben und Sie werden voller Selbstdisziplin Ihre Ziele erreichen.

Meine Ziele im Überblick

U m es Ihnen so einfach wie möglich zu gestalten, habe ich Ihnen auf den nächsten Seiten wertvolle Listen (wo Sie alle Ihre langfristigen aber auch kurzfristigen Ziele eintragen können) bereitgestellt. Denn auch durch regelmäßiges eintragen trainieren Sie sich Disziplin an! Also worauf warten? Beginnen Sie mit der ersten Zieleintragung! Ich glaube fest an Sie und wünsche Ihnen alles Gute und viel Erfolg auf Ihre weiteren Wege!

PLATZ FÜR NOTIZEN:

_____
_____
_____
_____
_____
_____
_____
_____
_____
_____
_____
_____

Meine Ziele:

Mein langfristiges Ziel	
Warum will ich dieses Ziel erreichen?	
Bis wann will ich dieses Ziel erreichen?	
Welche mittelfristigen Ziele muss ich erfüllen, um mein langfristiges Ziel zu erreichen?	
Was kann ich wöchentlich erledigen, um mein Ziel zu erreichen?	
Was kann ich täglich erledigen, um mein Ziel zu erreichen?	
Wie werde ich mich belohnen, wenn ich meine mittelfristigen Ziele erreiche?	
Diese Zeiten blocke ich wöchentlich in meinem Kalender, um mein Ziel zu erreichen	

Meine Ziele:

Mein langfristiges Ziel	
Warum will ich dieses Ziel erreichen?	
Bis wann will ich dieses Ziel erreichen?	
Welche mittelfristigen Ziele muss ich erfüllen, um mein langfristiges Ziel zu erreichen?	
Was kann ich wöchentlich erledigen, um mein Ziel zu erreichen?	
Was kann ich täglich erledigen, um mein Ziel zu erreichen?	
Wie werde ich mich belohnen, wenn ich meine mittelfristigen Ziele erreiche?	
Diese Zeiten blocke ich wöchentlich in meinem Kalender, um mein Ziel zu erreichen	

Meine Ziele:

Mein langfristiges Ziel	
Warum will ich dieses Ziel erreichen?	
Bis wann will ich dieses Ziel erreichen?	
Welche mittelfristigen Ziele muss ich erfüllen, um mein langfristiges Ziel zu erreichen?	
Was kann ich wöchentlich erledigen, um mein Ziel zu erreichen?	
Was kann ich täglich erledigen, um mein Ziel zu erreichen?	
Wie werde ich mich belohnen, wenn ich meine mittelfristigen Ziele erreiche?	
Diese Zeiten blocke ich wöchentlich in meinem Kalender, um mein Ziel zu erreichen	

Tägliche Selbstreflektion:
___

Datum: Uhrzeit: Ort:

1. Wie war mein Tag? Wie ist mein Energielevel?

2. Wann war ich produktiv? Was hat mich motiviert?

3. Wann war ich nicht produktiv? Wie kann ich das verhindern?

4. Habe ich meine heutigen Ziele erreicht? Wenn nicht, wieso?

5. Was kann ich morgen verbessern?

6. Meine Top-3-Prioritäten für morgen sind

Tägliche Selbstreflektion:

Datum: Uhrzeit: Ort:

1. Wie war mein Tag? Wie ist mein Energielevel?

2. Wann war ich produktiv? Was hat mich motiviert?

3. Wann war ich nicht produktiv? Wie kann ich das verhindern?

4. Habe ich meine heutigen Ziele erreicht? Wenn nicht, wieso?

5. Was kann ich morgen verbessern?

6. Meine Top-3-Prioritäten für morgen sind

Tägliche Selbstreflektion:

Datum: Uhrzeit: Ort:

1. Wie war mein Tag? Wie ist mein Energielevel?

2. Wann war ich produktiv? Was hat mich motiviert?

3. Wann war ich nicht produktiv? Wie kann ich das verhindern?

4. Habe ich meine heutigen Ziele erreicht? Wenn nicht, wieso?

5. Was kann ich morgen verbessern?

6. Meine Top-3-Prioritäten für morgen sind

DAS GROSSE 4 IN 1 BUCH

GEWOHNHEITEN ÄNDERN

SCHLUSS MIT AUSREDEN!

Wie Sie sich mit effektiven Strategien Selbstdisziplin antrainieren und Ihr Unterbewusstsein auf Erfolg programmieren. Mit Motivation alle Ziele erreichen

Vorwort

Haben Sie sich je überlegt, welche Gewohnheiten Sie nahezu täglich praktizieren? Gewohnheiten sind jene Handlungen, die wir meist gar nicht mehr bewusst durchführen. Vielleicht sind Sie es gewohnt, immer zur gleichen Zeit aufzustehen, zu duschen, das Frühstück einzunehmen und so weiter. Vielleicht gehört es aber auch zu Ihren Ritualen, den Tag mit einer Tasse schwarzen Kaffee und einer Zigarette zu beginnen.

Vieles von dem, was wir tun, ist uns zur Gewohnheit geworden. Ohne Gewohnheiten wäre der Mensch vermutlich nicht lebensfähig. Jedoch macht nicht immer alles, was wir gewohnt sind, wirklich Sinn. Einiges erspart uns Zeit, wenn wir z. B. den Müll hinausbringen, während wir rausgehen, um die Zeitung zu holen, um nicht zweimal laufen zu müssen. Manches ist vielleicht auch etwas lästig, wenn Sie z. B. dreimal kontrollieren, ob Sie den Herd wirklich ausgeschaltet haben, um dann ruhigen Gewissens die Wohnung verlassen zu können. Manches schadet uns auch, es wird für uns eine ernsthafte Bedrohung, wobei es von uns selbst in unser Leben gelassen wurde. Das tägliche Rauchen mehrerer Zigaretten, das Trinken von Alkohol oder manche Angewohnheiten, wie etwa das Bohren in der Nase – auch in Gesellschaft. Gewohnheiten können uns schaden – körperlich, seelisch und sozial. Trotzdem sind wir Menschen ohne unsere Angewohnheiten nicht das, was uns ausmacht.

Wie kann man aber „gute" von „schlechten" Gewohnheiten unterscheiden? Genau diese Frage wird Ihnen dieses Buch beantworten. Außerdem werden Ihnen Wege aufgezeigt, Gewohnheiten, die nicht zu Ihnen passen, die Sie krank machen, sozial isolieren oder Ihnen einfach nur lästig sind, wieder loszuwerden. Dies muss nicht immer durch eine „Ersatzgewohnheit" passieren, die an die Stelle der alten Gewohnheit tritt, kann aber. Ersatzgewohnheiten erleichtern das Ganze immens. Jedoch sollten diese besser sein als die Gewohnheiten, die Sie sich abgewöhnen möchten, sonst können Sie sich das Ganze sparen.

Gewohnheiten prägen uns von Kindesbeinen an, daher ist es auch kein schlechter Ansatz, diese bereits in einem frühen Lebensalter zu verhindern oder dort schon zu beseitigen. Alles, was nicht langfristig gelebt wird, kann auch keinen großen "Schaden" anrichten.

Lassen Sie sich von diesem Buch mitnehmen auf eine Reise durch allerlei Skurriles, Lustiges und Lebensprägendes. Begleitet von zahlreichen Fallbeispielen werden Sie sich in der einen oder anderen Situation sicherlich wiederfinden können oder die aufgezeigten Lösungswege für sich und auf Ihr Problem ummünzen können.

Etwas psychologische Grundlagenforschung

Kennen Sie dieses Problem mit den ungewollten Gewohnheiten? Mit Sicherheit, sonst würden Sie dies hier kaum lesen. Haben Sie sich schon einmal felsenfest vorgenommen, mehr Sport zu treiben, weniger Fast Food zu konsumieren, das Smartphone öfter beiseitezulegen, mit dem Rauchen aufzuhören oder Ähnliches? Ist Ihnen dies auch gelungen? Falls dem so ist, habe ich den allergrößten Respekt vor Ihnen. Leider sieht die Realität nämlich meist anders aus. Mindestens 70 % aller Menschen verfallen laut neuesten Studien früher oder später in alte Verhaltensmuster zurück. Sollten Sie auch dieses Szenario bestens kennen, brauchen Sie sich nicht grämen, Sie sind in allerbester Gesellschaft. Da ist kaum einer, der nicht schon einmal einen noch so guten Vorsatz gebrochen, verworfen oder von vornherein nur eher lapidar ernst genommen hätte.

Aber warum ist dies eigentlich so? Warum erscheint es als schier unmöglich, seine Gewohnheiten zu ändern? Häufig weiß man doch, dass die Gewohnheiten, die einen stören, völlig unsinnig sind und einem am Ende vielleicht auch noch schaden.

Bei Zigaretten denkt man vielleicht zuerst an Genuss und Geselligkeit. Aber auch negative Faktoren wie die entstehenden Kosten, der Gestank, der ständige Zwang, eine Fluppe rauchen zu müssen, und nicht zu vergessen das Risiko für die eigene Gesundheit und die der Mitmenschen lassen nicht lange auf sich warten. Trotz aller negativen Aspekte haben schlechte Gewohnheiten eines gemeinsam: Sie wurden über Jahre hinweg fest ins Gehirn regelrecht hineinbetoniert. Beton hat eines an sich, er ist hart und hält fast allem Stand. Bei der Umprogrammierung Ihres Gehirns müssen Sie jedoch keine schweren Geräte auffahren oder mit massiver Gewalt arbeiten. Sie müssen ihn nur tun, diesen ersten kleinen Schritt in ein neues Leben. Dies tun Sie am besten nicht auf den Ihnen alt bekannten Wegen, sondern auf neuen, vielleicht nicht immer geradlinig verlaufenden Schleichwegen. Das Ziel liegt nicht geradeaus. Ihr Weg hat Kurven, Senkungen, Stolpersteine, vielleicht sogar auch einmal eine Sackgasse. Auch dann heißt es: Umdenken und weitermachen. Verlieren Sie das Ziel nicht aus den Augen, dann tut es Ihr Gehirn auch nicht. Sie möchten in ein neues Leben, befreit von Ihren schlechten Gewohnheiten, starten? Dann machen Sie diesen ersten zaghaften Schritt. Sie werden überrascht sein. Vielleicht erinnern Sie sich dabei an die Mondlandung mit Armstrong, als dieser seinen weltberühmten Satz sagte und formulieren diesen für sich um: „Ein kleiner Schritt für die Menschheit, aber ein großer Schritt für mich!"

Schlechte Gewohnheiten lassen sich nicht so einfach abstreifen. Da hilft kein kleines Fingerschnippen und alles ist so, wie man es gerne hätte. Ihr Gehirn lechzt regelrecht nach Gewohnheiten, weil es sich damit jede Menge Arbeit erspart. Nein, das Gehirn ist kein faules Organ, es will jedoch Effizienz und um diese zu erreichen, hätte es gerne Wege, bestimmte immer wiederkehrende Abläufe einfacher zu gestalten. Daher entstehen Gewohnheiten und deswegen sind Sie häufig auch so in unserem Gehirn verankert.

Bis unser Gehirn einen immer wiederkehrenden Ablauf als Routine und damit als Gewohnheit ansieht und auch abspeichert, dauert es jedoch häufig relativ lange. Daher funktionieren Diäten auch so schlecht, diese sind nämlich nicht auf diesen langen Zeitraum, sondern nur auf einen kurzfristigen Erfolg ausgerichtet. Neueste wissenschaftliche Studien zeigen, dass es im Durchschnitt 66 Tage dauert, um eine neue Gewohnheit zu festigen. Diese Zahl soll Sie nicht abschrecken. Sehen Sie es positiv, was sind schon 66 Tage, wenn Sie ein Leben lang vom positiven Umschwung profitieren können? Aber: Es ist natürlich schon etwas Ausdauer gefragt. Im Prinzip ist dieses Konzept Ihres Gehirns doch ganz nachvollziehbar. Es will nichts aufgeben, was es schon kennt und so praktisch erscheint. Sie müssen aber vielleicht auf die Schokolade am Abend verzichten, weil Ihre Blutzuckerwerte eine Diabeteserkrankung erahnen lassen. Essen Sie weiterhin Schokolade, freut Ihr Gehirn sich. Verzichten Sie auf Schokolade, hat Ihr Gehirn vielleicht erst einmal ein Problem, weil ihm die Routine wegbricht, aber Ihre Blutzuckerwerte werden es Ihnen danken. Dann müssen Sie vielleicht kein Insulin spritzen und gehen anderen lästigen Begleiterscheinungen dieser oder einer anderen Erkrankung gekonnt aus dem Weg.

Gewohnheiten sind an sich nichts Schlechtes. Ohne eine gewisse Routine wäre unser Alltag gar nicht zu bewältigen. Sie starten – wie wir alle – jeden Tag aufs Neue einen ganzen Katalog an routinierten Abläufen. Dabei machen Sie sich schon lange keine Gedanken mehr über die Reihenfolge dieser Tätigkeiten. Der Wecker weckt Sie, wenn Sie einer geregelten Arbeit ohne Schichtdienst etc. nachgehen, immer zur gleichen Zeit. Sie schlüpfen in Ihre Hausschuhe, gehen zur Toilette, waschen sich die Hände, putzen die Zähne, duschen, trocknen sich ab, ziehen sich an und so weiter. Was wäre, wenn hier das Gehirn über jede noch so kleine Handlung eingehend nachdenken müsste? Wenn es jedes Für und Wider abwägen wöllte?

Alle erdenklichen Wege durchspielen müsste? Denken Sie, Sie würden das Bad oder vielleicht sogar das Bett an diesem Tag wirklich verlassen können? Vermutlich würden Sie zumindest zu spät bei der Arbeit erscheinen. Was denken Sie, würden Sie Ihrem Chef als Entschuldigung auftischen? – „Entschuldigung für mein Zuspätkommen. Mein Gehirn war mit meiner Morgentoilette restlos überfordert, es erstellte ein Konzept nach dem anderen, nur um es wieder zu verwerfen. Ähnlich wie bei unserem letzten Projekt für diesen schwierigen Kunden, erinnern Sie sich noch? Deswegen habe ich bis nachmittags im Bad gebraucht und konnte jetzt erst zur Arbeit erscheinen!"

Klingt im ersten Moment vielleicht sogar lustig oder total überzogen, aber es ist nun einmal so, wie es ist. Sie würden Ihr komplettes Leben nicht mehr auf die Reihe bekommen, wenn diese Routine des Alltags nicht wäre. Haben Sie sich je Gedanken darüber gemacht, wie fest man auf eine Zahnpastatube drücken muss oder wie viel ml Duschgel Sie zum Duschen benötigen? Über all das würde sich sonst Ihr Gehirn selbst zermartern. Außerdem könnten Sie nicht mehr mehrere Dingen nebeneinander erledigen.

Gerade in unserer schnelllebigen Zeit ist Multitasking schon fast ein Muss. Sie trinken Kaffee, lesen die Zeitung und hören dabei Radio. Völlig normal für Sie, oder? Das wäre jedoch nicht möglich, wenn Ihr Gehirn über alles nachdenken und sich auf alles total konzentrieren müsste, damit dieser Ablauf überhaupt gelingen kann. Es würde nicht nur länger dauern, es wäre auch deutlich anstrengender.

Daher sorgt unser Gehirn dafür, dass alltägliche Abläufe mit der Zeit zur Gewohnheit, also zur Routine werden. Dabei merkt es sich nur die Abläufe, die auch erfolgreich durchgeführt werden (z. B. Zähneputzen, Kaffee trinken, Zeitung lesen). Bei jedem Erfolg merkt sich das Gehirn diesen Erfolg und signalisiert uns das deutlich. Daher denken wir über diese Abläufe nicht mehr nach, weil sie von selbst funktionieren. Bewegungen passieren wie von Geisterhand. Daher können Sie sich manchmal gar nicht mehr erinnern, ob Sie Ihre Zähne geputzt haben, und sind selbst erstaunt darüber, wenn Sie sich dessen vergewissern konnten.

GEWOHNHEITEN ENTSTEHEN IM GEHIRN

Aber wie genau entstehen Gewohnheiten? Im Prinzip ist es ganz einfach. Eine neue Handlung, ein neuer Bewegungsablauf, benötigt am Anfang Ihre ganze Aufmerksamkeit. Mehrfach werden vielleicht vorab schon verschiedenste Szenarien durchgespielt, um die schlechtesten Methoden gleich ohne praktische Erprobung direkt zu verwerfen. Dies spielt sich im vorderen Bereich des Gehirns, im Bewusstsein, ab. Sie setzen sich also mit diesen Dingen ganz gezielt und daher bewusst auseinander. Jeder gelungene Ablauf wird von Ihrem Gehirn als äußerst positiv wahrgenommen.

Mit jeder weiteren Durchführung der Tätigkeit rutscht das erfolgreiche Konzept des Handlungsablaufs in immer tiefere Regionen im Gehirn. Die bewusste Durchführung verblasst also zusehends. Im Unterbewusstsein angekommen, werden dann die gleichen Abläufe nicht mehr bewusst, sondern unbewusst durchgeführt. Das menschliche Gehirn ist also ganz schön durchdacht, im wahrsten Sinne des Wortes. Durch dieses Verschieben in das Unterbewusstsein hat es wieder mehr Platz und Freiraum für alles Neue. Es werden Kapazitäten und Speicherregionen im Gehirn freigeräumt durch das Programmieren von

Gewohnheiten.

Gerade in unserer schnelllebigen Zeit, wo schier überall Informationen und Reize herumschwirren, ist dies ein willkommenes Konstrukt, wichtige Dinge von unwichtigen zu unterscheiden. Daher werden Abläufe, die nur wenige Male durchgeführt werden, nur oberflächlich gespeichert und irgendwann – bei unterlassener Durchführung – auch wieder vergessen. Außerdem benötigt unser Gehirn noch Kapazitäten für alles andere, z. B. für den Erhalt der Körperfunktionen (z. B. Funktion der Organe, Wachsen der Fingernägel, Regulierung der Körpertemperatur), um Sinneswahrnehmungen zu verarbeiten, Informationen zu filtern oder um Entscheidungen treffen zu können.

Ohne die Macht der Gewohnheiten und deren Abspeicherung im Unterbewusstsein wäre unser Gehirn täglich massiv überfordert. Es wüsste gar nicht, wohin mit all diesen Informationen, könnte diese nicht sortieren und einordnen und es könnte Abläufe nicht starten oder erfolgreich durchführen. Kurzum: Ohne Gewohnheiten wäre der Mensch nicht lebensfähig, weil das Gehirn, ähnlich wie eine Sicherung im Kasten, durchbrennen würde.

Durch das unterbewusste Abspulen alltäglicher Abläufe können wir unseren Alltag überhaupt auf die Reihe bekommen und gehen nicht im völligen Chaos unter. Es muss eben nicht über jede noch so kleine Bewegung exzessiv nachgedacht werden, sondern wir sind befähigt, uns auf das derzeit Wichtige zu konzentrieren.

DIE MACHT DER GEWOHNHEITEN

Sie sehen selbst, die Macht der Gewohnheit steuert nahezu unser ganzes irdisches Sein, alles, was uns Menschen ausmacht. Dieser Prozess beginnt mit unserem ersten Lebenstag und endet mit unserem letzten. Wir müssen alles hunderte Male erproben, durchspielen, scheitern, wieder aufstehen und immer wieder den einen optimalen Lösungsweg finden, um diesen dann als Gewohnheit langfristig in unserem Gehirn abspeichern zu können.

Das beste Beispiel ist hier vielleicht das Erlernen des aufrechten Ganges. Ein Kleinkind erprobt diesen Vorgang monatelang. Immer wieder, jeden Tag aufs Neue. Bis es aber so weit ist, vom Aufstehen über die ersten freien Schritte bis hin zu der Fähigkeit, selbstständig zu laufen, vergehen unzählige Versuche und Misserfolge. Aber das Kind gibt nicht auf und irgendwann ist er da, der kleine, zaghafte und wackelnde erste Schritt in ein selbstbestimmtes Leben. Erst, wenn etwas zu einer Gewohnheit geworden ist, läuft die Handlung automatisch ab. Daher machen Sie sich als erwachsene Person über den Bewegungsablauf des Gehens keine Gedanken. Außer es schmerzt Sie an irgendeiner Stelle, dann rückt genau dieser Ablauf wieder ins Bewusstsein und Sie merken auf eine schmerzvolle Art und

Weise, welche Funktion das Gehen wirklich hat und wie viel hierfür benötigt wird.

Leider gilt diese Gewöhnung auch für Abläufe, die eigentlich schlecht für uns sind. Daher ist es auch nicht immer so einfach, diese wieder loszuwerden. Möchten Sie beispielsweise weniger Chips essen, dürfen Sie auch keine mehr kaufen. Sind die Chips erst einmal in Ihrer Wohnung, werden Sie immer wieder an deren herrlichen Geschmack denken und Sie werden früher oder später wieder danach greifen. Haben Sie vor, weniger Zeit mit Ihrem Smartphone zu verbringen, dann müssen Sie dieses auch konsequent ausschalten und beiseitelegen. Sie werden erstaunt sein, wie viel Freizeit Sie plötzlich haben werden.

Gewohnheiten und Forschung
Zahlreiche Forscher haben sich bereits mit der Macht der Gewohnheit auseinandergesetzt und vermutlich werden es ihnen auch noch viele gleichtun. Nicht nur psychologische Studien wurden bereits erfolgreich durchgeführt, es besteht tatsächlich auch ein industrielles und wirtschaftliches Interesse, Gewohnheiten durch technische Gerätschaften positiv zu verändern.

Unruhestifter
Kuriose technische Errungenschaften wurden deshalb beispielsweise schon erfunden. An der Universität Siegen haben ein Psychologe und ein Industriedesigner „Unruhestifter" ins Leben gerufen. Durch diese soll das Abtrainieren von Alltagsgewohnheiten, die unliebsamer Natur sind, unterstützt werden. Diese Trainingsgeräte sollen einen Anstoß zur eigenen Veränderung geben, indem Sie den Menschen nötigen, aus seiner Routine auszubrechen. So wurde von diesen Forschern z. B. der „Keymoment" entwickelt – eine Art Schlüsselbrett für den Autoschlüssel auf der einen und den Fahrradschlüssel auf der anderen Seite. Greift man nun nach dem Autoschlüssel, fällt aufgrund des fehlenden Gegengewichtes der Fahrradschlüssel herunter, sodass man ihn entweder auffangen oder aufheben muss. Durch dieses nochmalige Nachdenken darüber, ob der Pkw wirklich das sinnvolle Beförderungsmittel ist, hält man kurz inne und überdenkt das eigene Vorhaben noch einmal. Dadurch ist man nun in der Situation, sich bewusst für oder gegen das Kraftfahrzeug entscheiden zu müssen. Unter Umständen greift man so das eine oder andere Mal häufiger zum Fahrrad.

Der interaktive Duschvorhang ist eine weitere innovative Errungenschaft dieser Forscher. Mittels eines Bedienteils wird dieser Vorhang gesteuert. Jeder „Mitduscher" erhält eine ihm zugewiesene Farbe auf dem Bedienteil, die er vor dem Duschen drückt. Seine Farbe erscheint als großer Punkt auf dem Vorhang und enthält bei voller Füllung 60 l Wasser. Mit jedem Liter, der verduscht wird, wird dieser Punkt kleiner und kleiner. So kann man seinen ausgedehnten Arien in der Dusche ein Ende setzen, da wir alle danach streben, besser zu sein wie der andere. Man ist bemüht, weniger Wasser zu verbrauchen, um einen größeren Punkt zu hinterlassen. So bricht man mit seinem alten Muster und spart neben der Zeit und dem Wasser auch noch Geld. In Sachen Nachhaltigkeit, einem der prägendsten Themen unserer Zeit, eine optimale Verbesserung.

Die Stromsparraupe wurde auch von diesen Forschern entwickelt. Diese windet sich und piepst, wenn Geräte (z. B. der Fernseher) in den Standby-Modus geschaltet werden. Durch dieses nervige Geräusch und das vielleicht auch etwas unheimliche Winden der Raupe soll der Mensch daran erinnert werden, dass es Quatsch ist, Geräte anzulassen, obwohl man sie derzeit nicht benötigt. Man ist gezwungen, das Gerät auszuschalten oder gar den Stecker zu ziehen. So verlässt man wieder die gewohnte Komfortzone, bricht mit seinen Gewohnheiten und drückt eben nicht nur einen Knopf. Man muss hierbei selbst aktiv werden, aufstehen und das Gerät ausschalten oder ausstecken. Natürlich können Sie auch Steckdosen oder Mehrfachleisten mit Kippschalter anbringen, dies funktioniert genauso, jedoch ist dies bei Weitem nicht so unterhaltsam und Sie werden daran auch nicht akustisch erinnert.

Alltagsdinge
Vieles hat sich mittlerweile in den Alltag integriert, ist also auch zu einer Gewohnheit geworden, von dem wir gar nicht dachten, jemand hätte sich je Gedanken darüber gemacht. In öffentlichen Toiletten kleben in den Pissoirs der Männer häufig kleine Bildchen, verändern Aufkleber ihre Gestalt oder sorgen Fußballtore für bessere Treffsicherheit beim Toilettengang. Dies ist nicht einfach so entstanden, sondern aus der Not heraus. Sie können sich mit Sicherheit vorstellen, wie öffentliche Toiletten häufig aussehen, vielleicht sind Sie selbst schon einmal in diesen fragwürdigen Genuss gekommen, weil Ihnen schlicht nichts anderes übrigblieb.

Viele Sanitäreinrichtungen treiben einem regelrecht einen Schauer über den Rücken. Dort, wo allerdings Bildchen oder Förmchen ein „Hier hin" signalisieren, geht es deutlich sauberer zu. Leider neigen wir Menschen dazu, immer den bequemsten Weg zu wählen und weil es sich nicht um die eigene, heimische Toilette handelt, die wir demzufolge dann auch nicht reinigen müssen, ist es uns meist egal, wie wir diese hinterlassen. Ihnen nicht, das ist klar, aber den meisten Menschen eben schon, daher sehen öffentliche Sanitäranlagen auch immer so furchtbar aus. Falls Sie dieses Problem auch zuhause haben, probieren Sie es mit einem Bienchen in der Toilette. Menschen sind wettbewerbsaffin, man will dieses Tierchen treffen, komme was wolle. Sie werden staunen, wie viel Kind in erwachsenen Menschen steckt und wie schnell dieser Spieltrieb geweckt werden kann.

Finanzielle Anreize sind häufig auch nicht zu verachten in Ihrer Wirkung, aus der gewohnten Routine auszubrechen. So ist es beispielsweise in vielen Cafés mittlerweile Standard, dass ein Kaffee in einem mitgebrachten Mehrwegbecher weniger kostet als in einem To-Go-Behältnis. Sicherlich muss man dann vielleicht immer wieder dieses Gefäß mit sich herumtragen und dieses auch selbst zuhause reinigen, aber man spart Zeit, Geld und schont die Umwelt in einem nicht unerheblichen Maße. Dies ist allein durch eine winzige Veränderung der Gewohnheiten möglich. Würde dies jeder tun, könnten allein in der Bundesrepublik Deutschland jährlich ca. drei Milliarden Kaffeebecher eingespart werden. Ein Müllberg, dessen Ausmaß Sie sich vermutlich gar nicht vorstellen können, aber schon allein die blanke Zahl lässt einen die Augen aufreißen.

Machen Sie also den ersten kleinen Schritt. Viele Metzgereien bieten mittlerweile Mehrwegbehältnisse an, die Sie per Pfand leihen können. Zahlreiche Lebensmittel können Sie mittlerweile auch im Supermarkt bereits lose genauso kaufen wie in Bündeln verpackt. Sie benötigen nur eine eigene Mehrwegverpackung, welche selbstverständlich auch überall käuflich zu erwerben ist. Die Liste würde sich endlos fortführen lassen, in welch positiver Weise Sie sich, Ihren Mitmenschen, Ihrem guten Gewissen, Ihrer Umwelt usw. etwas Gutes tun könnten, ohne wirklich Großes dafür leisten zu müssen.

Gewohnheiten

WAS SIND GEWOHNHEITEN

Haben Sie sich je gefragt, was Gewohnheiten eigentlich sind? Höchstwahrscheinlich schon, sonst würden Sie dies hier nicht lesen. Sicherlich benützen Sie immer wieder Aussagen wie „das bin ich so gewöhnt" oder so in der Art. Was versteckt sich jedoch hinter diesem „etwas gewohnt sein", hinter diesen Gewohnheiten?

Kreislauf
Jede Gewohnheit basiert auf einem stetig gleichen Kreislauf:
- **Auslöser** (z.B. ein wichtiger Geschäftstermin um 08:00 Uhr)
- **Handlung** (z.B. man verspätet sich, weil man im Stau stand)

→ Irritation bei den Mitmenschen stellt sich ein (z. B. wurde auf Sie gewartet, weil Sie das Projekt vorstellen sollten). Ihre Kollegen sind genervt, weil diese auf Sie warten mussten.
- **Belohnung** (der, der zuletzt kommt, erntet immer die meiste Aufmerksamkeit)

→ Man sticht aus der Masse hervor, man fällt auf (dies wird von den meisten Menschen als sehr positiv wahrgenommen).
- **Routine** (man findet das Zuspätkommen besser, als pünktlich zu sein)

→ Das Zuspätkommen wird nicht mehr als Fehlverhalten, sondern als lukrativ empfunden und wird damit langfristig zur Gewohnheit.

Um ein bestehendes Handlungsmuster, eine Gewohnheit, durchbrechen oder verändern zu wollen, muss man im Prinzip diesen Kreislauf erneut gehen. Dies benötigt jedoch Durchhaltevermögen und eine funktionierende Strategie, um diesen Plan zielführend umsetzen zu können.

Definition
Die eine, alles aussagende Definition für Gewohnheiten gibt es hierbei nicht.

Gewohnheiten können von vielen Faktoren betrachtet werden:
- Gewohnheiten sind Handlungsweisen, die so nachhaltig im Gedächtnis verblieben sind, dass sie meist unbewusst ablaufen. Gewohnheiten werden demzufolge nicht mehr bewusst wahrgenommen und nicht mehr bewusst ausgeführt (z. B. das Abschließen des Autos nach dem Verlassen des Fahrzeugs).
- Gewohnheiten können als gespeicherte Lösungen betrachtet werden. Im Laufe Ihres Lebens entwickeln Sie bestimmte Lösungsstrategien in vielen Situationen. Diese Strategien können bei einem erfolgreichen Handeln langfristig als Gewohnheiten abgespeichert werden (z. B. gehen Sie weg, wenn Sie jemand anschreit, um

einem Streit aus dem Weg zu gehen).

→ Häufig liegt hier nicht nur ein Segen, sondern auch ein Fluch. Erfahrungen wurden immer in der Vergangenheit gemacht, um das heutige Handeln durch Gewohnheiten zu prägen. Daher passt die Gewohnheit nicht immer. Vielleicht ist man inzwischen viel älter, reifer, hat andere Ansichten, einen Beruf mit mehr Verantwortung, eine Familie zu ernähren usw. Wir Menschen entwickeln uns stetig weiter, in negativer wie in positiver Weise. Daher bringen uns unsere Gewohnheiten nicht immer den gewünschten Erfolg, weil sie zu veraltet und mittlerweile abgedroschen sind.

- Eine Gewohnheit ist eine gleichbleibende Reaktion auf gleiche Bedingungen (z. B. wenn zu Ihnen jemand „Hallo" sagt, grüßen Sie ihn zurück).
- Gewohnheiten gibt es in drei Dimensionen: Denken, Fühlen und Verhalten.
- Gewohnheiten entlasten uns. Sie ersparen es uns, immer wieder über die gleichen wiederkehrenden Dinge und Abläufe nachdenken zu müssen.
- Gewohnheiten müssen nicht nur einen Menschen betreffen, sondern können ganze Gruppen vereinnahmen. Dann werden diese gewohnten Abläufe als Sitte oder Bräuche bezeichnet.
- Gewohnheiten sparen Zeit. Sicherlich haben Sie schon einmal den Ausdruck „die Macht der Gewohnheit" als eine Art Ausrede gebraucht. Abläufe gehen schneller, wenn man sie gewohnt ist, weil man nicht lange über andere Lösungsstrategien nachdenken und anschließend abwägen muss, was schlussendlich zu tun ist.
- Gewohnheiten sind im Kern alle gut. Selbst Gewohnheiten, die uns auf die Dauer krank machen oder uns vielleicht sogar ernsthaft bedrohen, sind im Kern gut. Es gibt am Anfang immer einen positiven Nutzen (z. B. Entspannung beim Essen von Schokolade, Geselligkeit beim Rauchen einer Zigarette, nicht über Probleme nachdenken müssen beim Konsum von Alkohol).
- Gewohnheiten wollen nicht aufgegeben werden, sie sind auch nicht begeistert, wenn Sie beschließen, diese ablegen zu wollen. (Sie werden anfangs an Ihnen ziehen und zerren. Es liegt an Ihnen, das Band, das Sie mit Ihren alten unliebsamen Gewohnheiten verbindet, zu durchtrennen. Dies kann anfangs etwas schmerzen, wie ein Gummi, der zurückschnalzt, aber der kurze Schmerz wird sich voll und ganz lohnen).

GUTE GEWOHNHEITEN – TUGENDEN

Mit den guten Gewohnheiten eines Menschen sind all seine guten Eigenschaften gemeint. Strebsam, fleißig, treu, ehrlich, pünktlich und so weiter. Je nach Region, Zeitalter, Lebensalter etc. können diese Tugenden massiv schwanken. Freut man sich beispielsweise bei einem Säugling noch über jedes „Bäuerchen", sieht die Reaktion auf das gleiche Verhalten nur wenige Jahre später komplett anders aus. Ganz zu schweigen, was Ihnen als erwachsenem Menschen an Antworten darauf entgegenschlagen würden.

Wir schätzen vor allem unsere Pünktlichkeit, womit wir häufig im Ausland mit unseren Ansprüchen auf taube Ohren und weit aufgerissene Augen stoßen. Nicht überall scheint man es mit der Pünktlichkeit so ernst zu nehmen wie in Deutschland, wo alles durchgetaktet und minutiös geplant erscheint.

Gute Gewohnheiten machen uns zu einem sozialen Wesen. Empathie, Zufriedenheit, zwischenmenschliches Arbeiten, all das, was eine Gesellschaft benötigt, basiert auf Gewohnheiten. Wut, Unzufriedenheit, unsympathische Eigenschaften, fehlende Empathie etc. können erlernt werden oder sie werden zum Großteil anerzogen. Man kann Menschen nicht auf links drehen, das wissen wir alle. Es gelingt nicht, einen Menschen von Grund auf verändern zu wollen. Aber hier geht es auch nicht darum, andere Menschen verändern zu wollen, damit sie uns gefallen. Hier geht es darum, sich selbst gute Gewohnheiten zu erhalten und aufzubauen.

Gute Gewohnheiten sind nicht immer das, was auch andere Menschen als gute Gewohnheiten bezeichnen. Sicherlich müssen Sie, um ein glückliches Leben führen zu können, ein gewisses Maß an Rücksichtnahme gegenüber anderen Menschen pflegen, jedoch dürfen Sie auch bei Ihren Gewohnheiten etwas egoistisch sein. Wenn Sie etwas gerne machen (z. B. täglich beten, regelmäßig nackt im Eis baden gehen, nur pinke Klamotten anziehen) und dies niemand anderem schadet, kann es Ihnen egal sein, ob es anderen gefällt oder eben nicht. Ihre Gewohnheiten gehören zu Ihnen wie Ihr Herz, Ihr Hirn, Ihre Augenfarbe und all das, was Sie als Individuum ausmacht. Ändern Sie keine Gewohnheiten nur, weil Sie sich von Ihrem Umfeld dazu gezwungen sehen, um irgendeiner Norm zu entsprechen. Vielleicht werden Sie durch eine drohende Erkrankung gezwungen, Ihre Gewohnheiten zu überdenken und diese vielleicht zu ändern. Jedoch müssen Sie diese Änderung auch wirklich in Ihr Leben lassen, Sie müssen dies wirklich wollen, sonst werden Sie immer wieder scheitern. Sie können nicht mit dem Bohren in der Nase aufhören, wenn Sie dies für essenziell und absolut wichtig in Ihrem Leben halten. Dann muss Ihnen jedoch auch die Reaktion Ihres direkten und indirekten Umfeldes egal sein.

Gute Gewohnheiten tun im optimalen Fall Ihnen und allen Menschen, die

Ihnen begegnen, gut. Daher ist es auch immer jede Anstrengung wert, schlechte Gewohnheiten in gute umzuwandeln.

Die „deutschen" Tugenden

Gerade wir – im deutschen Kulturkreis – werden immerzu für unsere vermeintlich „deutschen" Tugenden weltweit geschätzt und heben diese selbst nicht minder immer wieder hervor. Es ist müßig, zu eruieren, ob es die „typisch deutschen" Tugenden wirklich gibt, jedoch gibt es Gewohnheiten, die aufgrund gesellschaftlicher Strukturen besonders wachsen können oder eben auch verkümmern.

Sicherlich sind wir geschichtlich gesehen immer vorsichtig beim Umgang mit den deutschen bzw. preußischen Tugenden. Wir alle wissen, dass diese zu Propaganda-Zwecken im preußischen Reich unter Friedrich Wilhelm I. erstmals beschrieben und spätestens in der NS-Zeit massiv zum Schaden anderer ausgenutzt wurden. Können wir trotzdem stolz auf „unsere" Tugenden sein? Leben wir diese überhaupt? Friedrich Wilhelm I. übernahm bei seiner Thronbesteigung ein furchtbares Chaos. Schulden, Gelder, die irgendwo versickerten, unzufriedene Untertanen, faules Gefolge usw. Er war sich sicher, dass nur mit Tugenden wie Fleiß, Pünktlichkeit und Ordnung der Staat wieder in den Griff zu bekommen war. Was er daraus machte, nämlich einen Militärstaat, mag vielleicht vielen auch im Nachhinein nicht gefallen, aber er ließ Preußen wieder „groß" werden, sein Königreich blühte unter ihm regelrecht auf.

Anfangs waren die Tugenden nur für hochrangige Mitglieder des Parlaments und für das Militär gedacht. Da sich jedoch die preußische Gesellschaft in all seiner Strenge an der militärischen Organisation orientierte, wurden viele Ansätze und damit auch die Tugenden bald von der gemeinen Bevölkerung übernommen.

Tugenden waren z. B.:
- Ehrlichkeit und Aufrichtigkeit
- Tapferkeit ohne Wehleidigkeit
- Treue (v. a. zum König)
- Mut und Gehorsam
- Härte gegen andere, vor allem aber gegen sich selbst
- Fleiß und Bescheidenheit
- Gerechtigkeitssinn
- Ordnung und Gewissenhaftigkeit
- Pflichtbewusstsein und Pünktlichkeit
- Toleranz
- Gottesfurcht bei bestehender Religionsfreiheit

- Sparsamkeit
- und viele weitere mehr

Die Liste würde sich noch länger halten lassen, jedoch haben Sie bestimmt schon gesehen, wie weitreichend die Tugenden gestreut waren. Heute gelten als „die deutschen Tugenden" vor allem noch Ordnung, Fleiß, Höflichkeit und Pünktlichkeit. Doch wir wissen alle, dass wir nicht immer dieses Klischee erfüllen. Manchmal möchten wir dies auch gar nicht.

Es gab Zeiten, da waren deutsche Tugenden gefragt, dann wurde man geächtet, weil man deutsch war. Jede Zeit bringt Veränderungen mit sich, daher wandeln sich auch immer gute und schlechte Tugenden in einer Gesellschaft. Heute kann man sich wieder auf seine deutsche Herkunft besinnen, auch wenn man nicht deutscher Abstammung ist. Deutschland hat sich geöffnet und damit auch seine vormals als typisch deutsch geltenden Tugenden. Ordnung, Fleiß, Höflichkeit und Pünktlichkeit sind nichts, was uns allein gehört und doch gehört es zu einem gesellschaftlichen Leben – überall auf dieser Welt, mit allen Menschen dieser Welt, egal welcher Abstammung, Rasse, Religion, Hautfarbe und was sonst noch alles einen individuellen und freien Menschen ausmacht. Die deutschen Tugenden haben sich der Welt geöffnet, weil sich die Menschen geöffnet haben – die beste Gewohnheit für ein gutes zwischenmenschliches Miteinander überhaupt vielleicht.

Die sieben Tugenden
Die sieben Tugenden im abendländischen Kulturkreis sind klar definiert:
- Glaube
- Liebe
- Hoffnung
- Weisheit
- Gerechtigkeit
- Tapferkeit
- Mäßigung

Wie viele dieser sieben Tugenden sind Ihnen vertraut? Wie viele davon leben Sie täglich? Keine Sorge, Sie sind kein schlechter Mensch, nur weil Sie sich nicht immer gemäßigt verhalten oder auch einmal Angst haben. Die Festlegung der abendländischen Tugenden galt einst als Maßstab der Vollkommenheit eines Menschen. Wer sich nach diesen richtete, galt als guter und vorbildlicher Mensch, ähnlich wie eine Person, die ein Leben nach den zehn Geboten lebte. Wir alle wissen, dass sich Gesellschaften verändern und Werte, die heute noch als elementar gelten, zählen in wenigen Jahren vielleicht nichts mehr.

SCHLECHTE GEWOHNHEITEN – UNTUGENDEN

Für schlechte Gewohnheiten gibt es zahlreiche Begriffe: Unart, Untugend, Laster, Unsitte, schlechte Neigung und so weiter. Manche bohren in der Nase, kratzen sich in aller Öffentlichkeit an intimen Stellen oder bringen die Geräusche des Darms gekonnt laut zum Ausdruck.

Aber was sind schlechte Gewohnheiten eigentlich? Wie entstehen sie und wie kann man sie ändern? Wie bei jedem Problem kann auch das der schlechten Gewohnheiten nur dann behoben werden, wenn man die Ursache des Ganzen, die Wurzel des Übels, gefunden und verstanden hat. Bevor Sie sich jedoch auf die Suche nach der Ursache machen, müssen Sie sich erst eine Frage stellen: „Warum ist dies eine schlechte Gewohnheit, ist sie wirklich eine?".

Nicht immer ist das, was Ihr Umfeld als schlechte Gewohnheit an Ihnen wahrnimmt, wirklich eine schlechte Gewohnheit. Aber es kann immer ein Anreiz sein, das eigene Tun und Handeln zu überdenken, zu bewerten und vielleicht dann auch zu ändern. Gewohnheiten sollen in erster Linie Ihr Leben erleichtern. Sie sollen glücklich und zufrieden Ihren Alltag bewältigen können, ohne über jede kleine Regung groß nachdenken zu müssen.

Finden Sie heraus, ob Sie schlechte Gewohnheiten haben. Vermutlich ist Ihnen das eine oder andere schon ein klein wenig negativ aufgefallen, weshalb Sie dieses Buch lesen. Wenn Sie diese Gewohnheiten als schlecht bezeichnen, können Sie diese ändern. Zuerst einmal sollten Sie jedoch verstehen, wie auch schlechte Gewohnheiten in Ihnen entstanden sind und wie diese auch weiterhin entstehen können.

Unser Gehirn ist gut strukturiert und leistet hervorragende Arbeit. Manchmal ist diese Arbeit jedoch zu hervorragend für unsere Lebensführung. In weiten Teilen ist unser Gehirn noch etwas in der Evolution hängen geblieben. Es liebt beispielsweise energiereiche Lebensmittel. Konnte ja keiner ahnen, dass irgendwann Süßigkeiten erfunden werden. Unser Gehirn freut sich über jede Schokolade oder anderen süßen Kram und schüttet das Hormon Dopamin zur Belohnung aus. Durch dieses Hormon fühlen wir uns glücklich und zufrieden, daher wird es auch Glückshormon genannt. Jetzt kommen allerdings die schlechten Gewohnheiten ins Spiel.

Wir essen und trinken zu viel Süßes und unser Gehirn freut sich jedes Mal – weil es immer noch der Meinung ist, Energie wird zur Lebenserhaltung benötigt und „Nimm mit, was du kriegen kannst!". Wir Menschen haben uns jedoch weiterentwickelt. Es ist nicht mehr nötig, tagelang auf Jagd zu gehen, um etwas essen zu können. Hierzu können wir bequem mit dem Auto in den Supermarkt fahren und uns nach Herzenslust bedienen – einzig und allein den finanziellen Möglichkeiten unterworfen. Demzufolge essen wir mehr Energie, als wir tatsächlich benötigen. Dopamin hin oder her, zu viel Süßes ist einfach nicht gut. Dies soll kein Ernährungsratgeber werden, trotzdem ist es nachvollziehbar, was in dieser Spirale entstehen kann.

Sie kommen beispielsweise abends nach einem anstrengenden Arbeitstag nach Hause und wollen es sich gemütlich machen. Dafür bevorzugen Sie drei Dinge: Couch, Schokolade und Fernseher. Wie finden Sie das? Vermutlich herrlich, geht mir genauso. Ist ja auch nichts dabei. Sie haben hart gearbeitet, jetzt haben Sie sich Ihre Belohnung verdient. Wenn Sie dies jedoch morgen, übermorgen und die gesamte nächste Woche auch so machen?

Dann werden Sie es jeden Tag herrlich finden, weil sich Ihr Gehirn jeden Abend aufs Neue an dieses Gefühl erinnern wird und Ihnen zum Dank jede Menge Dopamin ausschütten wird. Dass Sie davon dick werden können und vielleicht sogar ernsthaft erkranken könnten, spielt hier erst einmal in Ihrem Kopf keine Rolle. In Ihrem Gehirn läuft wieder der Prozess der Speicherung ab. Das immer wiederkehrende erfolgreiche und positive Ritual des Feierabends erlangt einen Gewohnheitsstatus. Es wird vom bewussten Handeln ins Unterbewusstsein verschoben und langfristig gespeichert. Sobald Sie also die Couch in Zukunft belagern, wird dieses Gewohnheitsprogramm abgerufen und Sie greifen wie automatisch nach den Süßwaren. Spätestens ab diesem Moment ist es schwirig, dieses Verhaltensmuster wieder aufzulösen.

Hier tritt das Bewusstsein wieder in den Raum. Man muss sich ganz bewusst gegen den Wunsch des Unterbewusstseins wehren. Dies ist leider, wie zuvor auch beim Speicherprozess der Gewohnheit, nicht mit einem Mal getan, sondern bedarf vieler Male. Eine alte Gewohnheit durch eine neue zu ersetzen, benötigt meist mehr Einsatz, als zuvor die schlechte Gewohnheit zu speichern. Diese muss regelrecht überschrieben werden, wie bei einem elektronischen Gerät, das Sie erst formatieren, um es dann neu zu beschreiben und für das Speichern von Daten nutzen zu können.

Dies gelingt mit bloßer Willenskraft? Vermutlich würde es dies, aber kennen Sie dieses Sprichwort vom willigen Geist und dem schwachen Fleisch? Pure Willenskraft würde nur dann ausreichen, wenn wir nicht ständig dazu neigen würden, Ausnahmen machen zu wollen. Hier eine Ausnahme, dort eine Ausnahme und das alte routinierte Handeln nimmt wieder mehr Raum in unserem Leben ein. So hat eine neue Gewohnheit schier keine Chance, gefestigt zu werden. Spätestens in Stresssituationen, in Feierlaune oder durch Ablenkungen verschiedenster Art verfallen wir immer wieder in die alten Muster zurück.

Daher brauchen wir Strategien, die wirklich funktionieren, unsere Gewohnheiten langfristig vom negativen Sektor in den positiven Sektor zu bewegen. Vielleicht hilft es bereits, statt Süßwaren Obst oder Gemüsesticks auf den

Wohnzimmertisch zu stellen. Dann essen Sie auch etwas und durch das Obst nehmen Sie ebenfalls Zucker auf, folglich wird auch Dopamin von Ihrem Gehirn ausgeschüttet und Sie fühlen sich ebenso glücklich und zufrieden. Für die Skeptiker unter uns: Wir alle wissen, dass zu viel Fruchtzucker auch nicht des Rätsels Lösung ist, aber Obst ist immer noch besser als Süßigkeiten, da sind wir uns dann doch hoffentlich einig.

Oder Sie verzichten auf Ihr heiß geliebtes Sofa und schwingen sich stattdessen auf Ihren Heimtrainer. Dann können Sie fernsehen und verbrennen nebenher noch Kalorien. So halten Sie sich auch besser für Ihren stressigen Arbeitsalltag fit. Gefällt Ihnen nicht? Vielleicht treffen Sie sich lieber mit Ihren Freunden auf eine Partie Squash? Jede noch so kleine Veränderung wird einen positiven Einfluss auf Sie haben, solange Ihre drei Favoriten abends nicht mehr Couch, Fernseher und Schokolade heißen. Selbstverständlich sollten Sie die Schokolade nicht durch Alkohol oder Chips ersetzen. Dies würde zwar auch zu einer neuen Gewohnheit führen, relativ leicht sogar, doch es würde das Ziel eindeutig verfehlen.

Egal, was Sie tun, Sie müssen es beginnen, und zwar mit dem ersten Schritt. Trotz aller Strategien – schlechte Gewohnheiten zu ändern ist immer mit einer Anstrengung verbunden, leicht wird es nicht und von selbst geht es schon gleich gar nicht. Sie waren aktiv beim Aufbau der schlechten Gewohnheiten, deshalb müssen Sie auch wieder aktiv werden, diese durch neue und bessere Gewohnheiten zu überschreiben.

Ihr alter Plan vom Leben

Sie hatten einen alten Plan von Ihrem Leben. Jetzt möchten Sie einen neuen Plan entwerfen und aktiv diesen neuen Plan umsetzen, deshalb lesen Sie dieses Buch. In Ihrem alten Leben haben sich im Laufe der Zeit viele Gewohnheiten wie von selbst eingeschlichen. Viele davon schätzen Sie, den meisten Automatismen sind Sie sich vielleicht gar nicht wirklich bewusst. Wer macht sich schon groß Gedanken über etwas, das wie von selbst läuft und auch noch optimal funktioniert.

Es geht auch nicht darum, jede kleinste Handlung in Zukunft zu durchdenken und jedes Ritual zu überdenken. Das, was gut ist und seine Funktion erfüllt, sollten Sie beibehalten und weiterhin automatisch in Ihrem Alltag ablaufen lassen. Vielmehr geht es um diese Gewohnheiten, die Ihnen entweder nicht gefallen (z. B. Rauchen, Nägel kauen, ständiges zu spät kommen) oder Ihnen wirklichen Schaden zufügen (z. B. Rauchen, Konsum von Süßwaren, Alkohol) und Sie vielleicht schon krank gemacht haben oder dies noch tun können.

Das Damoklesschwert der Erkrankung schwebt immer über uns allen, jedoch ist es wissenschaftlich, von verschiedensten Fakultäten, erwiesen, dass unser Lebensstil sehr wohl einen großen Einfluss auf Gesundheit und Krankheit hat. Falls Sie rauchen sollten, haben Sie bestimmt schon das eine oder andere Mal gehört: „Hör auf damit, davon bekommst du Lungenkrebs!". Sie haben dann bestimmt den Kopf geschüttelt und versichert, dass auch Menschen, die noch nie eine Zigarette in der Hand hatten, an diesem erkranken und vielleicht sogar versterben. Die Zahlen in medizinischen Abhandlungen haben dazu eine sehr eindeutige Meinung: acht von zehn Lungenkrebspatienten sind oder waren Raucher, einer (also der neunte) hat oder hatte beruflich mit Giftstoffen zu tun (z. B. im Bergbau, in der Lackierung, bei Arbeiten mit Asbest) und lediglich bei einem (also dem zehnten) von zehn Menschen treffen diese Kriterien nicht zu.

Dann ist es möglich, dass dieser Patient schon einmal eine Krebserkrankung hatte und sich nun Metastasen in der Lunge hervorgetan haben oder einfach eine familiäre Veranlagung vorliegt. Zu diesem zehnten von zehn Menschen zählen dann logischerweise auch jene Patienten, bei denen keine Ursache des Lungenkrebses ermittelt werden kann. Auch erkrankt nicht jeder Raucher automatisch an Lungenkrebs, einem Raucherbein oder an einer anderen, vorwiegend dem Konsum von Zigaretten zugeschriebenen, Erkrankung. Dies kann Ihnen auch im Prinzip egal sein. Studien sind das eine, Ihre Realität ist das andere. Sollten Sie erkranken, ist dies immer von gravierender Bedeutung. Ob Sie vorher geraucht haben oder nicht, ist dann schlussendlich auch egal. Trotzdem können Sie durch ein Ändern Ihrer Gewohnheiten vielleicht diesem Schicksal aus dem Weg gehen.

Durch mehr Sport, weniger Süßigkeiten, kaum Alkohol, dem Verzicht auf Nikotin etc. kann ein völlig neues Lebensgefühl entstehen, dass Sie am Ende trotz aller Strapazen auch glücklicher machen wird. Gesundheit ist des Menschen höchstes Gut. Leider merken wir immer nur dann, wie wertvoll Gesundheit ist, wenn es zwickt und zwackt und uns der Körper nicht mehr gehorcht.

DIE GESCHICHTE VOM INNEREN SCHWEINEHUND

Leider ist der innere Schweinehund kein Märchen, eine Legende oder eine blanke Sage. Es gibt ihn wirklich. Dieser imaginäre „Freund", der uns in vielen Lebenslagen begleitet, hat seine guten Seiten. Er bewahrt uns vor Überlastung, vor Gefahren oder auch vor misslichen Lagen. Ginge es jedoch nach ihm, würde es nie eine Veränderung in den Lebensgewohnheiten geben. Veränderungen sind dem inneren Schweinehund nicht geheuer, weil diese keine gewohnte Situation darstellen. Deshalb stellt er sich uns immer wieder in den Weg, wenn es um das Ablegen von alten Gewohnheiten geht und auch, wenn wir vorhaben, neue Gewohnheiten einziehen zu lassen.

Wir können ihn nicht abschütteln. Auch, wenn Sie das vielleicht schon sehr oft probiert haben, es wird Ihnen nicht gelingen. Aber Sie können ihn überwinden. Überzeugen Sie Ihren inneren Schweinehund, wie viel praktischer und wichtiger die neue Gewohnheit in Ihrem Leben ist, lässt er sich schließlich überzeugen und wird dann an dieser neuen und hoffentlich besseren Gewohnheit mit der gleichen Intensität festhalten wie an jener zuvor.

So kann der innere Schweinehund überwunden werden:
- Finden Sie etwas, dass Sie wirklich motiviert (z. B. eine Gewichtsabnahme, um wieder in die Lieblingsklamotten hinein zu passen).
- Beginnen Sie jetzt, schieben Sie Ihre neue Gewohnheit nicht immer wieder vor sich hin („Irgendwann mache ich das einmal" hat ausgedient, Ihr innerer Schweinehund wird sonst immer neue Ausreden finden können).
- Belohnen Sie sich. Wichtig ist nur, dass die Belohnung nicht gegen das gewünschte Ziel arbeitet (z. B. sollten Sie sich nicht mit Süßigkeiten für Ihr Tun belohnen, wenn Sie sich zu einer besseren und ausgewogeneren Ernährung motivieren möchten).
- Planen Sie Ihre neue Gewohnheit konkret. Pläne sind immer ein probates Mittel, Ziele leichter und einfacher zu erreichen.
- Halten Sie sich immer wieder Ihr gewünschtes Ziel vor Augen, das hilft beim Durchhalten.
- Suchen Sie sich einen Mitstreiter (z. B. die beste Freundin). Gemeinsam sind neue Gewohnheiten leichter zu erlernen und man kann sich gegenseitig den

inneren Schweinehund klein machen (Wenn Sie mit dem Rauchen aufhören möchten, motivieren Sie Ihren Partner ebenso dazu. Sind keine Zigaretten mehr im Haus, fällt das Verzichten gleich leichter).

→ Sobald Ihr innerer Schweinehund merkt, dass Sie das Kommando haben, wird er ganz brav. Merkt er dann noch, wie viel besser die neue Gewohnheit für Sie ist, ist auch der innere Schweinehund vollends davon überzeugt.

Gewohnheiten – geht weg und kommt her!

GEWOHNHEITEN AUFBAUEN

Wir Menschen bauen Gewohnheiten auf mit dem ersten Tag unseres Lebens. Glauben Sie nicht? Studien sprechen da eine sehr eindeutige Sprache. Säuglinge, die immer gleich bei jedem Zucken Körperkontakt und somit Bestätigung erfahren, schreien deutlich mehr (und fordern somit diese Bestätigung ein) als andere. Viele Gewohnheiten sind wichtig für uns, unseren Alltag und unser gesellschaftliches Leben. Ohne Rituale und automatisierte Abläufe wären wir nicht lebensfähig.

Wir würden viel zu lange über jeden noch so kleinen Handstrich nachdenken, bevor wir je aktiv werden würden. Ohne Gewohnheiten würden wir vor einem offenen und vollen Kühlschrank verhungern, im Bad nicht wissen, was zu tun ist und erst recht keiner geregelten beruflichen Tätigkeit nachgehen können.

Eines ist sicher: Wir brauchen Gewohnheiten. Es ist wichtig für uns, dass wir uns die Schuhe binden können, ohne uns vorher ewig Gedanken darüber zu machen. Aber nicht alles, was wir gewohnt sind, ist auch wirklich wichtig und richtig. Logischerweise möchten wir uns auch nicht von allem trennen, was uns lieb geworden ist. Gute von schlechten Gewohnheiten zu unterscheiden, ist häufig nicht ganz so einfach. Auf die Tafel Schokolade muss man nicht zwingend verzichten, aber jeden Abend sollte sie vielleicht nicht gegessen werden. Sie haben ein persönliches Interesse daran, Krankheiten und anderen Einschränkungen vorzubeugen. In vielen Gaststätten ist mittlerweile das Rauchen verboten. Als Raucher könnten Sie in die Situation kommen, ganz allein im Winter draußen rauchen zu müssen. Was vorher hauptsächlich mit Geselligkeit verbunden wurde, isoliert Sie plötzlich sozial. Auch das kann einen ersten Schritt zum Ändern der Gewohnheiten und zum Aufbau neuer und besserer Gewohnheiten bewirken.

GEWOHNHEITEN ÄNDERN

Gewohnheiten zu ändern heißt meist, schlechte Gewohnheiten in bessere umzuwandeln. Häufig beginnt man mit einer sehr hohen Erwartungshaltung. Gehören Sie auch zu den Menschen, die sich immer wieder aufs Neue an Silvester vornehmen, es im nächsten Jahr besser oder zumindest anders zu machen? Wie oft wollten Sie schon abends ohne Schokolade oder Chips auf dem Sofa auskommen oder wie oft haben Sie schon versucht, weniger zu rauchen, weniger Alkohol zu trinken, Gewicht zu verlieren oder weniger Geld für Shopping auszugeben? Immer wieder haben diese hochgesteckten Ziele in einem abrupten Ende ihren Ausklang gefunden, weil die Ziele gar nicht erreicht werden konnten. Auch hier rückt wieder der erste Schritt in den Fokus. Als Allererstes müssen Sie sich einen vernünftigen Plan machen.

→ Was möchten Sie konkret verändern? Welche Gewohnheit möchten Sie ablegen?

→ Sie möchten abends ohne den Genuss von Chips und Schokolade auskommen.

→ Sind Sie wirklich bereit, auf diese lieb gewonnene Routine zu verzichten?

→ Es hilft Ihnen nicht weiter, wenn Sie nur notgedrungen Ihr Verhalten ändern wollen oder gar, weil es Druck von außen (z. B. vom Partner) gibt. Sie müssen eine positive Veränderung wirklich wollen. Möchten Sie erst gar nicht auf die Chips verzichten, weil Sie beispielsweise essen können, was Sie wollen, ohne dabei zuzunehmen, dann belassen Sie die Situation bitte, wie Sie ist. Hätten Sie gerne eine Veränderung, müssen Sie dieses Vorhaben auch in sich festigen.

→ Entwickeln Sie Strategien, die Sie in diesem Umschwung wirklich weiterbringen!

→ Sie möchten auf Ihren abendlichen Konsum von Süßwaren und Chips verzichten und müssen sich daher Gedanken machen, mit welcher neuen Gewohnheit Sie die alte ersetzen könnten.

→ Vielleicht bevorzugen Sie eine Platte mit Obst oder einen Teller mit Gemüsesticks und fettarmem Dip? Sie könnten auch auf zuckerfreie Kaugummis zurückgreifen. Was essen Sie gerne und ist gesund? Ihrer Kreativität sind hier keine Grenzen gesetzt, sofern Sie sich damit abends gesünder ernähren können.

→ Wissenschaftliche Studien haben gezeigt, dass kleine Etappenziele leichter zu erreichen und einzuhalten sind als große, schier übermächtige Visionen. Sie müssen daher nicht komplett auf Essen abends auf dem Sofa verzichten, Sie müssen dieses Essen nur nach und nach gesünder gestalten. Vielleicht bleiben Sie dann bei diesen abendlichen Snacks oder Sie kommen irgendwann ganz ohne diese aus.

→ Kaufen Sie einfach keine Chips mehr oder stellen Sie sich selbst Hürden. Sollten Sie die Chipspackungen im Wohnzimmer lagern, fällt Ihnen dieser Weg zur „Beschaffung" am Abend relativ leicht. Müssen Sie hierfür aber extra in den Keller laufen, sieht die Welt gleich anders aus. Immer wieder werden Sie zu sich selbst sagen, dass Sie keine Lust haben, extra in den Keller zu gehen, und Sie werden daher immer öfter auf Chips und Süßwaren am Abend verzichten. Ändern Sie die Ausgangssituation, verändern Sie also die gesamte Situation.

→ Was bringt Ihnen die schlechte Gewohnheit?

- Sie haben es sich angewöhnt, abends Chips zu essen, weil Sie sich davon einen Nutzen versprochen haben. Dieser ist natürlich auch in Form von Zufriedenheit,

Entspannung, Dopamin-Ausschüttung etc. eingetreten. Daher konnte aus so etwas Harmlosem wie hier und da einmal Chips oder Süßwaren naschen eine feste Gewohnheit entstehen. Diese ist erst einmal sehr stabil, da unser Gehirn weiß, das Gewohnheiten wichtig für uns sind. Unser Gehirn sieht im Konsum von Chips und anderem Süßkram nichts Verwerfliches. Es findet es super und dankt es Ihnen mit jeder Menge Glücksgefühlen!

- Jetzt sind Sie aber nicht nur Ihr Gehirn allein, auch wenn dieses selbstverständlich von elementarer Bedeutung ist. Die Gewohnheit war also nicht immer schlecht, Sie ist es erst mit der Zeit geworden. Nur, weil es am Anfang eine positive Gewohnheit war, konnte sich diese so schnell und unbemerkt in Ihnen festigen. Ihr Körper rebelliert irgendwann gegen dieses ständige abendliche und vor allem ungesunde Essen. Sie werden, sollten Sie sich nicht zum Ausgleich ausreichend bewegen, immer mehr an Gewicht zulegen und damit vielen Erkrankungen Tür und Tor öffnen.

→ Halten Sie an Ihrem starken Willen fest!

→ Nur weil die Chipspackungen weggeräumt sind oder durch gesündere Snacks ersetzt wurden, sind der Wunsch und das Bedürfnis, der alten Gewohnheit nachzugehen, nicht gleich verschwunden. Ähnlich einem Poltergeist wird in Ihnen immer wieder der Gedanke an Chips durch Ihren Kopf geistern. Halten Sie durch, halten Sie an Ihrem starken Willen fest und halten Sie sich immer wieder vor Augen, was Sie erreichen möchten. Der erste Schritt ist bekanntlich immer der schwerste – wenn dieser getan wurde, sind Sie auf einem guten Weg.

→ Nur positive Ziele bringen Sie weiter!

→ Das Ziel, dass Sie erreichen möchten, muss positiv von Ihnen wahrgenommen werden. Sie möchten auf Chips verzichten, weil Sie sich gesünder und fitter fühlen möchten. Daher wollen Sie Gewicht verlieren. Um nicht die Ernährung des gesamten Tages auf den Prüfstand stellen zu müssen, beginnen Sie damit, die Chips am Abend wegzulassen. Dadurch rückt Ihr Ziel in greifbare Nähe. Sie selbst werden aktiv, daher hat ein Erfolg für Sie auch eine immense innere Bedeutung. Wenn Sie ein positives Ziel verfolgen, haben Sie eine hohe Chance, dies auch zu einer neuen und vor allem guten Gewohnheit werden zu lassen.

→ Allein ist die Last sehr groß!

- Vielleicht suchen Sie sich bei Ihrem Vorhaben einen „Gleichgesinnten". Ihr Vorhaben, abends auf Chips und anderen Süßkram zu verzichten, lässt sich nicht durchhalten, wenn Ihr Partner genau das Gegenteil anstrebt. Isst Ihr Partner das ungesunde Essen, werden auch Sie trotz aller guten Vorsätze wieder sehr schnell danach greifen. Sie verbinden auch zu viel Positives mit dem eigentlich unliebsamen Ritual. Geselligkeit, Zufriedenheit, Entspannung und vieles mehr assoziieren Sie damit, gerade zu Beginn Ihres Wechsels der Gewohnheiten. Hier kann jemand, der Sie unterstützt, wahre Wunder bewirken.

- Vielleicht empfindet es Ihr Partner bereits auch als Last, dieses Laster des abendlichen Chipskonsums mit sich herumzutragen. Gemeinsam sind Sie hier wirklich stark. Sie kennen beide Ihr Problem, Sie wissen um Ihren Wunsch, dies langfristig zu ändern, und Sie wissen beide, dass der Weg dahin nicht nur leicht sein wird. Trotzdem können Sie sich beide immer wieder in Ihrem Vorhaben bestärken und das eine oder andere Mal auch einmal den Partner vor einem Rückfall in alte Gewohnheiten abhalten.

→ Erzählen Sie es jedem!

- In der Psychologie beschäftigt man sich grundlegenderweise mit dem Erleben und Verhalten eines Menschen. Natürlich macht man sich deshalb auch schon lange Gedanken, wie das Ändern von Gewohnheiten leichter und effektiver gestaltet werden kann. Ein wesentlicher und relativ einfacher Punkt ist hierbei: Erzählen Sie möglichst vielen Menschen, was Sie verändern möchten. Damit entsteht eine Art Erfolgsdruck, der von Ihnen selbst ins Leben gerufen wurde. Durch diesen Druck sind Sie eher bestrebt, die Änderung der Gewohnheit auch wirklich durchzustehen. Sie möchten sich ja nicht blamieren oder ein Versagen zugeben müssen.
- Dieser Druck soll Sie nicht erdrücken! Starten Sie mit Etappenzielen. Wählen Sie realistische Ziele, gehen Sie achtsam mit sich um. Dieser Druck soll Ihnen eine positive Verstärkung sein und Sie nicht in einer negativen Art und Weise beeinträchtigen.

→ Machen Sie sich den Weg so einfach wie möglich!

- Je einfacher es ist, die neue, positive Gewohnheit anzunehmen, desto schneller und einfacher wird diese auch gespeichert werden. Sie möchten abends Obst statt Chips essen? Dann müssen Sie auch immer wieder frisches Obst einkaufen, einen Obstteller am Couchtisch bereithalten oder am besten das Ganze abends frisch vorbereiten. Mundgerecht geschnittenes Obst, vielleicht auf Spießen oder als Obstsalat vermischt, wird von Ihnen leichter verzehrt als eine noch so schön anzusehende ganze Ananas. Erleichtern Sie sich selbst Ihr Vorhaben, wo Sie nur können.

So tickt Ihr Kopf, aber Sie ticken nicht mit

Wenn Sie etwas Neues ablehnen, entscheiden Sie da wirklich frei? Haben hier nicht Ihre alten Gewohnheiten, zumindest am Anfang, das Sagen? Ihr innerer Schweinehund liegt mit Ihrem Gehirn auf einer Wellenlänge und diese wollen keine Veränderung, weil es so, wie es derzeit ist, optimal zu funktionieren scheint. Wie gesagt, Ihr körperliches und seelisches Befinden wird vom Gehirn und erst recht vom Monstrum des inneren Schweinehundes schlichtweg ignoriert. Ganz schön egoistisch unser Gehirn. Hier liegt, wie Sie ja schon wissen, ein evolutionäres Denken begraben. Ihr Gehirn empfindet die Zufuhr von „guten Dingen" wie Süßwaren, Alkohol und gezuckerte Getränke als gut, da es Sie am Leben erhält.

Mittlerweile wissen wir, dass wir nicht mehr täglich auf die Jagd gehen müssen, um alle paar Tage satt werden zu können. Nahrungsbeschaffung war nie so einfach, unser Gehirn weiß es nur nicht. Wüsste es das, würde es laut aufschreien und Sie könnten weder die Hände bewegen noch einen Kau- oder Schluckvorgang durchführen. Ihr Gehirn würde sich mit allem, was es kann, gegen diese völlig überflüssige Kalorienzufuhr bei gleichzeitig immer größer werdender Bewegungsarmut wehren. Eigentlich eine schöne Vorstellung, Diäten wären somit völlig überflüssig.

Aber so tickt unser Kopf leider nicht. Sie ticken also erst einmal etwas aus der Reihe, wenn Sie Ihrem Gehirn signalisieren, dass damit jetzt Schluss ist und Sie das Kommando übernehmen. Sie treten damit von einer ehemals passiven Rolle in einen aktiven Gestaltungsraum über. Dieser Kontrollverlust wiederum stößt Ihrem Gehirn sauer auf. Es wehrt sich. Genau dort, wo es sich wehren sollte, hält es an alten Traditionen fest und wenn man es braucht, arbeitet es gegen einen. Eine super Ausgangssituation, die geradezu nach vielen Versuchen, die immer wieder scheitern, schreit.

Sicherlich kennen Sie leider auch dieses Szenario. Sie haben sich etwas fest vorgenommen, Sie wollen eine schlechte Gewohnheit loswerden.

Beispiel:

SIE MÖCHTEN MEHR SPORT TREIBEN

Sie haben beschlossen, mehr mit Ihrem Leben anzufangen, als jeden Abend nach der Arbeit auf der Couch zu lümmeln und fern zu sehen. Eingehende

Informationen wurden eingeholt, ein neues Fitnessdress via Smartphone vom Sofa aus bestellt und heute haben Sie sich im nahegelegenen Fitnessstudio angemeldet. Den Vertrag haben Sie gleich für zwei Jahre abgeschlossen. Erstens ist somit die monatliche Gebühr günstiger und zweitens möchten Sie ja einen langfristigen Erfolg haben.

Ab morgen geht es los! Das steht für Sie prinzipiell fest. Schon fast etwas über sich selbst verwundert, tun Sie es dann auch. Sie gehen das erste Mal in Ihrem Leben in eine Muckibude, wie Sie diese Studios selbst immer wieder bezeichnen. Ab jetzt wird dies Ihr täglicher Gang sein – denken Sie sich. Begeistert über das eigene Tun beginnen Sie bereits ab dem dritten Tag, sich selbst für Ihr Durchhaltevermögen zu loben und strotzen voller Zuversicht. Nach Tag 5 können Sie nicht mehr vernünftig laufen, weil Sie gefühlt nur noch aus Muskelkater bestehen und Ihre Motivation ist auf einem Tiefpunkt angekommen. Tag 6, 7 und 8 dienen daher der Erholung. An Tag 9 und 10 müssen Sie Überstunden machen und an Tag 11, 12 und 13 sind Geschäftstermine geplant, die eine abendliche Vorbereitung zu Hause benötigen. Tag 14 dient zur Geburtstagsfeier bei der Schwiegermutter und am 15. Tag brauchen Sie einfach einmal Zeit für sich und lümmeln auf dem Sofa und sehen fern. Dies tun Sie auch an Tag 16 und 17. Bereits jetzt sind Sie schon fast zwei Wochen nicht mehr ins Studio gegangen. Es kommen immer wieder vermeintlich wichtigere Dinge dazwischen. Aber warum? Ihre Motivation war anfangs so groß, dass Sie sich selbst auferlegt haben, täglich Sport zu machen. Bisher waren Sie, wenn es Ihre Zeit erlaubt hat, in dieser Zeit auf dem Sofa gelegen und haben der Entspannung gefrönt. Jetzt meinten Sie, den Marathon auf Hawaii laufen zu müssen.

Meinen Sie, so etwas kann funktionieren? Allein jedenfalls nicht, dafür sorgt schon Ihr innerer Schweinehund. Hochtrabende Ziele führen immer relativ bald zu einem Scheitern. Am Ende dieses Versuchs werden Sie sich vielleicht ärgern, ein teures Fitnessdress gekauft zu haben und bei der monatlichen Abbuchung des Studios werden Sie vielleicht noch negativ an dessen Scheitern erinnert, aber Sie liegen wieder auf dem Sofa und sind in Ihr altes Verhaltensmuster zurückgefallen. Vergessen Sie bitte nicht, den Studiovertrag fristgerecht zu kündigen, sonst ärgern Sie sich über diese zwei Jahre hinaus! Ihr Vorsatz, dort irgendwann einmal wieder hinzugehen, wird nicht funktionieren, leider. Irgendwann werden Sie Ihr Outfit entsorgen oder wegräumen und damit ist der ganze schöne Vorsatz wie weggewischt.

Warum aber dieses Scheitern? Ihr Gehirn und Ihr innerer Schweinehund haben in Ihnen gelauert und auf die erstbeste Gelegenheit gewartet, Sie einknicken zu lassen. Sie wollten das genaue Gegenteil von dem, was die beiden wollten. Ein Ausbrechen aus Ihrer Komfortzone ist für sie ein absolutes No-Go! Es ist doch so schön, wie es ist, und viel bequemer. Beim Sitzen auf dem Sofa und beim Berieseln lassen durch das TV-Gerät wissen Ihr Gehirn und Ihr innerer Schweinehund, was sie und auch Sie davon haben. Eine Möglichkeit wäre jetzt, das Gehirn zuhause zu lassen, was aber leider nicht funktioniert, weil es ja so wichtig und leider auch fest eingebaut in unserem Kopf ist. Also müssen Sie es austricksen. Sie müssen sich damit zufriedengeben, dass es etwas Überredung braucht, Ihren Kopf auch auf Ihre Seite zu ziehen. Mit jedem kleinen Erfolg, jeder kleinen genommenen Hürde, wird sich Ihr Gehirn immer mehr auf Ihre Seite schlagen. Bei Ihrem inneren Schweinehund haben Sie da wenig Chance. Den können Sie nur durch Nichtbeachtung verhungern lassen.

Nutzen Sie erst einmal Ihre Willensstärke und setzen Sie mit dieser mentalen Kraft immer wieder neue und vor allem erreichbare Ziele fest. Sie könnten z. B. Montag und Mittwoch in einen Sportverein zum Aerobic gehen und sich für zuhause eine Gymnastikmatte kaufen, auf der Sie dann problemlos kleinere Sportübungen zu jeder Zeit durchführen können. Starten Sie lieber langsam, aber effektiv. Nur durch immer wiederkehrende gleiche Handlungen können neue, bessere Gewohnheiten aufgebaut werden. Ticken Sie anders wie Ihr Kopf, aber versuchen Sie, Ihr Gehirn auf Ihre Seite zu ziehen, damit Sie wieder im Einklang ticken können. Machen Sie einen ersten Schritt und beginnen Sie nicht mit einem Dreisprung in Olympiaqualität.

STRATEGIEN, DIE IHR LEBEN BEREICHERN

Strategien sind immer gute Möglichkeiten, die vorgenommenen Änderungen der Gewohnheiten langfristig durchzusetzen. Je leichter eine Methode durchzuführen ist, desto einfacher geht Sie Ihnen von der Hand, desto länger bleibt sie im Gedächtnis, desto häufiger wird sie angewandt und somit hat sie einen nachhaltigen Einfluss auf Ihr gesamtes Leben. Dieser Einfluss soll selbstverständlich positiver Natur sein, da Sie Ihr Leben auf einem neuen Level in neuer Art und Weise positiv erfüllen möchten. Sonst könnten Sie Ihre alten Gewohnheiten beibehalten.

Konsistenz-Prinzip
Viele Prinzipien enden irgendwann im Chaos. Die besten Prinzipien nützen Ihnen nichts, wenn Sie schnellstmöglich verworfen werden, weil sie unpraktisch sind, der gewünschte Erfolg ausbleibt oder Sie von vornherein mit der falschen Einstellung an die ganze Sache herangehen. Genau hier kommt das Konsistenz-Prinzip ins Spiel.

Mit diesem Prinzip können Sie sich in einer positiven Art und Weise selbst manipulieren. Manipulation hört sich im ersten Moment erst einmal furchtbar an, weil der Begriff an sich sehr negativ belastet erscheint. Aber Sie sind vielleicht immer wieder in Situationen, in denen beispielsweise Ihr innerer Schweinehund das Kommando übernimmt oder zumindest übernehmen möchte. Diesen gilt es, zu überlisten, daher die Methoden der Manipulation. Verstehen Sie also eine Selbstmanipulation nicht als etwas Schlechtes, sondern vielmehr als einen kleinen Trick, schneller und effektiver zum gewünschten Ziel zu gelangen. Alles, was Sie dabei unterstützen kann, Ihre schlechten Gewohnheiten abzulegen oder gute Gewohnheiten aufzubauen, ist hierbei erlaubt. Probieren Sie es einfach einmal aus.

Nun aber zurück zum Konsistenz-Prinzip. Es ist vielmehr ein psychologisches Phänomen, welches fantastisch funktioniert. Leider hat dieses – wie so vieles – einen sehr negativen Ursprung. Durch das Konsistenz-Prinzip wurden im Korea-Krieg amerikanische Kriegsgefangene dahingehend manipuliert, dass Sie völlig unbeabsichtigt Ihr Land verraten und wichtige Details preisgegeben haben. Wider jeglichen Willen und entgegen dem, was mühsam antrainiert wurde. Die Methode hierbei war so subtil, dass der eigentliche Sinn bis zum Schluss verborgen blieb und die Gefangenen erst spät den wahren Kern erkannten. Viele Amerikaner waren im Korea-Krieg in chinesischer und nordkoreanischer Gefangenschaft. Die nordkoreanischen Offiziere gingen erbarmungslos mit den amerikanischen Gefangenen um und versuchten, mit purer Gewalt mehr Informationen aus diesen herauszubekommen. Trotz zahlreicher Todesfälle kollaborierten nur wenige mit dem Feind, meist gaben Sie nur die eintrainierten Informationen (Name, Dienstnummer und Rang) preis. Pure Gewaltanwendung zeigte daher nicht den gewünschten Erfolg. Eine hohe Rate der Kollaboration blieb trotz unmenschlicher Umstände aus.

Die chinesischen Offiziere gestalteten das Ganze viel undurchschaubarer. Logischerweise rechneten hier auch die Gefangenen mit einem erbarmungslosen Umgang, war man ja der Feind in einem fremden Land. Doch weit gefehlt. Auf chinesischer Seite war man auf das Konsistenz-Prinzip geschult. Die Rate der Kollaborateure nahm historische Dimensionen an. Warum aber? Die Chinesen übten sich in Geduld und wurden dafür belohnt. Sie gruben den Graben stetig tiefer zwischen den Gefangenen und deren Haltung gegenüber dem eigenen Land.

Anfangs sollten die Amerikaner lediglich Sätze äußern, die aussagten, die Vereinigten Staaten von Amerika wären nicht perfekt. Im Prinzip kein Problem, denn wer ist schon perfekt? Außerdem waren nicht alle, die im Krieg gelitten hatten, noch wirklich vom Sinn des Krieges überzeugt. So ließen sich viele auf solch geartete Aussagen ein.

Nach diesem Schritt wurden die Gefangenen angehalten, größere Zugeständnisse zu machen. Es sollte beispielsweise erklärt werden, warum die USA eben nicht perfekt sind.

Später wurden die Gefangenen gebeten, diese Erklärungen selbst schriftlich und in Stichpunkten festzuhalten. Danach erfolgte die Unterschrift – auf freiwilliger Basis. Es wurde nach wie vor keinerlei Gewalt angewandt. Selbst der Frage, ob Sie die Liste, die von den Amerikanern erstellt wurde, anderen Gefangenen vorlesen würden, bejahten viele. Auch das Ausformulieren in einen zusammenhängenden Text stellte für viele kein Problem dar. Es waren schließlich die eigenen Gedanken inmitten der Kriegswirren. Ob das wirklich freiwillig geäußerte Gedanken waren, darüber machten sich die wenigsten aufgrund der Situation Gedanken.

Als der Aufsatz per Radio über das ganze Gefangenenlager ertönte, begriffen viele Gefangene erst, was sie wirklich getan hatten. Ohne Zwang und Gewalt hatten viele bis dahin mit den Chinesen regelrecht zusammengearbeitet und scheinbar völlig freiwillig die brisantesten Details preisgegeben. Dadurch aufgeschreckt, fühlten sich viele Gefangene, die noch nichts preisgegeben hatten, ebenfalls als Spione, Verräter, Deserteure oder Ähnliches. Daher war eine noch engere Zusammenarbeit mit den Chinesen möglich, ins eigene Lager konnte man schließlich nicht wieder überlaufen.

Zum Zeitpunkt der Gefangennahme war dieses für jeden Amerikaner undenkbar gewesen. Waren Sie doch alle darauf trainiert, keine wichtigen Informationen weiterzugeben.

Was bringt Ihnen dies für Ihre Gewohnheiten, die Sie ändern möchten?
Jedes Zugeständnis, das Sie machen, wird als Commitment bezeichnet. Jedes weitere Zugeständnis möchten Sie infolge dessen mit dem ersten Commitment in Einklang bringen. Sie benötigen daher nur ein gutes Commitment, welches Sie durch Konsistenz viel schneller und effizienter erreichen werden. Ein Commitment kann daher jede Art von Gewohnheit sein. Im Optimalfall ist dies eine gute Gewohnheit, die Sie sich vorgenommen haben, fest in Ihr Leben zu implementieren. Am effektivsten ist dieses Zugeständnis, wenn es eine öffentliche und aktive Handlung ist. Am besten sollte diese, wie bereits im Korea-Beispiel erklärt, öffentlich und auf jeden Fall auf freiwilliger Basis erfolgen.

Beispiel:
Wenn Sie mehr Sport treiben möchten, dann können Sie sich mit einem 12-Monats-Vertrag bei einem Fitnessstudio verpflichten. Diese Verpflichtung ist aktiv, öffentlich und hoffentlich völlig freiwillig. Damit ist dies hier ein geeignetes Commitment.

Problem: Das Problem liegt hier auf der Hand. Wir alle haben uns schon einmal voller Tatendrang in etwas gestürzt und es dann doch relativ zügig wieder sein lassen. Verträge in Fitnessstudios sind hier vermutlich ein Paradebeispiel des Nicht-Durchhaltens. Dieses Commitment scheitert, weil es einfach nicht stark genug ist, um wirklich eingehalten zu werden. Daher wurde der Concorde-Effekt auf höchster psychologischer Ebene beschrieben.

Concorde-Effekt

Der Concorde-Effekt hat seinen Namen vom großen Passagierflugzeug Concorde. Die Concorde gilt heute noch als eine Art Paradebeispiel politischen Versagens in wirtschaftlicher Sicht. Bereits wenige Zeit nach Planung des Überschallflugzeuges zeigte sich, dass es sich nie wirtschaftlich rentieren würde. Doch anstatt die Planung und den anschließenden Bau des Flugzeuges zu stoppen, um nicht noch mehr Geld „kaputt" zu machen, tat man genau das Gegenteil. Man investierte immer wieder sehr viel Geld, um das Projekt doch noch irgendwie realisieren zu können. Hierbei wurden Millionen von Steuergeldern regelrecht im Ofen verheizt. Schlussendlich führte das Ganze in ein desaströses Fiasko. Beim Start eines Flugzeuges dieses Typs fing dieses Feuer, 113 Menschen starben. Der Bau wurde schließlich eingestellt.

Was bringt Ihnen dies für Ihre Gewohnheiten, die Sie ändern möchten?

Wir alle tendieren dazu, jegliches Maß zu überschreiten. Immer wägen wir ab, was sich rentiert und was nicht. Jedoch verlieren wir manchmal das Ziel vor Augen. Der Concorde-Effekt besagt, dass das Aufhören nicht immer so einfach ist. Wenn wir schon sehr viel Zeit, Geld, Wissen, Schweiß, Liebe, Emotionen usw. in ein Projekt investiert haben, möchten wir dieses um jeden Preis dieser Welt realisieren und umsetzen. Ein Aufgeben des Projektes kommt für uns nicht in Frage. Zu keiner Zeit. Wir haben immer das Gefühl, dass sonst alles, was wir bisher dafür geleistet haben, umsonst gewesen wäre. Daher sehen wir uns nicht in der Lage, abzubrechen.

Natürlich kann dies auch in einer positiven Veränderung genutzt werden, zum Ändern von schlechten Gewohnheiten beispielsweise. Bei jedem Verändern entstehen Schwierigkeiten, die uns dazu verleiten, in alte Verhaltensmuster zurückzufallen.

Beispiel:

Sie möchten mehr Sport treiben, dann können Sie sich mit einem 12-Monats-Vertrag bei einem Fitnessstudio verpflichten.

Problem: Das Problem liegt hier wieder auf der Hand. Unser Tatendrang steht am Anfang und relativ schnell entsteht das erste Problem. Wir sind krank, haben einen wichtigen Termin, haben keine Lust, weil das Wetter so schlecht ist, der gewünschte schnelle Erfolg bleibt aus und so weiter. Unsere Motivation nimmt stetig ab. Schließlich lassen wir es ganz sein, selbst wenn dies bedeutet, den Vertrag noch die restliche Laufzeit zu bezahlen, ohne dafür eine Leistung in Anspruch zu nehmen.

Lösung: Concorde-Effekt:

Wenn Sie einen hohen Einsatz bei Ihrem Vorhaben hatten, z. B. ein sehr teures Abo für Ihren sportlichen Ehrgeiz oder sehr viel Schweiß und Mühe, werden Sie deutlich länger durchhalten und teilweise bis zur völligen Erschöpfung weitermachen. Bedenken Sie einfach Ihre persönliche Toleranzgrenze. Ein Abo im Fitnessstudio wird nur dann unbedacht weiterbezahlt, wenn es sehr günstig ist. Liegt der monatliche Tarif jedoch über dem, was man eigentlich als seine persönliche Schmerzgrenze bezeichnen würde, will man für dieses Geld auch die bezahlte Leistung nachdrücklicher einfordern und scheut daher seltener den Weg zum Sport. In diesem Fall muss man regelrecht weitermachen, sonst würde man das vorher hart verdiente Geld regelrecht zum Fenster hinausschmeißen.

Eine der besten Strategien ist daher, das Konsistenz-Prinzip und den Concorde-Effekt in Kombination zu vereinen.

Konsistenz-Prinzip + Concorde-Effekt

Hier entsteht das perfekte Commitment (Konsistenz-Prinzip), da es mit einem sehr hohen Einsatz verbunden ist (Concorde-Effekt).

Beispiel:

Sie möchten immer noch mehr Sport treiben. Dieses Mal schließen Sie jedoch nicht in irgendeinem Fitnessstudio ein Abo ab, sondern Sie tun dies im teuersten Studio, das Sie finden können.

Hauptsache, der monatliche Beitrag liegt außerhalb Ihrer Schmerzgrenze. Ebenso könnten Sie online ein Fitnessabo abschließen oder in einen gut situierten, hochpreisigen Sportverein eintreten. Am allerbesten leisten Sie sich einen Personal Coach. Dieser trimmt Sie dann bis zur Schmerzgrenze und verlangt von Ihnen schier Unmenschliches. Immer, wenn Sie dann an den Punkt „Aufgeben" denken, werden Sie automatisch an die zu leistenden Unkosten erinnert. Geld mag nicht immer ein Motivationsfaktor sein, aber meist ist Geld dies eben doch. Sie haben Ihr Commitment freiwillig gewählt und den finanziellen Einsatz ganz bewusst so gelegt, um sich selbst zu zwingen und zu motivieren, das Beste aus sich selbst herauszuholen. Das Konsistenz-Prinzip mit dem Concorde-Effekt gekoppelt zwingt Sie selbst zu Höchstleistungen. Sie werden von sich und den Effekten, denen Sie sich selbstbestimmt und ganz gezielt unterworfen haben, mehr als begeistert sein.

Diese Kombination hilft Ihnen in allen Bereichen weiter, in denen Sie sich schon immer verbessern wollten (Eingehen von sozialen Beziehungen, Erlernen neuer Sprachen, Reduktion von Gewicht). Sie hilft Ihnen beim Modifizieren von schlechten Gewohnheiten in gute.

Die 5-Sekunden-Regel
Vielleicht haben Sie von dieser Regel schon einmal gehört. Ihre Effizienz bei gleichzeitiger Einfachheit ist absolut unschlagbar. Mel Robbins initiierte diese Strategie der Selbstmanipulation, als sie sich selbst in einer sehr schwierigen Lage befand.

Ihr Mann war gerade beruflich sehr schwer gebeutelt, finanziell stand die Familie kurz vor dem Ruin. Mel wusste, dass es nun an ihr war, das Ruder herumzureißen. Sie musste sich eine Arbeit suchen, um auch Geld verdienen zu können und somit das wirtschaftliche Fiasko doch noch abwenden zu können. Jeden Abend nahm Sie sich vor, am nächsten Morgen würde Sie mit diesem Umschwung beginnen. Leider war an jedem neuen Morgen diese abendliche Euphorie restlos verschwunden. So passierte Tag um Tag, Woche um Woche, Monat um Monat nichts. Als es für die Familie jedoch immer brenzliger wurde, suchte Mel nach einer Methode, um sich selbst endlich zum Tun motivieren zu können. Dabei erfand Sie nahezu nebenbei die 5-Sekunden-Regel. Die 5-Sekunden-Regel besagt, dass man 5 – 4 – 3 – 2 – 1 – 0 herunterzählt und dann ohne Umschweife sofort eine Handlung erfolgt. Gelingt es einem nicht, innerhalb dieses Countdowns mit dem Tun zu starten, wird man dies laut Mel Robbins mit sehr hoher Wahrscheinlichkeit auch danach nicht machen.

Beispiel:
Sie sind es schon seit Langem gewohnt, nach dem Essen das Geschirr stehen zu lassen und alles auf einmal erst am Abend abzuspülen. Damit soll jetzt Schluss sein. Ihr Entschluss steht fest: Ab jetzt möchten Sie immer direkt nach Beendigung der Mahlzeit das Geschirr reinigen und somit eine saubere Küche haben. Außerdem haben Sie somit nicht jeden Abend einen ganzen Berg an eingetrockneten und vielleicht eingebrannten Utensilien auf einmal zu reinigen. Ihr bisheriger Ablauf, den Sie bis dato gewöhnt sind: Essen, Geschirr stehen lassen (vielleicht haben Sie es sogar noch an die Spüle oder zumindest in die Küche gestellt), Raum verlassen und etwas anderes tun. Ihr neuer Ablauf, den Sie sich angewöhnen möchten: Essen, Geschirr reinigen und erst nach dessen Beendigung einer anderen Tätigkeit nachgehen. Sie sind eine Art Marionette Ihrer Gewohnheiten. Diese laufen immer automatisch und unbewusst ab, daher sind es diese Marionettenfäden auch gewohnt, nicht nur die Vergangenheit und die Gegenwart mitzubestimmen, sondern auch die Fühler in die Zukunft auszustrecken. Diese imaginären Fäden müssen Sie nun kappen!

Nun zur 5-Sekunden-Regel:
Sie sind fertig mit der Mahlzeit und machen sich nun ganz bewusst klar, was Sie jetzt eigentlich tun würden. Alles stehen und liegen zu lassen und das Geschirr und die anderen Gebrauchsgegenstände später zu reinigen, stünde jetzt auf Ihrer Liste der alten Gewohnheiten.

Nun tun Sie jedoch etwas völlig anderes. Sie zählen (laut oder stumm vor sich hin): 5 – 4 – 3 – 2 – 1 – 0, stehen auf und beginnen mit dem Reinigen und Aufräumen des Essgeschirrs. Durch dieses Ändern der Gewohnheiten haben Sie die Marionettenfäden durchtrennt. Sie haben diese in die Vergangenheit buchstäblich zurückgeflochten.

Klingt alles ziemlich einfach und das ist es auch. Im Prinzip ist diese Methode deshalb so effektiv, weil Automatismen eben nicht mehr automatisch ablaufen, sondern daran gehindert werden, indem sie bewusst wahrgenommen werden. Außerdem wird durch den 5-0 Countdown ein fester Zeitrahmen gesteckt, wann es definitiv mit der Handlung, die zur neuen Gewohnheit werden soll, losgeht. Ein Aufschieben ist daher schier unmöglich – wenn man es ernst meint selbstverständlich. Der eigene Wille, etwas zu verändern, ist auch hier wieder von elementarer Bedeutung, also 5 – 4 – 3 – 2 – 1 – 0 und der erste Schritt folgt sofort.

Beispiel:
Denkgewohnheiten können ähnliche Marionettenfäden spinnen, daher können Sie die 5-Sekunden-Regel auch für das Darstellen von Gefühlen und Bedürfnissen bestens nutzen.

Ihr bisheriger Ablauf, den Sie bis dato gewöhnt sind: Ihre Partnerin vergreift sich im Ton, bei Ihnen läuft eine ganze Kette an Gefühlen unterbewusst ab (z. B. Sie liebt mich nicht, Sie könnte ruhig netter sein, Sie hat kein Verständnis für mich, vielleicht mag Sie jemand anderen lieber). Durch diesen Ablauf stauen sich Ihre negativen Gefühle in Ihnen auf. Daher reagieren Sie vermutlich auf Ihre Partnerin anders, als diese das erwartet hat. Vielleicht schreien Sie sie an, Sie machen ihr eine Szene wegen einer Lappalie, Sie reagieren völlig überzogen und kreieren so einen handfesten Streit. Haben Sie sich schon einmal überlegt, dass Ihre Partnerin sich dessen vielleicht gar nicht bewusst war, dass Sie sich im Ton vergriffen hat?

Ihr neuer Ablauf, den Sie sich angewöhnen möchten: Bevor Sie lautstark reagieren und vielleicht völlig über das Ziel hinausschießen, zählen Sie erst einmal 5 – 4 – 3 – 2 – 1 – 0. Wiederholen Sie dann ganz gezielt, was Ihre Partnerin zu Ihnen gesagt hat, und benennen Sie klar, wie Sie sich dabei fühlen und was in Ihnen vorgeht. Wut und Aggression sind keine Gefühle, die aus dem Nichts entstehen, sondern solche, die auf bereits gemachten Erfahrungen basieren. Meist laufen in uns ganze Ketten ab an ähnlichen Situationen – sekundenschnell und unbewusst. Daher reagieren wir oder auch andere nicht so, wie es erwartet wird.

Treffen Sie Ihre Reaktion auf das Gesagte Ihrer Partnerin bewusst und nicht wie gewohnt unbewusst und impulsiv. Logischerweise hört sich das Ganze ungewohnt an, weil es das ja auch erst einmal ist. Mit dieser einfachen Methode kann es Ihnen jedoch immer wieder aufs Neue gelingen, Konflikte erst gar nicht entstehen zu lassen. Viele zwischenmenschliche Dispute basieren auf Missverständnissen. Beugen Sie diesen vor, wird Ihr Leben ganz einfach leichter, glücklicher und zufriedener – genau so, wie wir uns dies doch alle wünschen würden.

Die 5-Sekunden-Regel ist ein einfaches und sehr wirksames Mittel, um unangenehme Aufgaben (dazu gehören auch schwierige Gespräche und Entschuldigungen) zielführend hinter sich zu bringen. Dadurch verhindern Sie, dass Sie diese immer wieder aufs Neue aufschieben. Sie werden es erleben, wie wirksam diese Methode sein kann und welche Freude in Ihnen aufsteigt, wenn ungeliebte Tätigkeiten (z. B. Fenster putzen, Dachboden aufräumen, Schrank neu sortieren) abgehakt werden können und nicht schon im Vorhinein den morgigen Tag wie ein Damoklesschwert belasten.

Die 5-Sekunden-Regel ist absolut vielseitig einsetzbar, für alles, was Sie bewusst besser machen möchten (z. B. besser und vor allem gerade sitzen, mehr lächeln, mehr Bewegung, bessere Ernährung, leichtere Haushaltsführung etc.). Damit gelingt es Ihnen nahezu spielend leicht, schlechte Gewohnheiten in bessere Gewohnheiten umzuwandeln oder durch diese zu ersetzen.

5 – 4 – 3 – 2 – 1 – 0 und jetzt folgt der erste Schritt.

Ihr neuer Plan vom Leben

Ihr neuer Plan vom Leben sieht vor, die guten Gewohnheiten langfristig zu stärken oder neu zu erlernen. Im Gegenzug möchten Sie dafür jedoch möglichst ganzheitlich auf schlechte, unangenehme, sozial stigmatisierte oder krank machende beziehungsweise negativ behaftete Routinen verzichten. Sie möchten sich und Ihren Lebensalltag besser, effizienter und leichter gestalten. Dies kann immer im privaten, beruflichen und im sozialen Leben stattfinden. Auf alle Fälle möchten Sie durch neue Gewohnheiten bereichert werden und nach Möglichkeit relativ zügig einen positiven Effekt verspüren.

MOTIVATION STEIGERN, NICHT DÄMPFEN

Wissen Sie noch, wie Sie als Kind waren? Sie waren voller Tatendrang, mit einer unbändigen Lust, die Welt um sich herum zu erkunden. Ihre Neugier nach Neuem schien unstillbar. Heute hängen Sie in Ihren alten Gewohnheiten herum und gehen lieber den gewohnten, wenig interessanten, aber bewährten Abläufen nach, bevor Sie nach rechts oder links blicken, ob es dort nicht etwas Neues geben könnte. Ihre Motivation ist der Dreh- und Angelpunkt für Sie. Diese Motivation brauchen Sie zurück!

Von der Motivation zur Volition

Volition ist genau das, wohin Sie die Motivation führen soll: zur Durchsetzung. Ein noch so toller Plan und ein noch so motiviertes Vorgehen nützen Ihnen nichts, wenn Sie nicht aktiv die Fäden wirklich in die Hand nehmen und den ersten Schritt zur Änderung Ihrer Gewohnheiten tun. Motivation ist gut, die Durchführung ist aber besser. Am Anfang steht immer eine Willensbildung, also eine Motivation. Diese entsteht aus all den Motiven, Wünschen, Absichten und guten Ideen, die schlechten Gewohnheiten abzulegen, zu ändern oder durch bessere zu ersetzen. Somit formen Sie ein Ziel, welches Sie erreichen möchten. Am besten planen Sie dessen Durchführung noch explizit, um dann aktiv in die Umsetzung zu starten. Somit können Sie am Ende ein Ergebnis vorweisen. Im Optimalfall ist es genau das Ergebnis, welches Sie erreichen wollten. Dann war das Ganze ein Erfolg. Leider wissen wir alle, dass es nicht immer so leicht funktioniert und dass Motivation oder auch Volition nicht immer wirklich vorhanden sind.

Beispiel:

Dachboden aufräumen!
Sie haben sich vorgenommen, bereits in der Früh, wenn die Kinder im Kindergarten und in der Schule sind, den Dachboden auf Vordermann zu bringen. Ihre Motivation liegt hier bei null, aber irgendwer muss es ja irgendwann einmal tun. Was machen Sie also? Sie legen sofort los, sobald das letzte Kind das Haus verlassen hat! Im Optimalfall schon, aber Moment einmal – wollten Sie nicht erst noch frühstücken? Ein Kaffee muss schon noch sein und das leckere Hörnchen auch, Sie müssen sich ja erst einmal richtig stärken. Vergessen Sie auch die Zeitung nicht, denn Bildung ist wichtig und schließlich müssen Sie auch wissen, was bei Ihnen vor der Haustür und in der weiten Welt so passiert ist.

Dann noch schnell E-Mails checken, in den sozialen Netzwerken vorbeischauen und gleich geht die Arbeit los, etwas surfen dauert ja nicht zu lange. Dann klingelt das Telefon und Sie lassen sich 15 Minuten über eine Photovoltaik-Anlage beraten, um dann festzustellen, dass Sie gar kein Eigentum besitzen, sondern in einer gemieteten Wohnung mit Ihrer Familie beheimatet sind. Noch schnell einen Toilettengang erledigt und dann an die Tür gehen, es hat nämlich geklingelt.

Ihre Nachbarin Silke erwartet ein Paket, das hat Sie Ihnen gestern bereits erklärt. Jetzt ist es nun endlich da, aber Silke ist arbeiten. Sie nehmen dieses Paket dankend vom Boten entgegen, schließen die Tür und machen sich auf die Suche nach Ihrem Smartphone. Dieses liegt noch im Bad, da waren Sie zuletzt, weil Sie auf die Toilette mussten. Via Sprachnachricht teilen Sie Ihrer Nachbarin mit, dass der Paketbote das Bestellte bei Ihnen abgegeben hat, woraufhin Silke prompt zurückruft. Silke macht gerade Pause während Ihrer Frühschicht und teilt Ihnen den neuesten Klatsch und Tratsch aus der Firma mit. Sie folgen mit vollem Elan dem Gesagten und geben Ihren Teil zum Besten. Das Gespräch wird beendet, als Silke bemerkt, Ihre Pause wäre um und Sie müsse weiterarbeiten. Sie legen auf und überlegen, was Sie eigentlich vorhatten.

Genau, den Dachboden wollten Sie aufräumen. Sie suchen mühsam alle Utensilien zusammen, schließlich brauchen Sie Kartons, um dort oben das auszusortieren, was Sie definitiv entsorgen wollen. Beim Hervorkramen der Kartons stoßen Sie auf ein Familienalbum aus Ihrer Kindheit. Schwelgend in Erinnerungen blättern Sie Seite für Seite durch. Sie telefonieren anschließend mit Ihren Eltern und berichten ihnen von dem schönen Fund. Weil Sie sich aufgrund der Kilometer zwischen Ihnen nicht allzu häufig sehen, reden Sie heute länger als gewöhnlich. Wieder klingelt es an der Tür, daher beenden Sie das Telefonat. Eines Ihrer Kinder steht vor der Tür und offenbart Ihnen: Die Zeit allein ist vorbei. Vieles haben Sie getan, doch Ihr Ziel, nämlich den Dachboden durchstöbern, haben Sie noch nicht einmal wirklich in Angriff genommen.

Was ist hier passiert? Sie haben Ihr Ziel nicht erreicht, weil Sie es vielleicht gar nicht wirklich erreichen wollten. Sicherlich hätten Sie gerne einen aufgeräumten Dachboden und Ihnen ist auch klar, dass dies niemand außer Ihnen tun wird, trotzdem können Sie dieser Tätigkeit nichts Positives abgewinnen. Somit waren Sie den ganzen Vormittag beschäftigt mit Dingen, die auch Ihre Daseinsberechtigung haben und durchaus wichtig für Sie und Ihre Mitmenschen sind. Diese Tätigkeiten haben Sie bei Ihrem eigentlichen Vorhaben jedoch immens ausgebremst. Andere Dinge sind in den Fokus gerückt. Dinge, die Ihnen mehr Freude bereiten und deren Motivation nicht erst mühsam gesucht werden muss, die Motivation ist bereits lange da.

Was sollten Sie also tun?
• Meiden Sie Tätigkeiten, die Sie ablenken.
Verschieben Sie diese auf später oder machen Sie eine Belohnung für sich daraus. Zur Belohnung für Ihr Engagement beim Aufräumen könnten Sie sich beispielsweise abends mit Ihrer Nachbarin auf ein Glas Wein treffen. Dort könnten Sie dann ohne Zeitdruck und schlechtes Gewissen plauschen.
• Meiden Sie den Motivationskiller „Warum".
  ◦ Stellen Sie sich nicht die Frage nach dem Warum.
    ▪ Warum muss ICH den Dachboden aufräumen? Warum ist es überhaupt notwendig? Warum habe ich da so viel Zeug, dass ich noch nie wirklich gebraucht habe, hinauf gestellt?
    ▪ Je öfter Sie sich diese Fragen stellen und wenn Sie diese nicht wirklich oder nur mit einem „weil halt" beantworten können, desto weniger Sinn wird Ihr Gehirn darin sehen und Ihre Motivation sinkt in den Minusbereich. Alles, was sinnlos erscheint, lässt keine Motivation wachsen.
• Stellen Sie den Wunsch nach Perfektionismus ab.
  ◦ Prinzipiell ist im Perfektionismus nichts Schlechtes zu finden, außer vielleicht, dass alles wirklich perfekt sein muss. Geben Sie sich besser mit einem „Gut" zufrieden. Ein Gut ist nicht schlecht, nimmt aber dem Wunsch nach Perfektionismus den Wind aus den Segeln. Perfektionismus ist nur dort wirklich notwendig, wo ein „Gut" nicht ausreicht und enormer Schaden verursacht werden kann (z. B. sollte ein Pilot sein Handwerk perfekt beherrschen, weil sonst viele Menschenleben in Gefahr sind).
  ◦ Sie müssen den Dachboden nicht perfekt in Schuss bringen, ein übersichtliches Aufräumen reicht völlig aus. Jede Kiste, die entsorgt wird, sorgt für Entspannung. Ein gut aufgeräumter Dachboden ist mehr wert als der Traum von einem perfekten, der nie umgesetzt wird, weil man an der Vision schon scheitert.
    ▪ Halb aufgeräumt ist daher auch viel besser, als gar nicht erst anzufangen. Stellen Sie das „Machen" in den Mittelpunkt und nicht den perfekten Plan davon.

- Ändern Sie Ihre Einstellung.
  - Sie sehen sich gezwungen, endlich einmal den Dachboden entrümpeln zu müssen. Dieser Zwang, wo auch immer er herkommen mag, ist ein regelrechter Motivationskiller.
  - Ersetzen Sie den demotivierenden Gedanken „Ich muss den Dachboden aufräumen" durch einen motivierenden – „Ich habe mich dazu entschieden, heute ist der Tag, an dem ich den Dachboden aufräumen werde!". Klingt doch gleich viel besser, finden Sie nicht?
    - Machen Sie sich klar, dass Sie sich für die Tätigkeit des Aufräumens freiwillig entschieden haben und Sie schlichtweg gerne einen aufgeräumten Dachboden hätten. In einem ordentlichen Raum steckt sehr viel Potenzial. Vielleicht möchten Sie noch etwas anderes einlagern und finden dafür derzeit keinen Raum oder Sie möchten unnötigen Ballast einfach loswerden.
- Motivation kommt, wenn Sie handeln.
  - Genau am heutigen Tag, wo Sie eigentlich doch den Dachboden ausmisten wollten, fehlt Ihnen jegliche Lust dazu. Sie suchen ständige Ausflüchte, fühlen sich nicht wohl, suchen immer wieder Material, dass Sie für Ihr Vorhaben angeblich ganz dringend brauchen und sind über jede Art der Ablenkung mehr als dankbar.
  - Es hilft Ihnen jedoch nichts, wenn Sie sich hinsetzen und auf einen Motivationsschub warten. Ihre Motivation kommt nicht einfach so, Sie kommt aber während Ihrer Arbeit.
  - Mit jedem noch so kleinen Eck, dass Sie freigeräumt oder entmüllt haben, werden Glücksgefühle in Ihnen freigesetzt, die Sie wiederum zum Weitermachen motivieren. So kann es durchaus möglich sein, dass Sie schon fast traurig sind, wenn Sie mit Ihrer Aktion aufhören müssen, weil Ihre Kinder nach Hause kommen.
    - Handeln Sie erst, dann kommt die Motivation praktisch von selbst.
- Überwinden Sie Ihr Pendel der Unsicherheit.
  - Jede Ihrer Entscheidungen bedeutet einen enormen Einsatz an Willenskraft. Gehören Sie vielleicht auch zu den Menschen, die es äußerst schwierig finden, eine Entscheidung zu treffen? Falls ja, dann kennen Sie sicherlich dieses innere Pendel, welches immer wieder zwischen einem „Ja" und einem „Nein" zum Vorhaben hin und her schwingt. Durch ständiges Abwägen beider Optionen werden Sie an einer echten Entscheidungsfindung gehindert.
  - Während dieses Pendel schwingt, nimmt Ihre Willenskraft (den Dachboden aufzuräumen) zusehends ab. Am Ende werden Sie sich dann für ein „Nein" entscheiden, weil ein „Ja" keine Möglichkeit mehr darstellt.
    - Treffen Sie daher schnell Ihre Entscheidung, lassen Sie dieses innere Pendel gar nicht erst ins Schwingen kommen. Starten Sie sofort mit Ihrer Tätigkeit, den Dachboden aufzuräumen, ohne weiter über das ob oder ob nicht nachzudenken.

- Machen Sie sich Gedanken über das „Danach".
  - Der Schritt, den Sie jetzt gerade tun, ist der Schritt, der in diesem Moment der allerwichtigste ist.
  - Sie möchten heute Ihren Dachboden entrümpeln. Sind Sie hierbei unmotiviert, kommen Ihnen schon vor Beginn dieser Tätigkeit zahlreiche Ablenkungsversionen in Ihr Gehirn. All dies, was Sie jetzt lieber tun würden. Versuchen Sie aber, sich auf das Hier und Jetzt zu besinnen und sich nicht weiter von Ihren Gedanken ablenken oder umstimmen zu lassen.
    - Sobald Sie mit dem Aufräumen des Dachbodens fertig sind, können Sie beginnen, Ihren Ablenkungen nachzugehen. Dann werden Sie auch relativ schnell merken, dass Sie nur wenige davon wirklich gerne verwirklichen, die meisten wollten Sie nur von Ihrem Vorhaben abbringen.
- Motivation und Disziplin.
  - Motivation ist gut, um vor allem kurzfristige Tätigkeiten erledigen zu können. Für einen langfristigen positiven Effekt ist eine disziplinierte Vorgehensweise wichtig.
  - Verlassen Sie sich daher nicht nur auf Ihre Motivation allein, da Sie diese nicht über einen längeren Zeitraum aufrechterhalten können.
  - Eine hohe Selbstdisziplin eröffnet Ihnen so manches Türchen, das vorher schier zugemauert erschien.
    - Durch diszipliniertes Arbeiten schaffen Sie Ihren Dachboden beinahe wie von Geisterhand. Sie werden danach so motiviert sein, um vielleicht gleich noch mit der Küche weiterzumachen. Je disziplinierter Sie sind, desto einfacher wird es.

Suchterkrankungen

Suchterkrankungen sind im Prinzip Gewohnheiten, die ausgeufert sind. Süchtig kann der Mensch nach vielem sein. Sicherlich sind Alkoholsucht und Nikotinsucht zwei der häufigsten und die bekanntesten überhaupt. In neuesten Studien zeigt sich jedoch, dass sich dieses Bild langsam wendet. Gerade in der jüngeren Generation zeigt sich eine extreme Sucht den Medien gegenüber. Bereits im vorpubertären Alter sind Kinder süchtig nach Smartphone, Tablet und Co. Diese ziehen heute teilweise viel zu früh in die Kinderzimmer ein und nehmen sehr viel Raum und vor allem Zeit ein. Nicht nur der ständige Konsum dieser elektronischen Geräte allein ist hierbei das Problem.

Es geht vor allem darum, was das Kind und der spätere Erwachsene in dieser Zeit nicht tut. In dieser Medienzeit werden keine Freunde getroffen, es wird keine aktive sportliche Betätigung ausgeübt, nichts für die Schule gelernt, keine große zwischenmenschliche Aktion in der Familie gepflegt, die Motorik nicht oder zumindest kaum trainiert und die Augen werden extrem belastet. Außerdem sind viele Spiele, die sich großer Beliebtheit erfreuen, von einem hohen Gewaltpotenzial begleitet. Nicht immer fällt es Kindern dann leicht, Fiktion und Realität zu unterscheiden. Logischerweise wird nicht jedes Kind später einmal straffällig, aber die Zeit, die mit Ballerspielen verbracht wird, prägt den jungen Menschen nachhaltig.

Jede Gewohnheit birgt eine Art Sucht in sich. Daher ist es nicht immer einfach, sich sofort davon zu trennen und anfangs lieb gewonnene Gewohnheiten abzulegen. Wie bei einer Alkoholerkrankung beispielsweise ist es jedoch immer besser, Gewohnheiten abzustreifen, solange man es noch aus eigener Kraft kann. Ist man erst nachhaltig geschädigt (z. B. wenn man einen Lebertumor aufgrund des anhaltenden Alkoholkonsums hat), hilft häufig ein Umdenken nicht mehr, um sein Leben wieder selbstbestimmt in die Hand nehmen zu können. Irgendwann ist es leider für alles zu spät. Aber so weit wollen Sie es nicht kommen lassen. Sie möchten sich nicht den psychischen und physischen Entzugserscheinungen ergeben, sondern diesen mit Stärke und eisernem Willen begegnen. Daher haben Sie den ersten Schritt in die richtige Richtung auf jeden Fall getan.

Ihre sieben Schritte zum neuen und freien Leben

Ihr neues Leben beginnt heute! Mit diesen 7 Schritten ist Ihrem neuen, freien Leben voller guter Gewohnheiten der Weg geebnet.

1. Machen Sie sich klar, welche Gewohnheit Sie in Ihrem Leben abschaffen möchten.
2. Wählen Sie hierfür als Ersatz eine bessere, gesündere oder glücklicher machende Gewohnheit.
3. Finden Sie den Kreislauf Ihrer alten Gewohnheit heraus.
4. Verbinden Sie die alte Gewohnheit mit der neuen Gewohnheit.
5. Belohnen Sie sich selbst.
6. Feiern Sie sich bei jedem Erfolg.
7. Werden Sie sich bewusst, wie viel reicher Ihr Leben durch die Änderung der Gewohnheit ist.

BEISPIELE

<u>Aufhören mit dem Rauchen</u>

- Sie haben beschlossen, dass jetzt, hier und heute, der erste Tag ohne die lästig gewordene Zigarette ist. Noch verbinden Sie mit dieser Gewohnheit nicht nur Negatives, sondern sehr viel Positives. Vielleicht rauchen sehr viele Ihrer Freunde und Bekannten, eventuell raucht sogar Ihr Lebenspartner. Das Rauchen einer Zigarette hat sehr viel Raum und Zeit in Ihrem Leben eingenommen. Bei allem war sie bis jetzt dabei, doch damit soll endlich Schluss sein! Herzlichen Glückwunsch, der feste Wille ist der erste zentrale Bestandteil, ein solches Laster loszuwerden. Ob Sie freiwillig das Rauchen aufgeben oder sich gezwungen sehen (z. B. weil Ihr neuer Partner Nichtraucher ist oder Sie drohen, ernsthaft zu erkranken), ist prinzipiell irrelevant. Wichtig ist nur, dass Sie wirklich das Rauchen sein lassen wollen.
- Jetzt brauchen Sie einen Ersatz, der Ihnen die Entwöhnung vom Rauchen erleichtert. Ohne diesen Ersatz ist es kaum möglich, die alte Gewohnheit beiseitezulegen und auch langfristig liegen zu lassen. Dieser Ersatz kann vielfältiger Natur sein:
  ◦ Sie möchten beispielsweise schon lange mehr Sport machen, dann haben Sie jetzt den optimalen Grund.

Was Sie als Ersatzgewohnheit wählen, bleibt Ihnen überlassen, jedoch sollten Sie bedenken, dass die neue Gewohnheit eine bessere als die alte sein sollte. Es bringt Ihnen nichts, wenn Sie das Rauchen gegen den Konsum von Alkohol ersetzen. Dann hätten Sie das Ganze gleichbleiben lassen können. Eine neue Gewohnheit soll Ihr Leben positiv verändern und nicht weiter in den Strudel der schlechten Gewohnheiten hinabziehen. Im schlimmsten Fall würden Sie dann rauchen und trinken. Beides für sich gestellt schon keine gute Gewohnheit und beides zusammen der absolute Supergau der schlechten Gewohnheiten.

- Wie ist Ihre Gewohnheit, zu rauchen, entstanden? Haben Sie sich schon jemals darüber Gedanken gemacht? Wahrscheinlich nicht, hierfür ist aber genau jetzt der richtige Zeitpunkt. Wenn Sie eine schlechte Gewohnheit wie das Rauchen als eine Art Krankheit sehen würden, müssten Sie bedenken, dass es nur zu einer Heilung kommen kann, wenn die Ursache des ganzen Übels festgestellt und behandelt wurde. Genau das Gleiche trifft im Prinzip auch auf Ihr Rauchverhalten zu. 90 % aller Raucher fangen in der Pubertät das Rauchen an, so aktuelle Studien verschiedenster Krankenkassen. Logischerweise können Sie das Faktum, wann und wieso Sie die Zigarette in Ihr Leben gelassen haben, nicht mehr rückgängig machen, aber Sie können diesen Teufelskreis heute unterbrechen. Machen Sie sich bewusst wahr, was Sie zum Greifen nach einer Zigarette motiviert. Finden Sie den Auslöser (Trigger). Dieser kann z. B. eine bestimmte Tageszeit sein (z. B. gleich nach dem Aufstehen), eine bestimmte Tätigkeit (z. B. in der Pause auf der Arbeit oder auf dem Weg zur Arbeit) oder eine bestimmte Situation (z. B. nach einem Gespräch mit dem Chef). Dieser Auslöser hat dann immer wieder die gleiche Handlung zur Folge, nämlich das Rauchen von mindestens einer Zigarette. Wie schaut es dann mit einer Belohnung aus? Was ist beim Rauchen passiert? Mag sein, dass Sie besonders gut geschmeckt hat oder auch nicht. Vielleicht haben Sie sich auch dadurch beruhigt und geerdet gefühlt oder eben auch nicht. Vermutlich mussten Sie husten oder Sie wurden von Ihrem Gegenüber gebeten, doch bitte den „Glimmstängel" auszumachen, weil er sich dadurch gestört fühlte.
  - Versuchen Sie, das Schlechte an Ihrer Gewohnheit herauszufiltern und stellen Sie dies in Ihren Fokus.
- Verbinden Sie Ihre alte, schlechte Gewohnheit mit Ihrer neuen, guten Gewohnheit. Versuchen Sie selbst, alle positiven Aspekte von mehr Sport herauszukristallisieren. Halten Sie dann die negativen Punkte des Rauchens dagegen.
  - Dies könnte wie folgt aussehen:
    - Rauchen: stinkt, kostet viel Geld, macht krank (z. B. Lungenkrebs, Raucherbein), verursacht furchtbaren morgendlichen Husten, immer muss man ins Freie gehen, um Rauchen zu können (im Winter sehr kalt), der Lebenspartner lehnt es ab, in der Wohnung duldet der Mieter das Rauchen nicht und so weiter.
    - Sport: stinkt nicht, kostet nur Geld, wenn ich bereit bin, welches zu investieren

(z. B. für ein Outfit, den Sportverein, das Sportstudio, für Equipment), kann auch mit Freunden gemacht werden (z. B. Joggen in der Gruppe, Eislaufen in der Gruppe), ist von Wetter unabhängig (kann innen und außen stattfinden), verhindert eine Gewichtszunahme, ermöglicht das „Sündigen beim Essen" und so weiter.

Alles, was die alte Gewohnheit noch schlechter aussehen lässt und die neue Gewohnheit als positiv hervorhebt, ist gut.

- Belohnen Sie sich selbst bei jedem Erfolg. Jeder Tag, den Sie ohne eine Zigarette verbringen können, ist ein guter Tag. Freuen Sie sich für sich, belohnen Sie sich selbst.

Hierbei könnten Sie sich kleine Ziele setzen, z. B.:
  - Nach einer Woche gehen Sie mit Ihren Freunden bei Ihrem Lieblingsitaliener essen.
  - Nach vier Wochen besuchen Sie mit Ihrem Partner Ihr Lieblingsmusical.
  - Nach 3 Monaten fahren Sie mit Ihrem Partner über das Wochenende weg.
  - Nach 6 Monaten schaffen Sie sich einen jungen Hund an, mit dem können Sie ja mittlerweile konditionell spielend mithalten.

Sie können aber auch durch Ihre neue Gewohnheit, nämlich regelmäßiges Treiben von Sport, nahezu täglich belohnt werden, z. B.:
  - Vorfreude auf das, was nach dem Sport getan wird (z. B. heiße Dusche und danach aufs Sofa).
  - Ein Wohlgefühl, dass Sie durch den Sport durchzieht.
  - Das wunderbare Gefühl, wieder frei und nicht verqualmt durchatmen zu können.
  - Die Endorphine, die durch die sportliche Aktivität ausgeschüttet werden.

- Feiern Sie sich und Ihren Erfolg. Tun Sie dies anfangs jedes Mal, wenn Sie, anstatt in Ihre alte Gewohnheit (Rauchen) zu verfallen, die neue Gewohnheit (Sport) ausgeübt haben.

Es geht hierbei nicht darum, jedes Mal ein rauschendes Fest zu feiern oder öffentlich zu jubilieren. Gehen Sie viel subtiler vor. Trinken Sie einen Kaffee in der Eisdiele nebenan, lackieren Sie sich die Fingernägel in Ihrer Lieblingsfarbe, legen Sie die alte staubige Heavy-Metal-CD ein und loben Sie sich, was das Zeug hält! Sagen Sie sich immer wieder: „Das hast du super gemacht, ich bin stolz auf dich!"

Sie können sich das Ganze auch ganz einfach bildlich gestalten. Vielleicht mit einem großen Kalender, den Sie farblich gestalten und jeden Tag, den Sie ohne das Rauchen verbracht haben, bunt anmalen. Dieses kleine Instrument wird seine Wirkung entfalten, Sie werden erstaunt sein. Machen Sie dies, solange es Ihnen gefällt. Irgendwann werden Sie wie von Zauberhand bemerken, dass Sie schon ganz selbstverständlich ohne eine Zigarette auskommen und wie gerne Sie Sport treiben.

- Verdeutlichen Sie sich immer wieder, wie viel lebenswerter, schöner und glücklicher Ihr Leben ohne das Rauchen ist. Wagen Sie vielleicht einmal einen kurzen Blick in Ihr früheres Ich. Nur einen kurzen. Sie sollen nicht der alten Zeit nachtrauern, sondern das Glück spüren, welches mit der neuen Zeit einhergeht. Lernen Sie, sich selbst dafür zu schätzen und zu achten, welche Strapazen Sie auf sich genommen haben, um das Rauchen sein zu lassen und Sport in Ihren Alltag implementieren zu können.
-

Mehr Ordnung und Sauberkeit in Ihrem Leben
- Sie haben beschlossen, mehr Ordnung in Ihr Leben zu bringen und dem Chaos keine Chance mehr zu geben. Immer wieder haben Sie immense Probleme, Ihren Haushalt am Laufen zu halten. Meistens nutzen Sie Ihre Zeit anders, am Ende lassen Sie vieles unerledigt. Damit ist ab heute Schluss. Ab heute möchten Sie einen neuen Weg gehen, einen Weg, in dem der Boden sauber und der Tisch nicht mit dem alten Geschirr bedeckt ist.
- Hierfür benötigen Sie eine Ersatzgewohnheit? Im Prinzip ist diese schnell gefunden. Bis zum heutigen Tag haben Sie an vielen Tagen kaum oder gar nichts im Haushalt gemacht, um dann immer wieder tagelang hintereinander im regelrechten Putzwahn auszubrechen, um alles auf einmal zu machen. Sind Sie diesen Stress nicht leid? Die neue Gewohnheit soll Sie leichter durchs Leben leiten, als es das Chaos je gekonnt hätte.
- Gibt es einen Auslöser für Ihre Gewohnheit, das Chaos Chaos sein zu lassen? Nutzen Sie die Zeit, in der Sie zuhause sind (und vielleicht der Partner an der Arbeit und die Kinder in der Schule oder im Kindergarten) lieber zum Daddeln am Smartphone oder zum Chatten in den sozialen Medien? Stellen Sie dann immer wieder fest, wie schnell ein Vormittag, ungenutzt mit den wichtigen Dingen, vergangen ist. Durchbrechen Sie diesen Kreislauf. Lassen Sie ab von dieser Routine.
- Stellen Sie Ihre alte Gewohnheit, öfter einmal nichts zu tun, neben Ihre neue Gewohnheit, nämlich täglich etwas zu tun, statt auf einmal alles tun zu müssen.
  - Wöchentliche Hausarbeit: Sie sind stundenlang beschäftigt, alles muss auf einmal erledigt werden, Sie fühlen sich schon vor der Arbeit von dieser regelrecht überfahren, es nervt sie schon die ganze Woche, dass dieser eine Tag wieder bevorsteht.
  - Tägliche Hausarbeit: Sie sind jeden Tag beschäftigt (z. B. eine Stunde), der Rest ist Freizeit, Sie haben nicht mehr diesen einen „Kraftakt" an einem Tag zu bewältigen, Sie haben weniger Stress und mehr Freizeit, getane Arbeit beflügelt Sie regelrecht.

Sie werden es bald nicht mehr als störend empfinden, täglich etwas im Haushalt tun zu müssen, weil sich nicht mehr diese Berge an Arbeit auftürmen werden, die

dann von Ihnen mühsam beiseitegeschafft werden müssen.
• Belohnen Sie sich selbst. Die Belohnung hierfür dürfen Sie wie immer frei und selbstbestimmt wählen. Hierbei dürfen Sie natürlich auch auf Ihr Smartphone zurückgreifen. Es geht ja nicht darum, Ihre Handyaktivität einzuschränken, sondern die Zeit, die täglich für die Hausarbeit aufgewendet wird, hochzuschrauben. Nach der Arbeit dürfen Sie selbstverständlich während der verbliebenen Zeit im Internet surfen, Spiele spielen oder einer sonstigen Beschäftigung frönen. Belohnen Sie sich selbst für Ihre erzielten Erfolge. So können Sie sich am besten selbst motivieren, ohne auf große Dinge von außen hoffen zu müssen. Ihre begeisterte Familie wird Sie mit Komplimenten zusätzlich von außen motivieren.
• Feiern Sie sich bei jedem Erfolg, dies ist auch hier wichtig. Führen Sie sich immer wieder bewusst vor Augen, was das tägliche Tun auch in Ihnen auslöst. Sie fühlen sich zufriedener, glücklicher, entspannter usw. Feiern Sie sich selbst. Trinken Sie abends erschöpft und zufrieden ein Gläschen Wein, laden Sie Ihre Freunde ein – jetzt können Sie Ihre Wohnung auch immer vorzeigen – oder hören Sie beim Saubermachen Ihre Lieblingsmusik. Sie werden erstaunt sein, wie viel Spaß Hausarbeit machen kann, wenn die Rahmenbedingungen passen.
　　Diese können Sie ganz leicht selbst gestalten. Hören Sie Ihre Lieblingsmusik, so arbeiten Sie und feiern gleichzeitig Ihr Tun. Singen Sie, tanzen Sie, nehmen Sie die Reinigungsmittel, die Ihnen am besten zusagen. Sie mögen Zitrusdüfte oder Lavendel? Es gibt Putzmittel in zahlreichen Duftnoten, Sie haben die Wahl. Machen Sie das Beste für sich daraus.
• Wie hat sich Ihr Leben mit der neuen Gewohnheit verändert? Haben Sie gemerkt, wie spielend Ihnen die tägliche Hausarbeit von der Hand geht? Im Vergleich zu vorher doch ein wahrer Traum. Schlussendlich haben Sie sogar noch viel mehr Freizeit und Sie können sich obendrein jeden Tag an Ihrer schönen und vor allem sauberen Wohnung erfreuen. Vielleicht haben Sie, zum besseren Durchhalten, einen Putzplan in Ihr Leben gelassen oder für jeden Wochentag einen Raum, den Sie von oben bis unten in Schuss halten. Egal wie Sie Ihr Vorhaben umgesetzt haben, Sie können getrost stolz auf sich sein, das Ganze in Angriff genommen und wirklich umgesetzt zu haben. Vielleicht haben Sie noch manchmal Ihre Wohnung vor Ihrem Wechsel der Gewohnheiten im Hinterkopf. Manchmal schütteln Sie womöglich sogar den Kopf über Ihre schlechte Gewohnheit früher. Auch dies gehört dazu und bestärkt Sie im Nachhinein, wirklich das Richtige getan zu haben. Sie haben das gut gemacht und können absolut stolz auf sich sein.
•

Weniger Essen aus Langeweile
• Sicherlich kennen Sie dieses Phänomen, da es sehr weit verbreitet ist. Wir alle tun es hin und wieder. An sich ist dies auch kein Problem. Nur, wenn es zu einer Gewohnheit wird, wird ein weitreichendes Problem daraus. Genau dieser

schlechten Angewohnheit möchten Sie jetzt zu Leibe rücken und endlich Schluss damit machen. Sie möchten nur noch dann essen, wenn Sie wirklich Hunger haben und nicht, wenn Ihnen gerade nichts Besseres einfällt. Endlich Schluss mit diesen unzähligen Kalorien so im Vorübergehen.

- Was könnte Ihnen als Ersatz dienen? Sie möchten nicht immer, wenn Sie gerade abends am PC sitzen oder im Büro über einem kniffligen Projekt schmoren, zu Essbarem greifen. Dennoch möchten oder brauchen Sie in diesen meist stressigen, nervigen oder auch langweiligen Situationen irgendeine Beschäftigung. Vielleicht benötigt sogar Ihr Mund eine Beschäftigung.
  - Kauen Sie gerne Kaugummi? Ein zuckerfreier Kaugummi ist allemal besser als Süßigkeiten oder andere zuckerhaltige oder fettgetränkte Lebensmittel.
  - Vielleicht greifen Sie auch auf das altbewährte Kauen eines Zahnstochers zurück. Sicherlich nicht die neueste Methode, aber durchaus effektiv. Nur das Verschlucken sollten Sie tunlichst vermeiden, das könnte durchaus unangenehm für Sie werden.
  - Verfallen Sie bitte auch nicht in Nägelkauen als Ersatz. Erstens ist es unschön für Fingernägel und Nagelhaut und zweitens bringt es Sie nicht weiter. Des Weiteren verursacht es Schmerzen und Empfindungsprobleme in den Fingerkuppen. Beides nicht gerade von Vorteil bei jeder Art der Fingertätigkeit.
- Die Frage nach dem Auslöser ist hierbei oft mühselig. Manchmal möchten Sie durch die Essensunterbrechung vielleicht von einer unangenehmen Tätigkeit zumindest kurzfristig abgelenkt werden, manchmal benötigen Sie eine kurze Verschnaufpause zum befreiten Nachdenken. Ein anderes Mal könnten Sie diese Frage vermutlich noch nicht einmal wirklich beantworten.

Hier helfen nur kleine Beobachtungen weiter:
  - Essen Sie wirklich regelmäßig, ausreichend und ausgewogen? Es bringt Ihnen nichts, selbst wenn Sie gerade keine Diät im Auge haben, auf das Abendessen zu verzichten, um dann immer wieder den nächtlichen Gang zum Kühlschrank anzutreten. Viele Ernährungswissenschaftler raten, sechs Mahlzeiten über den Tag verteilt zu sich zu nehmen. Hierbei sind keine 3-Gänge-Menüs gemeint, sondern auch durchaus Zwischenmahlzeiten, aber eben regelmäßig gestaltet. Dazwischen sollte möglichst auf eine Nahrungszufuhr verzichtet werden.
  - Wann gehen Sie besonders oft zum Kühlschrank? Gibt es hierbei einen bestimmten Grund oder eine besondere Situation? Können Sie diese abschaffen oder so verändern, dass Sie nicht mehr zwischendurch aus Langeweile essen?
  - Können Ihre Arbeit oder Ihre Tätigkeiten, die zum ständigen Essen aus Stress oder Langeweile führen, an einen anderen Ort verlagert werden? Je länger der Weg zur Nahrung ist, desto seltener werden Sie diesen antreten. Essen aus einer Langeweile heraus ist nur dann möglich, wenn die Lebensmittel schnell und unkompliziert beschafft werden können.

○ Wenn Sie essen müssen, weil es wirklich nicht anders geht, können Sie dann auf gesunde Lebensmittel zurückgreifen? Vielleicht macht Ihnen das Schnippeln von Karottensticks oder Gurkenscheiben schon richtig Spaß auf die bevorstehende Arbeit oder auch das Lümmeln auf dem Sofa. So wird Essen aus Langeweile sogar noch richtig positiv für Sie. Sie setzen sich zum einen ganz gezielt mit Ihrem Problem auseinander, schaffen ungesunde Lebensmittel zwischendurch ab und ersetzen diese durch Vitaminbomben.

Vielleicht können Sie den Auslöser für Ihre schlechte Gewohnheit nicht wirklich ausmachen, aber vielleicht können Sie diese trotzdem ändern. Durch den einen oder anderen Kniff ist dies unter Umständen ein richtiges Kinderspiel.

• Verbinden Sie Ihre alte, schlechte Gewohnheit mit Ihrer neuen, guten Gewohnheit. Versuchen Sie selbst, alle negativen Aspekte des zwischendurch Essens aus Langeweile bewusst vor Augen zu führen. Gewohnheiten sind unterbewusste Handlungen, also machen Sie sich Ihre schlechten Gewohnheiten bewusst. Verbinden Sie diese unguten Aspekte mit positiven Aspekten.

○ Essen aus Langeweile: ständig fettige Finger beim Arbeiten, keine vernünftige Mahlzeit und trotzdem hohe Kalorienzufuhr, ständige Gewichtszunahme, weil entweder zu spät oder zu viel zwischendurch gegessen wird, nach der Arbeit Schlafprobleme, weil der Magen zu voll ist, um abschalten zu können, und so weiter.

○ Kein Essen aus Langeweile: Mehr Hunger und auch besseres Sättigungsgefühl bei den Hauptmahlzeiten, konzentrierteres Arbeiten, evtl. bessere Hirnleistung durch das Kauen eines Kaugummis, hohe unkontrollierte Kalorienzufuhr wird verhindert, und so weiter.

Heben Sie bewusst die positive Gewohnheit hervor und lassen Sie die alte Gewohnheit dementsprechend schlecht aussehen. Machen Sie sich Ihr schlechtes Verhalten sich selbst gegenüber bewusst und nehmen Sie bewusst wahr, wie Sie dieses bereits langfristig zu ändern beginnen.

• Belohnen Sie sich selbst für jeden Tag, den Sie ohne Essen aus Langeweile verbringen. Damit setzen Sie sich wieder bewusst mit Ihrem alten Problem und der damit einhergehenden schlechten Gewohnheit auseinander. Durch gezieltes Belohnen können Sie sich selbst stetig in Ihrem neuen Weg bestärken und verhindern Rückschläge. Logischerweise kann es auch einmal vorkommen, dass Sie kurz davor sind, wieder in ein altes Muster abzurutschen, und Sie werden dann vielleicht sogar völlig fassungslos von sich selbst sein, wenn Sie es entgegen aller guten Vorsätze doch wieder getan haben. Aber Sie sind kein trockener Alkoholiker, bei dem die geringste Spur von Alkohol zu einem richtigen Rückfall führen kann und meist auch wird. Sie können einen kleinen Ausrutscher verkraften, sollten diesen aber auch nicht allzu leichtfertig hinnehmen, sonst verfallen Sie irgendwann wieder völlig in Ihr altes Schema. Belohnen Sie sich daher für jeden

Erfolg. Auch ein Rückschlag kann ein Erfolg sein, wenn Sie es bei einem Ausrutscher belassen. Die Art der Belohnung kann unterschiedlich sein. Vielleicht stellen Sie sich an einem besonderen Tag einmal eine Schüssel mit Ihren Lieblingsknabbereien bereit – nicht etwa, um wieder in alte Verhaltensmuster zurück zu driften, sondern vielmehr, um sich bewusst mit der Nahrungsaufnahme zwischendurch auseinanderzusetzen. So wissen Sie genau, was Sie wirklich nebenbei konsumiert haben. Oder Sie trinken einmal ein Gläschen Wein, um sich für Ihr Durchhalten zu belohnen. Eines wohlgemerkt, sonst driften Sie möglicherweise in eine andere schlechte Gewohnheit ab.

- Feiern Sie Ihre Erfolge. Sagen Sie sich immer wieder, wie gut Sie das machen. Vielleicht bemerken Sie schon einen ersten Erfolg auf der Waage. Ihr Gewicht steigt nicht mehr stetig an, sondern geht langsam zurück. Feiern Sie dieses, gönnen Sie sich etwas Schönes, etwa einen Kinobesuch oder einen Tag im Freizeitpark. Feiern Sie Ihren Wechsel der Gewohnheiten und Ihr enormes Durchhaltevermögen. Sie haben das geschafft, wofür andere Jahre brauchen oder so lange daran scheitern, bis sie schließlich resignieren und jegliche weitere Versuche unterlassen.
- Werden Sie sich immer wieder bewusst, was Sie geleistet haben. In unserer schnelllebigen Zeit geht es immer nur darum, „schneller, besser, höher, weiter, effizienter" oder was auch immer zu sein. Hier sind Sie einmal gut zu sich. Sie haben mit Ihrer schlechten Gewohnheit gebrochen, weil diese Ihnen mehr geschadet hat, als dass Sie Ihnen nützlich war. Vielleicht wagen Sie einmal einen Blick zurück – in die Zeit, in der der Kühlschrank Ihr bester Freund für zwischendurch war. Sicherlich werden Sie Ihren guten alten Freund, den Kühlschrank, nicht vermissen, aber Sie werden ihn jetzt anders nutzen, vielfältiger und vor allem bewusster. Ihre Gesundheit, Ihr gutes Gefühl und nicht zuletzt Sie als Ganzes werden es Ihnen immer wieder danken.

Hilfe holen hilft wirklich

Um mit Ihren alten und schlechten Gewohnheiten brechen zu können, können Ihnen nahezu jederzeit Menschen mit fachkompetenter Beratung weiterhelfen.

- Krankenkassen bieten immer ein abwechslungsreiches Angebot an Programmen, um seine Gewohnheiten in puncto Gesundheitsfragen neu zu definieren. Zahlreiche Kurse etc. werden ganz von den Krankenkassen bezahlt, manche zumindest bezuschusst oder mit Prämien für Erfolge honoriert.
- Bei Gewohnheiten, die die Gesundheit schädigen, sind auch immer Hausärzte, Kinderärzte und Fachärzte Anlaufstellen, wo Sie sich Hilfe, Rat und neue Ideen holen können.
- Bei den verschiedensten Erkrankungen gibt es verschiedenste Anlaufstellen (z. B. gibt es bei Übergewicht Institutionen, die sich genau dieser Thematik verschrieben haben). Kommen Sie daher in Eigenregie mit dem Ändern Ihrer Gewohnheiten nicht weiter, können Ihnen diese Stellen meist konkrete Vorschläge machen und sind teilweise sogar 24/7 erreichbar.
- Psychologen können mit Ihnen beispielsweise einen Grund zu Ihren schlechten Gewohnheiten herausfinden, der vielleicht tief verankert in Ihnen lebt.
- Sozialarbeiter oder Sozialtherapeuten können Ihnen bei neuen Strukturen in Ihrem Alltag mit Rat und Tat zur Seite stehen. Gerade wenn die schlechten Gewohnheiten einen massiv schlechten Einfluss auf das private, berufliche und soziale Leben haben, sind diese Anlaufstellen bares Gold wert.
- Ein ambulanter Pflegedienst kann Ihnen ebenso hilfreich sein. Dieser leistet häufig nicht nur Unterstützung in der medizinischen und pflegerischen Versorgung, sondern kann Ihnen auch hauswirtschaftliche Unterstützung geben.
- Auch in Ihrer Umgebung, selbst wenn Sie sehr ländlich wohnen sollten, gibt es zahlreiche Anlaufstellen, die Ihnen Halt und Struktur in Ihrem Leben vermitteln und Sie bei Ihrem Weg, Ihre alten Gewohnheiten ändern zu wollen, tatkräftige Unterstützung gewährleisten können. Viele karitative Vereinigungen und Wohlfahrtsverbände sind hierbei besonders aktiv. Meist ist die Beratung kostenlos und auf alle Fälle wird der Datenschutz gewährleistet, es läuft also alles anonym ab, außer Sie möchten eine gezielte Hilfestellung (z. B. ein Gespräch mit dem Arbeitgeber unter Begleitung).
- Beratungsstellen, Selbsthilfegruppen, Hilfstelefone etc. – die Bandbreite ist sehr weit gefächert. Es gibt nahezu kein Problem, bei dem nicht irgendjemand wirklich helfen könnte. Daher verweisen Sie die Fachstellen auch gerne an die Stellen weiter, die für Ihre Problematik zuständig sind. Nichtsdestotrotz kann es durchaus vorkommen, dass jemand mit einem Suchtproblem die gleiche Unterstützung

erhält wie jemand, der beim Begleichen von Rechnungen extrem unzuverlässig ist. Hinter beidem kann die gleiche Ursache oder auch die gleiche Lösung stecken. Daher dürfen Sie sich nicht wundern, Sie sollen nur von den positiven Seiten profitieren können.

• Haben Sie sich schon einmal einer Langzeit-Therapie unterzogen? Bei Sucherkrankungen stehen diese meist an der Tagesordnung. Bei vielen anderen Problematiken gibt es jedoch ähnliche Strategien. Sie können beantragt werden bei jeder Art der Sucht (z. B. Alkohol, Drogen), aber auch bei Messi-Erkrankungen (man kann sich von nichts mehr trennen und vermüllt seine Wohnung daher völlig), bei Essstörungen (z. B. Magersucht, Bulimie), bei Verhaltensstörungen, bei nahezu allen psychischen Erkrankungen und Störungen und bei vielen weiteren Problemen.

• Ist Ihnen eine Langzeit-Therapie zu viel oder würde diese das Maß völlig überziehen (z. B. wenn Sie nur ein paar Kilo an Gewicht verlieren möchten), wäre eventuell eine dementsprechende Rehabilitationsmaßnahme ein passendes Pendant. Bereits für Kinder gibt es derartige Reha-Kliniken, die sich beispielsweise den Gewichtsproblemen von Kindern jeden Alters, von ganz klein bis zur Volljährigkeit, annehmen. Als Elternteil haben Sie sogar bis zu einem gewissen Lebensalter Ihres Nachwuchses (natürlich auch abhängig vom Krankheitsbild) das Recht, an dieser häufig mehrere Wochen dauernden Maßnahme ebenfalls teilzunehmen. So können Sie und Ihr Kind fürs Leben lernen und sich gegenseitig beim Vorhaben aktiv und passiv unterstützen. Meist fangen schlechte Gewohnheiten bereits im Kindesalter an, häufig werden diese geradezu durch die Erziehung angelegt, geprägt und gefestigt. Umso besser wäre im Idealfall solch eine Maßnahme, wenn man sich selbst im Alltag immer wieder beim Tabubruch ertappt und ohne fremde Hilfe erst gar keinen sinnvollen ersten Schritt zu machen wagt.

30 Tage - neues Glück auch im Beruf

Mindestens 30-60 Tage müssen neue Gewohnheiten gehegt und gepflegt werden, um in Routinen übergehen zu können. Natürlich ist hierbei das Ausmaß der neuen Gewohnheit zeitentscheidend. Manches ist in ein paar Tagen gar nicht mehr wegzudenken (z. B. vor dem Essen zwei Gläser Wasser zu trinken, um den Magen bereits vor dem Essen etwas zu füllen), anderes benötigt etwas länger (z. B. rauchfrei durchs Leben zu gehen).

Gewohnheiten ändern heißt, die persönliche Komfortzone zu verlassen. Dies tut man, um sich weiterzuentwickeln, Abläufe leichter und effektiver zu gestalten und dauerhaft gesünder, schneller und einfacher den Alltag bestreiten zu können.

Gerade im beruflichen Alltag geht es meist um Leistung und Konkurrenzdruck. Hier ist es häufig schwieriger, die Komfortzone zu verlassen und neue Gewohnheiten zu implementieren, weil man aufgrund des zeitlichen und nervlichen Drucks nur allzu gerne auf Gewohntes zurückgreift. Am Anfang scheint es immer sehr knifflig, der erste Schritt ist auch hier der schwerste. Profitieren können Sie jedoch allemal, auch von Tätigkeiten, die noch keine Gewohnheit geworden sind, dies aber werden sollen.

ZEITPROTOKOLL ANLEGEN

Ein probates Mittel kann im beruflichen Alltag ein tägliches Zeitprotokoll sein. Dieses Protokoll sollten Sie erst einmal eine Woche lang führen.

- **<u>1. Schritt:</u>**

Suchen Sie sich eine Woche heraus, die sich eignet. Sicherlich möchten Sie schnellstmöglich neue und bessere Gewohnheiten in Ihrem beruflichen Alltag haben, jedoch ist es nicht gerade zielführend, wenn Sie sich die stressigste Arbeitswoche im ganzen Kalenderjahr herauspicken.

- **<u>2. Schritt:</u>**

Schreiben Sie alle Tätigkeiten auf, die Ihnen auffallen. Nehmen Sie Ihren beruflichen Alltag bewusst wahr. Dies kostet erst einmal Zeit (daher nicht die stressigste Arbeitswoche hernehmen). Sie werden erstaunt sein, wie viele Tätigkeiten den ganzen Tag über unterbewusst ablaufen.

- **3. Schritt:**

Analysieren Sie Ihre Gewohnheiten. Nehmen Sie sich einen Automatismus nach dem anderen gezielt her und wägen Sie ab, ob dieser Sinn macht oder eher das Gegenteil verursacht. Je genauer Sie bei den Abläufen waren, desto besser können Sie diese jetzt beurteilen.

Nicht alles, was dieses Zeitprotokoll widerspiegelt, wird Ihnen gefallen. Erfolgreiche Menschen erledigen auch unangenehme Tätigkeiten, nicht so erfolgreiche schieben diese immer wieder vor sich hin, erledigen diese gar nicht oder nur ungenügend. Da Sie sich jedoch positiv verändern möchten, nehmen Sie jetzt jede Hürde gezielt in Angriff.

Beispiel:

- **1. Schritt:**

Sie haben sich für KW 12 entschieden, da das letzte große Projekt erledigt ist und das nächste noch nicht anläuft. In dieser Arbeitswoche läuft also alles „normal" ab, Sie haben somit die Möglichkeit, Ihre beruflichen Gewohnheiten bewusst wahrzunehmen.

- **2. Schritt:**

Schreiben Sie nun von Montag bis Freitag (oder wenn Sie andere Tage arbeiten, dann eben diese) alle Tätigkeiten auf, die Ihnen auffallen. Gehen Sie bewusst durch Ihren beruflichen Alltag, eventuell bitten Sie einen Kollegen, Ihnen helfend zur Seite zu stehen. So können „blinde Flecken" nicht so leicht entstehen. Manche Abläufe sind nämlich so selbstverständlich, dass diese (zumindest nicht beim ersten Versuch des bewussten Wahrnehmens) nur schwer ins Bewusstsein hochrutschen.

Selbstverständlich kann diese Liste von Tag zu Tag variieren, weshalb Sie dieses Protokoll auch eine Arbeitswoche und nicht nur einen Arbeitstag lang führen sollten.

- **3. Schritt:**

Analysieren Sie nach dieser Arbeitswoche alle Ihre beruflichen Gewohnheiten. Schreiben Sie diese in eine Liste oder eine Tabelle und gehen Sie nach und nach jede einzelne und noch so banale Gewohnheit durch. Vielleicht stellen Sie schon beim Aufschreiben gewisse Ungereimtheiten fest.
  - Sie stehen zu spät auf und kommen deshalb immer abgehetzt zur Arbeit → wenn Sie eher aufstehen, können Sie noch gemütlich einen Kaffee mit Ihren Kollegen vor der Arbeit trinken.

- Sie könnten beispielsweise den gleichen Weg innerhalb kürzester Zeit immer wieder gehen → vielleicht können Sie diese Wege zu einem zusammenführen (rationelles Arbeiten wäre somit gegeben).
- Sie machen fast täglich Überstunden, weil Sie immer wieder Arbeitsmaterial zusammensuchen müssen → eventuell können Sie Material, dass Sie morgen brauchen, vor Beendigung des heutigen Arbeitstages vorbereiten?
- Sie gehen häufig zum Wasserspender und dann wiederum häufig zur Toilette, weil Sie mit einer Tätigkeit nicht anfangen möchten → erledigen Sie diese belastende Tätigkeit oder bitten Sie einen Kollegen um Hilfe, wenn Sie nicht weiterkommen.

Die Liste der Möglichkeiten lässt sich je nach beruflicher Tätigkeit und je nach Schwerpunkten unendlich fortführen. Wichtig ist jedoch nur, dass Sie jeden Automatismus abwägen. Viele Gewohnheiten können mit Sicherheit verbleiben und durch kleine Veränderungen der eher ungünstigen Gewohnheiten können teilweise große Erfolge und eine leichtere Tätigkeit erzielt werden.

FEEDBACK-KALENDER ABHAKEN

Haben Sie schon einmal einen Feedback-Kalender zur Hand genommen? Im Prinzip können Sie hierfür ein ganz normales Monats-Kalenderblatt hernehmen. Jedoch ist es auch möglich, dieses selbst zu basteln oder sich per PC zu erstellen und auszudrucken. Des Weiteren werden Sie sicherlich auch online einen Vordruck zum Ausdrucken und Ausfüllen finden.

Im Prinzip ist der Feedback-Kalender nichts, was Sie beim Umsetzen Ihrer neuen Gewohnheiten wirklich unterstützt. Er macht Ihren Vorsatz, etwas Neues in den beruflichen Alltag zu integrieren, nur visueller und daher greifbarer.

- **1. Schritt:**

Sie drucken sich ein Kalenderblatt aus, mit 30 Tagen darauf. Dabei ist es nicht wichtig, am Ersten eines Monats zu starten, der erste Tag kann jeder beliebige Tag sein.

- **2. Schritt:**

Legen Sie klar fest, welche neue und vor allem gute Gewohnheit Sie von heute an täglich pflegen möchten.

- **3. Schritt:**

Haken Sie jeden Tag ab. Wenn Sie Ihre gute Gewohnheit gelebt haben, machen Sie einen großen dicken Haken mit einem grünen Filzstift. Ist es Ihnen nicht gelungen, bekommt dieser Tag ein großes dickes X mit einem roten Stift. So sehen Sie schnell und einfach, wie Sie täglich Fortschritte machen, oder wann und wo Sie andere Strategien zum Verinnerlichen der neuen Gewohnheit benötigen.

Beispiel:

- **1. Schritt:**

  Sie haben beschlossen, dass es am 03.04. los geht, ein Kalenderblatt wurde dementsprechend mit 30 Tagen modifiziert, Sie sind sozusagen startklar.

- **2. Schritt:**

  Sie haben sich vorgenommen, auf Kaffee während der Arbeitszeit komplett zu verzichten und stattdessen auf Tee zurückzugreifen.

- **3. Schritt:**

  Nach jedem Arbeitstag haken Sie zuhause Ihren 30-Tages-Kalender ab und können so deutlich überblicken, wann es Ihnen gelungen ist und wann Einbrüche da waren, sofern es welche gab. Hinterfragen Sie die Gründe für Abweichungen vom Vorhaben. Vielleicht können Sie diese vorherrschenden Ursachen auflösen, um dann den neuen Vorsatz besser und vor allem dauerhaft umsetzen zu können (Eine Ursache könnte z. B. ein Meeting am Montagmorgen sein, in dem nur Kaffee angeboten wird. Vielleicht können Sie dann immer Ihren eigenen Tee mit zu diesem Treffen nehmen oder um Tee bitten). Selbst wenn Sie jetzt denken, dass ein grüner Haken kaum effektiv sein kann, lassen Sie sich bitte eines Besseren belehren. Die Farbe Grün nimmt in diesem Kalender eine visuelle Belohnung ein, das Rote Kreuz hat fast schon eine tadelnde Wirkung. Einzig und allein durch die Visualisierung funktioniert diese Strategie, obwohl sie so einfach, schlicht und simpel anmutet. Auch, wenn Sie denken, dass es bei Ihnen nicht funktioniert, Sie werden von sich selbst überrascht sein. Haken Sie dies mit Ihrem ersten Schritt einfach ab.

  Strategien machen nur dann Sinn, wenn sie auf den gesamten Alltag übertragen werden können. Unser Berufsleben nimmt hierbei einen gewichtigen Stellenwert ein. Alles, was im Job funktioniert, funktioniert auch als Methodik im Alltag. Wenn etwas im Beruf nicht standhält, werden Sie dieses auch nicht zuhause durchführen können. Falls Sie es ganz nüchtern betrachten, entfallen 8 Stunden des Tages auf das Schlafen, 8 Stunden auf den Beruf und 8 Stunden auf die Zeit, die man zuhause mit oder ohne den Partner, mit oder ohne Kinder etc. verbringt. Selbstverständlich sind dies Näherungswerte. Viele arbeiten mehr oder auch weniger Stunden pro Tag, dementsprechend verschieben sich die beiden anderen Sparten.

7 GEWOHNHEITEN FÜR DEN BERUFLICHEN ERFOLG

- **Tägliches Lernen**
  - Lernen ist ein Prozess, der uns unser ganzes Leben lang begleiten wird. Seien Sie immer offen für Neues und Unbekanntes. Profitieren Sie von allem, was Ihnen bis dato unbekannt erschien. Erfolg im Beruf zu haben heißt, sich immer weiterzubilden. Berühmte Persönlichkeiten wie z. B. Microsoft-Begründer Bill Gates sind sehr affin was neue Erkenntnisse betrifft. Die Möglichkeiten, Neuerungen zu erlernen, sind dabei so einfach wie noch nie. Zahlreiche Podcasts gibt es zu den vielfältigsten Themen, zudem Internetseiten, Bücher usw. Heute ist es möglich, in Sekunden Dinge zu erlernen, für deren Informationsbeschaffung der Mensch einst Stunden, Monate oder sogar Jahre benötigt hat. Nehmen Sie sich am besten täglich eine halbe Stunde Zeit, um sich weiterzubilden. So können Sie z. B. Finanzpläne studieren, die Ihnen auch im privaten Bereich das Handling mit Geld erleichtert. Fangen Sie lieber heute statt morgen damit an.

- **Pflegen Sie Ihre Achtsamkeit**
  - Ein achtsamer Umgang mit sich selbst ist meist das, was im stressigen Berufsleben verloren geht. Wenn Sie aber nie an sich denken, nie in sich hineinhören, werden all diese Belastungen, die der Beruf, das Leben und der private Alltag mit sich bringen, zu einer ernsthaften Bedrohung für die geistige und körperliche Gesundheit.
  - Meditationen, Auszeiten (um z. B. ein Buch zu lesen, Wellness) lassen Sie zur Ruhe kommen und entschleunigen Sie von der schnelllebigen Zeit. Sie können sich auf sich besinnen, gezielt reflektieren und Kraft für neue Herausforderungen tanken.
  - Pausen sind mindestens genauso wichtig wie berufliches Engagement. Ihnen nützt der berufliche Erfolg nur wenig, wenn Sie in sich vom richtigen Weg abgekommen sind. Zahlreiche Erkrankungen (z. B. Burn-out, Depression) basieren auf einer geringen Achtsamkeit mit einhergehender beruflicher Überlastung.
  - Durch eine bessere Achtsamkeit wird auch Ihr Gehirn leistungsfähiger. Neueste Forschungen haben ergeben, dass z. B. durch Meditationen mehr graue Zellen entstehen, die dann wiederum die geistige Leistungsfähigkeit (z. B. Merkfähigkeit) steigern. Also entspannen Sie einmal, drücken Sie einmal Ihren imaginären Reset-Knopf.

- **Folgen Sie Ihrer inneren Stimme**
  - Intuition ist das Maß aller Dinge. Wieder einmal etwas, dass in der heutigen Zeit sehr wichtig ist und trotzdem meist vernachlässigt, vergessen oder ignoriert wird. Meist sagt unser Herz oder unser Bauch genau, was wir zu tun oder auch

zu lassen haben. Wie entscheiden wir jedoch meistens? Genau, wir wägen ab und entscheiden uns schließlich für die Stimme des Verstandes. Wir meinen, es besser zu wissen, und vertrauen uns und unserer inneren Stimme nicht mehr. Statt diesem inneren Gefühl nachzugeben, vertrauen wir lieber auf äußere Faktoren (z. B. die Erwartungshaltung der anderen).

- Nehmen Sie Ihre innere Stimme wieder wahr und hören Sie auf diese. Sie werden sehen und spüren, wie wichtig diese für Sie und auch für Ihren beruflichen Erfolg ist. Ihr Körper und Ihr Geist wissen, was gut für Sie ist und was Sie sich zumuten können.
- Bereuen müssen wir meist dann, wenn wir etwas zu Beginn besser gewusst und uns trotzdem für die Stimme des Verstandes entschieden haben.

Vermeiden Sie Zeitkiller
- Geld ist nicht alles. Darum geht es uns aber meist im Beruf. Je erfolgreicher man ist, desto mehr Geld verdient man und der Status erhöht sich. Macht Sie das aber wirklich glücklich?
- Beruflicher Erfolg ist das eine, aber persönliche Zeit ist viel mehr wert. Zeit, die Sie für die schönen Dinge des Lebens nutzen können (z. B. Zeit für die Familie, für Freunde und für lieb gewonnene Aktivitäten). Jeder Mensch, der beruflich erfolgreich sein will, benötigt einen Ausgleich. Lassen Sie sich von Ihrem beruflichen Leben nicht das ganze Dasein diktieren.
- Setzen Sie klare Prioritäten im Beruf. Arbeiten Sie diese konzentriert und zielorientiert ab. Durch diese Fokussierung werden sich immer wieder neue Zeitfenster ergeben und Überstunden sind vielleicht seltener oder gar nicht mehr notwendig. Sie werden mit Ihrer Arbeit eher fertig und haben auch den Kopf für andere Dinge frei. Lassen Sie sich die Zeit zum Leben nicht vom Beruf wegnehmen.
- Arbeiten Sie effizient, vermeiden Sie Ablenkungen (z. B. Tratsch auf dem Büroflur, schnell die eigenen E-Mails checken), es kostet alles unnötig Zeit.

- **Leisten Sie mehr, als von Ihnen erwartet wird**
- Das hört sich erst einmal nach einer Mehrarbeit an. Je fokussierter Sie jedoch arbeiten, desto mehr Zeit bleibt Ihnen auch in der Arbeit selbst übrig. Wenn Sie dann Aufgaben zusätzlich übernehmen (vielleicht sogar solche, die kein anderer erledigen möchte), bringen Sie sich auch für eventuelle Beförderungen, Bonuszahlungen oder Ähnliches in Stellung.
- Es heißt nicht, Tag und Nacht zu arbeiten. Es geht nur darum, beruflich voranzukommen. Darum kann es auch durchaus sein, dass Sie vielleicht die Leitung eines neuen Projektes übernehmen und viele Dinge an Kollegen delegieren können. So haben Sie den beruflichen Erfolg, ohne alles allein erarbeitet zu haben.

- Neue Aufgaben bedeuten auch, neue Erfahrungen zu gewinnen und sich und das ganze Team beruflich weiterzubringen.
-

Regelmäßige sportliche Aktivität
- Jeder Mensch braucht einen Ausgleich. Beruflicher Erfolg geht immer mit Sport und gesunder Ernährung einher. Ihr Körper braucht dringend Bewegung – fernab derer, die Sie während der Arbeit leisten. Selbst wenn Sie körperlich sehr im Job eingespannt sind, benötigen Sie zum Ausgleich sportliche Aktivitäten.
- Ist Ihr Körper aktiv, ist Ihr Geist es auch. Sie benötigen also für geistige (und körperliche) Arbeit auch einen fitten Körper. Energiereserven werden gebildet und können daher in arbeitsintensiven und körperlich anstrengenden Zeiten effektiv genutzt werden.

- **Kreieren statt konsumieren**
- Je aktiver Sie sind, desto besser und leichter können Sie Ihren inneren Schweinehund überwinden. Disziplin ist etwas, das nicht von selbst kommt, Disziplin muss erarbeitet werden.
- Gestalten Sie Ihr berufliches und privates Leben aktiv, statt nur das Vorgegebene zu konsumieren und sich davon berieseln zu lassen.
- Schieben Sie nicht wichtige Aufgaben vor sich her, sondern erledigen Sie diese zeitnah. Lassen Sie sich nicht von den Medien oder Ähnlichem dazu verleiten, abzuschweifen.

SMART – von klein auf an

Viele Gewohnheiten werden bereits im Kindesalter angelegt. Aufgrund der verschiedensten Erfahrungen, die bereits Kinder machen, manifestieren sich im jungen Lebensalter schon handfeste schlechte Gewohnheiten. Leider ist unsere schnelllebige Zeit mit dem Denken in Schubladen häufig erbarmungslos. Daher gilt: Schlechte Gewohnheiten, die gar nicht erst erlernt werden, machen auch später einmal keine Probleme.

BEWEGUNG UND KINDER

In unserer schnelllebigen und multimedialen Zeit nimmt die Wichtigkeit der Bewegung bei Kindern häufig ab. Kinder kommen sehr bald schon in die Kinderkrippe, dann in den Kindergarten, in die Schule und den Hort oder sie besuchen gleich eine Ganztagsschule.

Bewegung ist ab dem ersten Lebenstag jedoch essenziell. Kinder werden mit einem natürlichen Drang nach Bewegung geboren, sonst wären Säuglinge nie motiviert, sich zu drehen und irgendwann einmal zu krabbeln. Ein aufrechter Gang wäre ohne diesen inneren Drang nicht erreichbar.

Sport, Spiel und jede Art der körperlichen Bewegung stellen eine wesentliche Weiche für die physische, psychische, motorische, kognitive und soziale Entwicklung des jungen Menschen dar. Gefühle können durch Bewegung ausgedrückt werden, Mimik und vor allem Gestik unterstreichen das gesagte Wort. Kinder rennen, laufen, hüpfen, springen, toben, klettern, balancieren und probieren sich und ihren Körper aus, wo auch immer es ihnen möglich ist. Ohne Bewegung wären Kinder keine Kinder. Vieles bliebe ungemacht und unerfahren. Leider ist es in unserer Zeit so, dass es zahlreiche Angebote gibt, inaktiv zu sein. Statt Treppen nutzt man lieber Fahrstühle und Rolltreppen, statt zum Spielen im Freien sitzt man lieber auf dem Sofa und nutzt Handy, Tablet, Fernseher usw.

Die Folgen sind bereits im Kindesalter deutlich sichtbar. Viele Kinder haben Haltungsschäden, sind übergewichtig, motorisch nicht so versiert wie Gleichaltrige oder die eigene Fitness leidet. Des Weiteren stellen sich häufig Defizite im Psychischen, Physischen oder im Sozialen heraus, was wiederum gerade im schulischen Bereich massive Problematiken mit sich bringt. Wird an den schlechten kindlichen Gewohnheiten nichts geändert, gehen diese meist mit in das Erwachsenenalter über und sind dort nicht selten die Ursache für Gelenkbeschwerden, Herz-Kreislauf-Erkrankungen, Probleme in der Gefäßzusammensetzung (höhere Gefahr von Herzinfarkt, Schlaganfall, Thrombose, Embolie usw.) und für viele andere Erkrankungen und Symptome mehr.

Mittlerweile leidet ca. jedes 4. Kind Studien zufolge an Übergewicht. Dieses entsteht meist entweder durch zu viel Essen (oder zu viele Kalorien durch das Essen bzw. keine ausgewogene Ernährung) oder durch zu wenig Bewegung. Als drittes wäre noch eine Kombination aus zu viel Essen und Bewegungsmangel zu nennen. Beides schlechte Gewohnheiten, die vielleicht geändert werden sollten, auch wenn noch keine großen Beschwerden und keine sichtbaren Einschränkungen vorliegen.

Laut der WHO (Weltgesundheitsorganisation) und verschiedenster anderer Organisationen (z. B. BZGA) sollten Kinder und Jugendliche (zwischen dem 5. und dem 17. Lebensjahr) mindestens 1 Stunde täglich körperlich aktiv sein. Damit ist eine Aktivität außerhalb des Alltags gemeint, d. h. der Schulweg fällt hier beispielsweise nicht mit hinein, wohl aber die Teilhabe in einem Sportverein zweimal pro Woche. Grundlagen für ein größeres Bewegungspensum der jungen Menschen müssen daher gefunden und gegebenenfalls geschaffen werden. Dabei sollten die motorischen Hauptbeanspruchungsformen besser geschult und insgesamt verbessert werden. Diese sind neben konditionellen Fähigkeiten (Ausdauer und Kraft) auch die koordinativen Fertigkeiten einhergehend mit einer Steigerung der Bewegung und der Schnelligkeit.

Gerade bei Kindern mit Übergewicht oder gar Fettleibigkeit zeigen sich hier teils gravierende Defizite im Vergleich zu gleichaltrigen, „normalgewichtigen" Kindern. Daher ist es nötig, spielerisch mit Übungen den Bewegungsdrang wieder zu wecken und wach zu halten. Dies sollte immer auf das Kindesalter abgestimmt sein.

<u>Wichtig bei Kindern für eine Strategie zu mehr Bewegung sind:</u>
• Die Freude am Spiel und der damit einhergehenden Bewegung soll gefördert und ausgebaut werden.
• Das Gewicht soll reduziert werden, wobei dies nicht der Hauptfaktor sein soll. Wird mehr Bewegung bei gleichzeitig gesünderer Ernährung im Leben fest verankert, wird das Körpergewicht nahezu automatisch stetig weniger. Ein ständiges Wiegen wäre hier kontraproduktiv.
• Die allgemeine Leistungsfähigkeit (Ausdauer, Kraft, Koordination) soll spielerisch verbessert werden.
• Die Wahrnehmung des eigenen Körpers wird verbessert.
• Das Körperbewusstsein wird gestärkt.
• Das Selbstbewusstsein und das Selbstwertgefühl steigen automatisch bei jedem noch so kleinen Erfolg.

GEWOHNHEITEN SIND KEINE WÜNSCHE UND UMGEKEHRT

Gewohnheiten sind fest im Leben verankert. Manche Wünsche sollten langfristig realisiert und zur Gewohnheit werden, andere sollten dies lieber nicht, da sie das Ganze nur noch schlimmer machen würden. Nach der SMART-Methode ist es wichtig, Ziele möglichst detailliert zu formulieren.

Beispiel:
Ihr Kind ist etwas übergewichtig, motorische Defizite fallen seit längerem auf. Der Kinderarzt macht sich Sorgen wegen der vorherrschenden motorischen Unruhe und äußert diverse Verdachtsdiagnosen (z. B. ADHS). Sie möchten jedoch einen sanfteren Weg gehen, als mit Medikamenten dagegen zu arbeiten.

<u>**Formuliertes Ziel:**</u>
„Ich werde mit meinem Kind zweimal die Woche 1 Stunde schwimmen gehen!"
Schlecht wäre: „Ich möchte, dass sich mein Kind mehr bewegt" oder „Mein Kind soll schlank werden". Es ist wichtig, das Ziel positiv zu formulieren und auf negative Aspekte in der Zielvorstellung ganz zu verzichten.

S **Spezifisch:** Das Ziel soll möglichst konkret formuliert werden.
→ mehr Bewegung durch zweimal die Woche Schwimmen
→ Gewichtsreduktion durch mehr Bewegung

M **Messbar:** Das Ziel, welches erreicht werden soll, sollte messbar, möglichst genau darstellbar und zeitlich festgelegt sein (z. B. fünf Kilogramm Gewichtsreduktion in den nächsten 3 Monaten).

A **Attraktiv:** Das Ziel muss als attraktiv erscheinen. Wichtig ist, dass das Ziel wirklich erreicht werden will und nicht, dass es sich an der Meinung anderer orientiert. Selbstverständlich kann Ihr Kind diese Entscheidung noch nicht für sich selbst treffen, daher liegt es in Ihrer Verantwortung.
→ z. B.: Durch eine Gewichtsreduktion und eine höhere motorische Fähigkeit kann mein Kind ausgeglichener werden, eine eventuelle Medikation steht dann nicht mehr zur Debatte.

R **Realistisch** Ein Ziel, das schon von vornherein nicht erreicht werden kann, ist keineswegs erstrebenswert. Wichtig ist immer, dass das eigene gesteckte Ziel auch aus eigener Kraft realisiert werden kann. Daher ist es immer gut, Ziele nicht zu hoch zu stecken, sondern erst einmal niedriger zu kalkulieren,

eventuelle Rückschläge können so mitbedacht werden.
→ z. B.: Das Idealgewicht ist derzeit 12 kg entfernt, alle drei Monate sollen 3-5 kg abgenommen werden.

T Terminiert Ein Zeitpunkt muss festgelegt werden, bis wann das gewünschte Ziel schlussendlich erreicht werden soll. Eine anschließende Reflexion soll klären, ob das Ziel wirklich erreicht wurde oder eben nicht.
→ z.B.: Das Körpergewicht lag zu Beginn der Umstellung der Gewohnheiten bei 12 kg über dem Idealgewicht. Innerhalb eines Jahres wollte dieses Idealgewicht erreicht werden.
• Ist es erreicht worden?
• Ist es vielleicht sogar übertroffen worden?
• Warum ist es nicht erreicht worden? → Jetzige Gewohnheiten prüfen und eventuell diese erneut umstellen oder ausbauen.

Die SMART-Methode lässt sich auf alle Gewohnheiten des Lebens ummünzen. Solange Sie diese nach der Reihe befolgen, kann sehr wenig dabei schief gehen. Wichtig ist auch hier immer, dass ein fester und freier Wille vorliegt und die Überzeugung, wirklich etwas zum Positiven verändern zu wollen. Gerade bei Kindern ist es jedoch häufig relativ einfach, zielführende Formulierungen zu treffen, z. B.:
• Alle zwei Wochen machen wir gemeinsam eine zweistündige Radtour.
• Der Schulweg wird zu Fuß zurückgelegt, auf Fahrten mit dem Auto wird verzichtet.
• Jeden Nachmittag gehen wir 30 Minuten ins Freie und toben uns aus.
• Auf elektronische Geräte wird während der Schulzeit und nachmittags nach Möglichkeit ganz verzichtet. Wenn, dann werden aktive elektronische Spiele gewählt (z. B. Tanzspiele).

<u>Wichtig für das Ändern von Gewohnheiten ist:</u>
• Ein aktives Miteinander. Ihr Kind ist nicht in der Lage, seine Gewohnheiten allein zu ändern. Ihre aktive Hilfe und Mitarbeit sind hier gefragt. Bei vielen Veränderungen ist es auch nicht zu Ihrem Schaden, daran teilzunehmen (z. B. mehr Sport, gesündere Ernährung).
• Machen Sie dem Kind Lust auf das Neue. Ihr Kind ist in seinen Gewohnheiten oft noch mehr gefangen als Sie als Erwachsener. Wo Sie alle Nachteile der schlechten Gewohnheit sehen, sieht ein Kind häufig nur die positiven Faktoren. Hier müssen Sie interagieren – mit Aufklärung, Motivation und Belohnung.
• Integrieren Sie die neue Gewohnheit aktiv und spielerisch in den Alltag. Je einfacher die Umsetzung ist, desto leichter wird die neue Gewohnheit auch im Alltag langfristig durchzuführen sein. (z. B.: Ihr Kind soll sich mehr bewegen? Ab sofort geht es den Schulweg zu Fuß und wird nicht mehr von Ihnen mit dem Auto

gefahren).
- Sie müssen ein Vorbild sein. Es nützt Ihnen nichts, wenn Sie von Ihrem Kind möchten, dass es seine Gewohnheiten ändert und Sie diese an sich selbst hegen und pflegen. (z. B.: Ihr Kind soll gesünder essen und erhält Gemüse zum Mittagessen, während Sie mit Fast Food Ihrer Lust frönen). Machen Sie sich selbst nicht unglaubwürdig. Ziehen Sie mit Ihrem Kind an einem Strang und leben Sie die neue Gewohnheit aktiv vor. Vermeiden Sie es, im Beisein Ihres Kindes in alte Verhaltensmuster zurückzufallen.
- Begrenzen Sie das, was Sie als schlechte Gewohnheit ansehen, und ersetzen Sie diese durch Dinge, die Ihrem Kind Spaß machen (z. B.: Statt dem Medienkonsum zu verfallen, toben Sie lieber mit Ihrem Kind am Spielplatz). So vermisst es auch in der Zeit der Abstinenz nicht die alte Gewohnheit.
- Fördern Sie Ihr Kind im Selbstvertrauen, in seinen Stärken und lassen Sie es zu, dass Ihr Kind auch einmal schwach ist. Ihr Kind darf auch einmal klar herausstellen, dass es das alles nicht so schön und sehr anstrengend findet. Zeigen Sie Ihrem Kind auf eine anschauliche Art und Weise, welche positiven Effekte die Veränderungen bis dato bereits nach sich gezogen haben.
- Ihr Kind ist ein Kind, kein kleiner Erwachsener, dessen müssen Sie sich immer bewusst sein. Auch wenn Sie eine sehr objektive Sicht auf die Dinge haben, sollten Sie immer darauf achten, alles spielerisch und kindgerecht zu gestalten.
- Spielen Sie, so viel es Ihnen möglich ist. Gerade wenn es um mehr Bewegung im Alltag des Kindes geht, ist die Fülle der Möglichkeiten schier unermesslich. Nutzen Sie aus, was Ihnen Spaß macht. Von aktiven Kartenspielen über Radtouren, Schwimmbadbesuche bis hin zum Toben im eigenen Garten ist alles gut für einen ersten Schritt in die neue, bessere Gewohnheit.
- Erstellen Sie Wochenpläne für mehr Bewegung und besseres Essen. Planen Sie Ihre Einkäufe gut, beziehen Sie Ihr Kind in die Essensplanung mit ein. Ein gutes und ausgewogenes Mahl bringt Ihnen nichts, wenn es das Kind verweigert. Mit der einen oder anderen kleinen Veränderung (z. B. weniger Öl, Tofu statt Hackfleisch) wird das Lieblingsessen vielleicht ganz unbemerkt gleich viel gesünder.
- Stellen Sie nie Ihr ganzes Familienleben auf den Kopf. Sie sollen nicht alles über Bord werfen, nur weil Sie eine Gewohnheit in der Familie oder im Leben des Kindes nachhaltig verändern möchten. Ihr Kind würde sich in einem derartigen Chaos wiederfinden, das erst einmal alles blockiert, wodurch gar nichts mehr möglich wäre. Dann wäre es vielleicht sogar besser gewesen, alles zu lassen, wie es war.
- Geben Sie Ihrem Kind psychische und emotionale Unterstützung. Nicht immer muss ein Psychologe zurate gezogen werden, es wäre aber durchaus eine Möglichkeit. Häufig reicht jedoch jemand, mit dem man gut und auf einer vernünftigen Basis reden kann. Dies können alle möglichen Menschen sein. Vielleicht ist

die Oma hierfür die geeignete Bezugsperson oder auch die Patentante. Ihr Kind muss sich bei Problemen auch einmal richtig ausschimpfen dürfen über das ganze neue Zeug, welches seine Welt so gehörig auf den Kopf gestellt hat. Mit der Zeit wird dieser Ansprechpartner immer weniger negatives Feedback auffangen müssen, sondern immer wieder von Erfolgen des Kindes mitgetragen werden.

• Nehmen Sie Druck aus der ganzen Sache heraus. Setzen Sie sich und Ihr Kind nicht unter einen enormen Leistungsdruck. Was bei einem Erwachsenen mit gut gewählten Zielen super funktioniert, kann bei einem Kind unter Umständen für zu viel Druck und Erwartungshaltung sorgen. Passen Sie auf Ihr Kind auf, Sie möchten seine Gewohnheiten ändern, nicht das ganze Kind.

• Genehmigen Sie Ihrem Kind Ausnahmen. Ausnahmen, gerade im Bereich von Bewegungssteigerung und besserer Ernährung mit einhergehender Gewichtsreduktion, haben etwas mit Lebenslust zu tun. Eine gute und ausgewogene Ernährung ist von elementarer Bedeutung, jedoch sollte Ihr Kind bei einem Kindergeburtstag schon einen Schokoladenkuchen, ein Eis und abends Chicken Nuggets mit Pommes essen dürfen. Es geht schließlich nicht jeden Tag auf solch ein Fest. Sicherlich ist so eine Ausnahme auch immer mit dem Risiko behaftet, zügig in ein altes und jetzt unerwünschtes Verhalten zurückzufallen. Daher müssen Sie sich und Ihrem Kind klar machen: Heute ist es in Ordnung, morgen gilt wieder das neue Schema. Sind Ausnahmen erlaubt, wird Ihnen Ihr Kind auch sagen, wenn es sich nicht darangehalten hat. Dieses Vertrauen stärkt die Bindung zwischen Ihrem Kind und Ihnen ungemein.

Fazit

Gewohnheiten sind in Ihrem Leben unabdingbar. Ohne gewisse Routinen würde Ihnen kein vernünftiger Alltag gelingen. Vielleicht ist es nicht immer nötig, sich dieser praktisch im Autopiloten stattfindenden Abläufe bewusst zu machen – was gut ist, darf ruhig so bleiben.

Nur solche Gewohnheiten, die von Ihnen oder Ihrem Umfeld als störend und schlecht wahrgenommen werden, sollten fokussiert, überdacht und dann je nach Bedarf auch geändert oder aufgegeben werden. Nicht von allem möchten Sie sich trennen. Vielleicht rauchen Sie sehr viel und möchten dies auch weiterhin tun. Eigentlich kann Sie dann auch niemand dazu zwingen, mit dieser Praxis aufzuhören. Eine Veränderung muss von Ihnen gewollt werden. Selbst wenn Sie diese Gewohnheit krank macht – solange Sie diese gerne in Ihrem Leben haben, ist keine Veränderung möglich. Zwang ist nicht das Mittel, das Ihnen langfristig und effektiv helfen wird. Sie müssen nicht Ihr komplettes Leben von Grund auf hinterfragen und Probleme suchen, wo Sie bis dato keine vermutet haben. Ihre individuelle Lebensgestaltung ist Ihnen überlassen, da haben andere Meinungen, sofern Sie diese nicht einmal im Ansatz teilen, kein Mitspracherecht. Sicherlich kann Ihre persönliche Freiheit immer etwas beschnitten werden, z. B. Rauchverbot am Arbeitsplatz. Dies müssen Sie dann einfach so hinnehmen. Diese Beschneidung Ihrer Routinen kann Ihnen beim Abgewöhnen eine hilfreiche Unterstützung sein, muss sie aber nicht. Wie gesagt, Ihre Gewohnheiten sind in Ihnen manifestiert. Da sie ein fester Bestandteil Ihrer Persönlichkeit sind, liegt es nur an Ihnen, diese ändern zu wollen. Auf dem Weg der Veränderung können Ihnen viele Strategien, fachspezifische Einrichtungen oder Fachpersonen durchaus sehr hilfreich sein, gerade dann, wenn man ans Aufgeben denkt oder wenn der Weg zu steinig erscheint. Unterstützung können Sie finden, wo immer Sie danach suchen. Den ersten Schritt müssen Sie jedoch erst einmal selbst tun. Alles beginnt mit einem ersten Schritt, auch das Verändern von Gewohnheiten.

Bedenken Sie immer: Sie sind sich selbst der wichtigste Mensch. Neue Gewohnheiten müssen daher auch einen Gewinn für Sie darstellen, in welcher Richtung auch immer. Denken Sie zuerst an sich und dann an andere. Es wird nie möglich sein, dass alle Menschen, die Ihnen begegnen, Sie auch so gut finden, wie Sie sind. Immer wieder wird es etwas geben, dass jemand anderes an Ihnen kritisiert oder vielleicht sogar verändern möchte. Hören Sie nicht darauf, wenn Sie sich in Ihrer Haut wohlfühlen. Eine Veränderung auf Wunsch anderer sollte nicht Ihr Anspruch im Leben sein. Es ist Ihr Leben und es sollte um Ihr Glück und um Ihre Zufriedenheit gehen.

Der erste Schritt zu besseren Gewohnheiten – weil Sie es wollen!

DAS GROSSE 4 IN 1 BUCH

PERSÖNLICHKEITS ENTWICKLUNG

MEHR ERFOLG & GLÜCK IM LEBEN

Wie Sie mit Hilfe von effektiven Methoden Ihr Mindset verbessern, Ihre Ziele erreichen und Ihre Persönlichkeit auf das nächste Level heben

Wer bin ich?

Sie möchten sich entwickeln, Sie möchten einen neuen Weg gehen, Ihren Horizont erweitern und sich mit neuen Menschen und neuen Dingen umgeben. Sie sind bereit für Veränderung, Sie haben Großes vor und Sie möchten das Große auch erreichen. Aber wie? Wie können Sie all das tun, wie können Sie Ihren neuen Weg einschlagen, wie können Sie neue Menschen kennenlernen und sich weiterentwickeln? Wie funktioniert das, plötzlich ein offener, ordentlicher, organisierter und stets gut gelaunter Mensch zu sein? Oder heißt Persönlichkeitsentwicklung gar nicht Organisation, Ordnung, gute Laune und Offenheit? Wer definiert die Entwicklung einer Persönlichkeit, und wovon hängt sie ab? Zunächst einmal muss klargestellt werden, dass es nicht die allgemeingültige Definition einer Persönlichkeitsentwicklung gibt, weil diese ebenso vielfältig, individuell und personenabhängig ist wie der Mensch und seine Persönlichkeit selbst.

Die meisten Menschen setzen sich mit dem Thema der Entwicklung auseinander, um glücklicher und erfolgreicher zu werden, wobei es sich auch hier um allgemeine und nicht spezifische Ziele handelt. Nur eines ist bei der Persönlichkeitsentwicklung tatsächlich menschenunabhängig und immer gleich: Es handelt sich um einen kontinuierlichen und langwierigen Prozess, bei dem nicht von heute auf morgen komplette Verhaltensmuster geändert werden können. Da aber grundsätzlich die individuellen Potenziale gestärkt und ausgebaut werden, kann sich die Zukunft tatsächlich erfolgreicher und glücklicher gestalten.

Prinzipiell verläuft eine Persönlichkeitsentwicklung aber nicht gänzlich willkürlich, es gibt eine gewisse Reihenfolge von Prozessen und Erkenntnissen, die über den Erfolg einer solchen Entwicklung entscheiden. Hierbei handelt es sich um drei Komponenten, die aufeinander aufbauen, trotzdem aber gleich wichtig sind: Die Erkenntnis der eigenen Persönlichkeit, ihre Akzeptanz und die Veränderung selbst.

Selbsterkenntnis

Wer sich mit seiner Persönlichkeit beschäftigt, kommt nicht darum herum, sich selbst zu erkennen und entdecken. Ich muss wissen, was mich ausmacht, um die Potenziale optimieren zu können. Vollkommen frei von jeglicher Wertung wird im ersten Schritt also festgestellt, was die persönlichen Merkmale sind, welche Stärken und auch Schwächen das Individuum hat, wie sein Temperament ist, was typisch für die Person ist und was sie einzigartig macht? Nicht nur die Selbstwahrnehmung spielt eine große Rolle, auch die Fremdwahrnehmung kann hilfreich und sinnvoll sein. Denn man kann sich nur entwickeln, wenn man weiß, an welchem Punkt man jetzt im Augenblick steht. Aber wie kann diese Selbsterkenntnis konkret aussehen?

THE BIG FIVE – DIE FÜNF PERSÖNLICHKEITSEIGENSCHAFTEN

Helfen können die großen wissenschaftlich anerkannten Persönlichkeitseigenschaften, die sogenannten *big five*. Für die Persönlichkeitsentwicklung können sie einen Ansatz darstellen, über sich selbst nachzudenken, sich selbst einzuschätzen und seinen Charakter in verschiedene Richtungen zu beleuchten. Um sich mit seiner eigenen Persönlichkeit auseinandersetzen zu können, sollte im Vorfeld geklärt werden, wie sich eine solche Persönlichkeit aus wissenschaftlicher Sicht zusammensetzt. Auch wenn es nicht abstreitbar und selbstverständlich ist, dass jeder Mensch als Individuum eine völlig einzigartige Persönlichkeit besitzt, lassen sich doch Kategorien bilden, die jeden Menschen treffen. Bereits in der ersten Hälfte des 20. Jahrhunderts verfolgten amerikanische Psychologen den Ansatz, dass sich Merkmale der Persönlichkeit in der Sprache manifestiert haben müssen. So fingen sie an, Wörterbücher und Lexika zu durchforschen und jegliche Begriffe, die Persönlichkeitsmerkmale widerspiegelten, zusammenzutragen.

Ergebnis waren über 18.000 Begriffe, die Unterschiede zwischen Menschen repräsentieren. Im Laufe der Zeit konnte diese Vielzahl an Merkmalen mithilfe von verschiedenen Analysen und Tests stark eingegrenzt werden, bis schlussendlich genau fünf stabile und unabhängige Faktoren übrigblieben, eben die sogenannten *big five*.[1]

---

[1] Vgl. Oliver P. John, Laura P. Naumann, Christopher J. Soto: *Paradigm Shift to the Integrative Big Five Trait Taxonomy*. Handbook of Personality Theory and Research. 3. Auflage. 2008. S. 114–117

Die *big five* werden häufig auch als Fünf-Faktoren-Modell oder OCEAN-Modell bezeichnet. Letzteres verdankt seinen Namen den Anfangsbuchstaben der entsprechenden Dimensionen:
Offenheit für Erfahrungen (openness to experience), Gewissenhaftigkeit (conscientiousness), Extraversion (extraversion), Verträglichkeit (agreeableness) und Neurozitismus (neuroticism).
Die in verschiedenen Lexika gefundenen Begriffe zum Thema Persönlichkeitsmerkmal können in diese fünf Kategorien eingeordnet werden und einen kurzen Einblick in die Persönlichkeit eines jeden Individuums geben. Jeder selbst kann seine Merkmale einschätzen und diese Einschätzung als Anreiz oder als Tipp sehen, wo er sich welche Ziele setzen kann. Konkret kann jede Kategorie also noch weiter geöffnet werden. Wichtig ist bei der Einschätzung jedoch, dass es sich bei dem Modell keinesfalls um Wertung oder Beurteilung handelt. Die Kategorien sollen lediglich objektiv Aufschluss über die verschiedenen Variablen einer Persönlichkeit geben. Wissenschaftlich ermittelt werden diese Werte über bestimmte psychologische Tests oder Fragebögen, zu denen unter anderem der MMPI-Persönlichkeitsfragebogen (Minnesota Multiphasic Personality Inventory) oder der NEO-PI-R. Hierbei handelt es sich um einen umfangreichen Test mit 240 Items, der von Paul T. Costa und Robert R. McCrae entwickelt, und von Fritz Ostendorf und Alois Angleitner übersetzt wurde. Die Fragen im Test werden nicht nur den fünf verschiedenen Faktoren zugeteilt, sondern jeweils noch in sechs Unterkategorien, sogenannte Facetten, unterteilt. Die Antworten werden auf einer Likert-Skala mit fünf Stufen eingetragen, bei der der Teilnehmer sich dafür entscheiden muss, wie sehr er einer Behauptung zustimmt oder sie ablehnt. Während der Auswertung des Tests wird dann für jede Dimension eine Punktsumme errechnet, sodass sich schlussendlich ein Wert ergibt, der laut Handbuch als niedrig, durchschnittlich oder hoch angesehen wird. Neben diesem etwa 35-minütigen Test wurde von den Entwicklern zusätzlich eine kürzere Version (der NEO-FFI) entwickelt, die dank 60 Items nur etwa zehn Minuten Zeit in Anspruch nimmt.

OFFENHEIT FÜR ERFAHRUNGEN

Jeder Mensch wird jeden Tag mit neuen Eindrücken und Erlebnissen konfrontiert. Es ist unmöglich, den täglichen Erfahrungen komplett aus dem Weg zu gehen. Und trotzdem kann das Interesse und die aktive Beschäftigung mit diesen Eindrücken stark variieren. Je höher die eigene Offenheit eingeschätzt wird, desto neugieriger und erfinderischer ist ein Mensch vermutlich. Auch der Intellekt, eine große Fantasie, künstlerisches Interesse und die deutliche Wahrnehmung von positiven als auch negativen Gefühlen werden oft in Zusammenhang mit einer offenen Persönlichkeit gebracht. Die Bereitschaft für Abwechslung, unkonventionelle und neue Verhaltensweisen, kritische Hinterfragungen sowie die eigene Bildung von unterschiedlichen Wertvorstellungen geht mit hohen Offenheitswerten ebenso einher. Auch Kreativität und Interesse an Ästhetik nimmt mit dem Wert an Offenheit zu. Je niedriger die Offenheitswerte eingeschätzt werden oder ausfallen, desto konservativer bleiben auch die Einstellungen des Individuums. Konventionelles und altbekanntes Verhalten wird Neuem vorgezogen und auch die Wahrnehmung von Gefühlen läuft eher gedämpft und im Hintergrund ab. Die meisten Menschen mit einer niedrigeren Offenheit für Erfahrungen verhalten sich zusätzlich allgemein vorsichtig und besonnen.

GEWISSENHAFTIGKEIT

Zielstrebigkeit, Selbstkontrolle und Genauigkeit. Diese drei Bezeichnungen beschreiben einfach aber deutlich den Faktor der Gewissenhaftigkeit. Etwas näher erläutert können in der Psychologie verschiedene Facetten aufgelistet werden, die die Gewissenhaftigkeit aktiv beeinflussen und ausmachen. Dazu zählen das Pflichtbewusstsein, die Kompetenz, das Streben nach Leistung, die Ordnungsliebe, die Besonnenheit sowie die Selbstdisziplin. Je höher der Wert an Gewissenhaftigkeit ist, desto effektiver und organisierter handelt eine Person. Ihre Taten sind in der Regel gut geplant und im Vorfeld durchdacht worden, sie werden verantwortlich, sorgfältig und zuverlässig ausgeführt. Wissenschaftlichen Ergebnissen zufolge nimmt mit dem Alter statistisch gesehen auch der Wert an Gewissenhaftigkeit zu.[2] Vor allem in Bezug auf den beruflichen Erfolg und die Karriere ist die Gewissenhaftigkeit ein wichtiger Faktor der Persönlichkeit. Menschen mit einer ausgeprägten Gewissenhaftigkeit weisen in der Regel bessere Führungsqualitäten, ein besseres Verhalten im Team sowie allgemein höhere Leistungen auf.

EXTRAVERSION

Zu diesem Faktor werden zwischenmenschliche Interaktionen sowie die allgemeine Aktivität und auch die Begeisterungsfähigkeit dazu gezählt. Je höher die Extraversionswerte eines Menschen, desto aktiver, geselliger, gesprächiger und optimistischer ist er aus statistischer Sicht. Diese nach außen gerichtete Haltung zeichnet sich zudem durch Energie, Abenteuerlust, Heiterkeit und auch die Orientierung an anderen Personen aus. Je introvertierter eine Person ist, d. h. je niedriger ihr Wert an Extraversion ist, desto zurückhaltender ist sie in der Gesellschaft oder in sozialen Interaktionen. Unabhängigkeit, Passivität und Ruhe

---

[2]Jens B. Asendorpf, Franz J. Neyer: *Psychologie der Persönlichkeit*. Springer; Auflage: 5., vollst. überarb. Aufl. 27.11.2012, S. 317.

sind weitere Merkmale von Introversion. Es handelt sich jedoch um einen Irrtum, dass Introvertierte automatisch schüchtern sind oder kein Interesse an sozialen Kontakten haben. Zwischenmenschliches Verhalten ist auch bei Menschen mit niedrigem Extraversionswert erwünscht, nur eben in geringerem Umfang als bei einem hohen Wert. Gemeinsam mit der Gewissenhaftigkeit entscheidet die Extraversion maßgeblich die Leistungsfähigkeit eines Individuums innerhalb einer Gruppe.

VERTRÄGLICHKEIT

Auch die Verträglichkeit beschreibt das interpersonelle Verhalten und die Art und Weise, anderen Menschen zu begegnen. Begriffe wie Hilfsbereitschaft und Altruismus gehen in der Regel mit hohem Verträglichkeitswerten einher, und werden von Adjektiven wie zum Beispiel kooperativ, nachsichtig, mitfühlend, vertrauensvoll und warm unterstützt. Im Gegensatz dazu finden Bezeichnungen wie Egozentrismus, Misstrauen und Bereitschaft für Streit ihren Platz bei niedrigeren Verträglichkeitswerten. Dennoch ist vor allem bei dem Faktor Verträglichkeit ein Urteil über gute oder schlechte Verträglichkeit vollkommen unangebracht. Auch wenn egozentrische und streitbare Menschen in der Gesellschaft oft weniger erwünscht sind, kann auch ein ausgeprägter Altruismus seine Nachteile und Tücken mit sich bringen. Oftmals spielt auch die Berufswahl eine entscheidende Rolle, denn als Jurist beispielsweise sollte und darf das Augenmerk nicht auf dem gegnerischen Mandanten liegen.

NEUROTIZISMUS

Abgeleitet von dem Wort Neurose (griechisch für ‚Nervenkrankheit') beschäftigt sich diese Kategorie mit der emotionalen Labilität. Nervosität, Unsicherheit, Reizbarkeit und Ängste finden sich häufig bei Personen mit erhöhtem Neurotizismuswert wieder. Auch ein dauerhafter Zustand von Unzufriedenheit, negative Affektlagen, Melancholie und Traurigkeit werden solch einem hohen Wert zugeschrieben. Oftmals klagen Betroffene zudem über Ärger oder sensible Reaktionen auf Stress. Da externe Reize emotional stärker kodiert und wirksamer konditioniert werden, erleiden Menschen mit erhöhtem Neurotizismuswert auch häufiger reale Neurosen. Je niedriger der Wert ist, desto ausgeglichener, entspannter und zufriedener ist das Individuum. Die niedrigen Werte müssen jedoch nicht automatisch mit positiven Gefühlen verbunden werden oder unmittelbar nach solchen eintreten, es handelt sich um allgemeine Werte, wie eine Person mit vor allem negativen Emotionen umgeht.

Doch was haben diese Faktoren einer Persönlichkeit nun mit der konkreten Persönlichkeitsentwicklung zu tun? Die Entwicklung oder Weiterentwicklung kann nicht planlos und ohne Ziele durchgeführt werden. Um sich selbst im Moment besser einschätzen zu können und sich gegenwärtige Ziele zu setzen, ist die individuelle Auseinandersetzung mit der aktuellen Persönlichkeit also unumstößlich. Niemand erwartet an dieser Stelle einen ausgefüllten psychologischen Fragebogen. Aber schon allein die Frage, wie gewissenhaft oder offen ein Mensch ist, bringt den Stein zum Rollen. Wie offen möchte ich sein, welche Erfahrungen habe ich machen müssen, als ich zu offen war? Kann und möchte ich mich bestimmten Menschen oder Situationen gegenüber mehr öffnen als anderen? Oder muss ich mich allen gegenüber gleich offen verhalten? Die grobe aktuelle Bestandsaufnahme der individuellen Persönlichkeit ist der erste Schritt, um eigene Ziele und Erwartungen für die Entwicklung der Persönlichkeit definieren zu können. Denn die Entwicklung ist und bleibt ein langwieriger Prozess, der viele verschiedene kleinere und auch größere Ziele beinhält.

Es wird also nicht erwartet, einen umfangreichen wissenschaftlichen Test abzulegen, nur um etwas Selbstreflexion auszuüben und sich selbst einzuschätzen. Ein Brainstorming reicht aus, um jeden Bereich der big five zu beleuchten. Wo kann ich meine persönlichen Stärken wiederfinden, welche Gebiete könnten ausgebaut werden, wie verhalte ich mich im Umgang mit anderen und erledige ich meine Aufgaben gewissenhaft? Mit etwas Zeit, einem Stift und einem leeren Blatt Papier und der Ehrlichkeit zu sich selbst zu stehen kann eine momentane Bestandsaufnahme der Persönlichkeit grob angefertigt werden. Im Vordergrund steht hier aber eindeutig die objektive Bestandsaufnahme, Wertungen und Urteile sollten außer Acht gelassen werden. Im Zuge dieses Prozesses werden vermutlich einige Fragen aufkommen, die sich vor allem um das Warum drehen. Warum handle ich eben so wie ich handle, warum sind genau dies meine Schwächen, warum fällt mir jenes leicht?

Gene und Umwelt formen Persönlichkeit

Die gute und die schlechte Nachricht zugleich: für manche Eigenschaften und Charakterzüge können Sie nichts. Gewisse Punkte wurden Ihnen in der Tat in die Wiege gelegt, sie sind genetisch bedingt. Dass die Gene sogar einen nicht unbeachtlichen Teil der Persönlichkeit ausmachen, belegen Studien über ein- und zweieiige Zwillingspaare. Das Ergebnis dieser Studien ist weitestgehend dasselbe, während im (frühen) Kindesalter sich sowohl ein- als auch zweieiige Zwillinge relativ ähnlich sind, nimmt diese Ähnlichkeit bei zweieiigen Zwillingen im Laufe der Zeit stark ab, als Erwachsene ähneln sie sich statistisch gesehen nur noch zu knapp 50 %, wie es auch normale Geschwisterpaare tun. Eineiige Zwillinge bleiben bei den Auswertungen der Tests jedoch auch im hohen Alter noch auf einer sehr ähnlichen Kurve, was heißt, dass sie sich auch mit der Zeit in die gleiche Richtung entwickeln.[3]

Der Ire Kevin Mitchell konnte in seinem Buch sogar Zahlen nennen, er verweist auf etwa 40 % bis 60 % der individuellen Eigenschaften, die genetisch bedingt seien. Zeitgleich ergeben Umwelteinflüsse und die persönliche Umgebung ca. 10 % der Persönlichkeit, die übrigen 30 % bis 50 % hält Mitchell für Zufälle oder die natürliche Entwicklung und Arbeit des menschlichen Gehirns.[4] Trotzdem können und dürfen diese wissenschaftlichen Ergebnisse kein Grund sein, sich in seinen Verhaltensmustern gefangen zu halten, mit der Annahme, sie wegen der Genetik sowieso nicht ändern zu können. Auch wenn die Gene tatsächlich unveränderlich sind, können bestimmte Gedankengänge oder Verhaltensweisen abgeändert und optimiert werden. Dazu müssen diese zu optimierenden Eigenschaften aber zunächst einmal erkannt werden. Aber wie können Sie unbewusste Verhaltensmuster entdecken?

---

[3]TwinLife Studie, Deutsche Forschungsgemeinschaft (DFG), gestartet 2014.
[4]Kevin J. Mitchell: *Innate: How the Wiring of Our Brains Shapes Who We Are.* Princeton Univers. Press, 2018.

Unbewusste Verhaltensmuster erkennen

Bereits in den ersten Lebensjahren eines Menschen baut sich eine Art inneres Bewertungssystem auf, das ihn sein ganzes Leben lang begleiten wird. Es wird vor allem zu Beginn von den Erfahrungen mit Bezugspersonen beeinflusst und sorgt dafür, dass ein Mensch in einer bestimmten Situation eben das Gefühl erfährt, das er verspürt. Wird dieses zunächst neutrale System durch verschiedene Situationen oder Mängel verletzt, können negative Reaktionsmuster entstehen. Diese spiegeln sich dann auch im Erwachsenenalter noch in verschiedenen Verhalten- und Haltungsmustern wider. Jeder Mensch trägt solche Verhaltensmuster in sich, die meistens sogar unbewusst Teil der Persönlichkeit sind und zur Gewohnheit werden. Und gerade diese Gewohnheit gestaltet die Veränderung von Verhaltensmustern als äußerst schwierig, da ein höchstes Maß an Konsequenz und Disziplin gefordert wird.

Langfristig einfacher und erfolgreicher ist also nicht der Ansatz, die unbewussten Verhaltensmuster zu ändern, sondern ihrer Ursache auf den Grund zu gehen. Denn diese Reaktionsmuster arbeiten wie eine Art Schutzmauer, und wollen den Menschen vor den vermeintlich beängstigenden Situationen schützen. Doch brauchen Sie diesen Schutz wirklich noch? Um sich selbst entwickeln zu können und die genannten unbewussten Verhaltensmuster ablegen zu können, müssen Sie sich also Ihren offensichtlichen Ängsten stellen.

Diese zu erkennen, ist oft einfacher, als das eigene Verhalten akribisch zu analysieren. Weiter können Sie einige Tage lang aktiv auf Ihre eigenen Gedanken und Aussagen achten, weil sich auch hinter banalen Aussagen oft unbewusste und auch einschränkende Glaubenssätze verstecken. Ein genervtes „es ist auf niemanden Verlass" kann auf ein Misstrauensmuster hinweisen, oder der Gedanke, wie schlecht die eigene Situation doch ist, auf ein Jammermuster. Um im zweiten Schritt die Intensität dieser Verhaltensmuster einzuschätzen, können Sie sich konkrete Fragen dazu stellen. „Kann ich mich wirklich auf niemanden verlassen?". Wenn ein Mensch inkongruent handelt, sein Verhalten insgesamt also nicht stimmig ist, kann auch das auf ein unbewusstes Verhaltensmuster hindeuten. Vor allem die Stimme und die Physiologie entlarven es in diesem Fall. Wenn der Kontext, die Stimme und die Physiologie nicht zusammenpassen, könnte sich auch hier ein Muster verbergen. Mit ein wenig Achtsamkeit und Aufmerksamkeit können Sie rasch Ihre eigenen Verhaltens- und auch Denkmuster aufspüren. Und nur wenn diese nicht mehr vollkommen unbewusst ablaufen, können Sie sie aktiv nutzen, um noch zufriedener und erfolgreicher in Ihrem Leben zu werden.

Selbstakzeptanz

Alles, was Sie bislang nun über sich erkannt und entdeckt haben, sollten Sie auch so akzeptieren, wie es ist. Es geht in erster Linie nicht um die Selbstliebe, sondern wirklich um die Selbstakzeptanz. Die Schwächen, die vermeintlichen Fehler, die negativen Muster Ihres Verhaltens und Denkens, es gehört zu Ihnen – genauso wie Ihre Stärken, die Talente und die von Ihnen ausgehende Positivität. Um sich selbst in der Gesamtheit zu akzeptieren, müssen und sollen die unangenehmen Eigenschaften aber nicht versteckt oder kleingeredet werden. Sie haben die gleiche Daseinsberechtigung wie die angenehmen. Und es geht sogar noch einen Schritt weiter. Erst wenn Sie sich bewusst geworden sind, wer Sie sind und was Sie auszeichnet, mit allen Facetten, können Sie beginnen, daran zu arbeiten und sich zu entwickeln. Das Ziel dieser Entwicklung, Ihrer individuellen Persönlichkeitsentwicklung, ist aber nicht das Ablegen von negativen Eigenschaften, sondern Ihre innere Zufriedenheit. Und der Grundstein dafür ist nun einmal die Akzeptanz Ihrer Persönlichkeit, Ihres Selbst.

Aber wie funktioniert das jetzt, wie kann jeder Mensch selbst lernen, sich anzunehmen und zu akzeptieren? Über die Jahre hinweg haben Sie vermutlich die Erfahrungen gemacht, dass Sie etwas leisten müssen, um Anerkennung, Liebe oder Erfolg zu ernten. Dass der aktuelle Stand, so wie er war, oftmals nicht ausgereicht hat. Und genau solche Verurteilungen haben dafür gesorgt, dass dazu noch Selbstverurteilungen kommen, die Ihnen das Gefühl geben, in bestimmten Dingen oder Situationen nicht genug zu sein, dass die aufgedeckten Schwächen verringert oder abgelegt werden müssen, um liebenswert zu werden. Von diesen Selbstverurteilungen sollten Sie sich jetzt befreien.

Jeder Mensch hat das Recht, gut genug zu sein, ohne etwas dafür leisten zu müssen. Statt sich anzupassen, sollte lieber auf die persönlichen Bedürfnisse geachtet werden, die eigenen Gefühle dürfen und sollen beachtet werden, Mitgefühl für sich selbst ist angebracht. Egal ob es sich um Zuneigung und Liebe handelt, oder ob ein kleiner Motivationsschub für den Moment passender ist, nur Sie selbst können erfahren, was Sie gerade benötigen. Und wenn Sie zulassen, dass Sie oder Ihr Umfeld es Ihnen schenkt, dann sind Sie auf dem richtigen Weg, sich selbst zu akzeptieren. Nehmen Sie also einmal die Beobachterrolle ein, achten Sie auf Ihre Gedanken und Bedürfnisse, geben und lassen Sie sie zu. Denn erst wenn die Gedanken nicht mehr verurteilt werden, kann der Prozess der Akzeptanz starten.

Wer will ich sein?

Wenn Sie angefangen haben, sich selbst so anzunehmen wie Sie sind und sich akzeptieren, kann die eigentliche Entwicklung Ihrer Persönlichkeit beginnen. Denn Sie wissen jetzt, an welchem Punkt Sie stehen. Sie haben gelernt, Ihre Bedürfnisse und Gefühle zu erkennen und darauf einzugehen. Die Frage, die sich Ihnen nun vermutlich stellt: Wer will ich eigentlich sein? Wo will ich hin mit meiner Persönlichkeitsentwicklung? Was will ich genau entwickeln und ausbauen?

Schon dem indischen Rechtsanwalt und Führer der Freiheitsbewegung Mahatma Ghandi werden die Worte „Sei du selbst die Veränderung, die du dir wünschst für diese Welt" zugewiesen. Auch wenn leider keine eindeutigen Quellen des Ursprungs dieses Zitates bekannt sind, so ist doch der Kern aussagekräftig genug. Wie sehen Sie Ihre Welt? Was fehlt, was sollte verändert werden? Hier ist der Ansatz Ihrer persönlichen Entwicklung. Denn glücklicherweise ist jeder Mensch, unabhängig vom Alter, jederzeit in der Lage, sich selbst, seine eigene Welt und seine Persönlichkeit ein Stück weit zu verändern.

WANDELBARKEIT DER PERSÖNLICHKEIT

Diese stetige Wandelbarkeit einer Persönlichkeit konnte inzwischen sogar wissenschaftlich belegt werden. Die deutsche Psychologin Jule Specht hat die Persönlichkeitsentwicklung, das Wohlbefinden, soziale Beziehungen und die Persönlichkeit selbst zu ihren Forschungsschwerpunkten auserkoren. Erst im Mai 2018 konnte sie im Rowohlt Verlag ihr neues Buch veröffentlichen, das den Titel „Charakterfrage: Wer wir sind und wie wir uns verändern" trägt[5]. Sie beschäftigt sich in dem Buch vor allem mit der Frage, warum ein Individuum so ist, wie es ist. Dabei werden eben auch die Entstehung und die Entwicklung der Persönlichkeit beleuchtet, die ihrer Forschung nach zu urteilen ein über die ganze Lebensspanne andauernder Prozess ist. Der Wandel der Persönlichkeit ist aber nicht gleichzusetzen mit der Entwicklung der Persönlichkeit. Während der Wandel sowohl positiv als auch negativ sein kann und beispielsweise als eine gefühllose Anpassung an die Gesellschaft ausgedrückt werden kann, steht bei der Persönlichkeitsentwicklung klar die Optimierung der individuellen Potenziale im Vordergrund.

Besonders gut verdeutlicht werden kann die Wandelbarkeit an älteren Menschen, auch wenn dieses Feld bislang noch wenig erforscht ist. So stimmen Sie

---

[5] *Jule Specht: Charakterfrage. Wer wir sind und wie wir uns verändern. Rowohlt Verlag, Reinbek, 2018.*

wahrscheinlich zu, dass einige ältere Menschen zwar verschlossener gegenüber neuen Erfahrungen und allgemeinen Neuerungen sind, dafür aber umso verträglicher mit Mitmenschen als beispielsweise jüngere Menschen. Die Wahrscheinlichkeit, dass diese grobe Verteilung einzelner Merkmale nicht immer so war, ist sehr hoch. Weiter bilden sich auch einige ältere Menschen gerne in VHS-Kursen oder ähnlichem weiter, suchen sich eine ehrenamtliche Tätigkeit oder verbringen ihre freie Zeit mit ausgiebigen Reisen. All das trägt nicht nur zu einer angenehmen Freizeitgestaltung bei, sondern erweitert auch gleichzeitig den Horizont, was mit ausschlaggebend für eine erfolgreiche Persönlichkeitsentwicklung ist. Die gute Nachricht an dieser Stelle ist also, es ist nie zu spät für eine Persönlichkeitsentwicklung, und ebenso wenig kann der perfekte Moment dafür verpasst werden.

SCHWERPUNKTE FINDEN

Stellen Sie sich vor, Sie sollten eine Mindmap zum Thema Persönlichkeitsentwicklung erstellen. Auf einem großen DIN A3 Papier dürfen Sie alles notieren, verbildlichen, mit Farben kennzeichnen und abgrenzen, was Sie als wichtig für eine Persönlichkeitsentwicklung ansehen. Wie lange würden Sie wohl dafür brauchen? Reichen 15 knappe Minuten und ein einziger Stift, oder würden Sie womöglich noch nach einem zweiten DIN A3 Papier fragen, weil die zusammenhängenden Wolken mehr Platz einnehmen, als Ihnen zur Verfügung steht? Konkretisieren Sie Ihre Vorstellung. Wie würde eine Mindmap zu Ihrer individuellen Persönlichkeitsentwicklung aussehen? Wenn Sie Ihre Stärken, Ihre Fähigkeiten und Ihr Können kennen und einschätzen können, und offen mit Ihren Schwächen und Fehlern umgehen, woran würden Sie für sich mehr arbeiten wollen? Es gibt keine einschlägige Richtung, keinen einzig richtigen oder falschen Weg.

Es kann eben nicht nur schwarz oder weiß sein, sondern auch bunt oder grau. Sie können Ihre Fähigkeiten noch weiter ausbauen, weiter an Ihren Stärken arbeiten und sie perfektionieren oder Sie können sich Ihren Schwächen stellen, Sie akzeptieren und dennoch versuchen, sie abzumildern, weniger präsent werden zu lassen, bis sie irgendwann ganz verschwinden. Oder Sie können auf Ihrer Mindmap die Wolken mit Stärken und Schwächen etwas kleiner einzeichnen, um mehr Platz für Ihre Gefühle und Ihren Umgang damit zu lassen. Welche Gefühle begleiten Sie in Ihrem alltäglichen Leben, welche Sorgen und Ängste hindern Sie am Entspannen oder Einschlafen, wie ist Ihre Einstellung gegenüber dem Leben? Gegenüber anderen Menschen, gegenüber sich selbst, gegenüber der Umwelt?

Sie merken selbst, wenn Sie sich wirklich auf Ihre Persönlichkeit konzentrieren, kommen immer andere Facetten zum Vorschein, andere Blickwinkel, andere Auffassungen. Und Sie müssen sich derer bewusstwerden, um sich entwickeln zu können. Denn ohne Ziel kann kein Weg erfolgreich zurückgelegt werden. Aber ein Weg kann auch nicht gleichzeitig zu sieben verschiedenen Zielen führen. Lassen Sie das Schwarz oder Weiß hinter sich, trauen Sie sich bunt zu denken und bunt zu handeln. So können Sie erkennen, was Sie für wichtig ansehen, wo Sie Entwicklungspotenzial sehen und wo Sie ansetzen möchten. Ihre Schwerpunkte können so unterschiedlich sein wie nur möglich, Sie können sich mehrere Ziele setzen, mit verschiedenen Prioritäten. Wenn Sie allgemein ein pessimistischer Typ sind und aus der Spirale der Negativität aussteigen wollen, könnten positive Grundgedanken und eine positive Einstellung das Ziel sein, das Schritt für Schritt in kleinen Etappen umgesetzt und erreicht wird.

Aber auch Lebensfreude erlangen ist ein denkbarer Schwerpunkt einer Persönlichkeitsentwicklung. Nach einem Schicksalsschlag oder schweren Zeiten verlieren viele Menschen die Lust am Leben, sie verlieren den Sinn aus den Augen und fokussieren sich auf das Leid und den Schmerz, den sie erfahren haben. Dabei bedeutet Lebensfreude nicht, die Vergangenheit zu vergessen, Schmerzen zu unterdrücken oder zu überspielen oder sich selbst gar etwas vorzumachen. Wahre Freude am Leben akzeptiert Tragödien, lernt aber, im Leben damit umzugehen. Auch der Umgang mit Kritik kann entwickelt werden. Wer kann von sich schon behaupten, gerne kritisiert zu werden und dass Kritik ihm nichts ausmacht?

Dabei kann konstruktive Kritik Sie wirklich weiterbringen, neue Türen öffnen und Prozesse erleichtern. Wie aber können Sie selbst lernen, nur noch konstruktive Kritik zu äußern und den Rest für sich zu behalten, und im Umkehrschritt die Kritik wirklich anzunehmen, zu überdenken, und gegebenenfalls umzusetzen? Wie können Sie lernen, sich nicht angegriffen zu fühlen, in Ihrer Persönlichkeit verletzt zu sehen und den übertriebenen Gedanken zu entwickeln, dass sowieso jeder gegen Sie ist und Sie es niemandem Recht machen können? Solche Gedanken abzuschütteln und loszulassen könnte ebenfalls ein eigener Punkt auf der Mindmap Ihrer Persönlichkeitsentwicklung werden. Sie sehen, die Möglichkeiten sind unendlich. Horchen Sie in sich hinein, was ist Ihnen wichtig?

Was schätzen Sie an sich und an anderen, welche Eigenschaften und Qualitäten möchten Sie für sich entwickeln, worauf möchten Sie stolz sein? Begeben Sie sich auf die Suche nach einzelnen Schwerpunkten, die Sie anfangs auf Ihrem Weg begleiten. Im Laufe der Zeit können und werden diese Schwerpunkte sich ändern, manche verlieren, andere gewinnen an Priorität, wieder andere werden abgehakt werden können und neue kommen hinzu. Überlegen Sie sich Ziele Ihrer Persönlichkeitsentwicklung, die einigermaßen denselben Weg haben, um realistisch zu bleiben. Denn wenn Sie Ihre persönlichen Schwerpunkte gefunden haben, ist der Großteil der Arbeit erledigt, ab dann geht es nur noch um die Anwendung und die Konsequenz. Wer aber mit solch einem starken Willen sich selbst betrachtet, einschätzt und wertschätzt, wird diesen letzten Schritt problemlos meistern können.

Wie erreiche ich das?

Sich in der Theorie mit der Entwicklung der eigenen Persönlichkeit zu beschäftigen, ist ein sinnvoller erster Baustein. Aber leider reicht es nicht aus, um von heute auf morgen als neuer Mensch aufzuwachen. Nach dem theoretischen Wissen kommt die Praxis. Johann Wolfgang von Goethe war derselben Meinung, als er sagte „Es ist nicht genug, zu wissen, man muß auch anwenden; es ist nicht genug zu wollen, man muß auch tun."[6] Nachdem Sie also den theoretischen Teil erfolgreich abgearbeitet haben, wartet nun die Praxis, in der Sie selbst aktiv werden können und müssen. Im Vorfeld sollte an dieser Stelle angemerkt werden, dass es in keiner Weise darum geht, eine Checkliste mit allen aufgeführten Methoden und Techniken zu führen, bei der die Punkte nach einmaliger Ausführung abgehakt und beiseitegelegt werden.

Vielmehr handelt es sich um Anregungen, Tipps für das alltägliche Leben und allgemeingültige Vorschläge, die Sie individuell auf Ihr Leben zuschneiden können. Es wird Sie auch sicherlich nicht jeder Punkt in gleichem Maße ansprechen. Legen Sie deshalb Ihr Augenmerk auf die für Sie zutreffenden Angebote, führen Sie diese gegebenenfalls noch weiter aus, geben Sie ihnen Ihre persönliche Note. Denn es geht um Ihren einzigartigen Weg der Persönlichkeitsentwicklung, der weder vorbildlich noch öffentlich sein muss. Wenn Sie sich mit ihrem Weg wohlfühlen und an Ihrer Entwicklung festhalten, werden Sie Ihr Ziel erreichen.

Da die Persönlichkeit so breit gefächert ist, gestaltet sich auch ihre Entwicklung äußerst vielfältig und multiplex. Es können die verschiedensten Bereiche angesprochen werden, sie können wiederum auch auf unterschiedliche Art und Weise stimuliert werden, je nachdem was das Ziel ist und wie der persönliche Weg dorthin aussieht. Während sich die ersten Tipps und Hilfestellungen um den allgemeinen Weg der Persönlichkeitsentwicklung dreht, wird im zweiten Teil der Praxis auf spezifischere und konkrete Beispiele und allgemeine Zielsetzungen eingegangen.

---

[6] Goethe, Maximen und Reflexionen. Aphorismen und Aufzeichnungen. Nach den Handschriften des Goethe- und Schiller-Archivs hg. von Max Hecker, Verlag der Goethe-Gesellschaft, Weimar 1907. Aus: Wilhelm Meisters Wanderjahre, Aus Makariens Archiv

KONRAD SEWELL

Horizont erweitern

Wer nicht lernt, bleibt an derselben Stelle stehen. Wer nicht wächst, bleibt klein. Henry Ford, der amerikanische Gründer des Automobilherstellers Ford, war sich dieser Problematik bereits im frühen 20. Jahrhundert bewusst: „Wer immer tut, was er schon kann, bleibt immer das, was er schon ist."[7] Denn Leben bedeutet Wachsen, sich selbst zu erweitern, zu entwickeln. Dass das Lernen und das Erweitern des eigenen Horizontes im Menschen fest verankert ist, wird vor allem an Kindern deutlich. Mit welcher Neugierde und Faszination sie die Natur erkunden, Dinge betrachten und förmlich in sich aufsaugen, unzählige Fragen stellen, auf die ein Erwachsener vermutlich nicht einmal kommen würde, ist der erstaunliche Beweis für den Wunsch nach Lebensfähigkeit, nach Wachstum und nach Verstehen. Ohne große Mühe und ohne viele Hilfsmittel sind Kinder in der Lage, ihre Fähigkeiten zu trainieren, sie auszubauen und zu optimieren, Erfahrungen zu machen und diese einfach zu akzeptieren.

Die Hoffnung und das Wissen, beim nächsten Versuch erfolgreicher zu sein, lässt bei Kindern jede Angst des Versagens verschwinden. Und dieser kindliche Optimismus und das große Selbstvertrauen in die eigenen Fähigkeiten sind beneidenswert. Denn sie garantieren die erfolgreiche Entwicklung, sorgen für ausgiebige Lebensfreude und Spaß an neuen Herausforderungen. Um sich selbst auch erfolgreich zu entwickeln, Freude am Leben und Aufgaben mit Zuversicht anzunehmen und umzusetzen, können Sie Ihren Horizont erweitern.

Sie erfahren ein Stück mehr zu Ihrer Persönlichkeit, nehmen diese bewusster wahr und übertragen Ihre Erfahrungen auch in Ihre Umwelt und Ihren Alltag. Sich weiterzuentwickeln bedarf keiner großartigen Kurse oder Seminare, Ihr Alltag bietet Ihnen bereits genug Möglichkeiten, neue Schritte zu gehen, Sie müssen sie lediglich erkennen. Konkret bieten Ihnen zum Beispiel das Lesen, Tagebuch führen und auch das Erlernen neuer Sprachen diese Möglichkeiten. Warum das so ist und wie Sie es am besten in Ihr Leben integrieren können, erfahren Sie in den folgenden Seiten. Versteifen Sie sich jedoch nicht auf diese drei Beispiele, verfolgen Sie Ihre eigenen Interessen und achten Sie auf Ihre Vorlieben.

---

[7]Monika Mörtenhummer (Hrsg.): *Zitate im Management*, Linde Verlag Wien GmbH, 2009, S. 163

LESEN

Da Sie gerade dieses Buch lesen, kann davon ausgegangen werden, dass Sie sich für Literatur interessieren. Lesen Sie regelmäßig? Welche Genres bevorzugen Sie, Sachbücher, Ratgeber, Belletristik, Comics? Und nehmen Sie den Zustand der Entspannung, in den Sie während des Lesens automatisch verfallen, bewusst wahr? Denn in dieser Zeit wird der Bewusstseinszustand verändert, es handelt sich nicht lediglich um Ablenkung oder Berieselung. Aber die Tatsache, dass Lesen aktiv zur Entspannung und Entschleunigung des Alltags beiträgt, ist nicht die einzige, die Ihnen bei der Entwicklung Ihrer Persönlichkeit weiterhelfen kann. Es trainiert auch die zwischenmenschlichen und kommunikativen Fähigkeiten. Im Gehirn sind bestimmte Areale für die menschliche Kommunikation und die Empathie zuständig.

2013 konnten Forscher beweisen, dass eben diese Bereiche bis zu fünf Tage nach dem Lesen besonders aktiv sind. So werden also nicht nur Wortschatz und Gram-matik durch das Lesen geübt, sondern auch die Empathie angeregt. Die Gefühle und Gedanken anderer Menschen können besser wahrgenom-men werden, eine lesende Person ist besser in der Lage, sich in seine Mitmenschen hineinzuversetzen und angemessen zu reagieren.

Dadurch steigt zudem die Qualität von zwischenmenschlichen Bezie-hungen, die maßgebend ist für ein zufriedenes und erfolgreiches Leben. Denn nur wenn die Perspektiven anderer Menschen erkannt und ver-standen werden, kann darauf angemessen reagiert werden. So können manche Konflikte schneller gelöst werden, oder gar nicht erst entstehen

Gleichzeitig wirkt vor allem das Lesen von Belletristik wie eine Simulation der Wirklichkeit. Das Leben eines fiktiven Menschen rückt in den Vordergrund. Unbewusst trainiert das Gehirn so sogar den Umgang mit Ungewissheit und Widersprüchen und mit Problemen im Allgemeinen. Die Kreativität wird gefördert, weil Bücher viel komplexer und vielschichtiger sind als beispielsweise Filme. Und das Lesen hat nicht nur kurzfristige positive Auswirkungen auf die Persönlichkeit und ihre Entwicklung.

Auch langfristig kann es das Risiko, an Krankheiten wie Alzheimer zu leiden, deutlich verringern. Grund dafür ist das mentale Training, das vor allem durch Lesen stattfindet, das das Gehirn auffordert, neue Gehirnzellen zu bilden und für ein gut ausgebautes Netz von Gehirnzellen untereinander sorgt.[8] Wenn das Lesen also den eigenen Horizont so selbstverständlich erweitert und sich dermaßen positiv auf die Gegenwart und auch auf die Zukunft eines Menschen auswirkt, sprechen nicht viele Gründe gegen diese Freizeitbeschäftigung. Und auch die

---

[8] Robert S. Wilson, Patricia A. Boyle, Lei Yu, et. al.: *Life-span cognitive activity, neuropathologic burden, and cognitive aging.* Neurology, Juli 2013.

Frage nach dem „Was" kann rasch geklärt werden. Denn um den Horizont zu erweitern und entweder auf fachlicher oder auf sozialer Weise die Ressourcen des Lesens auszuschöpfen, kommt es nicht darauf an, welche Bücher Sie im Detail lesen.

Ob es sich um Sachbücher oder um klassische Belletristik handelt, spielt kaum eine Rolle. Belletristik fördert die sozialen Kompetenzen noch mehr als Sachbücher, vermittelt in der Regel aber etwas weniger fachliches Wissen. Auch die Genres der Literatur spielen keine Rolle, ob es sich um Liebesromane, Science-Fiction, Fantasy, Krimi oder Thriller handelt, wählen Sie Ihre Literatur ganz nach Ihren Vorlieben aus. Ein Buchtipp, falls Sie auf der Suche nach einer belletristischen Erzählung gepaart mit der Persönlichkeitsentwicklung und dem Sinn des Lebens sind, ist die Buchreihe „Das Café am Rande der Welt" des amerikanischen Bestsellerautors John P. Strelecky. Während seiner Arbeit als Strategieberater für Firmen kamen in ihm Gedanken auf, dass das Leben mehr Sinn beinhalten sollte als zwölf Stunden lange Arbeitstage im Büro. Nach einer Weltreise mit seiner Ehefrau schrieb Strelecky innerhalb weniger Wochen den Bestseller *The Why Are You Here Café* ('Das Café am Rande der Welt'). Das Buch regt den Leser dazu an, sich selbst Fragen zu stellen und den eigenen Sinn des Lebens zu finden, um ein glückliches Leben zu führen. 2015 hat er sich erneut mit dem Protagonisten seines Erstlingswerkes auseinandergesetzt und die Fortsetzung „Wiedersehen im Café am Rande der Welt" geschrieben, in der der Protagonist nun als Mentor sein Wissen weitergibt.

Weitere vier Jahre später, im August 2019, konnte Strelecky mit dem Titel „Auszeit im Café am Rande der Welt" noch eine Weiterführung des in 30 Sprachen übersetzten Werks „Das Café am Rande der Welt" veröffentlichen, in dem sein Protagonist nun am eigenen Leib die Midlife Crisis erfährt. Nachhaltig verändert von seinen Begegnungen im Café am Rande der Welt, setzt er sich mit seinem neuen Mentor gemeinsam mit seiner alternden Persönlichkeit auseinander und erschließt sich neue Ziele. In anderen Büchern widmet er sich ähnlichen Themen und schreibt vor allem über individuelle Lebensziele und die bewusste Wahrnehmung von bedeutenden Erlebnissen im Leben. Falls Sie sich für die Mischung aus einem kurzen Roman und Sachliteratur interessieren, sind Streleckys Bücher in jeder Buchhandlung sowie in gut sortierten Büchereien vertreten. Falls Ihre Interessensschwerpunkte woanders liegen, gehen Sie selbst auf Entdeckungsreise in die Vielfalt der Literatur und lesen Sie noch heute die ersten zehn Seiten Ihres neuen Buches.

Egal, für welches Buch Sie sich am Ende entschieden haben, auf welcher Sprache lesen Sie es? Stehen in Ihrer persönlichen kleinen Bibliothek ausnahmslos Bücher auf Ihrer Muttersprache, oder findet sich auch das eine oder andere fremdsprachige Werk darunter? Falls ja, gönnen Sie sich ruhig noch mehr Bücher aus anderen Sprachen. Falls nein, sollten Sie ein einfaches Buch auf einer Fremdsprache anfangen. Sie werden merken, dass es Ihnen guttut, das Gehirn auf verschiedene Art und Weisen gleichzeitig zu fördern. Besonders gut eignen sich für den Start Kinder- oder Jugendbücher, zu denen vom sprachlichen Stil her gesehen zum Beispiel auch die bekannten Bücher von Harry Potter zählen. Denn das Erlernen und Vertiefen von Sprachen verfügt über eine immense Wirkung auf Ihre Persönlichkeit.

NEUE SPRACHE LERNEN

Es gibt Menschen, die sprechen ohne große Mühe fünf oder sechs verschiedene Sprachen fließend. Und es gibt Menschen, die tun sich schwer mit dem sicheren Beherrschen einer Fremdsprache. Dabei lohnt es sich für jeden, egal ob jung oder alt, männlich oder weiblich, eine neue Sprache zu lernen, ob es sich dabei nun um die zweite oder die sechste handelt, spielt keine Rolle. Dass durch den Erwerb das Gehirn trainiert und angesprochen wird, ist ein positiver Nebeneffekt, in Bezug auf Ihre Persönlichkeitsentwicklung aber eher zweitrangig. Denn mit jeder Sprache, die Sie sprechen, erweitern Sie Ihr persönliches Weltbild. Sie erfahren neue Erkenntnisse über sich selbst und über Ihre Umwelt, und Sie nehmen ein Stück der Fremdsprache in sich auf. Die Muttersprache wird in einem familiären und daher emotionalen Umfeld erlernt und ist deshalb eng mit der individuellen Emotionswelt verknüpft.

In Fremdsprachen drücken sich Personen oft etwas distanzierter aus, da diese Verknüpfung mit den Emotionen bei weitem nicht so ausgeprägt ist wie in der Muttersprache. Und gleichzeitig mit dem entsprechenden Vokabular und den Grammatikregeln einer Sprache wird zudem auch die Kultur und die Gesellschaft des fremden Landes studiert und erlernt. Je intensiver die Sprache erlernt wird, desto größere Unterschiede zwischen persönlichem Verhalten aus der Mutter- oder der Fremdsprache werden festgestellt. Zu diesem Ergebnis kam unter anderem eine Studie deutscher Wissenschaftler, die an zweisprachige Menschen denselben Fragebogen mit Fragen über die *big five* gestellt haben, einmal auf ihrer Muttersprache und einmal auf der Fremdsprache.

Überraschenderweise waren die Antworten der Fragebögen nicht dieselben, je nach Sprache gab es erhebliche Unterschiede. So wurden auf Deutsch höhere Ergebnisse im Bereich der Verträglichkeit erzielt als auf Spanisch, auf Spanisch hingegen haben sich die Probanden als wesentlich extravertierter angesehen als auf Deutsch.[9] Das spiegelt die kulturellen Normen und den gesellschaftlichen Rahmen wider, der also gemeinsam mit den Sprachkenntnissen erworben

---

[9] G. Marina Veltkamp, Guillermo Recio, Arthur M. Jacobs, et. al.: *Is personality modulated by language?* Sage journals, 2012.

wird. So können Menschen durch und auf einer anderen Sprache also ihren eigenen kulturellen und persönlichen Horizont erweitern, und neue Verhaltensweisen an sich selbst wahrnehmen. Und auch wenn eine Fremdsprache in einem weniger intensiven Rahmen erlernt wird und die kulturellen Gegebenheiten zwar im Lehrbuch kennengelernt werden, jedoch keine persönlichen Erfahrungen damit gemacht werden können, wirkt sich die Sprache auf die Persönlichkeit aus.

Denn in der Muttersprache hängt ein Mensch in seinen Verhaltens- und Denkmustern fest, sie zu durchbrechen ist mit viel Aufwand verbunden. Der Mensch selbst und auch seine Mitmenschen erwarten stets dasselbe Verhalten und drängen es ihm teilweise durch diese Erwartungen auch auf. Spricht der Mensch auf einer anderen Sprache, kann er sich leichter von all diesen Erwartungen befreien und sich auch leichter von seinen Verhaltensmustern trennen.

Er fühlt sich freier in seinen Handlungen und in seiner Entscheidungsfreiheit, die Offenheit für neue Erfahrungen und neue Gewohnheiten steigt.[10] So ändern viele mehrsprachige Menschen nicht nur das Vokabular und die Grammatik, sobald sie auf einer anderen Sprache sprechen, sondern sie ändern unbewusst auch ihre Stimmlage, ihre Lautstärke und oft auch die körperliche Expressivität, strahlen je nach Zielsprache also mehr oder weniger Selbstbewusstsein und Haltung aus. Je umfassender und eindringlicher der Fremdsprachenerwerb abläuft, desto schneller und größer werden auch die neuen Persönlichkeitsfacetten auftreten. Das reine Lernen von Theorie bewirkt also weitaus weniger persönliche Entwicklung als eine Sprachreise, ein Aufenthalt im Zielland oder der aktive Austausch mit Muttersprachlern.

Wenn Sie sich selbst einen Mehrwert für die Arbeitswelt schaffen wollen, den nächsten Urlaub gebucht haben oder Ihren Kindern ein gutes Vorbild sein wollen, lernen Sie aktiv eine neue Sprache. Informieren Sie sich über die kulturellen Hintergründe, erfahren Sie Details über die gesellschaftlichen Gegebenheiten und fordern Sie sich auf, im realen Leben mit der Fremdsprache in Kontakt zu kommen. Wenn ein mehrmonatiger Auslandsaufenthalt aufgrund von persönlichen Umständen unmöglich ist, so helfen im modernen Zeitalter fremdsprachige Filme, das Abonnement einer ausländischen Zeitung, eine klassische Brieffreundschaft mit einem Muttersprachler oder Online-Foren mit Gleichgesinnten. Trainieren Sie Ihr Gehirn, erweitern Sie Ihr Wissen, erlauben Sie sich neue Erfahrungen mit der Welt und mit Ihrer Persönlichkeit.

---

[10] Rosemary Wilson: *Another language is another soul*. Language and intercultural communication, 2013, S. 298-309.

TAGEBUCH FÜHREN

Wenn Sie sich ein Tagebuch vorstellen, sehen Sie dann ein rosa eingeschlagenes Buch mit Vorhängeschloss, in dem wichtige oder unwichtige Details über einen Schulschwarm und der Streit mit den Eltern verewigt sind? Oder haben Sie in letzter Zeit mal ein modernes Tagebuch für Erwachsene in einer Buchhandlung oder einem Schreibwarengeschäft angesehen und waren erstaunt über die Qualität, das schlichte, unauffällige Design, das alles in seinem Inneren verbergen könnte? Denn von dieser Art Tagebücher gibt es heutzutage unzählige Varianten, aus edlem Leder, verziert mit dezentem Muster, klassisch einfarbig oder bunt. Grund für den großen Markt an hübschen Tagebüchern ist die Erkenntnis, dass sich nicht nur pubertierende Teenager ihre Probleme von der Seele schreiben dürfen, sondern dass es einem Erwachsenen, der Erfolg hat und mit beiden Beinen im Leben steht, ebenso helfen kann, mit Schwierigkeiten umzugehen und sich persönlich zu entwickeln. Vielleicht fragen Sie sich nun, warum ausgerechnet Sie anfangen sollten, ein Tagebuch zu führen?

Die Beweggründe dafür sind aussagekräftig. Ihre Erinnerungen an besondere Augenblicke werden sich mit der Zeit ändern, manche Details werden unbewusst neu modelliert oder hervorgehoben. Wenn sie niedergeschrieben wurden, können die Erinnerungen wahrheitsgetreu nachempfunden und die Situation beliebig oft nachgespürt werden. Außerdem fungiert ein Tagebuch wie eine Art Selbsttherapie. Wenn Sorgen, Ängste, Wünsche und Gefühle festgehalten werden, können Sie sie reflektieren. Sie können sich von Ihren Gedanken distanzieren und sich so sogar selbst erkennen. Denn durch Schreiben ordnen Sie Ihre Gefühle, das Lesen ermöglicht den nötigen Abstand und die Reflexion. Die Zeilen, die Sie in Ihrem Tagebuch verfassen, sind ein Spiegel Ihrer Gedankenwelt, die Sie nun von einer neuen Seite aus betrachten können. Dadurch, und auch durch die Möglichkeit, Ihre Entwicklung bewusst wahrzunehmen und immer nachlesen zu können, stärken Sie automatisch Ihr Selbstbewusstsein und Ihr Vertrauen in sich selbst.

Wenn Sie neben negativen Ereignissen und Problemen auch die positiven Aspekte des Alltags notieren, können Sie lernen, sich auf eben diese schönen Momente zu konzentrieren. Das Negative verliert an Bedeutung, und Ihre Grundhaltung verändert sich zum Positiven hin, ohne dass Sie direkt daran arbeiten müssen. Und ganz nebenbei haben vermutlich auch schon Sie einmal festgestellt, dass es manchmal einfach guttut, sich den Frust von der Seele zu reden (oder zu schreiben) und all die Wut auszulagern. Als Ventil Ihrer Stimmung ist das Tagebuch jederzeit für Sie da, und wartet nur darauf, beschrieben zu werden. Aber da bekanntlich aller Anfang schwer ist, können Sie sich mit ein paar Tipps im Vorfeld den beschwerlichen Start selbst vereinfachen. Überlegen Sie sich, ob Sie ein klassisches Tagebuch zum handschriftlichen Niederschreiben bevorzugen oder sich online verewigen wollen? Online stehen Ihnen sowohl zahlreiche Apps sowie Schreibtools wie Microsoft Office, Libre Office oder Open Office zur Verfügung. Vor Online-Tools im Internet sollten Sie sicherheitshalber einen großen Bogen machen, da der Datenschutz im Internet oftmals die kleine, aber immense Sicherheitslücke einiger Anbieter darstellt.

Wenn Sie also auf jeden Fall sichergehen möchten, dass Ihre Gedanken auch nur von Ihnen gelesen werden können, sollten Sie Offline-Tools oder das klassische, handfeste Buch benutzen. Anschließend sollten Sie sich Gedanken machen, zu welcher Uhrzeit Sie die kleine Tagebuch-Auszeit am besten einrichten können. Fällt es Ihnen morgens nach dem Aufstehen leichter, den gestrigen Tag festzuhalten oder wollen Sie vor dem Schlafen Ihre Gedanken aufschreiben, um sie nicht mit in die Traumwelt zu nehmen? Wenn Sie zwar von den Vorteilen eines Tagebuchs profitieren wollen, aber so wenig Zeit wie möglich investieren wollen, sind Stichwortlisten unumstößlich. Alles Wichtige wird festgehalten, Gedanken können sortiert werden, und trotzdem sparen Sie sich unnötige Präpositionen, Zeitformen von Verben oder Satzzeichen.

Besonders bei Tagebucheinträgen in Stichworten sollten Sie Ihren Perfektionismus jedoch im Vorfeld ablegen, da dieser den ehrlichen Gedankenfluss hindert und Spontanität hemmt. Manche Menschen tun sich vor allem anfangs schwer, ehrliche Tagebucheinträge zu verfassen. Hier können entweder eine direkte Anrede oder ein schematischer Fragenkatalog helfen.

Bei der Anrede geben Sie Ihrem Tagebuch einfach einen Namen, und tun so, als würden Sie diesem Namen einen Brief schreiben. So wirkt der Eintrag auf Ihr Gehirn nicht so abstrakt. Wenn Sie unsicher sind, was Sie aufschreiben können, stellen Sie sich ein paar Fragen. Diese könnten lauten: Was habe ich heute gut oder weniger gut gemacht? Worauf bin ich heute stolz? Gab es heute eine Situation, die ich hätte anders machen wollen? Wie geht es mir? Hatte ich heute Erfolge? Auch Bilder oder Metaphern können helfen, dass Niedergeschriebene zu visualisieren und somit auf eine neue Ebene zu bringen. Auch das einfache Einkleben von Tickets oder anderen Belegen kann sowohl Zeit sparen als auch an besondere Momente erinnern. Also legen Sie das Bild des Teenager-Tagebuchs ab und lassen Sie sich überraschen, wie leicht es Ihnen fallen wird, Ihre persönlichen Memoiren festzuhalten.

Ziele setzen

Woher wollen Sie wissen, ob die Persönlichkeitsentwicklung erfolgreich und produktiv verläuft, wenn sie nicht gemessen werden kann? Eine Entwicklung zu starten, ohne sich ausgiebig mit den eigenen Zielen und Plänen zu beschäftigen, ist wie eine Tour mit einem Ruderboot nur ohne Ruder.

Nicht nur die Richtung, in der das Boot fährt, ist ungewiss, auch der Ort, an dem man ankommt, ist ungewiss. Wer jetzt vielleicht aufstöhnen mag, dass aber der Weg das Ziel ist und sich Ziele mit der Zeit ja auch ändern können, der liegt vollkommen richtig. Wenn Sie sich selbst Ziele setzen, sind diese zu keinem Zeitpunkt unveränderbar, Sie können Sie immer an Ihre aktuelle Lebenssituation anpassen, Sie abschwächen, ihre Wichtigkeit regulieren oder sie mit der Zeit als unangebracht ablegen. Aber nur wer ein Ziel vor Augen hat, kann auch die entsprechende Richtung einschlagen, und den passenden Weg bestreiten.

Denn das durchaus positive an Zielen ist, dass sie wie eine Art Motivator arbeiten, sie motivieren zum Handeln, Loslaufen und geben eine Orientierung. Vor allem zu Anfang der Persönlichkeitsentwicklung ist es daher sinnvoll, seine Pläne, Wünsche und Ziele zeitlich ein wenig zu trennen. Während große Ziele, die das ganze Leben bestimmen, viel Zeit und auch Arbeit benötigen, langfristig aber den für Sie richtigen Weg aufweisen können, helfen kleine Ziele im Alltag dabei, sich jeden Tag weiterzuentwickeln. Wie könnte also eine grobe Aufteilung von Bestrebungen aussehen?

LEBENSZIELE

Wenn Sie sich vorstellen, Sie sitzen in einigen Jahrzehnten als weiser Mensch mit grau-weißem Haar in Ihrem Schaukelstuhl auf der Terrasse und blicken zufrieden auf Ihr Leben zurück – woran denken Sie? Was sehen Sie vor sich, wenn Sie sich ausmalen, wie Sie in einigen Jahren mit einem guten Freund durch den Park schlendern und in alten Zeiten schwelgen? Denn in solchen Situationen wird dem Menschen bewusst, was ihm am Herzen liegt, für was er sich interessiert und wo er seine persönlichen Schwerpunkte setzt. Lebensziele, die Sie am Ende des Lebens erreicht haben möchten, können genauso unterschiedlich und vielfältig sein wie die unzähligen Persönlichkeiten.

Es gibt keine richtige oder falsche Antwort, und ein Lebensziel ist auch kein fixer Zustand, an dem in Zukunft nie wieder etwas geändert werden kann. So wie sich die Persönlichkeit entwickelt, so entwickeln sich auch ihre Pläne gleichermaßen. Während ein junger Berufsanfänger als Lebensziel vielleicht ein volles

Rentenkonto und finanzielle Sicherheit als Lebensziel festlegt, so können ihn manche Ereignisse so prägen, dass dieses Ziel zweitrangig wird und die Freude am ausgeübten Beruf viel mehr an Bedeutung gewinnt. Solch ein Lebensziel, das Sie sich setzen, kann etwas Materielles sein, muss es aber nicht.

Viele Männer träumen sicherlich von einem Oldtimer, mit dem sie die Freiheiten am Wochenende genießen. Andere wiederum finden in einem regelmäßigen Familienkaffeetrinken am Sonntagnachmittag ihr Glück, und noch andere entfalten sich gänzlich beim Sport. Und genauso vielseitig, wie diese Vorlieben und Vorstellungen sind, gestalten sich auch die Lebensziele. Während das Ziel des Oldtimerliebhabers vermutlich ein eigener Oldtimer ist, träumt und arbeitet der Sportler an seiner sportlichen Karriere, um Zufriedenheit und Glück zu erfahren.

Und wem die Familie besonders wichtig ist, der wird dafür einsetzen, dass sich alle Familienmitglieder so ausgesprochen wohl und willkommen fühlen in der Runde, dass die regelmäßigen Treffen wie eine Art Auszeit für jedermann sind. Und auch die Kombination aus verschiedenen Lebenszielen ist denkbar. Ein Mensch kann für sich nur ein einziges Lebensziel benennen, oder aber vier, oder auch sieben. Und Teile davon können und werden sich im Laufe der Zeit verändern, andere bleiben bestehen. Aber nur wer sich mit seinem Lebensziel auseinandersetzt, sich darüber Gedanken macht, was er am Ende erreicht haben möchte und wo er sich sieht, kann den entsprechenden Weg auch einschlagen. Hilfreich ist es hier vor allem, sich die Lebensziele zu verbildlichen und sie in den Alltag zu integrieren. Das kann mithilfe von einfachen Klebezetteln am Kühlschrank geschehen, oder mit eingerahmten Bildern von inspirierenden Momenten, mit materiellen Dingen oder auch mit berühmten Zitaten, die den Kerngedanken widerspiegeln. Ihre Kreativität ist gefragt, Ihren individuellen Lebenszielen auf den Grund zu gehen, und diese so anschaulich darzustellen, dass es Ihnen Freude bereitet, daran zu arbeiten.

GROSSE ZIELE

Wer kennt sie nicht, die klassische und typische Frage aus einem Vorstellungsgespräch: Wo sehen Sie sich in fünf Jahren? Warum fragen Personaler oder Geschäftsführer so eine Frage eigentlich? Was erhoffen Sie sich von der Antwort? Ein Mensch, der daran arbeitet, sich weiter zu entwickeln, hat in den meisten Fällen wohl eine Antwort auf die Fragen. Im genannten Beispiel des Vorstellungsgespräches hat diese angestrebte Entwicklung dann natürlich auch positive Auswirkungen auf den beruflichen Erfolg. Aber sie wirkt sich nicht nur auf den Beruf aus, sondern auf alle Lebensbereiche, die Ihnen wichtig sind. Daher dürfen Sie sich an dieser Stelle die Frage stellen, wo sehen Sie sich selbst in fünf Jahren oder in zehn Jahren?

Gibt es eine sogenannte Bucketlist, eine Niederschrift verschiedener Dinge und Aktionen, die Sie bis zu einem bestimmten Zeitpunkt erreicht haben möchten? Solche großen Ziele, die oft auch eine jahrelange Vorbereitung benötigen, bedeuten oft auch gleichzeitig eine eigene kleine Entwicklung. Wer zum Beispiel plant, in den nächsten Jahren den Jakobsweg zu pilgern, der weiß sicherlich aus Erfahrungsberichten anderer Pilgerer bereits im Vorfeld, dass eine Entwicklung der Persönlichkeit oft während des Pilgerns abläuft, während man mit sich selbst und dem Weg beschäftigt ist. Ein Handwerker, der sich vorgenommen hat, sich in ein paar Jahren zum Meister oder zum Techniker weiterzubilden, ist sich der Horizonterweiterung durch das notwendige Lernen bewusst. Und auch eine junge Mutter, dessen Kind demnächst eingeschult wird, kann das große Ziel verfolgen, ihr Kind bestmöglich im Schulalltag zu unterstützen und es zu einem selbstsicheren und liebevollen Menschen heranzuziehen.

So unterschiedlich die Situationen der Menschen sind, so unterschiedlich können auch ihre großen Ziele sein. Und nicht nur das Nachdenken oder das Festlegen solcher Pläne besiegelt die erwünschte Entwicklung bis dorthin, sondern an jedem Tag, an dem das Ziel nicht erreicht wird, ist der Mensch sich dessen trotzdem bewusst. Die Mutter wird nicht erst in der vierten Klasse damit anfangen, das Kind nach dem Schulalltag und den Hausaufgaben zu fragen. Der Handwerker wird seine derzeitige Arbeit sorgfältig ausüben und Tipps und Tricks von qualifizierten Kollegen dankbar annehmen und verinnerlichen und auch ein Anwärter für den Jakobsweg wird sich bereits im Vorfeld mit seiner Reise auseinandersetzen. Welche Vorteile sollen diese großen Ziele nun also konkret im Zusammenhang mit Ihrer Persönlichkeitsentwicklung bewirken, fragen Sie sich vielleicht? Die Ziele, die Sie sich für Ihr Leben auswählen, sind positiv. Und auch wenn der Weg, bis Sie diese Ziele erreichen oder umsetzen können, noch in der Zukunft liegt, werden Sie Ihr Verhalten so anpassen, dass Sie die gesetzten positiven Ziele leichter erreichen können.

Die positiven Effekte der langfristigen Ziele setzen also nicht erst mit Erreichen dieser, sondern bereits vorher ein, wenn diese im alltäglichen Verhalten berücksichtigt werden. Ein schöner Anreiz kann auch hier bei der Beständigkeit der Ziele helfen. Wenn Sie von einer Weltreise träumen, dann gestalten Sie sich Ihr individuelles Sparschwein und schenken Sie Ihrem Wunsch so mehr Aufmerksamkeit. Wenn Sie sich in einigen Jahren Ihr Wunschauto kaufen möchten, können Sie jetzt schon ein Modell davon im Wohnzimmer platzieren, um sich das Ziel vor Augen zu halten, und wenn Sie in den kommenden Jahren planen, eine Familie zu gründen, erleichtert dieser Gedanke Ihnen jetzt bereits eine gesündere Ernährung. Das Sprichwort „Vorfreude ist die schönste Freude" unterstreicht, dass

Sie bereits heute anfangen dürfen, sich auf das Erreichen Ihrer langfristigen Ziele zu freuen, denn dann fällt auch der gesamte Weg der Entwicklung dorthin leichter.

KLEINE ZIELE

Persönliche Lebensziele und individuelle große Ziele zu erkennen, ist für die meisten Menschen wahrscheinlich keine besonders schwierige Aufgabe. Sie stellen sich vor, woran sie sich in einigen Jahren erfreuen und haben das gesuchte Ziel rasch gefunden. Aber wie sieht es mit kleinen Zielen aus? Ziele für die kommende Woche, für den folgenden Monat? Die wenigsten Personen können innerhalb einer Woche zu einer mehrwöchigen Reise aufbrechen, sich große und teure Anschaffungen erfüllen oder gar ihre persönliche Entwicklung neu definieren. Was also sollen die kleinen Ziele für Nutzen bringen in der Persönlichkeitsentwicklung?

Je detaillierter und kleiner die Gedanken werden, desto mehr Macht haben sie direkt über die gegenwärtige Gesundheit und das aktuelle Wohlbefinden. Vor allem die Traditionelle Chinesische Medizin (kurz TCM), die bereits seit mehreren tausend Jahren als bewährte und funktionierende Heilmethode in Asien gilt, und mittlerweile auch auf den anderen Kontinenten dieser Welt ausgeführt wird, geht nämlich von dem Standpunkt aus, dass jeder Gedanke ein Gefühl oder eine körperliche Reaktion auslöst. Einige davon können wir spüren, andere bleiben im Unterbewusstsein verborgen. Ob auch Sie an diese Theorie glauben, können Sie leicht selbst austesten. Schließen Sie Ihre Augen und stellen Sie sich bildlich vor, wie Sie zu Schulzeiten vor der Klasse ein Referat halten oder eine Klassenarbeit schreiben mussten und nicht optimal vorbereitet waren. Dieser Gedanke löst auch Jahre später bei einigen Menschen noch ein unangenehmes Gefühl in der Magengegend aus, das rational nicht zu erklären ist, da es in keinem Zusammenhang mit aufgenommener Nahrung oder ähnlichem steht.

Und genau diese Annahme, dass Gedanken die Gefühle und das Wohlbefinden aktiv beeinflussen, können Sie sich an dieser Stelle zunutze machen. Gehen Sie in sich und erforschen Sie mögliche Ziele, die Sie kurzfristig umsetzen können. Wenn ein langfristiger Wunsch Ihrerseits ist, nachhaltiger und sparsamer zu leben, so könnte ein kurzfristiges Ziel lauten, vier Wochen lang keine neue Kleidung einzukaufen. Da ihr Kleiderschrank wahrscheinlich genug für die kommenden Wochen hergibt, stellt dieses Ziel also nicht einmal einen Verzicht dar. Um auf die TCM und die Gefühle zurückzukommen, könnte so ein gesetztes Ziel dazu führen, dass allein schon der Gedanke an einen Kauf ein Gefühl von Unwohlsein, eigenem Hintergehen oder Schwäche wegen Inkonsequenz auslöst.

Um dieses Gefühl zu umgehen, wird eine solche Situation dementsprechend gemieden und das kurzfristige Ziel erfolgreich erreicht. Weitere Beispiele für kleine Ziele können beispielsweise ein Essensplan sein, der zum einen dazu führt, dass Sie durch gezielte und bewusste Einkäufe Geld sparen und zum anderen verhindert, dass Lebensmittel doch nicht gebraucht und also weggeschmissen werden.

Sobald Sie sich für sich mit diesen kleineren Zielen auseinandersetzen, werden Sie feststellen, dass es sich bei dieser Kategorie meistens um Tätigkeiten und Aktivitäten handelt, die angesprochen werden. Sei es nun der Verzicht des Konsums, regelmäßiger Sport oder der Hausputz, der bis in drei Wochen abgeschlossen sein soll. Diese kleinen Ziele sind Teil Ihrer Persönlichkeitsentwicklung, weil sie Sie dazu auffordern, aktiv etwas zu ändern, etwas aktiv zu beachten, durchzuführen oder wegzulassen. Da der Prozess der Persönlichkeitsentwicklung aber immer aktiv und niemals passiv sein kann, geben die kleinen, kurzfristigen Ziele Anreize und Anstöße, in einem selbst vorgegebenen Zeitraum die Entwicklung aktiv voranzutreiben. Ob es sich hierbei um einmalige Ziele oder um Regelmäßigkeiten handelt, bleibt ebenso Ihnen überlassen wie die Festsetzung der Ziele.

Was möchten Sie erreichen, wo sehen Sie bei sich Optimierungsbedarf, wie können Sie Ihr Leben noch bewusster erfahren? Wegen der vergleichsweise kurzen Zeitspanne lohnen sich bei kleinen Zielen aufwendig gestaltete Erinnerungsstücke meist nicht. Besser in den Alltag zu integrieren sind beispielsweise laminierte To-Do-Listen, die jeden Monat neu beschriftet werden können, oder simple übersichtliche Eintragungen in Ihrem persönlichen Notizbuch. Hier können Sie natürlich genauso kreativ und gestalterisch werden wie bei längerfristigen Projekten, denn einzig und allein Ihr Durchhaltevermögen und Ihre Bedürfnisse sollen angesprochen werden.

ALLTÄGLICHE ZIELE

Kennen Sie die amerikanische Golflegende Tiger Woods? Neben auffallend bodenständigen und ausgezeichneten Auftritten ist er auch für viele Zitate bekannt, die seine Denkweise und seinen starken Willen zeigen. Eines von ihnen lautet im Original „the greatest thing about tomorrow is I will be better than I am today", übersetzt bedeutet das ‚das Beste an Morgen ist, dass ich besser sein werde, als ich es heute war'. Haben Sie sich einmal überlegt, wie ein Mensch wie Tiger Woods einen solchen sportlichen Erfolg erreichen und trotzdem so gelassen sein kann? Er hatte seine Ziele vor Augen und er wusste, was zu tun war, um diese zu erreichen. Und jeder einzelne Tag bietet die Chance, sich zu verbessern.

Gemeint sind keine messbaren Werte, keine Vergleiche mit Mitmenschen oder früheren Situationen. Vielmehr birgt jeder Tag die Möglichkeit, sich selbst Ziele zu setzen und diese zu erreichen. Wenn Sie wissen, dass Sie vor Ihrem ersten Kaffee am Morgen unausstehlich sind, dann können Sie diese Eigenschaft erkennen und akzeptieren, aber Sie können trotzdem versuchen, Ihren Mitmenschen ein Lächeln zu schenken, während Sie sich den heiß ersehnten Kaffee in Ihre Tasse einschenken.

Ob Sie nun starr in Ihre Tasse blicken oder ein kleines Lächeln über Ihre Lippen schicken, macht für Sie selbst keinen nennenswerten Unterschied. Aber Ihre Umwelt wird es feststellen, sie wird merken, dass Sie sich bemühen, eine kleine Schwäche abzulegen und sich selbst Tag für Tag zu verbessern. Solche kleinen Ziele, die in den Alltag integriert werden, können ebenfalls materieller oder immaterieller Herkunft sein, sie können sich jeden Tag das gleiche vornehmen oder sich täglich neue Ziele aussuchen. Wenn Sie spüren, dass Ihr Hund unausgelastet nach der Arbeit auf Sie wartet, können Sie sich beispielsweise das Ziel nehmen, ihn an jedem zweiten Tag nicht nur körperlich zu fördern, sondern durch gezieltes Training seinen Geist zu fordern. An diesem Beispiel erkennen Sie, dass es auch bei der Persönlichkeitsentwicklung nicht immer nur um das eigene Selbst geht.

Für Ihre Entwicklung spielt es womöglich keine Rolle, ob Ihr Hund ausgezeichnet im Mantrailing ist oder bemerkenswert viele Kunststücke vorführen kann. Und trotzdem wird das regelmäßige mentale Training die Beziehung zwischen Ihnen und Ihrem Hund kurz- und langfristig intensivieren, Sie werden Ihrem Hund voller Stolz begegnen und Freude daran finden, mit ihm gemeinsam zu trainieren. Und diese positiven Gefühle, die vielleicht schon im Vorfeld aufkommen, sicherlich aber im Laufe des Trainings in Erscheinung treten, nehmen Sie auch nach der Einheit mit in den wohlverdienten Feierabend. Und um noch einen positiven Nebeneffekt anzumerken, wird auch Ihr Hund ausgeglichener und ruhiger mit mentalem Training. Schauen Sie sich Ihren Alltag an. Woraus besteht er, welche Tätigkeiten füllen ihn aus, und wo sind Sie bereit, ihn zu optimieren?

Sie können wahrscheinlich viele verschiedene alltägliche Ziele finden, vom abendlichen Fegen über das ordentliche Einsortieren gewaschener Wäsche in den Kleiderschrank bis hin zu morgendlicher Mediation. Ihrer Fantasie sind keine Grenzen gesetzt, es gibt keine richtigen oder falschen Ziele. Bedenken Sie, dass Sie sich an diesen Zielen entlang hangeln können, sie Struktur und Ordnung und positive Gefühle in Ihren Alltag bringen können und öffnen Sie sich heute für die neuen Möglichkeiten, die in greifbarer Nähe sind.

Bewusst(er)leben

Wie lesen Sie den Titel dieses Kapitels? Bewusst leben, Bewusster leben, Bewusst erleben? Welcher Titel passt zu Ihrer Lebenssituation am besten? Auf dem Weg der Persönlichkeitsentwicklung spielt Ihr Bewusstsein eine große Rolle. Denn alles, was Ihnen bewusst ist, können Sie auch frei steuern. Das Unterbewusste und das Unbewusste sind nur äußerst schwierig zu entwickeln und zu optimieren.[11] Wie aber können Sie Ihren Alltag bewusst(er) gestalten und daraus gleichzeitig auch noch Profit schlagen? Wie können Sie sich an Ihrem Bewusstsein bedienen, um Ihre Persönlichkeit zu entwickeln? Es gibt verschiedene Ansätze, die Sie verfolgen können. Die allgemeine Achtsamkeit, die positive Psychologie und auch Ihre eigene Fehlerkultur können Sie bewusst steuern und anpassen. Denn diese drei Bausteine bilden einige der Grundsteine, die ein solides Fundament für Ihre erfolgreiche Persönlichkeitsentwicklung darstellen.

ACHTSAMKEIT

Unsere heutige Welt ist oftmals geprägt von Stress und Hektik. Diese Faktoren lösen häufig angespannte und gereizte Situationen aus, die wiederum vom Menschen aufgenommen und nicht selten auch an Mitmenschen weitergegeben werden. Diesen Kreislauf von Belastung zu durchbrechen, fällt oft leider nicht leicht, ist aber unumgänglich für eine ausgeglichene Persönlichkeit. Abhilfe leisten kann in vielen Fällen die Achtsamkeit. Mit ihr kann der Stress reduziert werden und der Mensch wird offener für sich selbst und für die eigene Entwicklung. Aber was genau ist eigentlich Achtsamkeit? Überlegungen und Gedanken, zu denen auch Gefühle wie Angst, Freude, Trauer, Hass oder Euphorie gezählt werden, haben ihre Daseinsberechtigung im Bewusstsein. Sie werden bewusst wahrgenommen, mit gleichmütiger Offenheit begrüßt und akzeptiert. Achtsamkeit kann sich nur in der momentanen Gegenwart abspielen, das Hier und Jetzt zählt, und vor allem zählt es ohne jegliche Form der Bewertung. Denn genau diese ständige Bewertung führt in der Regel zu gedanklichem Stress, zu Ängsten und Unwohlsein. Wer als Kind oft hören musste, dass Indianer keinen Schmerz kennen und nur Mädchen weinen, bei dem werden im Erwachsenenalter wahrscheinlich Schmerzen und Trauer negative Reaktionsmuster auslösen, da diese Gefühle bislang als unerwünscht und unangemessen bezeichnet wurden. Wer lernt, jegliche

---

[11] Gerd Wenninger (Hrgs.): *Lexikon der Psychologie.* Spektrum Akademische Verlag GmbH, Heidelberg, 2001.

Emotionen als solche wahrzunehmen und zu akzeptieren, hat keine negativen Muster mehr nötig.

Ohne die Bewertung wird der Blick auf verschiedene Dinge erweitert und das Loslösen einzelner Themen erleichtert. Jeder Mensch kann achtsam handeln, die Momente bewusst und umfassend erleben und im besten Fall genießen. Durch die Achtsamkeit entsteht eine Distanz zwischen den Problemen und der persönlichen Auffassung, es wird im Kopf eine Art innerer Beobachter erschaffen, der negative Gefühle wie Wut oder Panik oftmals durch den kreierten Abstand abschwächen kann. Wenn sich im Laufe der Zeit eine beruhigende Offenheit dem ganzen Leben gegenüber stabilisiert hat, öffnet und verbreitet auch der individuelle Geist sich automatisch, und die Persönlichkeitsentwicklung betritt eine neue Stufe. Denn Offenheit und Ruhe sind fundamentale Faktoren, die die Entwicklung der Persönlichkeit nachhaltig beeinflussen und erleichtern können. Sicherlich fragen Sie sich jetzt, wie Sie Achtsamkeit lernen können, wie Sie für Ihr Leben davon Gebrauch machen und es anwenden können? Wie können Sie Ihre volle Aufmerksamkeit auf die Gegenwart lenken und wertungslos die Vergangenheit und die Zukunft außen vor lassen?

Achtsamkeit zu lernen und in den Alltag zu integrieren ist ein langwieriger Prozess. Es wird nicht jedem gleich leichtfallen oder gleich schnell gelingen, achtsam in der Gegenwart zu handeln. Aber solange Sie Ihren Rhythmus finden und verfolgen, üben Sie die Achtsamkeit. Es gibt weder konkrete Übungen noch Zeitpunkte, an denen Sie achtsames Verhalten trainieren könnten. In fast jeder alltäglichen Situation wird Ihnen jedoch die Möglichkeit geboten, in Gedanken zu schwelgen oder die Situation wahrzunehmen. Vielleicht verdeutlicht Ihnen ein kleiner Vergleich den Prozess der Achtsamkeit: Stellen Sie sich vor Ihrem inneren Auge einen blauen Himmel mit ein paar Wolken vor. Ihre Gedanken sind die Wolken am Himmel, Sie halten sich weder an ihnen fest, noch pusten Sie zusätzlichen Wind, um die Wolken wegzuschieben. Sie betrachten einfach, wie die Wolken in ihrem eigenen Tempo vorbeiziehen und akzeptieren die Wolken. Statt mit Gedanken die Gefühle festzuhalten oder wegzuschieben, lernen Sie, sie einfach zu betrachten und zu akzeptieren.

Wenn Sie an einem warmen Sommertag im Bus oder in der Bahn sitzen, nehmen Sie die Wärme auf der Haut wahr, lassen Ihre Gedanken jedoch nicht zu negativen Gefühlen unaushaltbarer Hitze oder gar Ekel vor Schweiß ausschweifen. Wenn Sie Ihre Hände waschen, spüren Sie aktiv die Temperatur des fließenden Wassers und nehmen Sie den Geruch der Seife wahr, statt sich über den Gestank aufzuregen oder sogar gedanklich das anstehende Meeting vorzubereiten. Und wenn Sie einen Spaziergang durch die Natur machen, nehmen Sie den Geruch und die Konsistenz des Waldbodens auf, lauschen Sie den Geräuschen der Tiere und betrachten Sie die unterschiedlichen Farbspiele der Blätter, anstatt mit Kopfhörern und schnellen Schrittes dem Moment zu entfliehen.

So können Sie Ihr Handeln nachhaltig verändern, achtsamer machen, selbst zur Ruhe kommen und sich den Gedankenflüssen ebenso bewusst aussetzen wie den anderen alltäglichen Situationen. Und mit jedem achtsamen Verhalten wird langfristig auch Ihre individuelle Selbstakzeptanz steigern, und sich Ihr Selbstwertgefühl wohlig in Ihrer Mitte ausbreiten.

POSITIVES WAHRNEHMEN

Wenn Sie beginnen, achtsamer zu handeln und ihren Alltag bewusster zu gestalten, wird sich automatisch auch Ihre Wahrnehmung verändern. Wenn die anfängliche Bewertung unterschiedlicher Dinge ausgeschaltet wird und die Tatsachen an sich betrachtet werden, wird Ihnen wahrscheinlich viel Positives auffallen. Und genau diese Positivität überträgt sich dann im nächsten Schritt auf Ihr eigenes Verhalten und verankert sich mit der Zeit in Ihrer Persönlichkeit. Der Blickwinkel, der bislang vielleicht neutral bis negativ angehaucht war, kann ins Positive verändert werden. Die Bereitschaft für Schönes nimmt zu. Und wenn genau diese Offenheit für das Gute und das Lebenswerte sich in Ihnen manifestiert, ergibt sich ein weiterer Schritt auf dem Weg der Persönlichkeitsentwicklung.

Denn durch das Ablegen der generell negativen Sichtweise werden auch die negativen Gedanken und Gefühle immer weiter abnehmen, Platz für aussichtsreiche Neuerungen wird geschaffen und Neuerungen bringen die gewünschte Entwicklung mit sich. Wer es sich zum Ziel macht, positiver zu leben, und wer dieses Ziel auch wirklich mit Ernsthaftigkeit verfolgt, dem wird es nicht schwerfallen, das Positive zu finden. Um sich langfristig an die Gewichtung des Positiven zu gewöhnen, können Sie heute anfangen, drei positive Aspekte Ihres Tages zu erkennen und schriftlich festhalten. Es obliegt ganz Ihnen, ob Sie sich ein klassisches Notizbuch zulegen, in das Sie von nun an jeden Abend drei schöne Momente des Tages eintragen, ob Sie diese Notizen in einer App auf dem Handy oder dem Tablet verwalten und sogar mit einem Partner teilen können, oder ob Sie eine auf Ihre Lebenssituation angepasste Alternative erfinden.

Wenn Sie sich aber jeden Tag konsequent die kurze Zeit einräumen, den Tag Revue passieren zu lassen und sich die drei schönsten Augenblicke herauspicken und aufschreiben, dann wird es Ihnen im Laufe der Zeit immer leichter fallen, nicht mehr nur das Negative zu sehen, sondern den Fokus auf das Positive zu legen. An manchen Tagen fällt dieser Positivismus vielleicht schwieriger, an anderen Tagen müssen Sie sich regelrecht für besonders schöne Momente entscheiden, weil es so viele davon gab. In diese Wahrnehmung vom Positiven in Ihrem Leben wird eine Routine kommen, in einem Jahr, in dem Sie dann 1.095 schöne Momente Ihres alltäglichen Lebens gesammelt haben, steigern Sie die Anzahl der

Notizen vielleicht von selbst auf fünf pro Tag, um sich noch weiter zu entwickeln und noch positiver zu werden. Und Sie können in schwierigen Zeiten die Aufschriften durchlesen und sich selbst so mit Ihren individuellen positiven Erinnerungen auseinandersetzen.[12]

Diese Methode, sich das Positive im Leben zugutekommen zu lassen und es als Basis für die weitere Persönlichkeitsentwicklung anzunehmen, ist selbst in der Wissenschaft als wirksam bewiesen worden. Es handelt sich dabei nämlich um die sogenannte Positive Psychologie, deren Ziel die Förderung von Stärken und Talenten eines Menschen ist. Negative Eigenschaften sollen bewusst in den Hintergrund gerückt werden und die Stärken anerkannt und gefördert werden. In Studien konnte mittlerweile gezeigt werden, dass die einfache Methode, den Fokus täglich auf das Gute im Alltag zu legen, langfristig für persönliche Zufriedenheit und das eigene Wohlbefinden beiträgt.[13] Warten Sie also nicht weiter ab, sich Ihrer Stärken und schönen Momente bewusst zu werden, genießen Sie ab heute jeden Tag die Auswirkungen, die jeder einzelne positive Augenblick auf Sie hat und lassen Sie Ihrer Persönlichkeit den Freiraum, sich von alleine weiter zu entwickeln.

FEHLER EINGESTEHEN

Ist Ihnen heute ein Fehler unterlaufen? Oder mussten Sie in den vergangenen Tagen oder Wochen feststellen, dass Sie einen Fehler gemacht haben? Vielleicht denken Sie jetzt gerade ehrlich über die Antwort nach, vielleicht empfinden Sie die Fragen jedoch auch als unangenehm und sinnlos. Aber besonders überraschend dürften solche Fragen und Überlegungen nicht sein, denn Fehler gehören zum Menschsein dazu, jeder Mensch macht Fehler, keiner ist vollkommen fehlerfrei. Und ein Fehler an sich muss auch nicht direkt negativ sein. Eigentlich ist sogar das Gegenteil der Fall, Fehler bringen die Möglichkeit mit sich, zu lernen, sich zu entwickeln, sich zu verbessern und seine Fähigkeiten und sein Wissen zu verfeinern. Halten Sie es für einen Zufall, dass Kinder sich so schnell entwickeln, dass sie wirklich jeden Tag etwas Neues lernen und dabei den Drang nach mehr Wissen nicht verlieren? Kinder assoziieren Fehler nicht mit negativen

---

[12] Vgl. Shawn Achor: The Happiness Advantage: The seven principles of positive psychology that fuel success and performance at work. Ebury Publishing, 2011.
[13] René Proyer, Fabian Gander, Sara Wellenzohn, et. al.: *Nine beautiful things: A self-administered online positive psychology intervention on the beauty in nature, arts, and behaviors increases happiness and ameliorates depressive symptoms.* Personality and Individual Differences, 94, 2016, S. 189-193.

Auswirkungen. Sie nehmen den Fehler als solchen wahr, nehmen im gleichen Zuge das Richtige auf und versuchen, es zu verinnerlichen. Dabei spielt es keine Rolle, ob jemand bemerkt, dass sie etwas falsch gemacht haben oder ob sie mehrere Anläufe brauchen, um den Fehler zu korrigieren.

Unermüdlich arbeiten sie an sich und an ihren Fehlern und ebenso unermüdlich optimieren sie ihre Fehler, lernen mehr und verfügen über ein unglaubliches Repertoire an Wissen und Aufrichtigkeit. Nun, Sie könnten jetzt natürlich einwenden, dass ein Erwachsener bereits im Vorfeld über ein umfangreicheres Wissen verfügt als ein Kind und deswegen zwangsläufig langsamer lernt, in gewissen Punkten ist das auch sicherlich korrekt. Aber sind Sie in der Lage, so frei und kindlich mit Ihren Fehlern umzugehen, sie wertungslos als Chance anzusehen, sich zu verbessern? Oder ist es Ihnen eher unangenehm, wenn ein Fehler passiert ist, für den Sie verantwortlich sind? Fällt es Ihnen leicht oder schwer, Ihre eigenen Fehler zuzugeben? Wenn es Ihnen schwerfallen sollte, wird vermutlich auch die ehrliche Beantwortung dieser Frage nicht leicht sein. Dabei gibt es viele gute Gründe, warum Sie Ihre eigene Fehlerkultur einmal überdenken und gegebenenfalls überarbeiten sollten. Denn wie Kinder sind auch Erwachsene dazu in der Lage, aus ihren Fehlern umgehend zu lernen, sich zu optimieren und sich basierend darauf weiterzuentwickeln, sowohl mental als auch persönlich. Die Eigenschaft, Fehler im ersten Moment abstreiten zu wollen, kennen wohl die meisten Menschen. Aber wenn Sie selbst für einen Fehler verantwortlich sind, bringt es weder Ihnen noch Ihrem Umfeld langfristige Vorteile, den Fehler abzustreiten und womöglich auf andere abzuwälzen.

Oftmals weisen Menschen, denen es schwerfällt Fehler zuzugeben, ein geringeres Selbstvertrauen auf. Sie sind der Meinung, aufgrund eines Fehlers selbst fehlerhaft, minderwertig und generell ablehnenswert zu sein. Sie gehen davon aus, dass auch andere Menschen sie wegen des Fehlers ablehnen und für unfähig halten, und können deswegen keine Fehler zugeben. Wer aber über ausreichend Selbstvertrauen verfügt, der weiß, dass allein schon das Eingestehen von Fehlern eine eigene Stärke ist, die voller Stolz nach außen getragen werden kann. Denn wer imstande ist, sein Missgeschick zuzugeben, erfährt in der Regel mehr Vertrauen und Anerkennung. Um sich selbst nicht im Weg zu stehen und seine Persönlichkeitsentwicklung optimal auszuschöpfen, ist eine authentische Fehlerkultur also unumgänglich. Damit es Ihnen (noch) leichter fällt, von der negativen Bewertung von Fehlern abzusehen und dazu zu stehen, können Sie die folgenden Tipps beherzigen.

Die Vorstellung, nur fehlerfrei perfekt sein zu können, ist unangebracht. Sie setzt Menschen unter Druck, der Fehler sogar noch häufiger und schneller passieren lässt. Dass Fehler also menschlich und vollkommen normal sind, sollte verinnerlicht werden. Zusätzlich kann es helfen, offener und ehrlicher mit

Fehlern umzugehen, wenn sie aufgeklärt werden, sobald Sie sie bemerken, und nicht erst, wenn Sie darauf angesprochen oder sie Ihnen gar nachgewiesen wurden.

So erhalten Sie Ihre Glaubwürdigkeit und zeigen Ehrlichkeit und Stärke. Wer sollte im nächsten Schritt über den Fehler informiert werden? Vielleicht Familienmitglieder, Kollegen, Vorgesetze, Kunden? Ein ruhiger Moment eignet sich dafür besser als ein flüchtiges Gespräch zwischen Tür und Angel, da Sie – je nach Grad des Fehlers - dennoch mit einer spontanen unangenehmen Reaktion des Gesprächspartners rechnen müssen. Wenn der Fehler nicht Ihnen selbst aufgefallen ist, sondern Sie darauf angesprochen werden, versuchen Sie nicht Ihrer ersten Intuition nachzugeben und ihn abzustreiten. Ehrlichkeit ist auch hier angebracht. Bei Ungewissheit oder Misstrauen können Sie sich selbst zudem ein Bild der Fehlerhaftigkeit machen, bevor Sie etwas zugeben oder abstreiten.

In jedem Fall sollte aber der Fokus nicht allzu lange auf dem Fehler an sich bleiben, sondern vielmehr auf die Lösung des Problems gelenkt werden. Sie können Lösungen vorschlagen, wie Sie den Fehler beheben können oder aktiv mit Ihren Mitmenschen gemeinsam an einem Lösungsvorschlag arbeiten. Eine einmalige, aber aufrichtige Entschuldigung ist bei den meisten Fehlern angemessen. Dabei sollten mögliche Gründe für den Fehler, die als Ausrede, Abschwächung oder Abweisung angesehen werden könnten, vermieden werden. Wenn Sie die Verantwortung übernehmen und Ihren Fehler einfach annehmen, werden Sie mehr Anerkennung und Respekt erhalten, als wenn Sie versuchen, den Fehler kleinzureden. Nach einer aufrichtigen Entschuldigung und ernsthaften Lösungsansätzen sollte der Fehler dann aber vor allem von Ihrer Seite her nicht wieder aufgegriffen werden. Lernen Sie aus dem Fehler, versuchen Sie ihn nicht noch einmal zu begehen und entwickeln Sie sich weiter.

Denn das gestärkte Selbstbewusstsein, das Respekt und Anerkennung erhalten hat und der Wille nach Verbesserung und Entwicklung führen automatisch zu Ihrer Persönlichkeitsentwicklung. Diese Entwicklung basiert auf der ehrlichen Arbeit mit den persönlichen Erfahrungen und der individuellen Arbeit an und mit sich selbst. Akzeptieren Sie sich, Ihre Fehler, und nehmen Sie sie an, um sich darauf aufbauend stets weiterzuentwickeln. Und an Tagen, an denen es Ihnen schwerfällt, Ihre Fehler zu akzeptieren, bedenken Sie die Worte des evangelischen Theologen Dietrich Bonhoeffer: „Den größten Fehler, den man im Leben machen kann, ist, immer Angst zu haben, einen Fehler zu machen."[14]

---

[14]Monika Mörtenhummer (Hrsg.): *Zitate im Management*, Linde Verlag Wien GmbH, 2008, S. 177.

SELBSTBEWUSSTSEIN STÄRKEN

Wer seine Persönlichkeit weiterentwickeln will, muss über ein starkes Selbstbewusstsein verfügen oder es sich aneignen. Diese Hypothese klingt auf den ersten Blick so simpel wie selbsterklärend. Aber ist es das wirklich? Was hat das Selbstbewusstsein mit Ihrer Persönlichkeitsentwicklung zu tun und was ist das Selbstbewusstsein eigentlich? Oftmals wird das Selbstbewusstsein mit einem selbstsicheren Auftreten anderen gegenüber gleichgesetzt, aber ist diese Selbstsicherheit nicht bereits die Konsequenz des Selbstbewusstseins? Der Duden definiert es aus philosophischer Sicht als das Bewusstsein von sich selbst, oder aber als Überzeugung der eigenen Fähigkeiten und des eigenen Werts. Diese zweispurige Definition deutet die Vielschichtigkeit des Begriffs nur leicht an. Selbstbewusstsein, Selbstwertgefühl, Selbstsicherheit, Selbsterkenntnis, Selbstvertrauen? Sind das alles Synonyme oder eigen abgegrenzte Begrifflichkeiten? Und welche bedarf es nun für eine erfolgreich entwickelte Persönlichkeit? Das Selbstwertgefühl spiegelt den Wert wider, den man sich selbst und oftmals auch von anderen, mit allen individuellen Eigenschaften und Fähigkeiten eingesteht. Die Selbstsicherheit baut darauf auf, wenn eine Person für die erkannten Fähigkeiten einsteht.

Bei der Selbsterkenntnis geht es weniger darum, eigene Eigenschaften zu erkennen, sondern Bedürfnisse, persönliche Werte und Gefühle sowie das eigene Verhalten zu erkennen, und im Anschluss daran auch zu reflektieren. Das Selbstvertrauen wird womöglich am häufigsten mit dem Wort Selbstbewusstsein synonym verwendet. Hierbei verfügt ein Mensch über die Zuversicht, jederzeit auf die eigenen Fähigkeiten vertrauen zu können.

Alle Begrifflichkeiten hängen also nah miteinander zusammen, verbreiten jedoch unterschiedliche Nuancen in Bezug auf die individuellen Eigenschaften und Fähigkeiten. Und trotzdem sind sie alle unabdingbar, um als glücklicher und erfolgreicher Mensch durchs Leben zu gehen. Wovon hängt also ein schwach ausgeprägtes Selbstbewusstsein ab, wie wird es ausgebildet? Im Sinne von Selbstwertgefühl, Selbstsicherheit und Selbstvertrauen liegt der Kern eines schwachen Selbstbewusstseins häufig in der Überschätzung der Fremdwahrnehmung und der Unterschätzung des Selbstwahrnehmung.

Dass bedeutet, dass äußere Faktoren wie die Meinungen von Mitmenschen als zu wichtig angesehen werden und die eigene Meinung vernachlässigt wird. Typische Beispiele für solch ein Verhalten ist die Wirkung des eigenen Aussehens, des Einkommens, des beruflichen Erfolges oder ähnlichem. Wenn die Fremdeinschätzung also das Selbstbewusstsein trübt, sollte der Fokus auf sein Inneres gelegt werden. Werden Sie sich selbst bewusst, es geht um Ihre Meinung, um Ihre Gedanken und nicht um die der anderen.

Niemand kann Sie so wahrnehmen, wie Sie es können. Um das Selbstwertgefühl zu aktivieren oder zu stärken, bedarf es vorher einer gesunden Selbsterkenntnis. Werden Sie sich klar über Ihre eigenen Bedürfnisse und Stärken, gehen Sie aber auch auf Schwächen ein. Diese gehören ebenso zu Ihrer Persönlichkeit wie Ihre Leistungen. Legen Sie Ihren Fokus auf das Positive, auf realistische Zielsetzungen in der nahen Zukunft, die ohne großen Druck den einzuschlagenden Weg weisen. Und nehmen Sie die Meinung ihres Umfeldes zwar wahr, achten Sie aber vielmehr auf Ihre eigene Selbstreflexion. Konstruktive Kritik, sowohl von Ihrer Seite als auch von der Seite enger Bezugspersonen, sollten nicht als Angriff oder Selbstzweifel dargestellt werden, sondern als Ansporn zur Verbesserung gesehen werden. Außerdem ist nicht jede Schwäche gleich eine Schwäche, die kritisiert werden kann oder muss. Akzeptanz ist der erste Schritt zur vollkommenen Selbstliebe.

Diese Aussage hat nicht nur auf psychologischer Ebene einen hohen und wahren Stellenwert, sondern auch auf physischer. Um selbstbewusst und sich selbst bewusst zu werden, muss ein Mensch auch seine körperliche Betrachtungsweise erkennen und wahrnehmen. Ein großer Knackpunkt ist in diesem Fall die Körperhaltung. Denn wer sich mit eingefallenem Rücken, herunterhängenden Schultern und Mundwinkeln im Spiegel sieht, hat ein komplett anderes Bild von sich als dieselbe Person mit aufrechtem Rücken, zurückgezogenen Schultern und einem Lächeln auf den Lippen. Wenn Sie sich also als verunsichert, energielos und schlaff ansehen, strahlen Sie diese Eigenschaften vermutlich auch aus. Sehen Sie sich selbst jedoch als standfesten und aufrechten Menschen im Spiegel, wird auch Ihr Auftreten von Selbstsicherheit zeugen.

Um die Haltung nicht weiter als Ursache für die niedergeschlagene Stimmung zu akzeptieren, können Sie sich zunächst einmal zuhause und dann auch im Alltag angewöhnen, Ihre Körperhaltung zu trainieren. Wahrscheinlich haben Sie diese Sprüche bereits in Kindertagen gehört, aber sie sind nach wie vor der Schlüssel zu einer selbstbewussten Grundhaltung und dem entsprechenden Auftreten.

Strecken Sie Ihre Brust raus, ziehen Sie den Bauch rein, Ihr Gang wird so automatisch aufrecht und durch die angespannte Bauchmuskulatur gestärkt. Für einen strammen Schritt sorgt ein angespannter Po, der mit schulterbreit auseinandergestellten Füßen einhergeht. Heruntergezogene Schultern ziehen auch die Stimmung herunter.

Achten Sie deshalb darauf, dass Ihre Schultern nach hinten und ein kleines Stück nach unten gezogen werden. Diese aufrechte Haltung tut nicht nur Ihrem Auftreten und Selbstbewusstsein gut, sondern auch Ihrer Rücken- und Nackenmuskulatur. Um im letzten Schritt das Selbstbewusstsein zu steigern, heben Sie Ihren Kopf an. Blicken Sie geradeaus, heben Sie das Kinn leicht an, halten Sie

Ihren Nacken gestreckt. Es bedarf sicherlich ein wenig Disziplin und Training, bis der Körper diese neue Grundhaltung verinnerlicht hat, aber es lohnt sich auf jeden Fall. Denn nicht nur Sie selbst werden neben der veränderten Haltung auch eine veränderte Stimmung und Wirkung wahrnehmen, Ihrem Umfeld wird es ebenso auffallen. Sparen Sie zudem nicht an Lächeln, denn genauso wie die Körperhaltung verändert auch ein einfaches Lächeln automatisch die Stimmung und lässt die Selbstsicherheit nach innen und die Wirkung nach außen positiver erscheinen. Aber eine aufrechte Körperhaltung und ein zusätzliches Lächeln machen aus einer wenig selbstbewussten Person leider noch keine vor Selbstsicherheit strahlende Person.

Ein wenig am Selbstwertgefühl zu arbeiten und sich seines eigenen Wertes bewusst zu werden, verankert auch das Bewusstsein für sich selbst. Achten Sie nicht nur auf die Haltung, sondern erkennen Sie Ihr Erscheinungsbild als Türöffner zu Ihrer Persönlichkeit und damit auch zu Ihrem Selbstbewusstsein. Das heißt nicht, dass Sie zwangsweise ein komplettes Make-Over oder tütenweise neue Kleidung benötigen. Finden Sie Ihren Stil, tragen Sie eine Garderobe, in der Sie sich wirklich wohlfühlen, achten Sie auf Körperpflege, trauen Sie sich Accessoires zu tragen, seien Sie stolz auf Ihre Frisur. Wenn Sie sich selbst attraktiv und ansprechend finden, Ihren Kleidungsstil von innen heraus vertreten und zufrieden sind mit dem, was Sie präsentieren, hebt sich auch Ihr Selbstwertgefühl. Horchen Sie dafür in sich hinein, was Sie ausmacht, wie Sie sich zeigen möchten und kaufen Sie nicht nur Kleidung, weil sie von einem bestimmten Designer oder einer exklusiven Kollektion ist. Denn das ist häufig ein Zeichen für das Suchen der Bestätigung anderer. Diese Bestätigung benötigen Sie aber gar nicht, Ihre eigene Bestätigung ist mehr als ausreichend und vor allem mehr Wert. Sagen Sie deshalb öfter „Nein", wenn Sie merken, dass es um Bestätigung oder ähnliches geht. Vertrauen Sie sich und Ihrem Selbstbewusstsein. Und zeigen Sie das. Gehen Sie offen mit Komplimenten um, Sie dürfen sich auch selbst welche machen. Es geht bei ehrlichen Komplimenten nämlich nicht um Eigenlob oder Arroganz, sondern um die persönlichen Vorzüge, die vom reinen Aussehen bis zu individuellen Charaktereigenschaften reichen können. Und genauso weitreichend wie die Möglichkeiten ist auch das Selbstbewusstsein selbst. Auch wenn es von vielen verschiedenen Faktoren abhängt und schon in der frühen Kindheit ausgebildet wird, ist es nie zu spät, daran zu arbeiten und es zu optimieren. Der wichtigste Faktor, der über das Selbstbewusstsein bestimmt, sind nämlich Sie selbst. Nur Sie selbst können die erforderliche Energie aufbringen, um Ihr Leben selbstbewusst zu meistern und mit Herausforderungen selbstbewusst umzugehen. Vertrauen Sie sich, vertrauen Sie Ihren Fähigkeiten, vertrauen Sie Ihrem Weg und unterstützen Sie Ihr Selbstbewusstsein, ein positives Lebensgefühl zu erschaffen, dass Ihnen den Weg durch Ihre Persönlichkeitsentwicklung erleichtert.

Aktiv werden

Persönlichkeitsentwicklung ist ein Substantiv. Entwickeln ist aber ein Verb, ein Tu-Wort wie Grundschüler es meistens lernen. Verben bezeichnen Tätigkeiten oder Vorgänge, es muss also etwas getan werden, das steht fest. Aber was muss getan werden, welche Tätigkeiten oder Vorgänge müssen durchgeführt werden, um die Persönlichkeit zu entwickeln? So offen wie diese Frage gestellt ist, so offen ist auch ihre Antwort. Was würden Sie jetzt als erstes machen, um Ihre Persönlichkeit zu entwickeln? Wenn sich Ratlosigkeit oder Überforderung in Ihrem Gesicht ausbreiten, ist das noch kein Grund zur Sorge. Einige grundlegende Prozesse können Ihnen Ihre individuelle Antwort auf die Frage erleichtern.

Sie können bei Ihrer Persönlichkeitsentwicklung nichts falsch machen, Fehler existieren hier nicht, und auch Vergleiche sind sinnlos. Lassen Sie sich auf die vielfältigen Angebote ein, die Sie selbst mit Ihren Interessen personalisieren können und sollen. Denn das Substantiv Persönlichkeitsentwicklung besteht nicht nur aus dem Verb Entwickeln, sondern auch aus dem Adjektiv Persönlich. Es geht einzig und allein um Sie, Sie sind der Fokus, Ihre Interessen stellen den Schwerpunkt dar. Öffnen Sie sich für eigene Ideen, die Sie in Ihr Leben integrieren können, die Ihnen Freude und Entwicklung bereiten und mit denen Sie sich rundum wohlfühlen.

KOMFORTZONE VERLASSEN

Denn Wohlfühlen ist ein sehr wichtiger Faktor, wenn es um die Persönlichkeit geht. In der Regel fühlen wir uns in unserer Komfortzone am wohlsten. Warum sollten Sie sie also verlassen und uns an neue Ufer begeben? Wenn Wohlfühlen so bedeutend ist, sollte an dem Bereich, der Ihnen dieses Gefühl vermittelt, lieber nichts verändert werden? Oder gerade deswegen. Sind Sie sich Ihrer persönlichen Komfortzone eigentlich bewusst?

Offenbar ist es der Ort, an dem Sie wenig bis keine Anstrengung aufbringen müssen, um Dinge zu erledigen. Routinen sind allgegenwärtig, die Gewohnheit regelt den Ablauf. Diese Komfortzone kann vielseitig sein, zuhause wird sie vielleicht von dem bequemen Sofa im Wohnzimmer repräsentiert, aber auch der Job, der sich seit Ewigkeiten nicht großartig verändert hat, der wenig Neuerungen mit sich bringt oder eine Beziehung, die eingeschlafen ist und nur aus Gewohnheit weitergeführt wird.

All diese Situationen können eine Komfortzone darstellen. Jedes Jahr derselbe Urlaubsort, immer der gleiche Supermarkt, täglich dieselbe Gassi Runde mit dem Hund. Sie merken, die Komfortzone kann in jedem Bereich des Alltags gefunden werden und oftmals ist sie auch nicht zwangsläufig negativ. Mit hoher Wahrscheinlichkeit kennen Sie alle Abläufe in Ihren Komfortzonen, Sie brauchen nicht viel Neues erwarten, Ihre Alarmfunktionen können heruntergefahren werden, Ihr Körper kann abschalten und sich ausruhen. Aber stellen Sie sich einmal vor, was passiert, wenn Ihr Körper immer abgeschaltet bleibt. Wenn die Alarmfunktionen ständig heruntergefahren sind, nichts Neues passiert und alle Prozesse bekannt sind. Dann befindet sich der Alltag, das Leben, und auch die Persönlichkeit im Stillstand.

Entwicklung im Stillstand ist nicht möglich. Und wenn sich die Welt jeden Tag dreht, ständig verändert und neu formt, sollten auch Sie flexibel bleiben, sich an die neuen Situationen anzupassen. Wer es gewohnt ist, mit unerwarteten und ungewohnten Dingen klarzukommen, kann auch besser auf allgemeine Veränderungen reagieren, Situationen können besser eingeschätzt werden, die gesamte Persönlichkeit ist breiter aufgestellt.

Die eigene Komfortzone zu verlassen ist übrigens absolut nicht gleichzusetzen mit einem Fallschirmsprung aus einem Flugzeug, wenn man sowieso schon an Höhenangst leidet. Dabei verlässt man seine Komfortzone zwar auch, und zwar auf extreme Art und Weise, aber dieser Eintritt in die sogenannte Lernzone, also das Gegenteil der Komfortzone, ist auch auf viel unspektakulärere Weise im alltäglichen Leben möglich. Lassen Sie sich auf einige Beispiele ein und überlegen Sie, wo Sie in Ihrem Alltag die individuelle Komfortzone erweitern oder verlassen können. Vertrauen Sie auf Ihre Flexibilität und bleiben Sie spontan, denn so beanspruchen Sie Ihre Persönlichkeit in einer ganz neuen Form.

Die Komfortzone zu verlassen beinhaltet also die Überwindung von Ängsten oder die bewusste Entscheidung, Anstrengung aufbringen zu müssen. Wenn Sie eben nicht der Typ sind, der von jetzt auf gleich seine Ängste besiegen will, können Sie Stück für Stück Ihre Komfortzone ausweiten und zwar so, dass Sie die Erweiterung wahrscheinlich nicht einmal bewusst merken. Wenn die Mehrheit der Bücher in Ihrer privaten Bibliothek sich rund um das Thema Geschichtskrimis dreht, probieren Sie doch einfach mal ein neues Themengebiet aus. Ob es nun ein Sachbuch über Geschichte ist, ein geschichtlicher Roman oder eine Kurzgeschichte mit völlig anderem Inhalt, bleibt natürlich Ihnen selbst überlassen. Wenn Sie neue Kleidung benötigen und im Geschäft stehen, greifen Sie nicht als erstes zu genau den Teilen, die Sie ohnehin schon in vielfacher Ausführung im Schrank liegen haben. Probieren Sie neue Schnitte oder Farben aus, die Sie bislang nicht besonders wahrgenommen haben. Auch beim Kochen und Essen können Sie Ihre Komfortzone erweitern. Neue Lebensmittel können sich in vielerlei Hinsicht positiv auf Ihr Gesamtwohl auswirken.

Dabei müssen und sollten Sie gar nicht unbedingt auf die exotische Vielfalt in ausgewählten Läden eingehen. Wann haben Sie das letzte Mal heimische Pastinaken zubereitet? Saisonale Kohl- oder Kürbissorten können nicht nur sehr unterschiedlich in Geschmack und Zubereitung ausfallen, sondern zudem Ihren Geldbeutel und die Umwelt schonen. Trauen Sie sich, die alten, regionalen Nahrungsmittel Ihrer Großmutter neu zu entdecken und sie selbst zuzubereiten. Beim Spaziergang können Sie neue Wege erkunden, verschiedene Kulissen der Natur bestaunen und sie auf sich wirken lassen. Denn wenn Sie sich an einen Ort begeben, an dem Sie noch nie waren, wird Ihnen die Einzigartigkeit und die Vielfalt dieses Ortes auffallen, Sie können sich an dem Neuen erfreuen und vielleicht sogar in Ihren Gedanken mit nach Hause nehmen.

Wenn Sie neue Pflanzen entdecken, die Sie noch nie gesehen haben, können Sie sich zuhause damit auseinandersetzen, um was für Gewächse es sich handelt, und wenn Sie im Sand oder im Schnee Fußspuren von Tieren entdecken, werden Sie sich über den unberührten Lebensraum heimischer Arten bewusst. Halten Sie die Augen offen, gehen Sie nicht immer den ersten und einfachsten Weg, und erkunden Sie die Grenzen Ihrer persönlichen Komfortzone, überschreiten Sie diese Grenzen und lassen Sie Ihre Persönlichkeit daran wachsen. Denn so bleiben Sie genauso flexibel und anpassungsfähig, wie die Welt es von Ihnen erwartet.

NEUES HOBBY

Noch ein Schritt weiter gedacht, als nur die Komfortzone zu erweitern und zu verlassen, ist die Aufnahme neuer, regelmäßiger Hobbies. So sprechen Sie nicht nur Ihr Gehirn an, sich neue Abläufe zu merken und Interesse wachsen zu lassen, sondern Sie gestalten Ihre Freizeit sinnvoll mit Neuerungen, die auch Sie neue Seiten an sich erkennen lassen werden. Wenn Sie sich jetzt die Frage stellen, was Ihre drei liebsten Hobbies sind, was antworten Sie? Arbeiten, Schlafen und Haushalt zählt nicht, da diese Tätigkeiten fester Bestandteil Ihres geregelten Alltags sind. Womit verbringen Sie gerne Ihre Freizeit? Worauf freuen Sie sich schon Tage im Voraus, wie können Sie so richtig abschalten und die Zeit genießen? Wenn Sie sich bewusst geworden sind, was derzeit Ihre Hobbies sind, können Sie den nächsten Schritt wagen. Wollen Sie Ihre bisherigen Interessen auf einem anderen Gebiet weiter spezialisieren, oder wollen Sie sich komplett in unbekannte Gewässer stürzen? Wenn Sie bereits Sport als Ihren persönlichen Ausgleich gefunden haben und regelmäßig Fußball spielen und Fußball schauen, könnte eine weitere Sportart andere Wirkungen in Ihrem Leben erzielen. Haben Sie schon einmal an Schwimmen, Skifahren oder Badminton gedacht? Wird in Ihrer Region Kampfsport angeboten oder könnte Tanzen ein Zusatz sein? Oder ist ein anderer Weg für Sie passender?

Vielleicht ist es an der Zeit, Noten und ein Instrument zu lernen. Oder sich eine Nähmaschine zu leihen oder zu kaufen und Kleidung für bekannte Kinder, Dekorationen, Nützliches für den Haushalt, den Alltag oder das Haustier zu nähen? Wenn Sie ein Haustier haben, können Sie sich auch in dieser Richtung weiter ausbreiten, beginnen Sie mit Ihrem Hund Hundesport wie Agility oder auch Mantrailing, bringen Sie Ihren Kaninchen bei, ein Kaninchenklo zu benutzen, und lassen Sie es regelmäßig außerhalb des Stalles die Wohnung erkunden. So einzigartig wie Sie und Ihre Interessen sind, so einzigartig sind auch Ihre Möglichkeiten.

Egal, womit Sie sich auseinandersetzen, die Tatsache, dass Sie sich über eine neue Beschäftigung informieren und sich womöglich sehr dafür zu begeistern beginnen, offenbart neue Seiten Ihrer Persönlichkeit. Sie werden merken, wie einfach es Ihnen fällt, mit Tieren umzugehen und ihnen Ihre Ziele zu verdeutlichen, wie viel Spaß Sie daran haben, sich handwerklich oder mit Handarbeiten zu befassen und Ihre Arbeiten als fertige Stücke betrachten zu können. Lassen Sie sich auf eine neue Materie ein, bleiben Sie nicht bei den Hobbies, die Sie bereits seit Jahrzehnten ausüben, eben nur weil Sie sie schon Jahrzehnte lang betreiben. Spüren Sie Ihre Interessen auf, wagen Sie Neuanfänge, nehmen Sie eventuelle Startschwierigkeiten als Ansporn an und öffnen Sie sich und Ihre Persönlichkeit. Denn die neuen Blickwinkel, die ein neues Hobby Ihrer Persönlichkeit schenkt, werden sich auf alle Bereiche Ihrer Persönlichkeit ausdehnen und sie rund herum vollkommener und weiter machen.

NEUER VEREIN

Wo kann man ein neues Hobby besser erlernen als in einem Verein? Sei es nun der Sportverein, in dem Sie lediglich eine weitere Abteilung kennenlernen, sei es der Musikverein oder der wöchentliche Handarbeitstreff. Viele Tätigkeiten bereiten in Gesellschaft noch einmal deutlich mehr Freude als allein. In lokalen Zeitungen und Prospekten werben viele Vereine oft mit interessanten Schnuppernachmittagen, Tagen der offenen Tür, Basaren oder ähnlichen Veranstaltungen, um auf sich aufmerksam zu machen. Vertrauen Sie darauf, dass Sie in diesen Vereinen auch wirklich willkommen und erwünscht sind.

Die Menschen werden sich freuen, ein neues Mitglied begrüßen zu dürfen, jemanden Neuen in ihrer Mitte aufzunehmen. Der traditionelle Mühlenverein, eine Patenschaft in einem Tierheim, politische Verbindungen, es gibt auch in Ihrer Nähe unzählige Möglichkeiten, neue Gesellschaften zu erfahren. Auch ein Kegelclub oder ein Stammtisch bringt neue Gesichter in Ihr Leben, die Ihre Ansichten und Standpunkte ändern oder festigen können. Egal, ob ein neuer Verein einhergeht mit einem neuen Hobby oder ob nur eins von beiden umgesetzt wird oder beides, neue Bekanntschaften und persönliches Engagement in solchen Gemeinschaften wirken sich immer auf die eigene Persönlichkeit aus. Interessante

Gespräche, neue gesellschaftliche Erfahrungen, unterschiedliche oder gleiche Traditionen und Bräuche erweitern die eigenen Perspektiven und lassen Sie über den Tellerrand schauen.

Und wenn Ihnen dieser Blick gefällt, öffnet sich auch Ihre eigene Persönlichkeit noch ein Stück weiter, wird aufnahmefähiger für Neues und äußert den Wunsch nach Entwicklung noch mehr.

ALTES LOSLASSEN UND DARAUS LERNEN

Aber muss es denn immer etwas Neues sein? Warum wird die Entwicklung Ihrer Persönlichkeit so oft mit der Offenheit und dem Erlernen von Neuem verknüpft? Das Altbewährte ist doch nicht schlecht, und niemand kann vorhersagen, ob das Neue gleich gut oder sogar besser sein wird. Auch wenn diese Aussagen, die voller Zweifel und Bedenken sind, nicht falsch sind, sind Neuerungen unumgänglich für Ihre Persönlichkeitsentwicklung. Kämpfen Sie öfter einmal mit Unzufriedenheit oder Enttäuschung?

Fühlen Sie sich innerlich unruhig und gestresst, kennen Sie Einschlafprobleme, ärgern Sie sich über Dinge, auf die Sie keinerlei Einfluss nehmen können? Diese und noch viele weitere schmerzliche Empfindungen können die Auswirkung sein, wenn Altes einfach unbehandelt im Leben erhalten bleibt. Gehen Sie nicht davon aus, direkt die größten Schritte ändern zu müssen, eine Beziehung erfährt bessere und schlechtere Zeiten und eine schlechte Phase ist kein Grund, sofort die Scheidung einzureichen und die Familie zu verlassen.

Ebenso veranlasst ein einfacher Streit mit dem besten Freund oder der besten Freundin keinen Kontaktabbruch. Aber um aus dem Strudel der negativen Gedanken zu entfliehen, müssen Sie loslassen. Nur so wird Platz für Gelassenheit, Selbstakzeptanz und Glück geschaffen. Angst, Wut und Liebe sorgen dafür, dass es Ihnen schwerfällt, Dinge loszulassen. Da es keinen Geheimtrick gibt, Gefühle zu ändern, ist dieser Lösungsansatz also hinfällig. Gefühle können nicht geändert werden, aber sie können akzeptiert werden, und zwar ehrlich akzeptiert. Denn Situationen und Dinge sind nun einmal wie sie sind, werden sich nicht ändern oder auflösen, weil Sie Angst, Wut oder Liebe empfinden.

Akzeptieren Sie also Ihre Gefühle und auch die Situation. Erwarten Sie allerdings keine Wunde, allein durch die Akzeptanz wird es Ihnen nicht besser gehen. Wenn Sie Angst vor einer Veränderung verspüren, und diese Angst akzeptieren, wird sie nicht verschwinden. Lenken Sie Ihren Fokus also nicht auf die Angst selbst, sondern hören Sie auf, dagegen anzukämpfen, heißen Sie sie willkommen auf einem Teil Ihres Weges. Nur so akzeptieren Sie die alten Lasten tatsächlich, und bilden die Grundlage, sie loslassen zu können. Aber wenn Sie keine neuen

Pläne, keine Herausforderungen, keine anderweitigen Ziele verfolgen, gibt es keinen Ansporn, das Alte loszulassen. Machen Sie sich in Ihrem Inneren auf die Suche, finden Sie neue Projekte, erschaffen Sie sich lohnende Ziele.

Die Konzentration wird so automatisch von den Problemen auf die neuen Möglichkeiten gelenkt, Sie werden weniger das Gefühl haben, etwas zu vermissen oder dass etwas fehlt. Statt groß und mächtig zu denken, lassen Sie zunächst kleine Dinge und Angewohnheiten los. Akzeptieren Sie, dass in einem Haushalt mit Haustier nun einmal Spuren des Tiers zu finden sind, egal wie sauber und ordentlich es sonst ist. Lassen Sie den Druck los, drei Mal täglich deswegen staubsaugen zu müssen und gönnen Sie sich in dieser neugewonnen Zeit einen entspannten Kaffee, ein Buch oder gemeinsame Zeit mit Familie oder Freunden. Akzeptieren Sie Ihr Aussehen, statt sich dafür zu schämen oder zu hungern und legen Sie Ihren Fokus auf qualitative Kleidung oder eine großartige Frisur, wenn Sie sich dennoch unwohl fühlen. Akzeptieren Sie Ihre Vergangenheit und schmieden Sie Pläne für eine aussichtsreiche Zukunft, in der Sie der glückliche und selbstakzeptierte Star sind.

TEILNAHME AM GESELLSCHAFTLICHEN LEBEN

Kennen Sie Ihre Nachbarn gut? Waren Sie bei dem letzten Schützenfest in Ihrer Stadt dabei? Und haben Sie auf dem Trödelmarkt schon einmal ordentliche Schnäppchen gemacht? Das gesellschaftliche Leben, das sich in der Öffentlichkeit abspielt, hat einiges zu bieten, und sich dem zu entziehen wäre misslich. Die Vorteile sind vielfältig. Wenn Sie beispielsweise auf dem Wochenmarkt einkaufen statt im klassischen Supermarkt, treffen Sie wahrscheinlich Bekannte, mit denen Sie in ein kurzes Gespräch verfallen. Auch die Unterhaltung mit Markthändlern kann positive Gefühle erzeugen, Sie können sich als Kunde wertgeschätzt fühlen, können Ihre Verhandlungsfähigkeiten ausbauen, Ihren Charme trainieren oder sich vielleicht über einen zusätzlichen Apfel in Ihrer Tüte freuen, weil das Gespräch dem Gegenüber genauso viel Freude bereitet hat wie Ihnen.

Bei diesem Beispiel unterstützen Sie zusätzlich den regionalen Markt, schonen also die Umwelt und Ihren Geldbeutel, da saisonales Einkaufen grundsätzlich preiswerter ist als nicht saisonales. Da Märkte in der Öffentlichkeit stattfinden, können Sie Ihren Einkauf auch mit einem gezielten Treffen mit einer Freundin oder einem Freund verbinden, mit dem Sie beim anschließenden Kaffeetrinken die Entspannung und Ruhe genießen und dennoch bereits einen Teil Ihrer To-Do-Liste erledigt haben. Die Gesellschaft, die Sie auf einem Markt vorfinden, ist absolut nicht vergleichbar mit der in einem Supermarkt oder einem Discounter. Probieren Sie beide Varianten aus und Sie werden merken, dass Sie mit einem anderen Gefühl nach Hause gehen, wenn Sie auf dem Markt waren, weil dort die

Gesellschaft mehr im Vordergrund steht und Freundlichkeit, Herzlichkeit und Offenheit zum Alltagsgeschäft gehören.

Auf einem Stadtfest können Sie mit Ihren Freunden einen amüsanten Tag oder Abend verbringen, und Sie können alte Bekannte wiedersehen, zu denen vielleicht neuer Kontakt aufgebaut wird. Und Sie können neue Menschen kennenlernen, die vielleicht ähnliche Ansichten und Gedankengänge haben wie Sie, mit denen Sie sich auf Anhieb gut verstehen, oder die durch Ihre kontroversen Blickwinkel Ihre Aufmerksamkeit auf sich ziehen, weil Sie mit Ihnen auf einem konstruktiven Niveau diskutieren können, sich Meinungen vermischen, Beweggründe erläutert werden und Sie geistlich gefordert werden. So kann aus einem simplen Abend in der Öffentlichkeit eine neue Seite Ihrer Persönlichkeit aufgeschlossen werden, über die Sie bislang vermutlich noch nichts wussten. In vielen Regionen werden zu bestimmten Jahreszeiten Weinfeste, Bierbörsen, Whiskytastings oder ähnliches angeboten. Hier steht neben dem gesellschaftlichen Aspekt, der Ihre Persönlichkeit sowieso beeinflusst und erweitert, auch der sachliche Hintergrund im Fokus. Wissen Sie, wie viele verschiedene Biersorten allein in Deutschland produziert werden? Oder wo der teuerste Whisky der Welt herkommt?

Und haben Sie sich schon einmal gefragt, wie lange der vermeintlich beste Wein gereift ist? Das öffentliche Leben kann Ihre Interessen wecken, kann neue Vorlieben auslösen und andere Perspektiven eröffnen. Schauen Sie doch einmal in Ihrer Tageszeitung, in Ihrem Stadtanzeiger, auf der Homepage Ihrer Gemeinde, im Bürgerbüro oder im Rathaus Ihrer Stadt nach Terminkalendern und öffentlichen Einladungen zu Veranstaltungen. Scheuen Sie sich nicht, sich allein auf den Weg zu solchen Anlässen zu machen, aber sicherlich werden Sie in Ihrem Umfeld jemanden finden, der Sie mit Freude begleitet. Fragen Sie Familienmitglieder, Freunde oder Nachbarn, die einigermaßen ähnliche oder eben gegensätzliche Interessen haben, sich Ihnen anzuschließen und sich aktiv am gesellschaftlichen Leben beteiligen.

AKTIV WÜNSCHE ERFÜLLEN

Wann haben Sie sich das letzte Mal einen Wunsch erfüllt? Einfach nur so, weil Sie einen guten Tag auf der Arbeit hatten, stolz auf Ihren souveränen Umgang mit pubertierenden Kindern sind, weil Sie das Gefühl hatten, es zu verdienen? Oder anders gefragt, warum haben Sie sich das letzte Mal den einen Wunsch nicht erfüllt? Was hat Sie davon abgehalten, es zu tun? Waren es Sorgen, Befürchtungen, Unsicherheit? Wollen Sie aber wirklich diese Sorgen, Befürchtungen und Unsicherheiten über Ihr Leben und ihr persönliches Glück entscheiden lassen? Oder sollte das nicht lieber in Ihrer Hand liegen, welche Emotionen als wie wichtig anerkannt werden? Denn Sie sind es Wert, sich selbst Wünsche zu erfüllen. Sei es die Fortsetzung eines Buchs, auf die Sie schon seit langer Zeit sehnsüchtig warten oder ein Besuch auf dem Konzert Ihrer Lieblingsband, das ausgiebige Frühstück beim Bäcker mit der besten Freundin, während die Kinder im Kindergarten sind. Das schlechte Gewissen, das Ihnen vielleicht ausredet, dem Wunsch nachzugeben und Ihre Bedürfnisse zu erfüllen, ist an dieser Stelle unangebracht.

Warum sollten Sie nicht auf das Konzert gehen, sich etwas Neues kaufen oder Ihre Freizeit genießen, statt den Haushalt und die Wäsche zu bekämpfen? Da Sie nicht jeden Tag all Ihre Wünsche erfüllen, erlauben Sie es sich. Schieben Sie das schlechte Gewissen und die negativen Gedanken beiseite, erlauben Sie dem Glücksgefühl die Führung, und legen Sie dabei mehr Wert auf Ihre Selbstwahrnehmung als auf Fremdwahrnehmung. Denn nicht nur Teile Ihres Inneren werden womöglich die Wünsche und ihre Erfüllung in Frage stellen, auch Ihr Umfeld könnte unpassende und unangebrachte Kommentare abgeben. Stehen Sie darüber, seien Sie sich Ihrer bewusst und zeigen Sie die Stärke, dass auch Sie das Recht haben, sich selbst Ihre Wünsche aktiv zu erfüllen. Lassen Sie das Glück herein, öffnen Sie sich und genießen Sie diese Augenblicke in vollen Zügen, denn nur so können die Schwierigkeiten des Alltags in den Hintergrund gerückt werden und Sie zu einem ausgeglichenen und wohlwollenden Menschen werden.

ROUTINEN VERÄNDERN

66 Tage. Studien zufolge benötigt der Körper durchschnittlich etwa 66 Tage, bis er neue Gewohnheiten als Routine betrachtet, bis er sich daran angepasst hat. Bei manchen Menschen fingen die Abläufe schon nach nur 18 Tagen an, routinierter zu werden. [15]Aber ob nun drei Wochen oder zwei Monate, auf Ihr ganzes Leben betrachtet sind beide Zeiträume nicht besonders lang. Was also hindert Sie daran, 18 bis 66 Tage durchzuhalten, um im Anschluss daran neue, positive Routinen als Teil Ihres Lebens anzusehen? Erfahrungsgemäß fällt es dem Menschen wesentlich schwerer, eine alte Angewohnheit abzulegen, als eine neue Gewohnheit durchzusetzen. Mit etwas aufzuhören ist also schwerer als etwas anzufangen. Deswegen sollten Sie vor allem zu Beginn die Aufmerksamkeit auf neue Routinen legen und nicht darauf, alte Routinen abzulegen. Um den gewünschten Effekt zu erzielen, helfen einige kleine Tricks und Tipps.

Koppeln Sie, vor allem am Anfang, die gewünschte Gewohnheit mit einem eindeutigen Auslösereiz. Belohnung können hier Wunder wirken. Wenn Sie sich vornehmen, jeden Morgen nach dem Aufstehen eine Runde Joggen zu gehen, hilft

---

[15]Philippa Lally, Cornelia H. M. van Jaarsveld, Henry W. W. Potts, et. al.: *How are habits formed: Modelling habit formation in the real world.* European Journal of Social Psychology, 16.07.2009.

es also ungemein, sich die Laufschuhe sowie die passende Kleidung direkt neben das Bett zu legen, damit die entsprechenden Sportsachen direkt angezogen werden können. Zudem könnte ein ausgiebiges Frühstück oder eine entspannte Dusche mit einem neuen Duschschaum oder ähnlichem die Belohnung darstellen, die unmittelbar im Anschluss an die Tätigkeit erfolgt. Ein gesünderes Leben und ein schlanker Körper sind zwar auch das Ziel des morgendlichen Laufens, Ihr Gehirn kann diese in ferner Zukunft liegenden Anreize jedoch nicht unmittelbar mit dem Sport verknüpfen. Auch eine Strichliste mit Belohnungseffekt kann sinnvoll sein. Nach zehn erfolgreichen Wiederholungen des gewünschten Verhaltens erfolgt eine kleinere Belohnung. Der zweite Trick, Routinen als solche zu manifestieren, ist nicht allein daran zu arbeiten. Druck von Mitmenschen hilft ungemein, auf die neuen Gewohnheiten zu achten. Das kann im oben genannten Beispiel ein Laufpartner sein, eine virtuelle Gruppe Gleichgesinnter oder ein Freund, der sich regelmäßig nach den Trainingserfolgen erkundet. Damit Ausreden oder Vorwände gar keinen Einfluss auf den Erfolg der gewünschten Routine erhalten, sollte von vornherein geklärt werden, dass z. B. unangemeldeter Besuch die Runde mit läuft, oder bei schlechtem Wetter das Training nach drinnen verlegt wird.

Denn wenn Sie zwei oder drei Mal inkonsequent waren, fällt es Ihnen von Mal zu Mal leichter, sich vor der gewünschten Gewohnheit zu drücken, bis Sie das Verhalten komplett wieder einstellen und in alte Muster verfallen. Mit der Zeit werden Sie automatisch Ihre Laufschuhe anziehen und Sie verspüren den Drang nach Bewegung und frischer Luft. Sobald dieser Automatismus und dieser Drang ans Tageslicht kommen, haben Sie es geschafft, und aus einem Verhalten wurde eine Routine. Die Gewohnheit, das Joggen ausfallen zu lassen, ist nun keine Option mehr, weil sich aus dem anfänglichen Zwang eine Freude entwickelt hat, die Ihnen nicht nur körperlich und seelisch guttut, sondern die sich auch auf Ihre Persönlichkeit auswirkt.

Entspannter werden

Der Wecker klingelt um 6.15 Uhr. Sie haben eine dreiviertel Stunde Zeit zum Duschen, Anziehen und Frühstücken, bis Sie um 7.00 Uhr mit gepackter Tasche das Haus verlassen und zur Arbeit aufbrechen. Vielleicht machen Sie in dieser Zeit auch noch Ihre Kinder fertig und bringen Sie in den Kindergarten oder zur Schule, oder Sie gehen eine kleine Runde spazieren mit dem Hund, der den ganzen Vormittag über entspannt weiterschlafen wird. Auf der Arbeit angekommen verschaffen Sie sich einen Überblick über das, was seit Feierabend geschehen ist und arbeiten das auf. Zeit für ein ruhiges Mittagessen bleibt kaum, nebenbei wird der Hunger mit einem belegten Brötchen vom Bäcker und einem Apfel gestillt. Bis Sie zuhause ankommen, unterwegs noch schnell für heute und morgen eingekauft haben, vergeht die Zeit wie im Flug. Doch auch zuhause wartet noch der Haushalt, die Wäsche, vielleicht ein wenig Post und natürlich die Familie und die Freunde. Termine über Termine, Struktur und Taktung an jedem Tag.

Dass der Alltag heute geprägt ist von Stress, Hektik, dem Online-sein und der Abrufbereitschaft ist kein Geheimnis. Dass Sie sich angespannt und im Dauerlauf-Modus fühlen, ist daher nicht verwunderlich. Auch wenn Sie das Gefühl schätzen, gebraucht zu werden und wichtig zu sein, kann es Ihnen doch nicht die nötige Entspannung geben, die Sie nötig hätten, um einmal wirklich ruhig zu werden und in sich hinein zu horchen. Es fällt einigen Menschen umso schwerer, sich eine Auszeit einzuräumen, bewusst offline zu sein und abzuschalten, sich nur mit sich selbst auseinanderzusetzen. Dieser Abstand von der Außenwelt und vom Alltag ist aber notwendig, um nachhaltig und erfolgreich zu entspannen.

Aber ist Entspannung für den Erfolg Ihrer Persönlichkeitsentwicklung tatsächlich so ausschlaggebend? Ja! Im Körper wird bei einer Entspannung das sogenannte parasympathische Nervensystem angesprochen, dass dafür sorgt, dass sich unter anderem der Puls verlangsamt, der Blutdruck gesenkt wird, der Muskeltonus reduziert wird, die Atemfrequenz langsam und gleichmäßig stattfindet und somit auch der Sauerstoffverbrauch etwas abnimmt. Kurz gesagt, kommt der Körper zur Ruhe und beginnt seine Regeneration. Aber nicht nur physisch löst die Entspannung im Körper etwas aus, auch auf psychischer Ebene ist sie wirksam. Sie sorgt für allgemeine Gelassenheit, verminderte Angstzustände, eine erhöhte Konzentration, eine ausgeglichene Stimmung und ein verringertes Anspannungs- und Erregungsniveau. Im Alltag kann Ihnen durch eine aktive Entspannung also der Druck und das Stressgefühl genommen werden, Sie fühlen sich mental frischer und können sich dank der Gelassenheit öffnen und mehr Dinge wahrnehmen.

Um aus diesen Aspekten Gewinn ziehen zu können, gibt es verschiedene Methoden der Entspannung. Nicht jede eignet sich für jeden Menschen gleich gut, Sie selbst können entscheiden, ob und welche Ihnen zusagt. Oder Sie können alle ausprobieren und dann entscheiden oder auch die Möglichkeiten abwechseln. Die Hauptsache ist einzig und allein, dass Sie sich entspannen.

Meditation

Jeder von uns hat schon oft den Begriff Meditation gehört, vielleicht gibt es sogar in Ihrem Umfeld Bekannte, die regelmäßig meditieren oder Sie haben es selbst bereits ausprobiert. Falls Sie mit dem Begriff zwar etwas anfangen können, aber kein konkretes Bild vor Augen haben, hilft wahrscheinlich die grobe Definition von Meditation, um zu verstehen, warum sie sich so erfolgreich auf die Persönlichkeitsentwicklung auswirkt. Das lateinische Verb *meditari* wird im Deutschen mit ‚nachdenken, nachsinnen, überlegen' übersetzt, und auch das griechische *medomai* heißt auf Deutsch ‚denken, sinnen'. Schon vor mehreren tausend Jahren waren sich viele Religionen und Kulturen über die beruhigende und sammelnde Wirkung von Meditation bewusst. Mithilfe von verschiedenen Konzentrations- und Achtsamkeitsübungen wurde das Bewusstsein erweitert und der Geist angesprochen. Im Laufe der Zeit sind die Ziele dieser Übungen zwar weitestgehend die gleichen geblieben, aber die Art und Weise der Meditation hat sich verändert bzw. erweitert. So, wie Mönche vor anderthalb tausend Jahren in ihrem Kloster von der Meditation profitiert haben, nutzt sie einem vielbeschäftigten Menschen des 21. Jahrhunderts in der westlichen Welt vermutlich wenig.

Die an unsere Situation angepassten Möglichkeiten der Meditation bringen aber alle nützlichen Vorteile mit sich. Während der Meditation wird erlernt, wie man seine Aufmerksamkeit bewusst steuern kann, welche Wirkung es auf den Körper hat, verschiedene Gedanken einfach kommen und direkt wieder gehen zu lassen, und wie daraus resultierend sowohl der Körper als auch die Psyche entspannen können. Konkrete körperliche Effekte der regelmäßigen Meditation sind unter anderem ein besseres und erholsameres Schlafverhalten, ein besseres Erinnerungsvermögen, ein geringeres Stresslevel, emotionale Balance und eine allgemein stärkere Gesundheit dank eines stabilen Immunsystems.

Bis auf die zehn Minuten Zeit, die anfangs aufgebracht werden müssen für die tägliche Meditation, gibt es keine weiteren Nachteile. Und auch diese überschaubare Zeit ist eigentlich nicht als Nachteil zu sehen, weil wahrscheinlich auch in Ihrem Alltag zehn Minuten oft und schnell mit unnötigen Dingen einfach verstreichen, während Sie auf Ihr Smartphone schauen oder sich über einen unverschämten Bericht im Fernsehen aufregen. Nutzen Sie diese Zeit anders und profitieren Sie doppelt davon. Wenn Sie jetzt der Ehrgeiz gepackt hat und Sie die

Meditation ausprobieren möchten, gibt es nur eine Handvoll Punkte, die Sie im Vorfeld darüber wissen sollten.[16]

1. Die Welt wird sich nicht von heute auf morgen grundlegend ändern und erleuchten. Wer darauf hofft, dass die Meditation ihm hilft, sich weiterzuentwickeln, sich selbst zu erkennen und das Bewusstsein aktiv zu stärken, darf nicht davon ausgehen, dass nach einer einmaligen zehnminütigen Einheit bereits alle Gedanken erfasst wurden und die Lösung für ein bestimmtes Problem gefunden wurde. Regelmäßigkeit und Konsequenz sind der Schlüssel zum Erfolg. Optimal ist die tägliche Meditation, um sich selbst jeden Tag die Möglichkeit zu geben, vom Alltag abzuschalten und zur inneren Ruhe zu finden. Zwei bis drei Einheiten die Woche sind aber auch noch ausreichend, um langfristig von diesen Pausen zu profitieren. Mit der Zeit werden Sie feststellen, dass sich die kurze Auszeit in Ihren Alltag so integriert wie das morgendliche Zähneputzen. Und eben diese Routine hilft dabei, noch erholsamer und tiefer zu entspannen, der Körper und der Geist wissen dann nämlich bereits im Vorfeld, dass ihnen jetzt die Zeit gegeben wird, herunterzufahren und auf sich selbst zu achten.

2. Bleiben Sie realistisch. Wie so oft im Leben ist mehr nicht gleich mehr und länger nicht automatisch besser. Wenn Sie sich in Ihrer ersten Einheit vornehmen, eine Stunde regungslos in der Stille zu sitzen, sich mit Ihren Gedanken auseinanderzusetzen und sich jetzt zu entspannen, wird Ihnen wohl nicht nur ein Strich durch die Rechnung gemacht, sondern Ihnen auch die weitere Lust am regelmäßigen Meditieren genommen. Anfangs reichen etwa fünf bis maximal zehn Minuten Meditation vollkommen aus, um die Umwelt und den Alltag auszuschalten und zur Ruhe zu kommen. Und selbst diese vergleichsweise kurze Zeit wird Ihnen womöglich sehr lange vorkommen. Stellen Sie sich am besten einen Wecker, der Sie sanft aus der Entspannung zurückholt, wenn die Zeit abgelaufen ist, so können Sie wirklich Ihre volle Aufmerksamkeit Ihrem Inneren schenken. Und seien Sie offen für alles, was Ihnen während der Meditation durch den Kopf gehen wird. Sie werden sicherlich nicht direkt gedankenlos zehn Minuten sitzen können. Lassen Sie die Gedanken zu, nehmen Sie sie wahr, und schieben Sie sie sanft wieder beiseite, um sich auf Ihren Fokus zu konzentrieren. Aber sehen Sie die aufkommenden Gedanken nicht als Schwäche oder als

---

[16]Sara W. Lazar, Catherine E. Kerr, Rachel H. Wassermann, et. al.: *Meditation experience is associated with increased cortical thickness.* Neuroreport, 28.11.2005; 16 (17): 1893-97.

Versagen, sondern vielmehr als Wegbegleiter, der sich mit der Zeit immer mehr von Ihnen entfernen wird.

3. Worauf wird die Aufmerksamkeit gelenkt?
Bei der Meditation wird ein Objekt fokussiert und erlangt die volle Aufmerksamkeit. Andere Gedanken und Emotionen werden ausgeblendet und die inneren Vorgänge lediglich betrachtet und wahrgenommen. Vor allem für Anfänger ist meist der Fokus auf den Atem sinnvoll, weil Sie ihn in jedem Augenblick aktiv spüren können, die Tiefe des Atemzuges selbst beeinflussen und steuern können und es bei Ablenkung durch aufkommende Überlegungen relativ einfach fällt, sich wieder auf den regelmäßigen Atem zu konzentrieren. Aber die Objekte der Aufmerksamkeit können an Ihre alltägliche Lebenssituation angepasst werden, sich täglich, wöchentlich oder monatlich ändern und so den Erfolg der Entspannung optimieren. Verschiedene Geräusche, wie beispielsweise der Gong einer Klangschale, eine bestimmte Musik, Meeresrauschen oder das Rauschen des eigenen Atems können ebenso fokussiert werden wie die individuellen Gefühle. Ob es sich um die bewusste Aufmerksamkeit auf Ihre Freude, auf Angst, Unwohlsein, Einsamkeit, Vorfreude oder Trauer handelt, bleibt vollkommen Ihnen und Ihrem Tag überlassen. Körperliche Empfindungen, zu denen zum Beispiel Schmerzen, aber auch Kribbeln im Magenbereich oder den Extremitäten, das Gefühl von Wärme oder Kälte, Druck oder ähnlichem zählen, kann während der Meditation Objekt des Fokus werden und sich einer umfangreichen Beobachtung unterziehen. Vor allem für erfahrene Teilnehmer einer Meditation eignen sich auch spezielle Dinge als Aufmerksamkeitsobjekt. Eine Kerzenflamme kann Ihren Blick sehr gut in ihren Bann ziehen, aber auch hier können Sie sich jeden zu Ihnen passenden Gegenstand aussuchen. Wichtig ist und bleibt nur, dass Sie sich zutrauen, zehn Minuten lang diesem Gegenstand, dieser Empfindung, diesem Gefühl oder diesen Geräuschen Ihre volle Aufmerksamkeit zu schenken.

4. Die eigentliche Meditation. Wenn Sie sich ein zeitliches Limit gesetzt und ein Objekt Ihres Fokus ausgesucht haben, kann die Meditation bereits beginnen. Manche Menschen bevorzugen einen bestimmten Ort für die Meditation, andere benötigen lediglich eine angenehme Unterlage wie eine Yoga-Matte oder ein Sitzkissen und noch andere können ohne jegliche Hilfsmittel an jedem Ort ihre Meditation starten. Finden Sie für sich heraus, wo Sie sich mit der Meditation am wohlsten fühlen und begeben Sie sich an diesen Platz. Ein traditioneller Meditationslehrer würde sich nun wahrscheinlich in den typischen Lotus-Sitz begeben (die Haltung des Buddhas), aber auch der Schneider- oder der Fersensitz eignen sich hervorragend für die Entspannungsübung. Falls Ihnen keine dieser Sitzvarianten zusagt, können

Sie natürlich jede beliebige Sitzhaltung einnehmen. Sie sollte lediglich ausreichend bequem sein, um etwa zehn Minuten in dieser Position zu verharren und Ihre Wirbelsäule und der ganze Rücken sollten gerade sein. Wenn Sie eine angenehme Position eingenommen haben, entspannen Sie Ihren Körper. Die Schultern dürfen hängen gelassen werden, die Hände locker auf dem Schoß oder den Knien abgelegt werden. Alle Muskeln, die nicht für die gerade Haltung benötigt werden, dürfen entspannen. Wenn der Körper bereits in einen Zustand der Entspannung übergegangen ist, schließen Sie Ihre Augen und beginnen, Ihren Fokus auf Ihren Atem zu lenken. Fünf bewusste Atemzüge lassen den Geist und den Körper entspannen und ankommen. Schenken Sie nun Ihrem Atem die volle Aufmerksamkeit. Verfolgen Sie seinen Strom, wie er von der Nase bis in die Lunge fließt. Fokussieren Sie nicht nur den oberflächlichen Weg, sondern nehmen Sie Teil an jedem kleinen Detail, das Sie aufspüren. Das kann der Punkt sein, an dem die Luft den Rachen berührt, die Art und Weise wie sich Ihr Brustkorb hebt und senkt, oder das Gefühl des Atems in Ihrer Nase. Wenn sich andere Gedanken einschleichen und versuchen, Ihre Aufmerksamkeit zu erlangen, schieben Sie diese beiseite, fokussieren Sie sich weiter auf Ihren Atem. Das Ziel Ihrer Meditation ist, sich während der gesamten Zeit ausschließlich auf den Atem zu konzentrieren. Wenn der Wecker, den Sie im Vorfeld auf zehn Minuten gestellt haben, klingelt und Sie leise aus der Meditation abholt, gönnen Sie Ihrem Körper noch einige Augenblicke zum Aufwachen. Sie müssen nicht direkt aufspringen und einer anderen Tätigkeit nachgehen. Geben Sie sich ein wenig Zeit, die gespürte Aufmerksamkeit zu verarbeiten, und die meditative Haltung gegebenenfalls sogar mit in die bevorstehenden Tätigkeiten zu nehmen.

5. Moderne Alternativen zur klassischen Meditation. Der zeitgenössische Mensch weiß zwar genau, dass die klassischen Varianten in der Regel wirkungsvoll und zielführend sind, möchte sich aber oft trotzdem Neuigkeiten und Auswahlmöglichkeiten erschaffen. Dieses Phänomen tritt in jedem Lebensbereich auf und eben auch in dem der Entspannung und der Meditation. Als Gesellschaft, die ständig online ist, dessen Smartphone oder Tablet immer in greifbarer Nähe sind, werden einige Minuten ohne diese Gegenstände manchmal als hinterwäldlerisch oder sinnlos angesehen. Umso besser, dass es mittlerweile zahlreiche Apps gibt, die sowohl Anfänger als auch Fortgeschrittene genau an ihrem Niveau abholen und zum Meditieren einladen.[17] Sie sind im Apple Store, im Google Play Store und teilweise sogar

---

[17] Tina Feicht, Marc Wittmann, Gerald Jose: *Evaluation of a Seven-Week Web-Based Happiness Training to Improve Psychological Well-Being, Reduce Stress, and*

im Browser zu öffnen. Die meisten bieten eine gratis Version zum Testen an. Viele der Apps unterdrücken automatisch einkommende Anrufe oder Nachrichten, falls dies nicht der Fall ist, sollte vor der Meditation auf jeden Fall der Flugmodus aktiviert werden, um nicht gestört zu werden. Die Meditationen in diesen Apps können sowohl geführt als auch frei sein. Ebenso geführte Meditationen finden Sie auf Internetplattformen wie YouTube. Achten Sie auch bei dieser Benutzung darauf, dass Sie nicht anderweitig gestört werden und schalten Sie das Gerät in den Flugmodus. Wer bewusst die Zeit der Entspannung offline verbringen will, dem können in größeren Städten Vereine oder Zentren für Meditation helfen. In regelmäßigen Abständen bieten diese vor allem für Anfänger oft geführte Meditationen, die allein oder gemeinsam mit Freunden besucht werden können. Universitäten und auch Schulen bieten mittlerweile immer häufiger Kurse oder Arbeitsgruppen zum Thema Meditation an, bei denen neben den unterschiedlichen Techniken auch allgemeines Grundwissen erlangt werden.

PHANTASIEREISE

Viele Menschen sind der Auffassung, Phantasiereisen seien ausschließlich für Kinder gemacht, würden nur bei Kindern angewendet werden und seien vielleicht sogar lächerlich und peinlich. Aber diese Ansicht ist nicht korrekt, denn Phantasiereisen haben dank des tiefen Entspannungszustandes, den sie bei den Teilnehmern auslösen, großes Potenzial, das eigene Potenzial erst zu erkennen. Im Alltag und bei gängigen Problemen ist das Bewusstsein für die Erstellung von Lösungsansätzen zuständig, und nimmt die Rolle eines Vermittlers zwischen der Außen- und der Innenwelt ein.

Die Persönlichkeit eines Menschen reicht tiefer als nur das Bewusstsein, und umfasst zudem auch unbewusste Gefühle, innere Konflikte, Antriebe oder verdrängte Erinnerungen. Aber ein Mensch besteht aus noch mehr als nur dem Bewusstsein und der Persönlichkeit, nämlich sein Selbst. Das behütet sein weiteres Potenzial, seine Möglichkeiten, die bislang noch unerschlossen und unangerührt sind. Wenn aber das Selbst angesprochen wird, kommen auch die Potenziale des Menschen an die Oberfläche und können erkannt und umgesetzt werden, der Mensch erfährt die Entwicklung seiner Persönlichkeit. Gute Phantasiereisen verwenden Bilder der eigenen inneren Landschaft, um Erinnerungen, Assoziationen und Gefühle zu wecken und wahrzunehmen.

Enhance Mindfulness and Flourishing: A Randomized Controlled Occupational Health Study. Evidence-Based Complementary and Alternative Medicine, 2013.

So kommt es zu einer detaillierten Selbstwahrnehmung, die in der Phantasiewelt keinen gesellschaftlichen Zwängen oder äußerlichem Druck standhalten muss. Das, was wahrgenommen wird, wird ebenso akzeptiert und geliebt. Darauf baut sich bei regelmäßiger Anwendung ein positives Verhältnis zu sich selbst auf, das eigene Selbstbewusstsein wird gestärkt und die Wahrnehmung von individuellen Wünschen, Bedürfnissen und Fähigkeiten ermöglicht deren Entwicklung in der Realität. Denn nur wer den eigenen Fähigkeiten vertraut, kann im stressigen Alltag ein Stück konstruktiver handeln, seine Potenziale ausschöpfen und sich weiterentwickeln.

Phantasiereisen können sowohl mit mehreren Menschen gleichzeitig als auch allein durchgeführt werden. Im Idealfall betreut Sie eine Person, die Ihnen mit ruhiger Stimme die Reise vorliest. Je nach Belieben kann dabei eine leise Hintergrundmusik gespielt werden. Falls Sie die Reise allein machen, können Sie sie im Vorfeld aufnehmen und nun die Audiodatei einfach abspielen.

DER GLÄNZENDE KIESELSTEIN

Mach es dir gemütlich, begib dich in eine angenehme Position und komme zur Ruhe. Schließe die Augen, lege die Hände bequem ab, nimm einen tiefen Atemzug. Ein und aus. Ein und aus. Entspanne deinen Nacken, lass die Schultern sinken und die Anspannung von dir weichen. Konzentriere dich auf das, was du vor deinem inneren Auge siehst. Siehst du den Flusslauf, wie ruhig und geschickt er sich durch die frische Natur schlängelt, und wie diese grüne saftige Wiese ihn einschließt? Du folgst dem Geräusch der Vögel, dein Blick wandert in den Himmel, er ist strahlend blau und endlos. Zwei kleine weiße Wolken fliegen am Horizont vorbei, als wollten sie das Bild nicht stören. Du spürst die Wärme der Sonne, ihr gelbes Licht trifft deine Haut. Der Wind berührt deinen Hals und lockert dein Haar. Du sitzt still am Ufer, das Wasser ist so klar, du hörst gespannt, wie es plätschert. Hier und da taucht ein kleiner Fisch auf, schwimmt dicht unter der Oberfläche und verschwindet dann wieder in Richtung des sicheren Bodens. Aus den einzelnen Fischen bildet sich ein ganzer Schwarm, dann löst er sich wieder auf, um sich in anderer Konstellation neu zu bilden.

Neugierig beobachtest du die Tiere im Wasser. Aber die Tiere in der Luft versuchen offenbar deine Aufmerksamkeit zu erlangen, sie singen fröhlich und piepsen laut vor sich hin. Es klingt angenehm stimmig. Du fühlst dich friedlich, bist ganz zur Ruhe gekommen. Deine Gedanken sind frei und genießen die freie Natur, die Luft, die Unbekümmertheit der Tiere. In dieser Ruhe hast du Zeit, deine Umgebung und dich selbst wahrzunehmen. Lass das Bild auf dich wirken. Betrachte es ausgiebig. Dein Blick wandert umher und fällt auf eine Menge Kieselsteine, die auf dem Sand liegen.

Sie ähneln sich stark, und doch sind sie alle unterschiedlich. Du stehst auf und begibst dich zu den Steinen, sie faszinieren dich. Es sind so viele Steine auf einmal. Du siehst sie dir intensiv an und erkennst einige Unterschiede. Deine Finger berühren die Kiesel, sie fühlen sich unterschiedlich an. Dieser eine Stein, den du jetzt gerade betrachtest, gefällt dir besonders. Er schenkt dir ein einzigartiges Glänzen. Du nimmst ihn hoch und schaust ihn jetzt ganz genau an. In deiner Handinnenfläche erzeugt er ein Gefühl von Wärme, du ertastest jede Seite des Kieselsteins. Du lässt den ausgewählten Stein von einer Hand in die andere rollen, betrachtest ihn bei jedem Handwechsel ganz genau. Fühlt er sich rau an oder glatt, warm oder kalt? Seine Form, ist sie kantig oder rund?

Der Stein liegt in deiner offenen Hand und du konzentrierst dich auf das Gefühl, das er dir jetzt gerade gibt. Mit welchem Gewicht er sich in deine Hand legt, die Wärme, wie sie sich an die deiner Hand anpasst. Wirf den Stein etwas in die Höhe, nur ein paar wenige Zentimeter über deine Hand. Beobachte deine Bewegung, wie du den Stein wieder auffängst und ihn fest umschließt. Wirf ihn wieder und immer wieder, bis deine Bewegungen routiniert werden und du ihn mühelos auffangen kannst. Wirf den Kiesel jetzt etwas höher und fange ihn mit der gleichen Leichtigkeit wieder auf. Fühlt er sich aus der Höhe schwerer an? Mit welcher Hand wirfst du den Kiesel? Betrachte das Glänzen des Steines in deiner Hand und in der Luft. Verinnerliche dieses Bild, wie der Stein in die Luft aufsteigt und wieder in deine Hand zurückfällt.

Male dir jetzt aus, wie du alles genau beobachten kannst, während der Kieselstein in Zeitlupe fliegen würde. Du wirfst ihn wieder hoch und fühlst den Moment, deine Hand muss sein Gewicht nicht mehr tragen, sie wird leer und leicht. Betrachte den Kiesel, wie er hochfliegt. Ganz langsam. Wie bewegt er sich? Konzentriere dich nur auf den Kieselstein. Dreht er sich um die eigene Achse, nimmt er eine bestimmte Flugbahn ein? Am Wendepunkt angekommen bleibt er kurz einen Moment still in der Luft stehen, oder fällt er direkt wieder hinunter? Glänzt er dich noch immer an? Sieh zu, wie der Stein wieder fällt, immer weiter an Höhe verliert und schließlich in deiner Hand aufschlägt. Fühlt es sich schwer an, ist er abgekühlt? Spüre, wie der Stein den Kontakt mit deiner Hand sucht. Wie fühlt sie sich jetzt an, deine Hand? Fühle den Unterschied, wie sie sich mit oder ohne Kiesel bewegt. Experimentiere mit dem Stein, ertaste ihn, fühle ihn, gib ihm deine Konzentration. Hebe jetzt noch zwei Steine auf, die am Ufer des Flusses liegen. Nimm sie alle drei in die gleiche Hand, und wirf sie nacheinander in die Luft. Jongliere mit den Steinen, spiel mit ihnen, und beobachte sie in ihrem Steigen und Fallen.

Abwechselnd wirfst du sie hoch in die Luft, fängst sie wieder auf, jeder Stein fliegt anders, jeder auf seine Weise. Male dir aus, wie die Steine nicht nur von der Sonne angestrahlt werden, sondern selbst wie drei kleine Sonnen anfangen zu scheinen. In welchen Farben erleuchten sie? Du beobachtest das tanzende Farbspiel der Kiesel, wie sie durch die Luft fliegen und ihre bunten Lichter in alle Richtungen ausstrahlen. Wenn eine Wolke über ihnen vorbeiziehen würde, könntest du ihre Lichter noch besser erkennen. Spüre die Magie dieses Moments, wie die Steine dich verzaubern. Wenn du magst, heb noch mehr Steine auf und jongliere mit allen gemeinsam. Oder stell dir vor, wie die leuchtenden Kiesel frei durch die Luft schweben würden. Wo würden sie hin schweben? Schwerelos trieben sie leuchtend durch die Luft, langsam jeder in seine Richtung.

Ändern sie ihre Richtung, wenn du sie antippst? Lassen sie sich von dir einfangen? Spiele mit den Steinen, probiere, was möglich ist. Lass die Kieselsteine nun langsam wieder auf den Boden sinken, ihre Farben werden schwächer, bis sie nur noch von der Sonne angestrahlt werden. Du legst sie langsam zurück zu der Steinansammlung am Ufer. Wenn du möchtest, behalte den ersten Kiesel, den du gefunden hast. Verabschiede dich langsam von den anderen Steinen, von dem Fluss, von den Vögeln in der Luft. Nimm noch einen tiefen Atemzug, als könntest du die frische Luft der grünen Wiese mitnehmen. Strecke deine Arme aus, gleite langsam zurück hierher und öffne deine Augen.

DIE WEIßE FEDER

Mach es dir gemütlich, lasse die Anspannung und die Sorgen des Tages von dir abfallen, spüre, wie du leichter und entspannter wirst. Du schließt deine Augen, löse deine Füße, deine Beine, fühle wie deine Arme einfach hinunterhängen und sich bequem ablegen. Deine Hände sind weich. Achte auf deine Atmung. Tief ein und aus. Nochmal ein und aus. Der Sauerstoff breitet sich in deinem Körper aus und schenkt ihm ein Gefühl von Sicherheit und Ruhe. Wie ein warmer Luftstrom breitet sich die Luft in deinem Körper aus, erfüllt ihn, wärmt ihn, entspannt ihn. Was kann dieser warme Luftstrom deines Atems noch? Stell dir vor, du hältst eine Feder in deiner Hand. Sie ist weich, weiß und zart. Im Wind wird sie langsam aus deiner Hand gehoben und fortgetragen. Du folgst der Feder, sie zeigt dir den Weg zu einer weiten grünen Wiese. Immer noch wird sie von der Luft getragen, als wäre sie vollkommen schwerelos.

Du spürst diese Schwerelosigkeit auch. Wenn die Feder absinkt und dem Boden ganz nah kommt, trägt der nächste Windstoß sie wieder höher und weiter. Du schaust dich um, bestaunst die bunten Blumen, die die Wiese übersäen und verschönern. Während die weiße Feder weiter auf und ab durch die Luft fliegt, sanft hin und her geschaukelt wird, setzt du dich auf der Wiese hin, ohne eine Blume zu treffen. Du beobachtest, wie die Feder tanzt, und genießt die Wärme, die Ruhe und die Einzigartigkeit dieses Moments. Nimm den Augenblick in dich auf. Jetzt sinkt die Feder immer weiter ab, schwebt tanzend Richtung Boden, ein warmer Windstoß schickt sie zu dir. Leise und sacht ist sie jetzt auf Kopfhöhe, du breitest die Hand aus, damit sie dort landen kann. Du fängst die Feder auf, spürst ihre Reinheit und ihre Leichtigkeit.

Die Berührung mit etwas so Weichem löst ein wohliges Gefühl in dir aus. Die Feder kitzelt mit ihrem Flaum die Innenfläche deiner Hand. Ganz zart und sanft, aber trotzdem spürst du es. Wie sieht die Feder aus? Ist sie flauschig und buschig oder eher glatt und fein? Fühlt sie sich in deiner Hand so an, wie du es erwartet hast? Spüre wie sie dir nachgibt, wenn du mit dem Finger entlang ihrer Außenkante streichelst. Du bestaunst, wie leicht die Feder ist, und trotzdem ist sie so stark und kräftig. Schwerelos und dennoch voller Selbstbewusstsein.

Frei von Flecken, sauber und ordentlich liegt sie in deiner Hand. Du hebst die Hand näher zu deinem Gesicht und nimmst einen tiefen Atemzug. Während du langsam und warm ausatmest, hebt die Feder wieder ab, verabschiedet sich tanzend von dir und geht über in den Strom des warmen sommerlichen Windes. Du schaust ihr nach, sie steigt höher und immer höher. Dein Atem ist immer noch tief und lang. Bis in den Bauch strömt das sanfte wohlige Gefühl, das die Feder in dir ausgelöst hat. Die Feder ist jetzt so weit weg, dass du sie nur noch als weißen Strich erkennen kannst. Du atmest die Luft der grünen Wiese ein und nimmst sie mit zurück in deine Welt. Atme bewusst ein und aus, ein und aus. Langsam öffnest du deine Augen, und kehrst zurück aus der Phantasiewelt.

ATEMTECHNIK ZUR ENTSPANNUNG

Entspannung ist nicht immer ein aktiver Prozess, für den Sie sich bewusst Zeit einräumen müssen, der einen bestimmten Ort benötigt oder im Voraus geplant wird. Kleine, unauffällige Atemtechniken helfen akut im stressigen Alltag, ein klein wenig zu entspannen, ruhiger zu werden und neue Energie zu tanken. Die meisten Menschen atmen tagsüber mit der sogenannten Brustatmung, die sich an dem Heben und Senken des Brustkorbes bemerkbar macht. Hierbei werden jedoch viele Zwischenrippenmuskeln beansprucht. Wenn diese sich während des Einatmens zusammenziehen, können sich die Rippen heben und nach außen zu drehen.

So kann die Luft in die Lunge strömen, und der Brustkorb größer werden. Besonders entspannend ist diese Technik für den Körper jedoch nicht. Vor allem aus energetischer Sicht hilft die Bauchatmung beim Entspannen mehr als die Brustatmung. Wenn Sie sich also im Alltag gestresst fühlen, von einem Termin zum nächsten hetzen müssen und keine Zeit für eine vernünftige Pause haben, versuchen Sie Ihre Atmung zwei Minuten lang von der Brustatmung auf die Bauchatmung umzustellen. Im Idealfall schließen Sie hierfür zusätzlich die Augen, und atmen langsam, aber tief in den Bauch hinein. Wenn Sie eine Hand auf die Bauchdecke legen, können Sie die Atmung kontrollieren, denn der Bauch sollte sich weit nach außen wölben. So können Sie fünf bis sieben tiefe Atemzüge nehmen und direkt in den Bauch leiten.

Aber warum hilft diese Atemtechnik beim kurzfristigen Entspannen? Im Gegensatz zur Brustatmung wird bei der Bauchatmung ausschließlich das Zwerchfell beansprucht. Hierbei handelt es sich um einen Muskel, der den Brustraum vom Bauchraum trennt. Beim Ausatmen wird die Luft aus der Lunge herausgepresst und das Zwerchfell entspannt sich. Beim Einatmen hingegen wird es angespannt, während sich die Lunge mit Luft füllt und so die Eingeweide in der Bauchgegend zur Seite schiebt. Dieser Prozess ist für die Innereien jedoch keineswegs unangenehm, es fördert sogar die Verdauung und massiert die Eingeweide ein wenig. Energetisch wird bei der Bauchatmung also nur ein Muskel, das Zwerchfell, benutzt, während bei der Brustatmung viele verschiedene Zwischenrippenmuskeln arbeiten. Überzeugen Sie sich selbst von der schnellen Entspannung im Alltagsstress, ausgelöst einzig und allein durch Ihre tiefe Atmung in den Bauch hinein.

STREITVERHALTEN LERNEN

Persönliche Angriffe, Beleidigungen, Be- und Verurteilungen. Wer hat in einem Streit noch nicht reflexartig zu unfairen Mitteln gegriffen? Manchmal schämen Sie sich im Nachhinein vielleicht für den Verlauf eines Streites, manchmal sind Sie sich dessen gar nicht so bewusst und manchmal fühlen Sie sich auch einfach im Recht. Aber es kommt nicht immer darauf an, Recht oder Unrecht zu haben.

Warum streiten Sie sich? Weil Sie sich ungerecht behandelt fühlen oder weil Sie mit einer Situation oder einem Sachverhalt nicht einverstanden sind, weil Sie verletzt sind oder einfach unzufrieden mit der Gesamtsituation? Streiten ist an sich keine schlechte Angewohnheit oder ein Unding, das es zu vermeiden gilt.

Im Streit können viele ihre Emotionen herauslassen, fühlen sich im Anschluss befreit und lastfreier. Es kommt aber darauf an, wie Sie selbst zum Streit stehen. Sehen Sie die Ursachen für Ihre Unzufriedenheit bei sich selbst oder bei anderen, Ihrem Partner oder Ihrem Kollegen vielleicht? Wenn Sie mit sich selbst im Reinen sind, können Sie besser verstehen, warum Sie und auch Ihr Streitpartner genau so reagieren, welche Gefühle welche Reaktionen auslösen und wie diese gelöst werden können.

Sinnlose Schuldzuweisungen bringen weder Sie noch Ihr Gegenüber weiter. Wenn Sie aber im Vorfeld auf ruhige Art und Weise betonen, was Sie momentan als problematisch ansehen, können Sie im besten Fall einem Streit ausweichen. Gestehen Sie sich Ihre eigenen Ansichten ein, seien Sie dabei ehrlich zu sich selbst und suchen Sie nicht automatisch die Fehler bei anderen. Offene, sachliche

Veranschaulichungen treffen Sie und Ihren Streitpartner aber weniger hart als beleidigende Streitgespräche, die schwere Konsequenzen nach sich ziehen können.

Öffnen Sie Ihre gelassene Seite, trauen Sie sich, Probleme anzusprechen und versuchen Sie auch in Streitsituationen, die sich nicht vermeiden ließen, sachlich und fair zu bleiben. Denn auch Konflikte und Streitigkeiten gehören zu Ihrem Alltag, akzeptieren Sie sie und begegnen Sie ihnen mit ihrer persönlichen Ausgeglichenheit und Balance.

Reflexion

Wenn Sie sich entwickeln, werden manche Dinge in Vergessenheit geraten. Probleme, die anfangs so groß und unüberwindlich erschienen, waren am Ende vielleicht nur getarnte Zufluchtsorte vor Kernängsten, die Sie besiegt und somit im Keim erstickt haben. Stärken, auf die Sie zu Beginn der Reise stolz waren, erfüllen Sie jetzt mit noch mehr Stolz, weil Sie trotz der hohen Anforderungen nicht aufgehört haben, Ihre Fähigkeiten auszubauen und sie zu erweitern. Gefühle können Sie jetzt besser wahrnehmen und einordnen, akzeptieren und lenken. Wenn ein Gedankengang gerade unpassend ist oder Ihnen in dieser Situation nicht weiterhilft, können Sie ihn beiseiteschieben, Ihren Fokus auf wichtigere Dinge verlegen, selbst über Ihre Aufmerksamkeit bestimmen. Ihre Mitmenschen bewundern Sie wahrscheinlich für Ihre Ausgeglichenheit, für Ihren starken Willen, für Ihre einfache und doch erstrebenswerte Art, Situationen zu betrachten und zu bewerten.

Führen Sie sich Ihren Weg vor Augen, halten Sie Meilensteine fest, blicken Sie zurück auf alles, was Sie in letzter Zeit erreicht haben und was Sie noch erreichen werden. Seien Sie dankbar, Sie selbst zu sein, mit allen Facetten Ihrer Persönlichkeit und mit all dem Potenzial, das Sie aus sich herausholen. Seien Sie stolz auf sich.

Quellenverzeichnis

https://www.successconsciousness.com/index_000008.htm
https://www.successconsciousness.com/index_000007.htm
https://www.learnmindpower.com/using-mind-power/affirmations/
https://www.yourhiddenlight.com/2017/08/15/be-aware-create-reality/
http://www.thelawofattraction.com/how-to-create-your-reality-with-intentional-thoughts/
https://www.mind-your-reality.com/conscious_mind.html
https://www.theemotionmachine.com/how-to-change-habits-with-20-minutes-of-visualization/
https://www.selbstbewusstsein-staerken.net/komfortzone-verlassen/
https://www.virtuesforlife.com/10-ways-to-step-out-of-your-comfort-zone/
https://www.erschaffedichneu.de/unterbewusstsein-programmieren/
https://dubistgenug.de/unterbewusstsein-programmieren/
https://www.netzathleten.de/lifestyle/body-soul/item/236-den-erfolg-vor-augen-visualisieren-im-sport
https://secret-wiki.de/wiki/Gesetz_der_Anziehung
https://www.learning-mind.com/how-to-make-correct-decisions-in-life-with-a-simple-visualization-technique/
https://www.turnerpublishing.com/blog/detail/everything-is-energy-everything-is-one-everything-is-possible/

- https://de.m.wikipedia.org
- https://wpgs.de
- https://www.planet-wissen.de
- https://www.daserste.de
- https://www.folkwang-uni.de
- https://karrierebibel.de
- https://m.brigitte.de
- https://www.soft-skills.com
- https://logical-lemon.de
- https://bzga.de
- https://www.aok.de
- https://karrierebibel.de
- https://www.zeit.de
- https://zeitzuleben.de
- https://www.persoenlichkeits-blog.de
- https://www.focus.de
- https:www.erschaffedichneu.com

Impressum

Herausgeber: Pegoa Global Media GmbH / Am Sandtorkai 27 / 20457 Hamburg
Kontakt: kontakt@pegoamedia.de
Coverbild: Shutterstock

Haftungsausschluss:
Die Nutzung dieses Buches und die Umsetzung der enthaltenen Informationen, Anleitungen und Strategien erfolgt auf eigenes Risiko. Der Autor kann für etwaige Schäden jeglicher Art aus keinem Rechtsgrund eine Haftung übernehmen. Haftungsansprüche gegen den Autor für Schäden materieller oder ideeller Art, die durch die Nutzung oder Nichtnutzung der Informationen bzw. durch die Nutzung fehlerhafter und/oder unvollständiger Informationen verursacht wurden, sind grundsätzlich ausgeschlossen. Rechts- und Schadenersatzansprüche sind daher ausgeschlossen. Dieses Werk wurde sorgfältig erarbeitet und niedergeschrieben. Der Autor übernimmt jedoch keinerlei Gewähr für die Aktualität, Vollständigkeit und Qualität der Informationen. Druckfehler und Falschinformationen können nicht vollständig ausgeschlossen werden. Es kann keine juristische Verantwortung sowie Haftung in irgendeiner Form für fehlerhafte Angaben vom Autor übernommen werden. Die bereitgestellten Analysen, Vorschläge, Ideen, Meinungen, Kommentare und Texte sind ausschließlich zur Information bestimmt und können ein individuelles Beratungsgespräch nicht ersetzen. Alle Informationen dieses Buches entsprechen dem Kenntnisstand zum Zeitpunkt des Verfassens dieses Buches. Eine Haftung für mittelbare und unmittelbare Folgen aus den Informationen dieses Buches ist somit ausgeschlossen.
Informieren Sie sich weitläufig aus unterschiedlichen Quellen und bedenken Sie, dass am Ende nur Sie für die Entscheidungen verantwortlich sind.

Urheberrecht:
Das Werk einschließlich aller Inhalte, wie Informationen, Strategien und Tipps ist urheberrechtlich geschützt. Alle Rechte vorbehalten. Nachdruck oder Reproduktion (auch auszugsweise) in irgendeiner Form (Druck, Fotokopie oder anderes Verfahren) sowie die Einspeicherung, Verarbeitung, Vervielfältigung und Verbreitung mithilfe elektronischer Systeme jeglicher Art, gesamt oder auszugsweise, ist ohne ausdrückliche schriftliche Genehmigung des Autors untersagt. Die Inhalte dürfen keinesfalls veröffentlicht werden. Bei Missachtung werden rechtliche Schritte eingeleitet.

Haftung für externe Links:
Unser Angebot enthält Links zu externen Websites Dritter, auf deren Inhalte wir keinen Einfluss haben. Deshalb können wir für diese fremden Inhalte auch keine Gewähr übernehmen. Für die Inhalte der verlinkten Seiten ist stets der jeweilige Anbieter oder Betreiber der Seiten verantwortlich. Die verlinkten Seiten wurden zum Zeitpunkt der Verlinkung auf mögliche Rechtsverstöße überprüft. Rechtswidrige Inhalte waren zum Zeit-punkt der Verlinkung nicht erkennbar.

Wir danken Ihnen für Ihr Interesse und Ihr Vertrauen. Als Dankeschön dafür, haben wir eine besondere Überraschung. Wir haben exklusiv für Sie **"Wie Sie mithilfe von Selbstreflexion und Visualisierung positiver durchs Leben gehen - inklusive Tipps für mehr Selbstliebe"**. Und diese erhalten Sie vollkommen kostenlos. Das klingt wunderbar? Dann warten Sie nicht lange und holen Sie sich Ihr Gratis-Geschenk.

Hier geht es zu Ihrem Gratis-Geschenk:

https://forms.gle/KBC84WyUsy3zUnzF6

1. Öffnen Sie die Kamera-App auf Ihrem Smartphone und richten Sie die Kamera auf den QR-Code.
2. Klicken Sie auf den Link, der Ihnen angezeigt wird und schon werden Sie zur Website weitergeleitet.